薬師寺西塔の前に立つ西岡常一

図面を見る

薬師寺西塔の前で師匠の西岡常一棟梁（右）と小川三夫

槍鉋をかける

立柱式に勢揃いした小川三夫率いる鵤工舎の若者たち。
小川の右は初の棟梁を務める大堅工樹。

棟が納まる。初めて自分の仕事を実感するとき。
(平成６年、竜ヶ崎の正信寺にて。前頁写真も)

新潮文庫

木のいのち木のこころ
〈天・地・人〉

西岡常一
小川三夫 著
塩野米松

新潮社版

7747

目次

木のいのち木のこころ〈天〉

木のいのち木のこころ〈地〉

木のいのち木のこころ〈人〉

木のいのち木のこころ〈天・地・人〉

木のいのち木のこころ〈天〉

西岡常一

はじめに

私の家は代々法隆寺に仕える大工でした。法隆寺大工とか斑鳩寺工《いかるがじこう》とか呼ばれていました。私の祖父のときに法隆寺の棟梁《とうりょう》の役目を仰《おお》せつかり、私の代までその仕事をしてきました。そんなわけですから、生まれたときから私のまわりはみな大工でした。祖父の西岡常吉《にしおかつねきち》、その弟の籔内菊蔵《やぶうちきくぞう》、私の親父の西岡楢光《ならみつ》、私、そして弟の西岡楢二郎《ならじろう》、みんな宮大工です。ほかにも私の生まれた西の里はさまざまな職人の住むところでしたので、子供のころから職人の生活というものを見てきました。

さいわい私は棟梁として法隆寺の解体修理、法輪寺《ほうりんじ》の三重塔の再建、薬師寺の金堂《こんどう》をはじめ西塔《さいとう》、中門《ちゅうもん》、回廊《かいろう》など薬師寺伽藍《がらん》の再建《さいこん》の仕事に携わることができ、たくさんの職人と一緒に仕事をしてきました。

いまは科学が進歩し、コンピューターが普及し、たいそう便利な時代になりましたな。たいていのことは機械がやってくれます。それこそ一ミリの何分の一という正確さで、どんなものもあっという間につくってしまいますな。技術というものは本当にすばらしいもんですわ。大工の世界にもこうした機械がいっぱい入ってきて便利にさせてもらっています。

しかし、この機械の時代が来ましたら「職人」が消えていきました。機械やコンピューターが、職人が代々受け継いできた技と知恵を肩代わりして、ものをつくってくれるようになったんです。

時代は科学第一になって、すべてが数字や学問で置き換えられました。教育もそれにしたがって、内容が変わりました。「個性」を大事にする時代になったといいますな。

しかし、私たち職人から見ましたら、みんな規格にはまった同《おんな》じもののなかで暮らしているようにしか見えませんのや。使っている物も、住んでいる家も、着ている服も、人を育てる育て方も、そして考え方まで、みんなが同じになっているんやないかと思っております。

私は自分でも職人として修業しましたし、たくさんの腕のいい職人と一緒に仕事をしてきまして、職人の仕事は機械では代われんものだということを強く感じております。一人前の職人になるためには長い修業の時間がかかります。近道や早道はなく、一歩一歩進むしか道がないからです。学校と違って、頭で記憶するだけではだめです。また本を読んだだけでも覚えられませんな。たくさんの人が一緒に同じことを学んでも、同じ早さで覚えられるものでもありません。

自分で経験を積み、何代も前から引き継がれてきた技を身につけ、昔の人が考え出した知恵を受け継がなくてはならないのです。なぜならすべての仕事を基礎から、本当のことは何なのかを知らずには何も始められず、何をするにしても必ずその問題にぶつかるからです。途中を抜かしたり、借りものでその場を取りつくろっても最後には自分で解決しなくては職人の仕事は終わりません。

私は古代建築を扱う大工です。千三百年前に建てられ、いまも創建当時そのままの美しさをもつ法隆寺で、さまざまな先人の技と知恵を教わってきました。その技も考え方もとてもすばらしいもので、この後もずっと受け継がれていくべきだと思っております。そこには日本の文化と日本人が受け継いできた技と知恵が凝縮してあるからです。これらの技や知恵は機械やコンピューターでは引き継ぐことができません。たしかに機械はデータを入れたら結果を出してくれますわな。途中はわからんでも答えが出るんですな。ところが人間、ましてや職人はそうはいきませんわ。一つ一つの材料の違うものを前にして、これやったらこうしたほうがいい、あれやったらああしたほうがいいと経験と勘で判断するのです。いつのころからか、こうしたやり方が古いといわれるようになりました。そしてすべてが機械やオートメーションとやらで、いくらでもどんなものでもつくれると思うようになったんですな。

私らが相手にするのは檜《ひのき》です。木は人間と同じで一本ずつが全部違うんです。それぞれの木の癖を見抜いて、それにあった使い方をしなくてはなりません。そうすれば、千年の樹齢の檜であれば、千年以上持つ建造物ができるんです。これは法隆寺が立派に証明してくれています。

法隆寺を造り守ってきたのは、こうして受け継がれてきた木を生かす技です。この技は数値ではあらわせません。文字で本にも書き残せませんな。それは言葉にできないからです。技は人間の手から手に引き継がれてきた「手の記憶」なのです。そしてこの手の記憶のなかに、千三百年にわたって引き継がれてきた知恵が含まれているのです。

この技の引き継ぎには「徒《と》弟《てい》制度」いう師匠と弟子が一対一で対する育て方がありました。手間と時間がかかり、早道のない育て方ですわ。この教育法もすでに古いものとして忘れられようとしています。

しかし、職人の技や勘は学校では教えようがないんです。個人と個人、師匠と弟子が生活を共にして初めて伝えられるものなんですな。

私は今年現役から引きました。八十五歳です。これまでしてきた仕事を振り返りながら、技や勘、人を育てるというのはどういうことかを話してみましょう。一生を檜と古代建築で過ごしてきたものですから、例はどうしても木の話になりますが、少しでもみなさんのお役に立てればいいと願っています。

平成五年十　月吉祥日

I

宮大工という仕事

よく宮大工とふつうの大工とはどこが違うのかということを聞かれますんで、そのことを話しましょうか。

宮大工はお宮さんやお寺や、まあ大きなものを造りますな。ふつうの大工さんは、みなさんが住む家を造ります。大きい小さいということを別にしたら、技術的には何も変わらんと違いますか。もちろん、使う道具も多少は違いますけど、それは大したことじゃありませんな。槍鉋《やりがんな》、鐔鑿《つばのみ》、手斧《ちょんな》など、昔ながらの道具が道具箱に入ってますし、実際に使いますが、そればっかり使っているわけじゃありませんでな。ちゃんと台鉋《だいがんな》も使いますし、近ごろでは下拵《したごしら》えには電気鉋《でんきがんな》だって使いまっせ。木を刻んだり、切ったり、組み立てたりっていうことでは、どこも変わらしませんな。

一番の違いというたら心構えですな。家を造ります大工さんは、造っていくらになるというのことが一番ですな。宮大工は仏さんに入ってもらう伽藍《がらん》を造るんですから、造ってなんぼというわけにはいきませんのや。法隆寺の大工の口伝《くでん》に「神仏をあがめずして社頭伽藍《しゃとうがらん》を口にすべからず」というのがあります。儲《もう》けのことを考えていたんでは宮大工はつとまりませんのや。

私は今年で八十五歳になりますが、これまで民家は一軒も造りませんでした。自分の家もよそさんに造ってもらいましたのや。民家は造ると、どうしてもいくらで何日までに上げねばならないと考えますし、儲けということを考えな、やっていけませんやろ。私はおじいさんが師匠でしたが、絶対に民家を造ってはならん、ときつくいわれていました。

言葉が悪い言い方ですが、儲け仕事に走りましたら心が汚れるというようなことでした。そのために私らは田畑を持っておりました。仕事がないときは田畑をやって、自分と家族の食いぶちをつくれということだったんでっしゃろな。

私の住む西の里は、法隆寺のための職人の村だったんです。ここに昔は左官屋、木挽《こびき》、材木屋、瓦屋《かわらや》、大工というようにみんな揃《そろ》っておりましたのや。今は大工をやっているのはうちだけですけどな。明治維新のときの廃仏毀釈《はいぶつきしゃく》で、みんな食えんようになってやめていきました。それまではみんな法隆寺に奉仕して暮らしていましたのや。この私の住んでます土地も元々といったらお寺さんの屋敷ですがな。それを明治維新のとき、住んでいるところをわけてもらいましたけどな、みんな親からの仕事を受け継いでやってきました。法隆寺の瓦が傷《いた》んだといっては直し、あちこちを見回って悪いところがあれば自分で直す、そうやってきたんです。時にはお膳《ぜん》の修理もしましたし、いつ何があってもいいように、材を用意もしておきましたし、古い材も使えるように整理しておいたもんですわ。

今はみんな工務店が入っていますから、悪いところが出てから頼まれて直しますし、材にしても用意しておくということはありませんわな。昔やったら裏の松を伐《き》っても一部は売りましたやろけど、いいものは選り抜いて補修用に残して乾燥させておいたもんです。この木はあすこに使ったらええやろな、というようなことはずっと考えていますのでな。ま、そんなで三年、五年、十年と乾燥させて、準備しましたけどな。日ごろからお寺さんのことや、先のことを考えてそうするのが仕事だったんです。

そうそう、今は宮大工という呼び方が当たり前になっていますし、私らもそういいますが、明治維新までは宮大工やなくて寺社番匠《じしやばんしよう》といってました。廃仏毀釈のとき、寺というたらあかんといわれて、寺の字を取らななららんようになりましたんやけど、社大工ではおかしいというて「宮」大工になったんですな。

宮大工の仕事ですが、まず伽藍を造る場所の地相《ちそう》を見ることですな。伽藍のなかには塔や堂や回廊、法隆寺でいいましたら、金堂、塔、講堂を造るとしたら、どの位置に、どの方角で、どんなふうに出来上がるかということを考えないけませんな。口伝に「伽藍の造営には四神相応《ししんそうおう》の地を選べ」、「堂塔を建てず伽藍を建てよ」というのがありますのや。これにしたがって、伽藍のことを考えるのが一番ですな。

これがすみましたら、設計から積算《せきさん》、木を選ぶこと、これも口伝に、「木を買わず山を買え」というのがありますのや。自分で使う木を実際に山に見に行きます。口伝のことはおいおい話しましょ。

伽藍を建てようとする人の考えを聞いて、それを実際に建てるんですな。古いものを再建するときには、前のものがどんな建物だったのかを調べななりません。土を掘って、柱がどんなふうに立っていたかやら、もうないものの屋根の形がどうなっていたかやら、いろんなものを考えますすな。そのためには土壌のことも、地質も考古学のことも知らななりませんのや。寺の場合はその寺が何宗なのか、それはどんな教えなのかも一応は知らななりませんやろ。

それとなんていうても、ふつうの大工さんと違うのは、使う材料ですな。民家は人が住むものですし、実用的な建物ですな。伽藍は建物そのものが礼拝の対象としての建造物ですわ。材料も大きいですし、古代建築はほとんどが檜《ひのき》ですな。『日本書紀』に「宮殿建築には檜を使え」ということが書かれています。その檜がなかったら世界に誇る木造建築というようなもんは建てられませんでしたな。

檜はいい材です。湿気に強いし、品がいい、香りもいい、それでいて細工がしやすい。法隆寺には千三百年も前の檜がありますが、今でも立派に建っていますし、鉋《かんな》をかけてやりますと、今でもいい香りがしますのや。

「檜」のことや「木を扱うということ」についてはまた後で話しましょか。とにかくふつうの大工さんとの違いは材料がすべて檜で、その大きさも、とんでもなく大きいということですな。材が大きいというのは、ただ規模が大きくなるというだけでなく、えらいことでっせ。これらの大きく年輪を重ねた木で、千年は生きる建物を造る心構えがいるんですから、坪なんぼやというようなことを考えてはいられませんのや。自分ができることを精一杯やる、これが宮大工の心構えというもんじゃないですかな。その気持ちがなければ法隆寺や薬師寺のような伝統的な建造物は恐ろしゅうてようできませんわ。

木を長く生かす

昔の宮大工とこれからの大工の一番の違いといいましたら、まず木の選び方ということでしょうな。口伝に「堂塔建立《どうとうこんりゅう》の用材は木を買わず山を買え」というのがあります。飛鳥《あすか》建築や白鳳《はくほう》の建築は、棟梁《とうりょう》が山に入って木を自分で選定してくるんです。それと「木は生育の方位のままに使え」というのがあります。山の南側の木は細いが強い、北側の木は太いけれども柔らかい、陰で育った木は弱いというように、生育の場所によって木にも性質があるんですな。山で木を見ながら、これはこういう木やからあそこに使おう、これは右に捻《ねじ》れているから左捻れのあの木と組み合わせたらいい、というようなことを見わけるんですな。これは棟梁の大事な仕事でした。

今はこの仕事は材木屋まかせですわ。ですから木を寸法で注文することになります。材質で使うということはなかなか難しくなりましたな。材質を見る目があれば、この木がどんな木か見わけられますが、なかなか難しいですな。

この大事なことを分業にしてしまったのは、やっぱりこうしたほうが便利で早いからですな。早くていいものを作るというのは悪いことではないんです。しかし、早さだけが求められたら弊害が出ますな。

製材の技術は大変に進歩しています。捻れた木でもまっすぐに挽《ひ》いてしまうことができます。昔やったら木を割りますから、まっすぐに製材しようと思うたら木を見わけなりません。ですから逆に言いましたら、今の大工のほうが難しいんですわ。木の癖を隠して製材してしまいますから、見わけるのによっぽど力が必要ですわ。製材の段階で性質が隠されても、そのまま捻れがなくなるわけではありませんからな。必ず木の性質は後で出るんです。それを見越さなならんというのは難しいでっせ。なかなかできませんわな。

そうした木の性格を知るために、木を見に山に入って行ったんです。それをやめてどないするかといいましたら、一つは木の性格が出んように合板にしてしまったんですな。合板にして木の癖がどうのこうのといわないようにしてしまったんですわ。木の持つ性質、個性を消してしまったんです。

ところが、癖というのはなにも悪いもんやない、使い方なんです。癖のあるものを使うのはやっかいなもんですけど、うまく使ったらそのほうがいいということもありますのや。人間と同じですわ。癖の強いやつほど命も強いという感じですな。癖のない素直な木は弱い。力も弱いし、耐用年数も短いですな。

ほんとなら個性を見抜いて使ってやるほうが強いし長持ちするんですが、個性を大事にするより平均化してしまったほうが仕事はずっと早い。性格を見抜く力もいらん。そんな訓練もせんですむ。それなら昨日始めた大工でもいいわけですわ。

でも本来、職人というのは早さが手柄だったから早さを競ったんです。そのために訓練もし、工夫も凝らした。ところが仕事を頼むほうがもっと早いことを希望しだしたんですな。プレハブでもいいから早いほうがいいというわけですな。

そうすると、今までは手の道具で早さを競っていたものが機械になり、その機械も早さを競ってどんどん進歩するんですな。まったくこんな必要はないんでっせ。こうなりますと、木の性質というようなもんはまったく無視されてしまいますな。よく乾燥していない木を精密に機械で削っても、すぐに縮みますし、まっすぐなのもそのときだけで、ゆがんでしまいますわ。それでもいいというんですな。

そして逆にこんどは使いやすい木を求めてくるんですな。曲がった木はいらん。捻れた木はいらん。使えないんですからな。そうすると自然と使える木というのが少なくなってきますすな。それで使えない木は悪い木や、必要のない木やというて捨ててしまいますな。これでは資源がいくらあっても足りなくなりますわ。そのうえ大工に木を見抜く力が必要なくなってくる。必要ないんですからそんな力を養うこともおませんし、ついにはなくなってしまいますすな。木を扱う大工が木の性質を知らんのですから困ったことになりますすわ。

依頼主が早よう、安うといいますやろ。あと二割ほどかけたら二百年は持ちまっせというても、その二割を惜しむ。その二割引いた値段で「うちは結構です」というんですな。二百年も持たなくて結構ですっていうんですな。千年の木は材にしても千年持つんです。百年やったら百年は少なくても持つ。それを持たんでもいいというんですな。ものを長く持たせる、長く生かすということを忘れてしまっているんですな。

昔はおじいさんが家を建てたらそのとき木を植えましたな。この家は二百年は持つやろ、いま木を植えておいたら二百年後に家を建てるときに、ちょうどいいやろといいましてな。二百年、三百年という時間の感覚がありましたのや。今の人にそんな時間の感覚がありますかいな。もう目先のことばかり、少しでも早く、でっしゃろ。それでいて「森を大事に、自然を大切に」ですものな。木は本来きちんと使い、きちんと植えさえすれば、ずっと使える資源なんでっせ。鉄や石油のように掘って使ってしまったらなくなるというもんやないんです。植えた木が育つまで持たせる、使い捨てにしないという考えが、ほんのこのあいだまでありました。本来持っている木の性質を生かして、無駄なく使ってやる。これは当たり前のことです。この当たり前のことをしなくなったですな。

木を生かす。無駄にしない。癖をいいほうに使いさえすれば建物が長持ちし、丈夫になるんです。私らはそのために技術を伝え、口伝を教わってきたんですからな。もう少しものを長い目で見て、考えるということがなくてはあきませんな。今はとにかく「使い捨て」という言葉が基本になってしまっているんですな。

木の二つの命

檜のことについてはこれまでずいぶん話をしてきました。今の私があるのは木を扱うことから始まり、みんな木から教わり、教えられてきたことですからな。また木のことしか知らないというてもおかしゅうないようなもんですわ。宮大工が木といいましたら檜です。この檜があったからこそ日本に木造建築が育ち、世界最古の建造物を残すことができましたんや。

日本の文化のなかで木が占めるものも多いんと違いますか。『日本書紀』に「宮殿建築には檜を使え」ということが書いてありますのや。杉と楠《くすのき》は舟を造るように、槇《まき》は死体を納める棺《ひつぎ》にせよということも書いてありますな。

この時代、日本人はすでに檜の特性を知りつくしておったんですな。ですから法隆寺も薬師寺もみんな檜でできていますな。ところが時代が下がりまして檜が手に入らんようになると欅《けやき》を使い出す。欅がなくなると、こんどは栂《つが》を使う。江戸時代はだいぶ栂を使っていますな。こうなると檜のよさがなくなり、長持ちのせん建物になります。解体修理された跡にも栂がありますが、やっぱり持ちませんからすぐに直さんといかんようになる。

法隆寺や薬師寺の建物は大陸から仏教と一緒に入ってきたものです。大陸には本当の意味での檜はありませんな。似たものはありますけど、本当の檜ではありません。檜は日本の特産です。それなのに、『日本書紀』に「宮殿には檜を使え」というていることは、そのころにはすでに檜を使うという経験を積んでいて、そのよさを十分に知っておったということですな。檜は品がよくて、香りが高くて、長持ちするということを知っておったんでしょう。

よく建築は大陸から学んで、そこから日本の建築が起こったというふうにいいますけど、出雲大社《いずもたいしゃ》でも今の三倍も大きかったそうでっせ。卑弥呼《ひみこ》の時代にも柵《さく》を建てたりして木を使っていたでしょうから、木のことはそれなりに経験を積んでいたんでっしゃろな。仏教建築の軒の反《そ》りは大陸から教わったでしょうが、木の扱いなんかは日本人もすぐれたものを持っていたと思いますな。

檜は長持ちするうえに大工にとって使いやすい木ですわ。鑿《のみ》も切れるし、鉋《かんな》もよくきく。松なんかとは、えらい違いや。手斧《ちょんな》ではつっても檜は木《こ》っ端《ぱ》がずっとめくれてきますな。松はねじけてるさかい、木っ端があっちいったり、こっちいったりして危ないわ。欅ももうひとつ使いにくいですな。しかし、この檜、ただ素直で柔らかく、使いやすいというだけやおまへんで。

新しい材料のときは釘《くぎ》を打つにしても軽く打てますが、時間がたったら木が締まって抜けなくなりますな。五十年たったらもう抜けませんわ。下手にやったら釘の頭がぴーんと飛んでしまいますな。檜はそれほど強い木でもありますのや。そういうことを体験的によう知っていましたのやな。

中国の場合は木造建築といいましても純粋なもんではありませんからな。みな仮に柱を建てて、柱の間を壁にせずに煉瓦《れんが》を積んで壁を造っていますわな。それを木舞《こまい》を造って壁を塗るというのは日本の考えですわ。それまでの日本の建物は穴を掘って、そこに柱を建てる「掘《ほ》っ建《た》て」式やったのが、礎石《そせき》を置いてその上に柱を建てるようになったんですな。この掘っ建て式やと木が腐るんです。一番底や地上は腐らんのですが、地上に接するところがだめになりますな。その掘っ建て式のものを造っていたときも、檜やなかったらあかんということをよくよく経験してたんでしょう。檜は湿気に強いですからな。その後、礎石を置くようになったから法隆寺の柱も千三百年たっても持つようになったんでっせ。いくら檜が強いといいましても、それだけでは建物は持ちませんのや。檜を生かす技術と知恵がなければなりません。掘っ建て式のままですとな、これでは電信柱と同じで、そう長くは持ちません。それこそ二、三十年がいいとこでしょうな。木の電信柱は土の接するところにたっぷり防腐剤のコールタールを塗っていますけど、三十年も持ちませんからな。ここらの飛鳥人《あすかびと》の偉大な知恵については後でまた話しましょ。

この時代の木の話を続けましょうか。その前に、『日本書紀』にどないなことが書かれているかを紹介しておきましょう。そのころの人たちの木に対するすぐれた考えがようけわかりますから。『日本書紀』の巻第一です。

「素戔嗚尊《すさのをのみこと》の曰《のたま》はく、『韓郷《からくに》の嶋《しま》には、是金 銀《これこがねしろかね》有り。若使《たとひ》吾が児《こ》の所御《しら》す国《くに》に、浮宝《うくたから》有《あ》らずは、未《いま》だ佳《よ》からじ』とのたまひて、乃《すなは》ち鬚髯《ひげ》を抜きて散《あか》つ。即《すなは》ち杉《すぎのき》に成る。又、胸の毛を抜き散つ。是《これ》、檜《ひのき》に成る。尻《かくれ》の毛は、是柀《まき》に成る。眉《まゆ》の毛は是櫲樟《くす》に成る。已《すで》にして其《そ》の用《もち》ゐるべきものを定《さだ》む。乃ち称《ことあげ》して曰《のたま》はく、『杉及び櫲《く》樟《す》、此《こ》の両《ふたつ》の樹《き》は、以《も》て浮宝《うくたから》とすべし。檜《ひのき》は以て瑞宮《みつのみや》を為《つく》る材《き》にすべし。柀《まき》は以て顕見蒼生《うつしきあをひとくさ》の奥津棄戸《おきつすたへ》に将《も》ち臥《ふ》さむ具《そなへ》にすべし。夫《そ》の噉《くら》ふべき八十木種《やそこだね》、皆能《みなよ》く播《ほどこ》し生《う》う』とのたまふ。時に、素戔嗚尊《すさのをのみこと》の子《みこ》を、号《なづ》けて五十《い》猛命《たけるのみこと》と曰《まう》す。妹《いろも》大屋津《おほやつ》姫命《ひめのみこと》。次に枛津姫命《つまつひめのみこと》。凡《すべ》て此の三《みはしら》の神、亦《また》能く木種《こだね》を分布《まきほどこ》す。即ち紀伊国《きのくに》に渡し奉《まつ》る。然《しかう》して後《のち》に、素戔嗚尊《すさのをのみこと》、熊成峯《くまなりのたけ》に居《ま》しまして、遂《つひ》に根国《ねのくに》に入《い》りましき。」

木種播《ま》きの条です。

この伝承にしたがって仏の伽藍《がらん》を檜一筋で造ってきたんです。ここでもうひとつ大事なことは食べる木の実の種を八十種も播いたというんですな。米がまだなかった神代の時代には木の実が主食やったでしょう。その木の実を節約して山々を緑にしようとしたというてるんでっせ。今ではこうした考えや精神をなんにも引き継いでおりませんな。

大きな伽藍を造るには大きな檜がいるんです。たとえば薬師寺の、現在再建《さいこん》している伽藍やったら、どうしても樹齢二千年前後の檜が必要なんです。原木の直径が二メートル前後、長さが十五メートルから二十メートルの檜が必要なんですな。そうすると、どうしても樹齢が二千年前後になりますな。木曾《きそ》は日本の檜の名産地やけれども、ここには樹齢五百年ほどのものしかありませんのや。それぐらいの木では伽藍造りには不向きなんです。長さが足りず、太さが足りんのですわ。

今から二千年、二千五百年前といいましたら神代の時代でっせ。

こんな樹齢の檜は、現在では地球上には台湾にしかありませんのや。実際に台湾の樹齢二千年以上という檜の原始林に入ってみましたら、それは驚きまっせ。それはどの木が立ち並ぶ姿を目にしますと、檜ではなく神々の立ち並ぶ姿そのものという感じがして、思わず頭を下げてしまいますな。これは私だけやなしに檜の尊さを知っている人はみんなそうだと思います。檜の寿命は二千五百年から三千年が限度ですが、杉やったらこれが一千年、松やったら五、六百年ぐらいですかな。

木の命には二つありますのや。一つは今話した木の命としての樹齢ですな、もう一つは木が用材として生かされてからの耐用年数ですわな。

檜の耐用年数が長いということは法隆寺を例に取ればよくわかりまっしゃろ。法隆寺の創建は西暦六〇七年ごろと思われますが、六七〇年に炎上し、再建されたのは私にはよくわかりませんが、少なくとも六九二年以前やと考えられます。ということは今から千三百年前には建てられていたことになりますな。

この建物を昭和十七（一九四二）年に五重塔の、二十年には金堂の解体修理を始めました。創建以来このときまで解体修理はされておりませんのや。それぞれ十年ずつかけて修理したんですが、このときまで部分的な修理はありましたが、千三百年も建物が持っているんですな。

これはすごいことでっせ。

それもただ建っているというんやないんでっせ。五重塔の軒を見られたらわかりますけど、きちんと天に向かって一直線になっていますのや。千三百年たってもその姿に乱れがないんです。おんぼろになって建っているというんやないんですからな。

しかもこれらの千年を過ぎた木がまだ生きているんです。塔の瓦《かわら》をはずして下の土を除きますと、しだいに屋根の反りが戻ってきますし、鉋をかければ今でも品のいい檜の香りがしますのや。これが檜の命の長さです。

こうした木ですから、この寿命をまっとうするだけ生かすのが大工の役目ですわ。千年の木やったら、少なくとも千年生きるようにせな、木に申し訳がたちませんわ。そのためには木をよくよく知らなならん。使い方を知らななりませんな。

これは大きな寺や伽藍だけの話やありませんで。民家でもそうです。民家の柱でも六十年ほどの寿命がありまっしゃろ。それやったら六十年は持たせなあきませんわ。それを二十年ほどで壊して材を捨ててしまったんでは、日本に木がどんなにようけあっても足りませんがな。生きてきただけの耐用年数に木を生かして使うというのは、自然に対する人間の当然の義務でっせ。そうしたら木の資源がなくなることはありませんがな。木というものはそないなもんですわ。

木は大自然が生み育てた命ですがな。木は物やありません。生きものです。人間もまた生きものですな。木も人も自然の分身ですがな。この物いわぬ木とよう話し合って、命ある建物に変えてやるのが大工の仕事ですわ。

木の命と人間の命の合作が本当の建築でっせ。飛鳥の人はこのことをよう知っていましたな。

檜の命の長さを知り、それを生かして使う知恵を持っとったんですわ。檜のよさと、それを生かして使った飛鳥人の知恵の合作が、世界最古の木造建築として生き残ってきた法隆寺です。法隆寺や薬師寺はそのことをよう教えてくれてますわ。

礎石の大切さ

子供のころ、おじいさんによく礎石の据え方をしこまれたもんです。法隆寺の柱はみんな石の上に乗っていますな。あの石を礎石というんですが、すべてのものの基礎、いしずえですな。大工の仕事を見てますと、おじいさんが呼ぶんですわ。行きますと、そこに大きな石がいくつも置いてありましてな。その一つを指しまして、この上に柱を立てるとしたら石をどう置いて、どこに柱を立てたらいいか考えてみい、というんですな。

子供心に考えますな。平たいところを捜しまして、こない置いたら上が平らになるし、このまんなかに柱を立てたら、礎石のまんなかにすっきりと柱が立って見た目がいいんとちゃうかなと考えますわな。

しばらくしましたら、おじいさんが来ますな。

「どない置くんや？」

こう聞きますから、こんなふうに石を置きまして、ここに柱を立てたらいいんとちゃいますか、と答えますな。

あきませんのや。

「もう一度、中門の柱がどないなっとるか見てきてみい」

こうですわ。それで見に行きますわな。そうです。私にとって法隆寺は何をするにもお手本ですわ。わからんことが起きましたら、法隆寺の境内《けいだい》を見に歩きますわ。今でもそうでっせ。何年たってもそれは変わりませんわ。いっこうに飛鳥の工人の域に達しませんですな。すべての基礎があすこにありますのや。

まあ、それで見ますな。えらいしっかり立ってるな、これが千三百年も立っとるのか、それにしてもわしの考えと、どこが違うんやろと思いますな。わかりませんわ。礎石がどないふうに置かれているかということは。ただ、柱というもんは石のまんなかに立っているのとは違うんやなぐらいですな、気がつくのは。それやって何度も行かされ、叱《しか》られて、そう考えたんでしょうな。

それで帰りまして、そのことをおじいさんに言いますやろ。そしたら初めて教えてくれるんですわ。

「石の重心というのは石のまんなかにあるんやないで。石が一番太うなってるそこにあるんや。そやから見た目がいいというて、そこに柱を立てたらどないなる。そこに建物の力が全部かかるんやで。それに耐えられるか。はじめはいいやろ。しかし時間がたったら必ずゆがんでくる。礎石がゆがんでどうする。礎石というのは何があっても、そこにそのままあらなならんのや。たとえ建物が焼けても礎石というもんはそのまま残るんや。それが礎石というもんや」

まあ、こないなことをいいましてな。

礎石の上に柱を立てるというのは簡単なようですが、なかなか難しいんでっせ。まず柱を立てるところを掘りまして、割栗石《わりぐりいし》を埋めてつき固めますな。そこに粘土を敷きまして礎石になる石を置くんです。その置き方がさきほどの話ですな。重心の上に柱が来るように石を据えななりません。そのためには下に割栗石を埋めたり、礎石を安定させるために、ようよう考えてやらななりませんやろ。

まあそれで礎石が置かれますな。この上に柱を乗せますのや。今の土台みたいにコンクリでできていません。自然石ですわな。上がまっ平らで、そこにぽんと置いてボルトで止めればいいというわけにはいきませんな。自然石やから、一つ一つ、石の表面が違いますな。それに合わせてコンパスや「オサ」という道具で石の凸凹通りの印をつけまして、それに合わせて柱を削りますのや。この作業は「ひかりつけ」といいますが、面倒なことですわ。

それでもこれがあるから建物が千三百年も持つんですな。

ただ作業が早いだけがいいのなら、コンクリや割って平らにした石を使こうたほうがいいでっしゃろ。石を平らに割るぐらいのことはとうにできていますからな。それをしなかったんですな。面倒を乗り越えて捜してきた、一つずつまるで違う自然石に合わせて一本ずつ柱の底を削って乗せたんですな。

このほうが丈夫やったんです。柱の木は全部個性がありますし、強さも違いますな。それが同じ石の上に乗せられ、同じように揺すられて同じ力が出せますか。地震が来たとしましょうか。いっせいに揺れますわな。今の建物やったら土台はボルトで止められていますから、みんな同じ方向に揺れ、「遊び」というもんはないですな。揺れをすべて同じ方向に取ってしまいますわ。軍隊の行進みたいなもんです。揃《そろ》っていていいようですが、上で揺すられる建物はたまりませんわ。上に行くほど揺れは大きゅうなって、しまいには崩れてしまいます。こんな揃ったのがいいんやないんです。

自然石の上に立てられた柱の底は方向がまちまちです。地震が来て揺すられても力のかかり方が違いますわ。それとなによりボルトのようなもので固定されていませんわな。

ですから地震が来ましたら揺れますし、いくらか柱がずれるでしょうな。しかし、すぐに戻りますな。こうしたそれぞれの違った「遊び」のある動きが地震の揺れを吸収するんですわ。

そりゃ計算は立ちませんやろ。こう来たらこない動くということ全部がわかるわけやないんですから。木の強さも全部違いますし、石の振動も違いますからな。それでもこの方法がいいということは法隆寺の建物が証明してくれてますな。

日本の木造建築が礎石によって長持ちするようになったというのは、ただ石の上に柱を乗せて腐るのを防いだというだけではなかったんですな。

木の触り心地

礎石のことだけでなく、大工の技術ということを紙に書いて、文字や絵で教えられ、伝えられたらいいんでしょうが、そうはいきませんものな。

どうしても自分で実際にしてみなあきませんやろし、木も触ったり、匂《にお》いをかいでみな、わかりませんものな。これは簡単に口や本では教えようがないんですな。宮大工が木を使って大きな建物を造るかぎり、木のことを知らななりませんやろ。木のことを知らんで塔や堂は建てられませんわな。

木がコンクリートや鉄のようにみんな同じものとして勘定できたり、縮んだりせずに強度や耐用年数が均一に計算できたらいいんですが、そうはいきません。そうはいかんものを、最近は木も鉄やコンクリートと一緒くたに考えているからやっかいですのや。まあ、木に触ったり、いじったり、匂いをかいだりして一本ずつ違うことや、それぞれまるで癖があって使いようが違うということを知らなりませんから、そうすぐにはできませんやろけどな。

みなさんも杉の香りはわかりますやろ。松もわかりますわな。ほかにも欅《けやき》や栂《つが》、翌檜《ひば》（あすなろ）だとか、それぞれ独得の香りがありますな。檜《ひのき》もわかりますな。

しかし、同じ檜でも産地によって色も香りも触り心地も違いまっせ。また、百年、二百年の木と千年の木とでは、同じ檜でも匂いが違いますのや。匂いというたら鼻でかぐもんですけど、触った感じも匂いと同じように違いますのや。

それと生きて立っているときも、年相応に木にも風格がありますのや。檜はだいたいが茶色な皮をしていますが、年を取った木は銀色に輝いて、苔《こけ》が生えてましてな。すごい木やなというのが見上げただけでも感じられます。

年を取っている木で大きなものでも、中が空洞やウロができているもんは一見若々しいですな。こういう木は周囲だけが生きていますのや。栄養が全体に達しんと、葉のところだけが若々しいんやけど、年を取って中がしっかり詰まっとるのは栄養が回りきらんから黄ばんだような、くすんだ感じがしますんですな。これも弱って黄ばんどるのとは違いまっせ。こういう木は材にしても風格がありますな。

薬師寺の再建で、日本には千年という木はもうないよって、台湾まで見に行きました。あそこには二千年を越える檜もありますのや。二千年というたら千三百年前に伐《き》られた法隆寺の木がそのまま生きて立っているということですな。そりゃ、すばらしいものでっせ。

金堂の柱を作るときに、こうした樹齢二千年の木を持ってきまして四つに割って四本の柱を取りました。この木はすばらしかったですな。金堂の仕事をやっていても、これなら大丈夫やという気がしましたもんな。第一、触り心地が違いますし、木の力というものを感じますわ。

こういう木の感触は言葉では伝えようがありませんな。実際に見て、触って、感じて覚えていかななりません。技術というもんは腕だけやなくて培《つちか》われた勘や感覚に支えられているんですやろな。

飛鳥の工人に学ぶ

檜がいくら耐用年数が長いというても、使い方を誤ればそれも短くなりまっせ。前にも話しましたが、日本古来の掘っ建て式やったら檜でもすぐにだめになります。法隆寺や薬師寺の東塔が千年以上も持っているのは、その時代の工人がすばらしい知恵を持っていたからですな。

今の人は科学が発達してそんな昔の技術なんて古くさいというて相手にしませんやろ。それが間違ごうているんですな。ほんのこのあいだまで、コンクリートは半永久的やというてましたん。みなさんも覚えてるでっしゃろ。もしかしたら今でもそない思っている人は多いんやないですか。研究者や学者やらがそう言いましたからな。それでたくさんのコンクリの建物ができました。私はそない思っていませんでした。コンクリといいましたら、材料は石灰《せっかい》と砂と水でっせ。その結合体がそんなに長くは持つまいと思っていました。せめて三百年持ってくれればいい建築材料ですが、なかなかそうはいきませんな。鉄筋を入れても半永久的というわけにいかないことがわかっています。ほんのこのあいだまで学者たちは古い建築物の再建《さいこん》に鉄を使って長持ちさせろといってきたんでっせ。

みんな新しいことが正しいことだと信じていますが、古いことでもいいものはいいんです。明治以来ですな、経験を信じず、学問を偏重するようになったのは。それは今も変わりませんわ。

しかし、千三百年前に法隆寺を建てた飛鳥の工人の技術に私らは追いつけないんでっせ。飛鳥の人たちはよく考え、木を生かして使っていますわ。耐用年数というのは材になってからの木の命やといいましたが、そこらにばらばらになって転がって、まだ使える木というんではないんでっせ。ちゃんと建造物として生き、その部材としてあの大建造物を支えている木なんですからな。

木の癖を見抜き、それを使うことができ、そのうえ日本の風土をよく理解し、それに耐える建造物を造っているんですからな。風も吹きますし、雨も降る、暑いお日さんに照らされもすれば、雪や霜にも当たっている、そのうえ地震もあって、千年以上建っているんでっせ。その当時は千年というような長い時間を計算したわけやないでっしゃろけど、きちんと造りさえすれば永いこと持つやろと考えたんですな。よくできてまっせ。

よく話しますが、お手本である大陸の建物との違いは軒が非常に長いということです。お手本といいましても、大陸には法隆寺のような古い木造の建物は残っていませんけどな。

山西省《さんせいしょう》にある仏宮寺《ぶつぐうじ》の八角五重塔が唯一《ゆいいつ》の木造建築として現存していますが、これとて、日本の年代でいえば平安時代でっせ。法隆寺や薬師寺の伽藍の元になると思われる木造建築は見当たりませんのや。

この建物と日本のものと比較するとおもしろいことがわかりますので、少し話しましょうか。

仏宮寺は現存する中国最大の木造建築ですが、ここの八角五重塔を図面や写真で見ましたら、木割りが粗大ですし、組み方も雄渾《ゆうこん》で法隆寺の飛鳥建築に一脈通じるところがあります。しかし、その規模の大きさ、壮大さというたら日本の建築とは比較になりませんな。

仏宮寺の五重塔は直径が七五尺八寸、高さが二〇八尺、初重平面積一四八坪でっせ。法隆寺の五重塔は高さが一〇八尺、初重が一二・五坪しかありませんがな。八角やないけど同じ五重塔でっせ。坪数を比較すると仏宮寺は法隆寺の一一・八四倍ありますのや。それでいて高さはたったの一・九三倍です。これを見ましたら仏宮寺は大きくて低い、法隆寺は細くて高いといえますな。中国はずんぐりむっくり、日本はすらっとしています。

このほかにも日本には、ただ一つだけ八角の三重塔があります。長野県の小県郡《ちいさがたぐん》（現在は上田市内）別所《べっしょ》にある安楽寺《あんらくじ》です。ここには仏宮寺と同じ様式で創建された三重塔があります。

この塔の直径は一三尺五寸二分。高さが六一尺五寸五分。平面で仏宮寺はここの一一倍、高さは三・三八倍です。いかに仏宮寺がずんぐりしているかわかりまっしゃろ。問題はそうした形のことやなくて、平面の広さに対する軒先の広さですわ。仏宮寺は、平面積が一四八坪、軒面積が一〇七坪で、七二・三パーセント。

同じ八角の法隆寺の夢殿は、平面積が三一・八坪、軒面積が四八・二坪で、一五二パーセント。建物の平面積の約一・五倍も軒がありますのや。安楽寺の三重塔はこの数字が約四倍になり、法隆寺の五重塔に至りましては約四・三倍もありますのや。

中国には残念ながら、木造建築は仏宮寺のこの建物しか残っておりませんが、ずいぶん軒が短いことがわかりますすな。これから推測するに、私らの先祖の飛鳥人がお手本にした中国の建築もまた軒面積が小さかったと思われます。

これは中国では雨が少なく、石造りや煉瓦《れんが》造りのため、軒が少なくてすんだんでっしゃろが、飛鳥人はこれを手本にしながら、法隆寺に至っては四倍もの軒面積を持つ建物を造っていますな。これはどうしてやと思いますか。

建物で軒を長くするというのは大変なことなんです。それだけ屋根が重くなりますし、それを支える垂木《たるき》も長くなる。そうしたら、その軒の重さをどうやって支えるかという問題が出てきますのや。簡単に軒だけ伸ばすというわけにはいきません。軒を長くするというのは大問題です。それを敢《あ》えてやっている。しかも少し伸ばすんやなしに一気に四倍もでっせ。

私は考えますのや。ここに飛鳥の工人の知恵と自然に対する心構えがある、と。

飛鳥人は自分らの住む日本の自然を深く理解していましたな。理解というよりも大自然のなかに生かされているということを体で知っておった、体得していたのやと思いますな。

雨が多く、湿気の強い日本の風土では、軒を長くして雨を防ぎ、建物を乗せる基壇《きだん》を高くして地面からの湿気を防ぐことを考えたんですな。それでいてそれまでの日本式の掘っ建て式はやめて、これは大陸から教わった通りに礎石式に改めています。これは飛鳥人が本当に深く自分の国の風土を理解したうえでの創造でっせ。

私たちはずいぶん飛鳥人から学ぶことがありまっせ。木組みにしても、木の使い方にしてもすばらしいもんです。ですから法隆寺の七伽藍《がらん》すべてが今に残り、薬師寺の東塔が創建のまま残ったんですな。その技術のすばらしさはこうした建物が証明していますわ。残っておったというんやなしに、目の前に建っており、今もその美しさを崩しておらんのですからな。

しかし、それがずっと続いてきたかといいましたら、残念ながらそないなことはありませんのや。飛鳥の力強さ、白鳳の洗練と、すばらしい建物が残っておりますのに、天《てん》平《ぴょう》になりますと、残っているのは総国分寺であった東大寺の転害門《てがいもん》だけでっせ。南大門は鎌倉《かまくら》の再建、大仏のおられます金堂は元禄《げんろく》の再建ですがな。

各国に造られた国分寺に至っては一つも残っておりませんで、あるのは伽藍跡だけですわ。国々にあった数十の伽藍の建物が一つも残っていないということは不思議なことですな。一つは兵火で焼かれたということがありますわな。それと総国分寺に全国の有能な技能者が集められ、国分寺のほうに技術者が不足していたのではなかったんでっしゃろか。そやから国分寺の造営に技術のうえで不十分なところもあったんでしょうな。それとお上の命令で急いで造営され、用材の面でも技法の面でも思うようにいかなかったことと思われますな。「木組みは木の癖組み」というようなことを生かしている時間がなかったんですやろな。

建築というもんは大自然の風雪に耐えに耐えねばなりませんよって、構造に重点をおかななりません。飛鳥の建築は実にみごとな構造になっていますわ。人間でいえば横綱みたいなもんですな。締め込み一丁でなんの飾りもないが、堂々としてますな。力強いですわ。古代建築の構造の部材の先端は柱の外へ突出してますねん。そうやって軒を支えていますのや。そうして建築美を構成しています。それが時代が下がるにつれて構造の主体が忘れられていくんですな。装飾に走るようになる。一度そうなると新しいものを追いかけて、使い捨ての考えになっていくんですな。

法隆寺大工の口伝は、伽藍造りの基礎を忘れるな、塔や堂はどうあるべきか、木はどう選び、どう使うのかということを教えているんですな。こんな体験の累積《るいせき》やと思います。それと工人、棟梁《とうりょう》の心構えですな。これはみんな飛鳥の工人が残してくれたものですからな。

古い材は宝もの

古い材というのはなんでんな、触ると温かい気がしますな。そして触った感じが柔らかいと思いますな。解体修理をしてますと、いろんな時代の木に触りますが、昔の人の木の使い方、木に対する考え方がわかってきておもしろいもんでっせ。木の使い方の妙といいましたら、それこそ現代の大工では足下《あしもと》にも寄らんと思わされますな。

法隆寺の塔や薬師寺の塔のなかに私らは入りますな。塔のなかは外側と違いまして、そのしくみがよくわかりますのや。表側は削ってきれいにしてありますけど、奥のほうでがっしりと木が重なりあっていましてな、それがよう計算されているんですな。塔を支えるために木がしのぎを削っていますのや。それを見ましても昔の大工が木をどう考えていたかが、よくわかります。癖の強い木をうまいこと生かしましてな、右に捻《ねじ》れる木と左に捻れる木を組み合わせてあります。

創建以来、何回も、さまざまな時代に大規模な修理がされていまっしゃろ。そこに使われた古材を見ていますと、時代によって木や建物に関する考え方の違いがよくわかりますのや。

時代が下がり、現代に近づくにつれて考えが不健康になりますな。檜《ひのき》を使い、木の性質を上手に利用する心がなくなりますな。先人が考え、組み上げてきた木に対する知恵を無視して、形だけのおざなりなものになっていきます。材が檜だけでなく、欅《けやき》や栂《つが》、松なんてものも使い出しますし、木を組み合わせている理由を忘れてしもうて、形式を優先させて考えるようになっているのが手に取るようにわかりますな。

木に残された道具の跡を見ても、それを手がけた職人の腕や心構えが見えてきまっせ。丁寧だが、めりはりのある手斧《ちょんな》の跡、鑿《のみ》で彫り込んだ枘《ほぞ》に何気なく残された職人の腕のよさ。とにかく飛鳥の当時は一本の木から鋸《のこぎり》や製材機で板を挽《ひ》くのやおまへんやろ。大きな木を割って板を作りますでしょ。これは木の性質をよく知ってな、うまくいきませんわな。今みたいに電動の工具で強引に板に仕上げてしまうというわけにはいきませんのや。じっくり乾燥させた木の性質を見極めて、これは板材にいい、これをこう割ればこんな性質の板が取れるということをようよう考えてありまっせ。

そうやって作り出された木は肌触りがよくて、力がありますな。やさしゅうて力持ちですわ。それと板一枚とはいえ、それだけで役目が終わっているんじゃないんです。隣りの板としっかり組み合わさらないけませんし、板を支える柱やらの構造材とも繋《つな》がって建物を支えているわけですからな。そういうことが解体のときや修理のさいに、よくわかりますのや。

これが室町あたりからだめになってきますな。まず、木の性質を生かしていない。だから腐りやすく、すぐに修理をせないかんようになってきます。ひどいのは江戸ですわ。慶長の修理に至りましては、いやいややったのがよくわかります。大名に言いつけられて予算内で上げようとしてやったんでしょうな。神仏を崇《あが》めるとか、聖徳太子の意思を伝える建物というようなことは何にも考えていませんな。やればいい、できたらいい、それもできるだけ安うあげとこ、というのがよくわかりまっせ。釘《くぎ》なんかでも細く、鉄も質が悪くなりますな。戦争で武器に鉄を回して材料がないということもあるんでしょうが、それだけやないですな。自分たちが造ろうとするものに対して最善を尽くそうとする姿勢が見られませんな。

軒に出ている木にしましても、長いあいだ雨風に曝《さら》されておりますと、どうしても軒の先が傷《いた》んできますな。直すのはほんの先っぽでも、構造物というのはそこだけ簡単に取り替えるというわけにはいきません。それをそのたびに丸ごと取り替えていたんではもったいないですし、大変でっしゃろ。それで奥のほうを長くして残すんですわ。前が腐ったり傷んだりしたら、そこを切ってひっぱり出すんですな。それでまたしばらく持ちますわ。そういうもんなんです。木を大事に長く使うという考えですな。

ちょっとしたことです。そういうことをしだいに忘れてしまうんですな。いや知っていても、予算や言いつけられた通りにするだけでいい、後のことは考えないとなると、せんようになるんです。木に対する心づかいがのうなって、上の者の指示にだけしたがってしまうんですな。

そうした江戸のころの修理や木の扱いを見ていますと、考えが現代に似て荒《すさ》んでいますな。木は正直でっせ。仕事は残るんですわ。仕事の一つ一つに考えまでが出てしまうんですな。木というものはそういう痕跡《こんせき》を残す不思議なもんなんです。

古材が何回も使われていることがよくあります。一度ある部分で使ったものを次の修理のときに寄せましてな、それをほかの部分に再利用するんです。そのときの釘の跡が元の建物の再建や形式を考えるさいに役に立つんですな。こういうことは大工が実際に木を扱い、釘を打つからわかるんです。こんなことでも学者と論争したことがありますな。学者から見れば釘の跡なんて何の役に立つかと思うたんでしょうが、釘の打ち方というのは一本一本違いますから、釘の配列の跡を調べるだけでいろんなことがわかりますし、こんな性質の木やったらこんな部分に使こうたやろうなということも見当がつきますさかいな。

それと昔の人は古材をよく使っております。知らん人はこれを資源がのうなって使ったんやろとか、財政的に困ったんじゃないかとか考えまっしゃろけど、違いますのや。

檜は材になっても生きてますのや。千年たっても鉋《かんな》をかけてやれば、いい匂《にお》いがしまっせ。瓦をはずしてやれば、重しをはずされた塔の隅木《すみぎ》は何日かでもとの位置にすっと戻っていくんです。生きている木は最後の寿命が終わるまで使ってやるのが大工の務めです。ですから古材とはいえ使うんですな。

それはかりか、古いからよいという場合も多いんでっせ。伐《き》って乾燥させても若い木はまだわがままですし、癖が消えません。そりゃ、そうですわ、千年の木やったら千年の癖がついていますわ。十年やそこら乾燥させたというても、まだまだわがままで当たり前です。人間と同じですな。新しい木では減りますし、空《す》きます。木は長いことかかって収縮するんです。大工やったら、こういう木よりも落ち着いた木を使いたいというのが本音ですな。古材はそういう癖が抜けているんです。素直な、いい木になりますのや。

こうした木は厨子《ずし》や細工の細かいところに使うのにいいんです。年月がたってますから力に耐える構造材としては向かんでも、木肌《きはだ》が落ち着いて、柔らかさが出て、それでいて品のいい色気というんですかな、そういうよさが古材にはあるんです。工芸品は漆《うるし》を塗るもんが多いですな。これが若い木やったら水分が残っていますので時間がたちますと、その水分で腐ってきますのや。古い材やったら、水分が抜けているから肌が滑らかで、ぎすぎすしてなくて漆のつきがいいんです。柔らこうてな、いいもんでっせ。

それを使こうてやらな、罰が当たりまっせ。何でも古いというのが悪いものというのは考え違いですな。新しいものでは担《にな》えない役目というのがありますのや。時代がたってくると、こういうものの本質や性質を見る力がのうなって、古材のようなものを使えなくなってくるんですな。もったいないし、無駄ですし、力のあるものを捨ててしまうのは罪ですな。こうしたことを知らんと、資源保護というくらいうてもおかしなもんですな。

とにかく古い材というたら宝ものですな。ダイヤモンドや金なら掘ったらまだ出てきますやろが、古い材というたら限りがありまっしゃろ。

木の、本当に使いやすい乾燥時間というたら五十年ほどかかりますかな。それを今は伐り出して製材してすぐ使っていますな。こんなことを考えたら古材を捨てるというのはもったいない話でっせ。

千年の命の木を育てる

前に年取った木の風格の話をしましたけど、木もただ寿命が長ければいいというもんやないんですな。自然保護というて木の命が終わるまで立たしておきたいという考えもありましょうけど、私ら大工にいわせましたら、木の寿命にも限度がありますのや。いくら台湾のいい檜やというても三千年は越したらあきませんな。材として使うなら二千年がいいところでしょう。それを過ぎましたら、用材としてのまた別の命を生きるのに不都合ですな。

法隆寺の檜は千三百年ほどのところで伐った木が、その後千三百年をたっても材として生きて使われています。木の命と用材としての命を見極めて伐り出され、使われているんですな。これは天然の木やからいえるんでっせ。植林ではこうはいきませんわ。

人間が種を播《ま》いて育て、山へ移植した木はあきませんわ。せいぜい五百年ぐらいだすな。自然のなかで競争せず、温室のように育ったのはあきませんのや。それと「根を動かす」ということがありますな。たいがい木というのは、生えましたところにじっと育ちますわ。そこで育つわけですから地のなかに根を張っていきますな。小さな石のあいだや隙間《すきま》に根を伸ばしますのやろな。それを移植するときに、根をみんな切ってしまうんですな。やむをえんというて切りますわな。移植するとき、このまま競争させたら二千年もつ木に育つかもしれんというようなことは考えませんやろし、まあ、目の前の木を育てて少しでも多くの木を出そうという考えですからしかたがありませんが、それでは千年という木は育ちませんな。

ぎょうさん木が生えている森のなかでは、種が落ちても芽を出す機会はなかなかありません。種自身は芽を出したい、出したいと思っているんでしょうが、そうは簡単にいきませんわな。第一、日が当たりませんのやから。それがなにかの拍子に上の木が払われたら、わっと、いっせいに芽が吹いて競争が始まるんですな。日が当たるようになると、ぱーっと出る。こうした状態を「芽ばってる」というんですな。手ぐすねを引いて待っているという状態です。そうやって百年も待っていた種が芽を出しますのや。

あとは厳しい競争ですわ。

とにかく競争を生き抜かんことには、千年、二千年という木には育ちませんからな。人間が伐るということもありますやろけど、こうして二千年も生き抜く木というのは、人を寄せつけん岩盤のところやったり、根で岩を割っているような厳しいところに生えていますな。

台湾の山林業者がいうてましたわ、日本の植林のやり方はだめやいうて。皆伐《かいばつ》した跡に、五十年、百年と待っていた種がざっと生えて育ったやつでないと千年の木は作れんて。やっぱり早く利益を得ようというて急ぎ過ぎるんと違いますかな。

農学校で習いましたが、最少の働きで何人の人を食わせるかという基本が忘れられているんですな。今の農家は苺《いちご》が儲《もう》かるといいましたら、みんな苺を植えますやろ。農業の本来の考えというもんがまるっきり変わってきているという気がしますな。人間のために農業や林業があるよりも、儲けるためにあるというふうに考えてますわな。みんな商業的になっています。

木を育てるのも、木を使うのも文化ですわ。それがのうなっていますな。これではとても息の長いものは考えられませんわな。

宮大工棟梁《とうりよう》の自然観

大工は建物を造るのに木を使いますな。木なしには日本の家屋は考えられませんし、伽藍《がらん》もそうですな。技術的には木の性質を知らなんだら本当は木は使えませんわな。それで私は木の扱いに関してはやかましゅう言うんですわ。これは当たり前ですな。それさえ知らん人もおりますがな。口伝《くでん》にも木の扱いに関してはいろいろ教えております。

「堂塔建立《どうとうこんりゅう》の用材は木を買わず山を買え」

「木は生育の方位のままに使え」

「堂塔の木組みは木の癖で組め」

いずれも木の使い方の心構えを説いたものですな。要は自然の教えるままにしなさいと言うているわけです。その自然に対する心構えというのがどうしても大事になりますな。ものを扱うのも技術も、心構えなしには育たんもんですわ。

まずは自然の命というものに対して、もっと感謝して暮らさななりませんな。今の人は空気があって当たり前、木があって当たり前と思っていますけど、水がなかったら命がありませんのやし、生命も育ちませんな。今の人は自分で生きていると思うていますが、自分が生きているんやなしに天地の間に命をもらっている木や草やほかの動物と同じように生かされているということ、それを深く理解せなあきません。

自分だけで勝手に生きていると思っていると、ろくなことになりませんな。こんなこと、仕事をしていたら自然と感じることでっせ。本を読んだり、知識を詰め込みすぎるから肝心の自然や自分の命がわからなくなるんですな。知識はあまり植えつけんほうがいいと思いますな。仏の教えのなかには、あらゆる世の中の現象は人間の心のなかに納められている、人間の心もまた自然のなかにある、というてますな。そして私が今まで説教してきたけれど、それをまねたらあかん。自分自身が生きていくんやから自分自身で悟らないかんということでしょうな。そういうふうに自然を悟れということでしょうな。

私は古代建築のことしか知らんし、それしかしてこなかった。古代の人の魂を汚さないように努めてきた。そのなかで、自分はどうしたらいいか考えたんです。口伝はそうした自然のことを考える手がかりだったんですな。

なにしろ私らの仕事は、材料が自然に育てられた木でしょう。それも千年以上も命を永らえてきた木ですわ。その千年以上も永らえてきた木を使って、自然の大地の上に建物を建てるんですな。私の仕事なんていうのはちっぽけなもんでっせ。この自然の流れのなかで、木を伐って建物に変えるのやから、できるだけ命を永くせな、私の意味がありませんわな。それが仕事ですわ。だから自然を無視して仕事はできません。

大袈裟《おおげさ》なようですが、大工にも自然観が必要なんです。自分より大きな自然というものに対してきちんとした考えを持たなあかんですよ。木を見るにしても、すぐにこれはなんぼの木や、これは五十年しかたっとらんから安い、これは千年やから高い、これではあきませんな。

やっぱりたった一本の木でも、それがどんなふうにして種が播かれ、時期が来て仲間と競争して大きくなった、そこはどんな山やったんやろ、風は強かったやろか、お日さんはどっちから当たったんやろ、私ならそんなことを考えますもんな。

それで、その木の生きてきた環境、その木の持っている特質を生かしてやらな、たとえ名材といえども無駄になってしまいますわ。ちょっとした気配りのなさが、これまで生きてきた木の命を無駄にしてしまうことになるんやから、われわれは十分に考えななりませんわ。

こういうことは農学校を出て、一、二年、百姓をやらされて初めてわかりましたな。自分で育てたものは無駄にしませんし、植物は育てるのにえらく手間やら時間やらがかかるんです。また手をかけただけ大きくなるんですな。そして植物が育っていく、その一つ一つの段階にそれなりの歴史があるんです。

それに自然には、急ぐとか早道みたいなもんはないですからな。春に植えた稲は秋まで育てんと実がつきませんがな。人間がいくら急《せ》かしても焦《あせ》っても、自然の時の流れは早ようなりませんのでな。急いだら米は実らんし、木は太うならん。

昔の宮大工が百姓大工やったというのは理想的な姿かもしれませんな。

自分で米や野菜を作って、仕事があるときに精一杯やる。私らもそうでしたけど、裏の山には樫《かし》の木が植えてありまして、自分の手斧《ちょんな》の柄《え》や鉋《かんな》の台なんかは自分の山から伐った木を、長く納得がいくまで乾燥させてから使いましたものな。自然に密着した生活と仕事、こないやったら自然のことは決して忘れはしませんわな。

それと百姓大工をしてたら食えるから、待つこともできますわな。一度余裕をなくして儲けを追い出したら、時間を待つこともできんし、休むこともできんし、どうしても「早く、早く」ということになりますな。

今の人はみんなそうなってしまいました。そのうえ仕事が細《こま》こう分業になって自然とのつながりがわからなくなってしまったんですな。大工でさえ木がどこで育てられ、どんな育ち方をしたのか見わけようがない。そんな木を使こうて、上から早く早くといわれるし、自分でも少しでも早ようしようとしてますやろ。そんな生活にどっぷり漬かっていますから、自然のことを生活や仕事の場で思い出そうというても無理ですわ。

まあ、こんな時代ですが、ちゃんとした仕事をしようと思ったら自然のことを忘れたらあきませんわ。どんなにしても人間は自然から逃れられませんし、その自然のなかでは木や草とそんなに変わらしませんのやから。

道具と大工の魂

道具は大工の手の延長です。そないになるまで使えなくてはなりません。大工の仕事は頭でするんやなくて、最後は自分の腕で仕上げななりません。そして出来上がった仕事は嘘《うそ》も隠しようもなくその人の腕のままです。法隆寺にしても薬師寺にしても、仕事をした大工の名前はどこにも残りませんけど、仕事だけは千年でも二千年でも建物があるあいだ残るんです。柱に残された槍鉋《やりがんな》の跡、梁《はり》に見られる手斧《ちょんな》の跡、枘《ほぞ》に刻まれた鑿《のみ》の跡、みんなその大工のことを教えてくれまっせ。

一緒にやることになった大工が、どんなにうまいこと言おうと、よい人だろうと、仕事ができなしょうがないですわな。その仕事を成り立たせるのが道具ですわ。道具なしには腕のよしあしはないんです。だから職人は道具を大事にするんです。自分や家族に飯を食わせるのと同時に、自分がどんな人間かを映し出すのが道具です。

それだけじゃないんですが、まず腕がよくなくてはなりませんな。道具を見たら腕がわかるかって聞かれますけど、そりゃ、わかりまっせ。一番大事なものをどう扱っているかを見れば、その人の仕事に対する心構えが見えますな。

それと大工の道具はまず刃物でっしゃろ。これは研ぎを見ればすぐにその人の腕がわかります。どない有名な職人が作った道具でも研ぎが悪ければ使えませんからな。

道具が一番使える年ごろですか？　これは若ければいいというもんやないですな。だからといって年を取りすぎてもあきません。そんなに体を使うというわけやないんですが、目が弱くなると、よう使えるようにはなりませんな。小川三夫《おがわみつお》を弟子にしたのが私が六十一歳のときでしたが、あのころはよう使えたと思いますな。

道具というのはそんなもんです。しゃかりきになって力まかせに使うもんじゃないんですな。大工仕事というのは木を持ちますから力がいらないということはないんですが、道具を使うときは力だけやないんです。力で仕事をしていたら疲れますがな。それと刃物が切れないと力がいりますし、そのわりに仕上がりがきれいでないんです。きれいな仕事をするのが務めですし、そのためにはいい道具、切れる道具、それを使う腕が必要ですわ。

職人は道具に執着がありますな。親父《おやじ》（楢光《ならみつ》）が九十になってから、小川に鉋を買ってきてくれと頼んだそうです。「何するのや」といいましたら、「使うんだ」と答えたそうです。それで一寸八分じゃ重かろうと一寸六分の鉋を買ってきたというてましたが、道具を握ることにそれだけ執着があるんですな。

私はこのところ道具を使うことはないですけど、いつでも使えるようにはなってまっせ。使い込んできた道具ですからな。兵隊に行くときも一つずつ丁寧に油を塗って、帰ってきたらいつでも使えるようにきちんとして行ったもんでしたな。

それと道具を譲るということがありますが、本当にいい道具というのは最後まで使うんですな。鑑賞する美術品の刀なんかと違って、大工道具は使うもんでっしゃろ。ですからいいもんは残りませんわ。鑿なんか、最後まで磨り減ってナイフの尖《さき》ほどにまで使い込みますのや。ですからいい道具というのは残りませんな。

そうそう、道具を使うというたら、こんなことがありました。槍鉋を復元し、それを今でも仕上げに使っていますが、その道具の話を何かのおりにしましたのや。そのとき彫刻をやっとった学生やったと思いますが、試しに挑戦してやってみたいというんです。槍鉋のような初めてのものでも器用な人は上手に使えるもんなんですな。その人も見よう見まねでしたが、なかなか上手に使いました。いい鉋屑《かんなくず》も出ました。しかし、これを研いでみいということになりましたらね、これが難しいんですわ。槍鉋の刃は特殊な形をしてますからな。これは見よう見まねではいきませんのや。これでは道具が使えるとはいいませんのや。道具というのは自分で研ぎ、自分の意思のままに使えて初めて使えるといいますのや。

近ごろ電気の道具やら、一ミリの何分の一まで精密に細工する機械が出てきてますが、どないなもんですかな。電気の道具は力まかせに削ったり切るのに似てますな。切れない刃物を力でカバーするんです。ですからどうしても熱が発生します、焼けるんですな。

木そのものが精密やないんですから精密機械は無駄ですな。そのとき精密に削っても次の日には狂っていますやろ。

近ごろの道具は昔に比べて質が落ちてます。鉄の作り方が違うんでしょうな。鉄は硬ければいいというもんやないんです。「あま切れ」といいまして、柔らこうてよく切れるものがいいんです。そんなものにはめったに出会いませんわな。硬い刃物は硬いものに会いますと、ぱりんと折れます。あま切れのものやったら、曲がることはあっても折れません。それでいて時間がたつと刃が戻りますのや。日本刀や昔の床屋さんの日本剃刀《かみそり》なんかにはいい鉄が使われていましたな。

そうしたいい鉄になかなか出会いませんな。鉄を作る方法が変わって、高熱で早よう処理しますのやろな。いい刃物が手に入らんということは大工にとっては困ったことですし、技術も変わりますのや。いい刃物があってこそできた技術が、悪い刃物でできるはずがありませんやろ。鉋をかけた木の面と面を合わせましたら、ぴったりひっついて離れんぐらいのことはちょっとした職人やったら誰でもできました。ところが刃物が悪かったり、電気鉋ではこないなことはできませんな。そんな技術が必要とされていないという人もいますが、違いますな。

下手でできん、道具も腕も悪くてできんのと、できるけど必要ないからしないというのは違いますやろ。飛鳥《あすか》や白鳳《はくほう》の工人にできたことが、時代が進むにしたがってできんようになるというのは、道具や腕のせいもありますが、それを使う工匠の心構えが違ってきたり、木の癖をつかむことを忘れてしまったりしたからですな。道具だけやなくてそれを扱う以前の問題ですが、これは道具にあらわれるんです。道具の質が落ちたら技術も心も落ちますな。そういうもんでっせ。

今は電動の機械がたくさん出てきましたな。これと手で道具を扱っていたときとどう違うかといいましたらな、自分の鉋でしたら精魂込めて研ぎますな。それを使うんですから、やっぱり魂込めて削りますわ。魂込めて研いだ自分の道具を粗末に扱う人はおりませんがな。しかしでっせ、電気鉋やったら鼻唄《はなうた》歌いながら押していたらいいんです。魂というもんはいらないんです。買ってきた刃を取り替えたらまた切れる電気鉋に魂を込められますか。木の表面を平らにしさえすればいいと思っているから、電気鉋ですますんです。しかし、電気鉋の表面をよく見ましたら、つるつるじゃありませんで。毛羽《けば》立《だ》って毛布のようなもんでっせ。これは切るのとは明らかに違います、切るというのは木の細胞と細胞のあいだを、すかっと切るんです。これやったら木の表面がきれいやから水もたまらん、水をはじくから黴《かび》もはえん。それで耐用年数にも大きな違いが出てくる。だいたい電気鉋で削ったものと手で鉋をかけたものの区別がつかんようになってますがな。やったことがないんですから、しかたがない面もあるけれど、こんな人たちにいい建物が造れますか。木と木をぴったり組み合わせられますかいな。こんなことができんかったら大工やありませんで。道具が衰えていくということは、それを使う大工の魂も衰えていくということですな。

造りたいもの

そうでんな、もし自由に好きなデザインで建物を建てよといわれましたら、どうしますかな。飛鳥とか白鳳とか天平もいいですけど、自分自身でやるんなら鎌倉の様式でやりたいですな。

鎌倉の様式には日本的な感性がありますな。日本人的というたほうがいいかもしれません。飛鳥や白鳳も美しいでっせ。大陸からの文化を吸収して、日本の風土に合わせるという偉大な知恵が盛り込まれていますが、日本の独自の形といいましたら、鎌倉あたりの様式で完成してくるように思いますな。それをすぎて室町に至りますと、装飾に走り、嫌味が出てきますな。華美に走りすぎて堕落してくるんですな。

鎌倉時代の建築には力強さがあり、木割りにしても室町より太いですし、なにより無駄な装飾がないということですな、簡潔ですわ。

禅宗の影響もありますかな。禅宗というのはなかなかおもしろいですな。唯識《ゆいしき》やらいうそれまでの仏教は論理的に人間の心情を体験していこうとするのに対し、座禅を組んで自分は本来どういうもんかということを見極めようとするんですな。赤心《せきしん》、頭《こうべ》を垂れて考え抜くということになりますかいな。

ですから、簡潔さが表に出てきます。本音に迫ろうという気が建物に出てくるんですな。武士たちの生き方にもそれがあらわれてくるんやないですかな。時代の特性がちゃんとあって、美しさというのがきちんとしていますな。

この後、室町になりますと、さまざまな大工道具が出てくる。それまでは使われなかった台鉋《だいがんな》も出てきますし、板も鋸《のこぎり》で挽《ひ》くようになってくる。便利さが追求されるようになるんですな。それ自体は悪いことではないんですが、便利なものが出てくると、人間はやっぱりそれを頼りにし、本来のものを忘れていくんですな。

そうなると、ものを頭で造るようになるんです。計算ができるようになって仕事の能率ということが主になっていく。それまでは道具というても知れてますし、板も割らなならん。どうしても一つ一つ手に取って、木の性質を見極めな仕事ができん。そうやってものの本質を見極める訓練を積んできたんですが、それがのうなっていく。

槍鉋《やりがんな》が姿を消すのも室町時代です。便利なものが出現すると消えていくものがあるんですな。道具が消えるというのは、ただそれがのうなってしまうだけではないんです。その道具によって培《つちか》われた文化というものも消えていきますのや。

法隆寺の柱に残された刃物の跡のやさしさと肌合いのよさを作り出していた道具が槍

鉋だったんですが、槍鉋が姿を消すことでその木の肌をどうやって削り出したのかがわからなくなってしまった。私は正倉院の道具を見て復元しましたが、それも難儀なことでしたな。室町の初期を最後に槍鉋の持っていた文化が消えたんですな。

代わっていろいろ便利で細かい仕事ができる道具が出てきたんです。そうするとそれまではできなんだ細かなことができるようになる。できるようになると人間というやつはやりたくなりますな。他の人よりもいいもんを造ってやろうというのはいいんですが、人の造れんもの、細かなものを目指すようになるんです。そうすると建物にも本来の強さだけやなしに、見せてやろうという彫刻が増えますし、板材にしても正目《まさめ》やら節のないものなどという不自然なものを使いたくなりますな。そういう不自然なものが出てきますと、「わしもできる」という人が出てきますし、それを見てよろこぶ人が出てきて、そうした腕を競い、誇るようになってしまうんですな。

口伝にいう、「木は生育のままに使え」とか、「木の癖」というようなことを無視するようになるのも技術が先に立つからですな。

江戸になりましたら、もっとひどいでっせ。日光東照宮といいましたら、みなさん、修学旅行やらで見に行き、すばらしい、すばらしいといいますが、建物として考えましたら、あまりいいもんやないですな。華美で、派手で、これでもか、これでもかというほど飾り立てている。厚化粧した舞子さんがぽっくりを履いているようなもんですな。

建物の本来もつ力強さをまったく無視してしもうたんですな。あれやったら建物というより彫刻でっせ。

そうしたことがないのが鎌倉時代の建物です。線が素直で独得の美観があって美しいですわ。それは自然を生かしつつ自分らの意思を表現しているからですな。当時の人たちの生き方が出ていますな。生きること、死ぬことを考える潔《いさぎよ》さ、それまでの古い仏教に衝撃を与えた禅という考え、簡潔で力強く、斬新《ざんしん》で控え目というんですかな。精神性がありますな。

法隆寺でいいましたら舎利《しゃり》殿《でん》、絵《え》殿《でん》、それと何といっても東院の鐘楼《しょうろう》ですな。若いころ、内緒でここの図面を書いたりしたもんでっせ。まあ、そういうこともありませんやろけど、自分の好きにやっていいといわれましたら鎌倉のものを選びますやろな。

経験という学問

明治からですな、大工が尊敬されなくなったのは。建築物と建築学者が別れ、仕事師と学者が別れてからですわ。西洋の学問が入ってきて、建築学というようなもんが幅をきかせて、木をいじる大工でない者が設計するようになってからですな。とにかく明治以来、建築学者というのが出てきた。そして設計事務所ができて、分業になりましたわな。設計は設計事務所、積算は積算というふうに。昔の棟梁《とうりよう》は、石から材木から、いっさい自分の責任でやったんですな。今じゃ材木は材木屋、石は石屋というふうになってしまった。それもたんなる職業で、道具が使えるだけの道具使いになってしもうた。そうやおませんのや。

学者があって建造物があるのやなくて、建造物があって初めて学問がありますのや。飛鳥様式だとか、白鳳様式だとかといいますが、それは後からついてきたもんですわ。そうでっしゃろ、何でも計算や形に当てはめて考えるから物事が逆さまになりますのや。

コンクリートや鉄やったら実験して強さや耐用年数が計算できるかもしれませんが、木はそうはいきませんのや。現代建築にしてもそうでっせ。何でもかんでも計算通りにいくと思うとる。

たとえば、ある堂に隅木《すみぎ》を入れるとしますな。隅木は軒《のき》の端《はな》を支える大事なところですわな。私がそこに使う木を見て、この木は少し弱そうだから少し上げておく、この木は強いからそのままでええということを言いますわな。そんなこと建築学者も設計士もようしませんわ。それればかりか設計図通り、みな同じにしないと気に入りませんわな。そやから法隆寺でもそのことはやかましく言うてました。しかし、なかなか説明してもわかりませんのや。そうやったら設計図の寸法と違うというんですな。ですから「そうですな、とにかく瓦《かわら》を葺《ふ》いて、設計図通りになったらいいでしょう」と答えるんです。

それで何かいわれたら、「ほな、そうしておきましょ」というんですわ。それで「私にまかせてください、そうしておきますさかい」というて、勝手にやるんです。みんな目先のことしかわかりませんのや。何でもかんでも目先のことだけよければいいと思うとるんですな。

しかし、木は生きているんです。計算通りにはいかんのですわ。一本一本、木の性質は違いますわ。そりゃ、そうですわ。人間と同じです。育った場所も気候も、風当たりも日当たりも、性根《しょうね》もまったく違いますのや。それをみんな同じものだとして計算して、そのうえ目の前で設計図通りに仕上げればいいと思うてますやろ。けど、造られたものはその後、何十年も、何百年も、ものによっては千年を越えて建っていますし、残っていきますのやで。

私ら檜《ひのき》を使って塔を造るときは、少なくとも三百年後の姿を思い浮かべて造っていますのや。三百年後には設計図通りの姿になるやろうと思って、考えて隅木を入れてますのや。

こうしたことは学校や本では学べません。大工や職人の仕事というのは体で覚え、経験を通して学んだ学問なんですわ。それが無視されてますな。軽んじられてますわ。何でも計算できると思っているんですな。そして、そうした学問が重要視されてますな。本のなかや議論のうえでは、それでいいでっせ。しかし、私らは実際に堂や塔を造らなならんのです。大きな立派な建物を建ててますが、名を残すわけではないんです。造ったものだけが判断される。頼りにするのは先人の残してくれた知恵と積み重ねてきた経験ですな。それと勘です。長いこと木を扱い、金槌《かなづち》で釘《くぎ》を打ち込んできた経験が教えてくれる勘ですわ。

ですから私らだって完璧《かんぺき》ということはないんです。じゃあ、どうするのかといいましたら、精一杯のことをするしかないですな。自分ができる仕事を精一杯する。これだけですわ。

大工だからこそわかること

これまで偉い学者と何度も論争をしました。自分は大工やからわかることがありますのや。現場にいて材木をいじっているから、それぞれの時代の木割りや構造でもわかることがあるんです。しかし、こうした現場の意見はなかなか聞いてもらえんのですよ。学者たちは様式の研究によってご自分の説を立ててますし、その学説を主張しなさる。そんなんで学者と論争になりますのや。

別に好き好んで論争したわけやないんでっせ。相手が間違っていると思いますので意見をいいましたのや。なかなか聞いてもらえんで往生しましたわ。それでも学者の間違った意見のまま再建はできませんやろ。そやから「違いまっせ」と思うたら言わななりません。

そうしたなかからいくつか話しましょうか。これは別に手柄話やないんでっせ。現場にいる大工だからわかるということと、学者だから間違いないやろということはないという話やと思って聞いてください。

一つは法隆寺の東室《ひがしむろ》の話ですわ。ここの解体修理を昭和三十二（一九五七）年におこなうことになって、私も復元調査に参加させてもろうたんです。ここは室町時代の建築として文化財に指定されていたんですが、私は以前から何となく違うんやないかと大工の勘で思っていました。

調査のしかたは最も新しい江戸時代の仕口《しくち》を的確につかみ、それをもとに室町、鎌倉と時代を溯《さかのぼ》って進めていくんです。室町のものやと思われていますから鎌倉、藤原、天平のものはないはずですな。ところが調べていくと、どうしても天平まで溯るんですな。この調査結果を奈良文化財研究所の技官たちが確認して、国が室町のものとして指定した建物を天平のものやと書き換えてもろうたことがあります。これなどはたくさんの飛鳥、白鳳、天平の建物をいじってきた大工やったからわかりやすかったんですな。

これも法隆寺の金堂の話です。学者のなかに、上層の屋根は玉虫厨子《たまむしのずし》と同じように「錣葺《しころぶ》き」やったという定説があったんです。しかし、大工の私からいわしたら玉虫厨子のような反《そ》りはできんのですよ。このことが金堂の復元のときに論争になりました。厨子は小さな細工ものやから屋根の形はどうにでもなるんですな。しかし、実際に大きな建物で軒の反りをもっと大きくせいといわれましても、それを造るのは無理なんですな。これをいくら説明しても埒《らち》があかんのです。大工の言い分を聞いてくれない。それで委員会の先生方を現場に呼びまして、これまで集めた資料をもとに現場で組み立てて見せたんです。学者は学説や様式はいえますが、自分では組み立てられませんわな。私は大工です。その大工がやって見せますのや。こうやってこうなるから錣葺《しころぶ》きやない。こうして見たらわかりまっしゃろけど、金堂の屋根はどうしても入母屋《いりもや》になります、と。

みなさん、誰も反対はせんかったですが、「そうや、私らが間違っていた」とは一言もいいませんやったなあ。

金堂の屋根が入母屋やということは納得してもろうたんですが、こんどは屋根飾《やねかざり》の形が決まらんのです。解体前に乗っていたのは虹梁大瓶束《こうりょうたいへいづか》という形式のものやった。これは慶長時代に古い形を壊して虹梁大瓶束にしたことは調査でわかっていたんです。しかし、その前がどんな形なのかといいましたら、あの時代はこの様式だったろうという、それこそ推論ですな。ところが屋根裏に古い材が投げ込まれておったんです。その断片を調査して組み合わせているうちに、昔の型どおりの扠首束《さすづか》の妻飾《つまかざり》が復元できたんですな。木のかけらから妻飾が復元できたんです。妻飾はその建物の品位格式を決定するとても大事なものです。この扠首束は梲《うだつ》とも呼ばれるものでした。

これらの仕事はほんの一部ですが、私が大工で実際に木を扱うことからわかったことでしたな。大工は経験を生かして、現場で、木を使ってものを考え、推測するということですかな。

学者と職人

おじいさんがいつも言っていました。昔は学者よりも職人が上やった。明治以来、西洋の学問が入ってきて、考え方が西洋式になってしまってから学者が上になってしまった。実際に仕事をする職人が下に見られるようになった、おかしなことや、せやから職人も学問して、しっかりやらないかんと言うてました。

学者にしてもどれだけ深い学問をしているかということですな。学者という人たちは本はようけ読みますやろけど、なかなか実際のことは知りませんやろ。それでいて自分の学説に捕らわれますな。これがいかんのですよ。

今の学者には建築はできません。大陸の様式やインドの様式だとか、インドからこう入ってこうなったということなんかはようわかってますけど、建築そのもの、部材やら材料に関しましては学問が及んでいませんのや。学者たちは、隅木《すみぎ》がどれやら斗《ます》がどれやらわからしませんわな。これでは本当の木造建築のことはわかりませんな。一度、実際のところを見て、それから学問なり研究なりせな、わかりませんがな。

私らでも再建《さいこん》の会議というたら、迂闊《うかつ》なことは言えませんで。ちゃんと調査をして会議にぶつけるんやから、この調査にはずいぶん力を入れましたで。天井の表に置かれている廃材を一つ一つ調べまして、これはあれや、何の部材でこうなったのや、こういうことを見極めてから、この形式はこういうものやったということを話すんですわ。

それで論争になると、学者はこの時代はこういう様式のはずや、あの伽藍《がらん》はこうやったし、ここはこうやったからこうあらねばならんというようなことを言いますのや。これじゃ、あべこべですな。先に様式を考えているんですな。そうじゃなしに、現にある、廃材の調査からどんなものだったのかを考えなならんのですよ。自分の考えの前に建物があったんですからな。

職人がいて建物を建て、それを学者が研究しているんですから、先に私らがあるんです。学者が先におったんやないんです。職人が先におったんです。

塔の再建には鉄を使わなあかんという学者にはこう言いましたわ。鉄を使ったらせいぜい二百年しか持たん、木だけで造れば千年は持つ、現に木だけで、ここに法隆寺のように千三百年の塔が建っているやないか、と。目の前に建っているものがあるのに聞かんのですわ。法輪寺の三重塔でもやりあいましたし、薬師寺の金堂でも論争になりましたわ。

体験や経験を信じないんですな。本に書かれていることや論文のほうを、目の前にあるものより大事にするんですな。学者たちと長ごうつきあいましたけど、感心せん世界やと思いましたな。

しかし、なかにはよく私らの話を聞いてくれる学者もおりましたし、自分の学説にしばられん人たちもおりました。そうした学者は本当の研究者やなと思いましたものな。

Ⅱ 徒弟制と学校

中国の老子という人は、教育は人間をだめにすると言うてますな。生まれたまんまのほうがよろしいということでしょうな。人間でもみんな自然のなかに置かれ、生かされているんです。建築でもそうや。自然から飛び出すというわけにはいきませんやろ。みんな自然のなかでの行いです。ですから自然というもんを理解せないかんですな。自然を無視して名建築はできませんわ。

ものを教えたり、弟子を育てるというのも自然に、ですな。今の教育は自分から偏見を持ってゆがんでしまっていますな。

棟梁《とうりょう》が弟子を育てるときにすることは、一緒に飯を食って一緒に生活し、見本を示すだけです。道具を見てやり、研ぎ方を教え、こないやるんやいうようなことは一切しませんのや。「こないふうに削れるように研いでみなさい」とやって見せるだけですな。

弟子になるものには大工になろうという気持ちがありますのや。ただその上に何か教えてもらおうという衣みたいなもので覆《おお》われていますが、それが邪魔ですな。まず、生活しているうちに自分でこの衣を解かないけません。これは私が解いてやるんやなくて、弟子が自分で解くんです。また自分で解く心構えがないと、ものは伝わりませんな。ですから弟子に来たからというて手取り足取りして教えることはありませんのや。見本を見せた後はその人の能力です。いかにどんなにしたところで、その人の能力以上のことはできまへんからな。

学校や今の教育は違いますな。まず手取り足取り教えますな。子供がわからな、教え方が悪いと言いますしな。それでそのときはこないする、こんなときはこうやったほうがいいと、こと細こう教えますな。そしてわからなかったら本を読めといいますわ。

私らは一切そんなことをしません。本は読まんでもいい。テレビも新聞も見習い中はいらん。こうですわ。こんなですから今の教育に浸った人たちは何と理不尽で、遠まわりな古くさいもんやと思いますやろな。しかし、これが一番の早道ですな。へ理屈を並べるよりも、本当に伝えようと思ったらこのほうがいいんです。形式的に丸暗記して、そのことの意味がわからんでも、そのときさえ覚えた気になればいいというんなら言葉だけで伝えてもいいんです。親方がいったことを弟子が繰り返していう。それだけでいいし、それやったら本でも読んでいればいいんです。棟梁なんていりませんな。

しかし、そんなんで、ものが覚えられますかいな。大工はそのときの試験に通ればいいというんやないんです。仕事を覚えたらそれで一生飯を食い、家族を養い、よその人のために建物を建てるんです。建物を建てるというのは頭のなかの知識じゃないんでっせ。ちゃんと自分の手で木を切り、削ってやらなならんのです。そのとき「それは知ってますわ」じゃ、なんの役にも立たないんです。

教わるほうは「もっとちゃんと教えんかい」、「これだけじゃ、できるわけないやろ」、「おれはまだ新入りで親方とは違うんじゃ」とかいろんなことが思い浮かびます。しかし、親方がそういうんやからやってみよう、この方法ではあかん、こないしたらどうやろ、やっぱりあかん、どないしたらいいんや。そうやってさまざまに悩みますやろし、そのなかで考えますな。これが教育というもんやないんですかいな。自分で考えて習得していくんです。それを生徒がやっと考え出したときに「何やっとるねん、早ようせい。愚図やな」、「そんなときはこうや」、こういって先生や親は考える芽を摘み取ってしまうんですな。

それと、親方のいうことにいちいち反対しているうちは、親方のいうことがわかりませんのや。一度、生まれたままの素直な気持ちにならんと、他人のいうことは理解できません。素直で、自然であれば正直に移っていきますな。そのなかから道が見つかるんです。こないなこと言葉で説明してもややこしいだけですが、こんな意味のことを、実際、弟子に話しますのや。

弟子も初めは何にもわかりません。そのほうがよろしい。何にも知らんということを自分でわからななららん。本を読んで予備知識を持って、こんなもんやろと思ってもろても、そうはいかんのです。頭に記憶はあっても、何にもしてこなかったその子の手には何の記憶もありませんのや。それを身につけにくるのが弟子です。技は技だけで身につくもんやないんです。技は心と一緒に進歩していくんです。一体ですな。

教育は「教え」、「育てる」とこう書きますな。徒弟制度は「育てる」。これだけです。住み込むことで、一緒に暮らし、肌で感じななりません。弟子のほうには「教わる」というのはあるかもしれませんが、考えるのは自分ですからな。考えてやってみる。これを何度も繰り返し、手に記憶させていくんです。頭で考えたことをやってみて手に移すんです。なかなか手と頭はつながらんのです。そのうちに何となくわかって、できるようになる。「こうやれ」といわれているわけではないんですから、自分でやっているうちに親方のやり方に似てくる、近づいてくるんですな。時間がかかりますな。学校やったらこんなこと、やってられませんな。やろうと思ってもできませんわな。

それと、学校は教えるところやと思っている人が多い。そのために生徒はみんな同じ能力やと考えてますな。本当はみんなそれぞれ違うことを知っているくせに、つごうがいいからみんな同じと思っています。徒弟制度は初めから教えるんやなく育てるもんやから、同じやなんて思っていませんな。同じわけがない。違う親、違う環境で育ったものが同じになりますかいな。兄弟だって違うんでっせ。

その違いというもんを初めっから見込んでいますのや。ついてくるのは弟子のほうですさかいに、それに合わせていかななりませんな。一つのことを覚えんと、次には行かれませんのや。何でもそうでっしゃろけど、基礎だけはちゃんとせんと前に行かれませんのや。大工の修業の基礎は刃物研ぎですが、刃物研ぎのような基礎はすべてに通じるんですな。ですからここで時間をかけても損にはならん。むしろ納得がいくまでこの段階で苦労したほうがいいんです。近道、早道はないんです。

それと弟子が毎日一緒におりますから、どんなことを考えているか、どんなことをしているのかわかりますやろ。これはいいことでっせ。今の子らのように一人でいることに慣れている人にはつらいでしょうが、寝食を共にするのはすべてを肌で感じられる長所でしょうな。これが学校へ通うみたいに仕事場へだけ来て、「鉋《かんな》はこう削るんだ」、「そうじゃないよ」、「はい、ではまた明日来ます」では、こうはいかんやろな。

もちろん間違ったことや真面目《まじめ》でなければ叱《しか》りまっせ。それは仕事のことばかりじゃないですな。挨拶《あいさつ》のしかた、掃除のことから箸《はし》の使い方までを含みます。大工というのは仕事ですが、その前に人間なんです。大工という仕事を持った人間なんです。すべてにいいかげんではいかんのです。どこかがいいかげんなら、それが仕事に出ますからな。

宮大工の仕事は何年もかかる長いものが多いんですな。これを何人もの人とやっていくとなると、その人の性格や人間性が出ますから偏《かたよ》らんように育てなならんのですわ。

そりゃ、難儀ですわ。学校で教わるほうが楽でいいでしょうな。頭や言葉だけで習得できるほうが楽ですわ。こうした仕事は長い下積みと苦労がいりますわ。またそういうものを越えて来んと、途中でへこたれてしまいますな。大きい建物を造るといいますのは、時間がかかる仕事ですわ。私らでも「これ、できるかいな」と思いましたからな。「今日から棟梁を命じる」といわれたときは、心底、できるやろかと思いましたで。これが手取り足取りしてもろうてきたんでは、へたりこんでしまいますな。しかし、自分でここまでやってきたんやという自負がありましたら、やれますがな。時間をかけた苦労というのは、こんなときに底力になりますのや。

技術を教える、弟子を育てるというのもそうしたことだけではあきませんのや。私は小川が弟子入りしたいというてきたときも三回追い返しましたで。法隆寺の大修理が終わって、仕事がありませんでしたのや。大工の仕事は最後は現場で覚えるもんなんです。大きな、見たこともないような柱を削って、それを立てる。千を越える部材を一つ一つ仕上げていく。そして最後に素屋根《すやね》をはずしたら、自分たちが造った建物がばーんと出てくる。これをやったんやな、という感激と一緒に、自分がやったことに失敗はなかったやろか、あそこが気になるけど大丈夫かいなという心配が吹き出してくるものなんです。

これは、そこらの木で練習していたんではわかりません。ですから本番の仕事がずっとなかったら弟子を取れませんがな。育てる場所がないんですからな。大工の仕事は教わったことが現場でできな、いけませんのや。学校みたいに「そんなん、聞いておらへん」というて逃れられませんわな。知らんことでも解決せなならんのです。解決せな、建物が建たんのですからな。このためにも現場が必要なんです。考えてもいなかったこと、予想もしなかったことが必ず出てくるもんです。それを避けては通れんのです。それが世の中ですわ。

それと長いこと仕込まれて、話されて、聞いてきています。自分でもやってみてきました。それでも現場で、初めて、なるほどこういうことやったんかということがあるんですな。私はおじいさんに棟梁とはこんなもんや、木の使い方はこうや、口伝《くでん》をいうてみい、と口やかましゅういわれて、それなりに仕事もできるようになっていると思っていましたけど、おじいさんがいった口伝の意味が本当にわかったのは法隆寺の金堂を解体修理していたときやったですよ。棟梁になって八、九年かかっていたんやないでしょうかな。そういうもんなんですな。

言葉では頭に入っているんですが、それが実際にどんなことかは、そのときまでわからなかったんです。やってみな、わからんということです。大工の修業は全部その積み重ねですからな。

先人の経験を言葉や知識として、それをもとにその上に築くということができんのです。経験は学べないんですな。経験は自分で初めから基礎を積んで載せていくしかありませんから、職人というのは大変です。ところが世の中のお母さんのなかには間違った方が多いですな。この子は頭が悪いから大工にでもしましょ、てなことを言いまっしゃろ。それは考え違いでっせ。初めから自分で学ばなならんのです。出来が悪いから職人に、というもんやないんです。出来が悪かったら、まあ学校にでも行って、会社に入ったほうがいいですな。組織のなかやったら少しばかり根性なしでも首をすくめていたら何とかなるでしょ。

話は少し変わりますが、教わる弟子のほうも大変やし忍耐がいるでしょうが、教える側も大変なんでっせ。よっぽどの慈悲心、親切心がなければやれませんわ。本当に芽が出てくるまで辛抱せなあきませんからな。教えるほうが耐えなならんのです。学校の先生は仕事で教育しますすな。私らは教えるのは仕事やないんです。

徒弟制度には行きすぎたところもあったでしょうな。なにしろすべてを親方にまかせるんですからな。親方がどんな人かにもよりますが、辛抱のない親方やったら我慢できずに殴るでしょうしな。それで弟子がついていけないということもあるでしょ。それと職人を世の中が軽視していますからな。修業中の子が、世間に出た自分の仲間と話したら、とてもやっていられなくなりますな。自分はまだ親方の家の掃除をしているとき、サラリーマンをやってる仲間はもう高い給料をもらってまっしゃろからな。徒弟制度は時間がかかります。大量生産がききませんのや。一人一人違うものを育てるんやからな。

世の中全体がせちがらくなってきました。人を育てるのも大量生産で、なにしろ早くですわ。それとそんなに丁寧にものを造ってもらわんでいい、適当な大量生産の安いものでいいというんですからな。そうすると、せっかく長い時間をかけて育てても活躍の場所がなくなってしまうんですな。職人の仕事のよさは一つ一つ違う材料のよさを引き出してものを造ることやけど、そんなもん、いらんというんですからな。

日本の文化はそうやって、自然の持つ素材のよさを生かして、自然のなかに置いて調和の取れるものを作っていくなかで生まれ、育ってきたんですけどな。

今は石油を材料にしてどんなに扱っても壊れん、隣りの人と同じもの、画一的なものを作れというんですからな。いつまでも壊れん、どないしてもいいというたら作法も心構えも何にもいらなくなりますわな。茶碗《ちゃわん》は人が丁寧に作ったもんでした。下手に扱えば壊れますな。二つと同じものがないんやから、気に入ったら大事にしますな。扱いも丁寧になります。他人のものやったら、なおさらそうでっせ。人様が大事にしているものを壊したらならん、と思いますやろ。物に対しても、人に対しても思いやりがそうしたなかから生まれるもんですわ。文化というのは建物や彫刻、書というものだけやおまへんのや。

均一の世界、壊れない世界、どないしてもいい世界からは文化は生まれませんし、育ちませんわな。職人もいりません。なにしろ判断の基準が値段だけですからな。これやったら学校も教育もそれでいいということになるんでしょうな。悲しいですな。

法隆寺や薬師寺に参拝に来ても、すぐに帰らんとよく見てくださいな。学校で習った、ここが千三百年たった日本で一番古い建物やとか、これが唯一《ゆいいつ》残されている白鳳《はくほう》の建造物やといわれて、それだけで通りすぎるんやなしに、そこにどれだけの人が参加してこれを造ったのか、すべて人の手で造られたんやということを、ちょっとでも考えて見てくれるといいですな。

これらの建物の各部材には、どこにも規格にはまったものはありませんのや。千個もある斗《ます》にしても、並んだ柱にしても同じものは一本もありませんのや。よく見ましたら、それぞれが不揃《ふぞろ》いなのがわかりまっせ。どれもみんな職人が精魂を込めて造ったものです。それがあの自然のなかに美しく建ってまっしゃろ。不揃いながら調和が取れてますのや。すべてを規格品で、みんな同じものが並んでもこの美しさはできませんで。不揃いやからいいんです。

人間も同じです。自然には一つとして同じものがないんですから、それを調和させていくのがわれわれの知恵です。

徒弟制度といいましたら古いもんといわれていますが、古いからすべてが悪いというもんやないやないですか。すべて同じ人間にしようという教育よりは、よっぽど人間的な育て方でっせ。

私は長いこと法隆寺や薬師寺などの古代建築を見て不揃いの木を扱ってきましたが、自分が育てられて来た徒弟制がすべて悪いとは思いませんな。むしろこんな時代やから、個性を大事にして人を育てるという意味では、もっと見直されてもいいんと違いますか。

教えるということ

人はみんな個性があって、それぞれ違いますのや。こんなことはみんなよく知っているはずでっしゃろ。耳が痛とうなるほど、個性だ個性だというてはりますからな。人は木の一本一本と同じようにそれぞれが違いますのや。木は立っているときも違いますが、材にしても違いますのやで。

日ごろは個性ということをやかましゅう言うくせに、一番大事な教育ということになりましたら、このことを忘れてしまいますのや。教育といいましたら、本当は個性を伸ばしてやることと違いますか。それを今は網の目を通してみんな同じものにしようとしてますやろ。そりゃ、育てるほうは、そのほうが楽ですわな。みんな同じに扱えばいいんですから。ですけどそれじゃ個性は伸ばすことができませんわな。一番個性を無視したやり方でんな。

私ら大工は初めは仕事場で、先輩や親方の仕事を見ながら仕事がどういうもんか覚えていきますわな。そりゃ、どなられたり、どつかれたりしますわ。教えるというても手取り足取り教えてくれるのとは違いますからな。押しつけられて、いやいや覚えるんでは何にも身につかんのですよ。仕事もそうですわ。

それと、こうやればいいんやろというのは頭ではわかりますやろが、実際に自分でやってみな何にもわかりませんのや。人ができるのと自分がやるのとは違いますからな。それと、やってみな、自分がどこがわからんのか、できんのかまったくわかりませんのや。わからなくて当然です。わからんから習おう、覚えようと思うて来ているんですから。

ですから、大工はまず刃物研ぎです。刃物をきちんと研ぐことは、道具を使う一番の基礎ですし、いい仕事しようと思ったら刃物が切れんことにはどうしようもないんです。それとちゃんと研いだ刃物を使うのは仕事に対しての最初の心構えでんな。

一人前というてる大工でも、切り口や鑿《のみ》で掘った穴を見ましたら、ブサブサだったり、ギザギザだったりしてまんがな。そんなの多いんでっせ。こんなんで建物を建てましたら木を組み合わせても隙間《すきま》ができますし、きちんと合いませんがな。それでいずれはがたがきますわな。そりゃ、当たり前ですわ。

それもこれも基礎の刃物を研ぐことができんからです。研げんということは刃物が切れんだけでなく、刃物が切れるということがどんなことかも知りませんのや。そりゃ、しかたがないですわな。切れる鉋《かんな》の刃がどんなものか、切れる鑿の力がどんなものかさえ知らないんですから。言われたとおり削って、穴を掘って一人前と思っているんでしょうが、何にもわかっておらんということです。それは形式、形だけでんがな。

刃物を研ぐというのはどういうことかといいましたらな、人からは教われませんのや。私が弟子の小川にいったのは、自分で削った鉋屑《かんなくず》を見せまして、こんなふうにやるんだ、そういっただけですわ。

私のおじいさんもそうでした。台の上に鉋を置きまして、鉋というのはこういうもんやと言いましてな、キセルの雁首《がんくび》で鉋を引っかけまして、そっと引っ張りましたんや。鉋屑がどこにも出てきませんのや。それで息をふっと吹きかけますと、ひゅるひゅると出てきました。そして「こないふうにやるのや」というだけですわ。

目の前でやって見せてくれるんですから、できますのや。口で「向こうが見えるほどの屑を出してみい」といわれただけでしたら、「そんなん、できるか」と思いますが、目の前で簡単にやって見せてくれるんですからな。やらなしなりませんやろ。

それで刃を研ぐんですわ。なかなかうまくはいきませんわ。刃を研ぐというたら簡単なようですが、これが難しいんですな。しかし、これができんことには何にも始まりませんのや。一年なら早いほうです。二年、三年かかる人もおります。それでいいんです。これは早ければいいというのとは違いますのや。ゆっくりでも自分のものにせな、あきませんのや。自分の仕事ですし、それで一生飯を食っていくんですからな。

姿勢が悪くても刃は研げません。力の入れ具合が悪くてもできません。癖があったら研げません。自分の癖はわからないものです。その癖が刃物を研ぐときに出るんですな。急いでも、力を入れても研げませんのや。

そのたびに「何でや」と思いますやろ。それで考えるんですな。そして先輩のすることをよく見ますな。何とかして研ごうと思いますからな。これが頭ごなしに「こうやるんだ」と教わってもできません。手取り足取り丁寧に事細かに教わってもできませんな。

素直に、自分の癖を取って、自分で考え、工夫して、努力して初めて身につくんです。苦労して、考え考えしてやっているうちに、ふっと抜けるんですな。そしてこうやるのかと気がつくんです。こうして覚えたことは決して忘れませんで。

教えるほうも、弟子のそんなようすを見ながら、ぽつんと言うんですな。その言葉はこうしろ、ああしたほうがいいというのとは違いますのや。遠回しやけれども、考えや創造力が膨らむようなことを言いますのや。おじいさんがそうでした。そのときはわかりませんわな。しかし、何かのときに、ふっとこういう意味やったんやな、ということがわかるんですな。刃物を研ぐときだけでなく、すべてにおいてそうでしたな。

幅の広い刃物が研げるようになったら、次は刃の狭いものへといくんです。これがまた今までとは違いますのや。ただ刃が狭くなっただけで、それまではできたというものができんのですわ。また「なぜやろ」と思いますわな。この繰り返しですが、自分でも少しずつ上手になっていくのがわかりますから、やるほうも楽しいですな。それと一度はものを研げるようになったら、次に上達のヒントをつかむのは早いですわ。

こうして覚えていくんです。これがものを教えるということと違いますか。教えるというんやなくて、覚えるのを助けるというほうが当たっているかもしれませんわな。

ものや技術は教えて教われるものやおまへんのや。その人が覚えたいと思って、やる気にさせて、個性に合わせて伸びるように助けてやるんですな。おじいさんがよう言うてました。

「言うて聞かせて、やって見せないかん」て。

芽を伸ばす

伸びる芽をどうやって見つけ育てるかといいましたら、これは母親に勝るものはありませんわな。ものも言えぬ赤子から大きくなるまで育ててくれたのは母親ですからな。

その子のよいところも悪いところも知りつくしていますがな。ことわざにこんなんがありまっせ。

「親の意見と茄子《なすび》の花は千にひとつも徒花《むだ》はない」

しかしこのごろでは教育がゆき渡って、親より知識を持つ子が増え、親をばかにして親の言うことなんか、なかなか聞きませんわな。そのうえ義務教育やいうて子供を学校にまかせっぱなしやから子供のこともわからんようになっていますやろ。そして何でも早く、簡単に、ですわ。自然というものを見失うて、知識だけを詰め込みたがりますな。

これではあきません。世間と競争することばかり考え、自分の子をそこに押し込んでいるうちに、その子の本当の姿を見るはずの母親の目が見えんようになってしまっているんやないですかな。一流幼稚園、一流小学校……そして一流大学や。本来、教育の根源にあるべき母親がこれではあきませんわ。競争に専念して人格の形成どころか、人を引きずり下ろしてでも上に上がろうとしてますのやろ。反対ですがな。

本来、母親の役目というのは働く父親の姿を後ろから見て、行きすぎた、行き足らん、ということを子供に教えてやるもんですわ。父親は家族のため、社会のために一生懸命働いておりますし、目の前のことを処理せなならんですわな。明日よりもまず今です。これでは時には道を間違えたりしますわ。男というものはそんなもんでっせ。それを正し、父親の後ろ姿を子供に見せながら、子供にどうしたらいいかを教えるのが母親の役目ですわ。それを父親と同じように目の前のことに夢中になって「それ行け」、「そりゃだめ」なんて母親がいうてたらあきませんがな。自然の生活のなかで子供のことを見ているから子供のよさが見えてくるんです。

学校がやっている生徒全員を同じものとして枠にはめ、知識だけを詰め込み、ただ競争させるやり方が教育だとは思いませんが、母親ももう一度、子供を見る目を養わなならりませんがな。人は全員同じ人なんていませんのや。口伝にいうとおり、芽を伸ばすということは「生育の方位のままに使え」というのに似てますな。

私らが「大工にしてくれ」といわれて子供さんを預かりましたら、一緒に飯を食って生活しますな。寝食を一緒にすることで、仕事にも大工の生活にもなじんでくるんです。大工というのは現場に出ているときだけやないんです。生活も大工なんです。学校と違って生活のしかたから全部教えるんです。知識やなく技術とともに人間としてのあり方も教えるんです。そうしたなかでその子のよさ、芽を見つけるんですな。そして大工にふさわしい芽を伸ばしてやりますのや。鉋《かんな》が上手やったら鉋の腕を伸ばしてやる。鋸《のこぎり》の扱いがうまかったらそれを伸ばしてやる。しかし、こうした得意なものは力を入れて導かんでも自然に伸びるもんですわ。大工は職業ですから、鉋だけ、鋸だけでは一人前とはいえませんわな。ですから不得手《ふえて》のところを見つけて力を入れて、そこを習得させるんですな。

芽というたら伸びてくるものだけやなしに、伸びられずにいるものも言いますのや。その芽も伸ばしてやらななりません。

もう一度、母親に子供の芽を見つけ出して育てる役を担《にな》ってもらいたいものですな。

育てるということ

育てるというのは人間だけではありませんわな。檜《ひのき》にしろ杉にしろ、人間に育てねばならないという使命感がなければ育ちませんで。『日本書紀』のところで話しましたけど、自分たちの主食を節約して国々の山々に種を播《ま》き続けなはったんですな。それで万葉のころには青垣瑞穂《あおがきみずほ》の国と呼ばれるようになったんです。万葉のころには主食はすでに米などの五穀《ごこく》に変わっていたんですやろな。国民は米作りに精を出し、山造りがだんだんおろそかになっていったんですな。このころ木を育てるのに一生懸命やったら、樹齢千年以上の木が今日の山に育っておったでしょうな。

しかし、木を育てるというのは大変なことです。自分のことだけを考えていたらできません。国の未来や国土の命を守るという使命感があって、初めて木は育てられるんです。人間を育てるのも同じことでっせ。次の世代を担う人を育てるという使命感がなければあきません。それも口先だけやなしに心底から信じてなくてはあきませんわ。

木は動けませんから、芽生えた山の環境によって癖が自然のなかでそなわります。また山の土質によって木の質もそなわっていきますのや。

人間は自在に動くことができますし、心がそなわっています。この心の動きによって人間に差ができますのや。そやから人間を育てるには、その心をしっかりつかまななりません。けれど、人の心というやつは形が見えませんさかいに難しいんですな。

体は飯を食わせれば大きくなりますが、心はそうはいきませんやろ。心の糧《かて》は五感を通して心の底に映る万象を正しゅう判断して蓄えること。これが心に飯を食わすということですな。この心に糧を与える手助けをするのが教育というもんでっしゃろな。

大工を育てる場合は、本人が大工になろうと思って入門してくるんですから、心構えが学校へ行くのとは違いますな。大工の場合は教え育てるというよりも「習い覚える」ことが主になりますな。それと職人を育てるというのは、そのことで人生の半分以上を過ごすことですから、それなりの心構えや技術の習得がいりますわな。これは木のようにはいきませんな。自然のままに育てるというわけにはいきませんのや。習うほうも育てるほうも、真剣な努力と苦労がいりますな。

また心構えが同じでも、人により賢愚《けんぐ》深浅《しんせん》の差がありますな。みんな同じというわけにはいきません、それが人間ですわ。しかし、大工は学校と違いますから試験をして足切りをしてしまうということはありません。三年で習得する人もおりますし、十年かかる人もおります。

世間では記憶力のいい人を頭がいいといいますが、大工の場合は記憶力も大事ですが、手が記憶どおりに動かなくてはなりませんのや。そやから手に記憶させなければあきません。記憶がよく頭で覚えたと思っても、実際に仕事をするときには手が頭についていけないもんでっせ。手に記憶させるには繰り返すしかないですな。経験の積み重ねです。記憶が悪いわけやないけど、頭のなかだけではどうしても得心がいかない。実際に手で持ってやってみて、少しずつわかって納得がいく。こないな人のほうが、一目で見て、話を聞いてわかったという人より後世に名を残す名工になりますな。

それと体や手が、やっているうちに動くようになりますのや。手が頭についていくようになるんですな。こうなると仕事がだんだん楽しくなります。そして木を扱っているうちに木のことを覚えていくんですな。木の癖や木の質というものも言葉や文字では教えられません。「木組みは寸法で組まず木の癖で組め」という口伝がありますが、こんなことをいわれて頭でわかった気になっても、木の癖がどんなものか知らな何にもなりませんものな。

私の内弟子はただ一人、小川《おがわ》三夫《みつお》というのがおりますが、この人は理屈ぬきで手を通して体得するタイプの人でした。何でも自分でやってみな得心のできん人でしたな。小川は高校卒業してから弟子に来ました。ふつうやったら弟子にするには年が過ぎていると思いましたが、小川はやりましたな。それもふつう十年から二十年かかる匠道を体得するのに五年とかかりませんでした。今、この人のもとに二十人ほどの弟子がいまして、全国を駆けめぐって仕事しておりまっせ。

小川も今はその弟子たちを育てているんですな。育てるほうも一方的に教えるだけやなしに、教えながら学ぶということもあるんでっせ。

私たち大工は弟子たちに規矩木割《きくきわ》りということを教えますけど、これが一通りのことやないんです。飛鳥《あすか》の木割り、白鳳《はくほう》、天平《てんぴょう》、藤原、鎌倉、室町の木割りというように、各時代によって柱の太さを決めるにも違いがありますのや。柱の太さが決まれば斗《ます》の大きさも決まります。そして桁《けた》や梁《はり》の大きさもおのずから決まるんですな。それはど柱の太さを決めるということは大変なことですのや。

これを時代ごとにこんな違いがあるということを教えますすと、弟子はいろんな反応をするんです。物覚えのいい人は教えたとおりに丸暗記してしまいます。物覚えは悪うないんでしょうが、得心のいかん人がいますすな。すぐには覚えられんのですな。まず飛鳥のものはどんなもんか、白鳳のものはどんなもんか、自分でたしかめに行きますすな。実際に見ないと納得がいかんのですな。こういう人は、なんで時代によって木割りが違うのかという疑問を持ちますすわな。

丸暗記したほうが早く、世話はないんですが、なぜと考える人を育てるほうが大工としてはいいんです。丸暗記してもろうても後がありませんわな。面倒でも各時代の木割りがなぜ違っているのかを考え、極めるには大変な時間と労力がいりますが、後で自分流の木割りができますのや。そうして初めて本当の宮大工といわれるようになるんですな。丸暗記するだけでは新しいものに向かっていけません。ですから物覚えがいいというだけでは、その人をうまく育てたことにはなりません。丸暗記には根がありませんのや。根がちゃんとしてなくては木は育ちませんな。根さえしっかりしていたら、そこが岩山だろうが、風の強いところだろうが、やっていけますわ。何でも木にたとえてしまいますが、人でも木でも育てるということは似ているんでしょうな。

ただ、育て方にも棟梁の形がありますな。全部、無理矢理、自分がしたようにせなならんというて、それに押し込もうとする人もあるでしょうが、それは無理ですな。木の使い方と同じように、癖を見抜いてその人のいいところを伸ばそうとしてやらななりませんわな。育てるということは型に押し込むのやなく、個性を伸ばしてやることでしょう。それには急いだらあきませんな。

無駄の持つ意味

今の世の中はすべてがきちんと計算されすぎて無駄がありませんな。家も町も川でも道でも、作るものもそうやけど、生活も学問も人生もそうでっしゃろ。
前にも隅木《すみぎ》のところで話しましたけど、塔や堂の垂木《たるき》は二十パーセントほどの無駄を後ろに残してありますのや。解体修理のとき腐った端の部分を切り取りまして引っ張り出せば、一本丸ごと取り替えんですみますのや。これでも今の人やったら無駄やと思いまっしゃろな。なんでも最短距離ですからな。最短距離は無駄がなくて早いですものな、さしあたってては。

教育もそうしてますな。計算しつくして、そのうえに子供を乗せて、それいけというて号令をかけまっしゃろ。遅れたらムチで打っても急がせる。脇《わき》にそれたら叱《しか》られますな。なにしろ最短距離が一番いい道やと思うてますから、それが子供のためやと思い込んでいますもんな。先生にも迷いがありませんがな。すべてが万事、こないですわな。こないふうに学校の教育には、法隆寺や薬師寺の垂木の奥にある無駄なようなものはありませんな。

ところが大工の修業といいましたら違いますのや。まず初めは見てるだけ。それならまだいいほうで、先輩のご飯を炊《た》いたり掃除ですわ。ついで刃物研ぎ。これも長ごうかかりますな。とにかくどんな刃物でも十分に研げるまでやるんですから。そうでんな、少なくとも二、三年はかかりますかな。

この間、本も新聞もテレビも見んでいいというんです。大工や建築の本も読まんでいいんです。このやり方には近道はないんです。もちろん、人間ですから覚える速度は違います。学校と違いますから、早く習得した人は先に進みますわ。だが、遅くったって構わんのです。覚えることが大事なんです。覚えな、前には進みません。覚えないまま進んでもしょうがないんです。そういう人はじっくりやるんですな。早く覚えて先にいったほうがいいということはないんです。むしろそういう人よりじっくり進んだ人のほうが、刃物なんかはいい切れ味になりますな。体が時間をかけて覚え込むんですな。時間をかけて覚えたことは忘れませんわ。こうした一見無駄なように思えることが大事なんですな。

時間をかけて同じことを繰り返しているうちに親方は弟子の性格や得意なところを見《み》出《いだ》しますし、弟子も自分というもんを知るようになります。新しいことを次々に覚えさせるんやないんです。教わっている子供も、こんなこと無駄やないかと思いますが、それは違いますな。その後、電気鉋《でんきがんな》しか使わんようになっても、手で道具を扱うことができる子供は百パーセントの力を出します。

人間も木と同じですわ。一人一人性格が違いますし、それに応じて育て方も違うんです。刃物を研いでいるうちに自分に癖があることを知りますし、それを直さな研げんということもわかりますのや。間違ったままでは研げませんのや。

今の教育はみんな平等やといいますが、人は一人一人違いまっせ。それを一緒くたにして最短距離を走らせようと思っても、そうはいきませんわ。一人ずつ性格も才能も違いますのや。その不揃《ふぞろ》いな者をうまく使い、それぞれの異なった性格を見出すのは、そう簡単に無駄なしにはいきませんで。

徒弟制度は封建的で古くさく、無駄が多いといわれますが、無駄にもいずれいいものが出てきますのや。あんまり目先のことだけを考えていたんではあきませんわ。結論だけ教えても、手が動き、足が動き、それがどんな仕事の一環なのか知らな、仕事はできませんし、何かが起こっても対応ができませんやろ。

無駄と思うて捨てたり、見過ごしてきたことに、ずいぶん大事なものが含まれているんと違いますかな。

褒《ほ》めること

そうですか、小川が私に一回も褒められたことがないって言ってましたか。おじいさんも私のこと、一回も褒めてくれませんでしたな。怒るのは怒るんでっせ。口やかましい人だったですよ。しかし褒めませんでしたな。

刃物を研いでも、これでいいと言うたことも、「うまい」と言われたこともないですね。うまくできて当たり前なんでしょうな。仕事というのは一人前にこなすもんなんですな。こなさなかったり、ドジを踏んだり、間違うたりしたら叱られます。それは当たり前ですな。

上手、下手がないわけではないんでっせ。道具使いのうまい人は、ぎょうさんおりまっせ。おじいさんの弟に籔内菊蔵《やぶうちきくぞう》という人がおりました。おじいさんとは違って、まるで無口な人やったです。この人は道具を使わせたら大和一といわれた人でした。事実、こうした道具使いのうまい人はおりますし、それは「うまい」というんですが、それでもおじいさんは仕事で「うまくやった」というて褒めることはありませんでしたな。

学校と違って、百点を取ったら偉いというのとは違いますのや、仕事は。百点を取るのが当たり前なんです。それと学校の先生と生徒みたいな関係とも違いますな。百点を取らせるために先生が頑張るということはないんです。

褒めて励ますというのはあるでしょうが、褒めておだてて仕事を覚えてもらわなならないことなんて何にもないんです。嫌なら覚えんでもいいんです。仕事を覚えるのは義務教育やないんです。途中で自分はだめやなと思うて辞めていく人はいます。だめやなと思うた時点で、もうあかんのです。その代わり辞めずに、覚えが悪くても覚えようという者にはじっくりつきあいます。だがこのときも、褒めたり、おだてたりはしません。

徒弟制度なら五年の年季のうちに一人前になって、その後一年間、師匠のために働いて恩返しをしますな。早く一人前になるのは自分のためです。一人前というたら百点の仕事をこなすことですわ。それが八十点だったり、五十点ではいかんのです。一人前とはいえないんです。学校なら八十点なら、まあ合格だし、クラスでは平均よりいいから自分でも、まあいいかと思いますでしょうし、先生も親も「八十点だからいいやろ」といいますな。ところが、仕事は結果に出るんです。「この寺は八十点の出来ですから合格です」というて一人前のお金をもらうのは間違っておりますな。そないなわりで褒めるということはないですな。

ただし、おじいさんは私には一回も褒めんかったけど、母親には「よくやってる」というようなことを言うんです。それを私が母親の手伝いなんかしているときに、何気のう母親が伝えてくれるんですな。これが利《き》きますのや。

薬師寺の西塔が完成したとき、「よくできましたな」、「みごとですな」といわれましたが、いっこうにうれしゅうはないんです。形は整っておるかもしれへんが、「この塔が千年持つやろか」、「地震でも来て崩れはせんやろか」、「もしそないなことになったら自分の腹切らなならん」と思っていますのや。これでは褒められてもうれしゅうないですな。自分がした仕事ですから、どこかに欠点がないか、あそこは大丈夫か、そう思いまっせ。これは弟子たちでも同じです。下手に褒めたらすぐ天狗《てんぐ》になりますがな。「これでいいのか、間違ってないか」という気持ちをつねに持つことが大事です。

それと人間というやつは、褒められると、こんどは褒められたくて仕事をするようになります。人の目を気にして「こんなもんでどうや」とか、「いっちょう俺の腕を見せたろ」と思って造るんですな。ところがそういうふうにして造られた建物にはろくなものがないんです。

室町時代に入って道具が進歩してくると、そんな建物がぎょうさん出てきますのや。華美に走りますな。そのために構造が犠牲になります。本来のするべきことを忘れてしまうんですな。歴史がちゃんと教えてくれてまっせ。

職人は思い上がったら終わりです。ですから弟子を育てるときに褒めんのでしょうな。

癖のある木、癖のある人

棟梁《とうりよう》の大きな仕事は人に仕事をしてもらうことにあります。どんなに腕がよくて、木の癖を見抜くことができても、自分一人では建物は建たんのです。一人では柱一本持つこともできませんがな。少なくても二人の力がいりますし、それを削ったり、切ったりするといったら、木馬《きうま》という台をあてがう、もう一人の職人がいりますな。こうして塔や堂を建てるんですから大勢の職人を使わなくてはなりません。

大きな材から柱や垂木《たるき》や隅木《すみぎ》やたくさんの斗《ます》を造っていきますのや。

たとえば薬師寺の金堂を造るといいましたら、その話を聞いたり、新聞で読んで、ぜひ自分もやってみたいという人たちが各地から集まってきますな。この人たちの誰もが私の弟子やないんです。みんなそれなりに腕に自信があり、その腕を見せたいという職人ばかりでっせ。ひと癖もふた癖もある人ばかりですな。私の場合は、こないな人たちを使って堂を建てなければならんのです。

そりゃ、みんな一人前の職人ですから、なかには性根《しょうね》の悪いのもおりますわ。だいたい私もそうかもしれませんが、職人というのは頑固ですわ。人のいうことを簡単に聞きません。自分に自信がありますさかいな。またいい職人にはその自信が大事なんです。職人というのはそういう腕自慢のところがありますし、まったくなかったらやっていけませんけど、性根の曲がったのもおりますわ。それでも辞めさせたりはしませんな。また学校の先生のように、性根が曲がっているから直してやろうということもありませんな。その人はそれでちゃんとした職人ですし、性根というのは直せるもんやないんですわ。やっぱり包容して、その人なりの場所に入れて働いてもらうんですな。曲がったものは曲がったなりに、曲がったところに合う所にはめ込んでやらな、いかんですな。人とうまくやっていけなくても使い道はあるんです。だからといって甘やかしているんや、おませんんで。厳しいとこは厳しくせんとな。

それがなくて、いつも不安で人の指示ばかりを仰いでいるようでは、とても一人前とはいえませんからな。

それと、なかには人嫌いで無口なのもおりますわ。人と仕事をするのが嫌で、木だけに向かっている人ですな。またそういう職人に限って、なかなか道具使いがうまい。もちろん、これを機会に堂の仕事を覚えたいという人や、仕事を教えてくれという人もおりまっせ。ピンからキリまでの大工がおり、そのほかに左官、石屋、瓦屋《かわらや》、漆屋《うるしや》など、さまざまな職業の人をまとめていかなならんのです。大変でっせ。

昭和六（一九三一）年、二十七歳のとき棟梁になりました。その三年前に親父《おやじ》の代理をしたことがありましたけど、このときが初めての棟梁ですわ。会社勤めの方やったら課長になった、部長になったといいましたら喜んでお祝いでもしますやろけど、私らはそんなのないですわ。赤飯を炊くわけでもないし、酒を飲むわけでもありませんな。「しんどいことや、わしにできるやろか」という思いのほうが強かったでっせ。

自分より年上の職人を使って、法隆寺の東院の礼堂《らいどう》を解体修理したんですな。それからずっとですわ。おじいさんに小さいときから棟梁になるように教わってきてますけど、聞いてきたのと自分でやるのとでは、まるで違いますからな。

使っている大工から聞かれて「知らん」ではすみませんやろ。みんな足をすくってやろうという人たちばっかりですからな。大工の仕事は段取りが大事です。今はだいぶ機械が入りましたので材を持つのも楽になりましたが、人の手で重い柱を動かすというたら、置き方ひとつでもずいぶん違いますのや。どれを下にして、どれを上に積むか、どの部分の仕事が進んでいて、どこが遅れているか、仕事が始まる前にすべてを承知してみんなに指示しなくてはならんのです。

口伝に、「木の癖組みは工人たちの心組み」、「工人たちの心組みは匠長《しょうちょう》が工人らへの思いやり」、「百工あれば百念あり、これをひとつに統《す》ぶる。これ匠長の器量なり。百論ひとつに止まる、これ正なり」というのがあります。いずれも職人というのはそれぞれ癖があるけれども、それを使うのが棟梁。その棟梁はどんな心構えで人を使わならんかを教えているわけですな。

気に入らんから使わん、というわけにはいかんのです。自分の気にいるものだけで造るんでは、木の癖を見抜いてその癖を生かせという口伝に反しますやろ。癖はいかんものだというのは間違っていますのや。癖は使いにくいけど、生かせばすぐれたものになるんですな。それを辞めさせ、あるいは取り除いていたら、いいもんはできんのです。

若いとき「西岡は鬼や」とよくいわれました。それほど気を張って、仕事のことばかり考えておったんでしょうな。隙《すき》を見せんと、間違わんようにと気張っていたんでしょうな。

昔は自分一人でできるような気になるもんですから怒るんですな。何でこんなことができんのかと思いましてな。誰もが自分と同じようにできると思うんですな。また頼んだことを全部完全、完璧《かんぺき》にしてもらわな、許せんのですな。ところが実際には、そないわけにはなかなかいきません。どうしても「させたろ」という気が先に立ちますのや。それが近ごろでは「してもらう」という気になりますものな。体が動き、自分でも人に負けないほど道具が使えれば、こないやるんやというてやって見せますが、今のように体がいうこときかんと、そうはいきませんものな。

仕事はしてもらうんですな。建築という仕事は芸術家が自分一人の責任で造るのとは違いますから、気に入らんというて壊したり投げ出したりはできませんのや。そのうえ大勢の人がおらんとできませんからな。やってもらわなならんのです。

そうしたら、人に言ったことの百パーセントをやってもらおうとは思わんようになりますな。言って、半分できたら上出来や、そう思えばいいんです。

自分で道具を握っていた法輪寺のころは、弟子の小川にいわせたら、「怒るし、腹は立てるし、そこらを蹴《け》りまくっていた」といってますからな。薬師寺に来て机に座るようになって気持ちが変わったんでっしゃろな。

やっぱり、道具を持っていたら負けんようにしようと頑張りますからな。道具を使っていると、職人を自分と同じ目で見てしまうんですな。いったん道具を手放して他の人に仕事してもらうと、ここまでやってもろたらありがたいこっちゃと思うようになりますな。

棟梁の心構えにこないなものもありますのや。

「百論をひとつに止めるの器量なき者は謹《つつし》み惧《おそ》れて匠長《しょうちょう》の座を去れ」

口伝のなかでも一番気に入っているものですが、このとおりですわ。たくさんの職人をひとつにまとめられなかったら、自分に棟梁の資格がないんやから自分から辞めなさい、というんですな。

適材適所といいますが、いいところばかりではなしに、欠点や弱点も生かしてその才能を発揮させてやらなならんのです。いいとこだけを拾い出して、いいとこに並べるというのとは違いますからな。人を使うにはそれだけの心構えがいるってことですわ。木を見るのも難しいですけども、人を見るのも難しいですな。よく嫌なやつを無理して使うことないやないかと言われますが、そういうわけにはいきません。そういうわけにはいかんというよりも、そういうふうにいわれる人でも使えるところがありますのや。おもしろいことにそういう癖のある人にとても間に合うところが必ずありますさかいに。私はこれまで長いこと棟梁をやってきて、使え切れんから首にしたことは一度もありません。

おじいさんの教え

私のおじいさんは名前は常吉《つねきち》。このおじいさんは曾祖父《そうそふ》の西岡《にしおか》伊平《いへい》の長男として父親に仕事を教わったんだそうですが、曾祖父が四十数歳で亡《な》くなったので、若くして家を継ぐことになったそうです。たしかおじいさんが十九歳やったというてましたな。七、八歳のときから仕事を教わったそうで、家族を養うため大阪の中座《なかざ》の芝居小屋の普請《ふしん》へ行ったり、奈良の東大寺の二月堂の修理にも行ったそうです。あそこの廊下をやったというてましたな。地元に仕事がないから、ほうぼう大きな仕事を捜して歩いたんでしょうな。それで三十二歳のとき、法隆寺の棟梁になったんですな。

このおじいさんが私の師匠です。一番最初に仕事場に連れて行かれたのは小学校へ上がる前やさかいに、五、六歳でっしゃろな。大正十（一九二一）年に法隆寺千三百年祭がありました。そのための準備で十年ほど前から塔頭《たっちゅう》の修理をしてましたのや。そこへ連れて行かれたと思いますわ。堂やなかったな、塔頭でしたな。ここの境内《けいだい》が子供の遊び場でっしゃろ。そのときですわ、うらやましくて悲しかったのは。「そこへ座ってみんなの仕事を見とれ」といわれて、見ているすぐそばで、友だちがベースボールをしてるんですからな。

そんな小さいうちに連れて行ってどうするかと思われるでしょ。私だって好きで行ったんやないんです。行きとうないですわ。おじいさんは棟梁教育の一環のつもりで連れて行ったんですな。仕事場の空気というもんを早くから教えておくつもりだったんでしょう。どんな格好してたかって？　ふつうのシャツを着て、その上に半纏《はんてん》を着て帯を締めまして、足元は足袋《たび》に草履《ぞうり》でしたな。帯は幅の狭いはこ帯でした。

それで、じっと見てるんですわ。見ているとあの人は釘《くぎ》を打つのがうまい、あの人はまた釘を曲げよったというのがわかりますのや。あのころは大工の休みというのは一日《ついたち》と十五日だけです。十四日と三十日が給料日で、次の日が休みだったんですな。休みの日以外、あとはずっと連れて行かれたんです。ほかにも見習いの者がおりましたが、みんな私より十歳も年上でしたから、仕事場でも仲間というのはおりませんでしたな。

休みの日ですか？　休みの日は神さんにお神酒《みき》をあげまして、家によっては赤飯をあげたりもしましたな。この一日と十五日の二日だけ、近所の子供と遊ぶことができたんです。でも、たまに行ってもうまく遊べませんわな。結局、仲間に入れんで、見ているだけでした。そんな孫をおじいさんは別に不憫《ふびん》には思っていませんでしたな。おじいさんはふつうの大人になってもらわんでもいいと思っとったんでしょう。あんなもんは遊びごとやから、いかんということでしたな。もうしゃあないと思って、それで私もみんなと遊ぶのはあきらめていました。

小学校に入ってですよ、大工仕事を離れられたのは。やれやれ助かった、と思いましたな。これで仕事場から離れられる、と。それでも夏休みには、またじっくりと仕込まれました。道具で一番先に渡されたのは八分《はちぶ》の鑿《のみ》でしたな。それから順に細い鑿を研がされました。

家の者《もん》も気い使いましたで。私がおじいさんに反抗でもしたら大変だと思ったんでしょうな、私はいっぺんも反抗なんてしませんでしたけど。おじいさんが厳しいでっしゃろ、おじいさんの言うことに私が少しでも変な顔をしますと、母親が何とかして私がおじいさんの言うことを聞くように一生懸命諭《さと》しますのや。

どこが怖かったかとよく聞かれますが、体罰を加えるということはありませんのや。そうでんな、何が怖いかというたら目が怖かったですな。文句をいわず、ずっと見据えていますさかいに。なんか俺、悪いことでもしたんかいなと思いまんな、じっと見てられると。しかし身が縮んでしまうというのとは、ちょっと違いまんな。

仕事ではそういうふうにしてましたけど、家ではそれは大事にしてくれました。こいつこそ一人前の職人にしようというのがわかりますさかいな。私は「はい」、「はい」というて聞いていました。よけいなことは言うなといわれてましたからな。

親父もそうでした。おじいさんからやかましく言われましたが、一言も言い返しませんでした。黙って仕事をしてましたな。それでも一度だけ自分の意見をいったことがありました。私が小学校を卒業するときです。当時は小学校を卒業すると、そのまま丁稚《でっち》に入ったり、職人の見習いに入ったりする人が多かったんです。上の学校へ行くのは全体の三分の一ぐらいですな。中学校へ行く人もいましたし、師範学校へ入る人もありましたし、工業学校や農学校へ行く人もおりました。その進路を決めるときに最初で最後、親父が意見をいいましたのや。

おじいさんは農学校へ行けといいますし、親父さんは工業学校へ行かしたらどうかといいましたんや。それにしても別に楯突《たてつ》くというのやありませんで。おたがい行儀よく座って意見をいっていました。私は後ろに座って聞いていましたのや。

親父が、「これからの大工は設計も製図もみんなせないかんさかい、工業学校がよろしいと思います」というたんやな。おじいさんは、「いやあ、工業学校はあかん。農学校がええ」と、こういいました。親父はそれ以上もうよう言いませんさかいな、それでおしまいです。

私は大工をするのに何で農学校へ行くんやと思いましたが、何もいいませんでした。「おまえはどない思う」、そう聞かれたら返事をしようと思いましたが、そんなこと言わしまへんもんな。そや、そのときこんなことも言わはりましたで。農学校は五年と三年があったんですが、おじいさんは五年制の農学校はいかんといいますのや。五年制の農学校は学問のほうに偏《かたよ》って、本当の百姓の仕事がわからん、そやさかいに三年制の実習のたくさんある学校へ入れと、こういいますねん。

何でやろなと思って行きましたけど、農学校へ入ってみたら、あんた、苗代《なわしろ》はせなあかん、麦の草いけはせならん、肥《こ》え担《かつ》ぎはせならんしな、そこらの百姓のおっさんと同じでっしゃろ。何でこんなことせならんかと思うて、一年、二年はそんな成績のいいことおませんでしたな。勉強しやせんもんな、嫌で。それでも学校は休みませんでした。学校にさえ行っとれば、おじいさんに仕事場に連れて行かれて、いたぶられんですみますさかいな。それでも成績、そんな悪いわけやおまへんで。ちょっと勉強しましたらすぐ上がりましたから。周囲がだいたいアホばっかりだったからでしょうな。

学校へ行くのは八時でんな。帰るのは四時でした。あのころはそのまま手伝いにも行きませんでしたから、いい時代でしたな。ただ夏休みは仕事場へ行きました。そのころの修業というのは夕ご飯を食べてから、按摩《あんま》をするときにいろいろ話してもらうことでした。いつも母親が按摩をするんですが、ときどき「常一《つねかず》どん、おまえ、ちょっとおじいさん揉《も》んで。わしじきに行くさかいに」と、こういいまっしゃろ。それで「おじいさん揉みますわ」って行きますとな、そのときにいろいろな話をしますのや。

大工というもんはこういうもんやとか、法隆寺大工というのはこうやったとか、先祖はこういう人やったとか、さまざまな話を聞かされました。私が前に宮大工の話をした中味というのはこの按摩のときにおじいさんに教わったことが多いでんな。

農学校のことではあんまり話しませんでしたが、こんなことを言いましたな。

「とにかくまじめに一生懸命勉強してこい。百姓をせんと本当の人間ではないさかいにな。土の命をしっかり見てこないかんよ、しっかり学んでこい」

「土の命」というのは何やろと思っていましたけど、自分が一畝《いっせ》か二畝の畑をまかされて実習させられるんです。私はキュウリを作るようにいわれましたん。そのときですな。キュウリの種を播《ま》きますやろ、そうすると芽が出てくる、蔓《つる》が出る、花が咲きますわな。花が咲いたと思ったら実がなりまっしゃろ。「ははーん、おじいさんがいつもいう土の命ちゅうのはこのことか」と思いました。それで実際にやってみますうちに、おもしろくなってきましてな。キュウリ作りでは私の収量が一番多かったでっせ。それで褒美《ほうび》をもろうたことがありますのや。おまえはキュウリ作るのが上手やて。しかしそのコツというのは、なんちゅうことないんです。学校の肥料小屋から割り当てよりよけい肥料を持ってきたということなんですわ。

それと農学校で覚えた悪いことがタバコです。畑の作業して一休みしてたら、「おい、西岡。タバコ吸ってみい」って友だちがくれたんです。吸うてみたら頭がフーッとなって、「あ、これは気持ちのええもんやな」と思いましてな。それからです。家でも学校でも隠れて吸いましたん。今もやめられませんわ。

農学校というのはそんなもんでしたが、後で棟梁になってえらく役に立ちました。地質のことや土壌のことが発掘調査のときに役に立ちましたのや。それに林業も学びましたんで、山を見て木を買うにしてもよくわかりますのや。おじいさんが農学校に行かせた意味がわかったのは、ずっと後になってからのことでした。ただここの校長先生は偉い人でしたな。農業経済という時間には、「最小の労働をもって、最大の効果を生む。

これが基本や」と習いましたんです。教科書にもそう書いてありました。その時分、修身という時間がありまして校長先生が来たんですな。それでこういうんですわ。

「おまえら、農業経済学ちゅうのを習ったやろ」

「はい、習いました」

「最小の労働をもって、最大の効果を生むと習ったやろ」

「はい、そうです」

「それは大きな間違いやねん。あれは西洋式の考えや。われわれ日本の農民は、自分一人の働きで何人の人に米を食わせられるかちゅうのが基本や。そういうふうに学問せないかんよ。本に書いてあることを丸暗記したらあかん。そやけど試験のときは、本に書いてあるとおり書いておけ。わしのいうたことは書かんでもええ」

こういうことを教えてくれた人でした。私はその校長の修身を聞くようになってから、ほんまに腹を据えて百姓をするようになったと思いますな。私はほかの職人のようによそに修業に行くということがありませんでしたけど、この農学校はひとつの修業場のようなもんでしたな。

それで十六歳の三月に生駒《いこま》農学校を卒業するんです。

卒業したら、おじいさんが私に一反半の耕地をくれまして、習ったことをやってみいというんですな。それで一、二年ほど農業をさせられました。ここからしっかり宮大工として修業が始まりましたんやな。

法隆寺棟梁《とうりょう》三代目

私ンとこは「伊平《いへい》」いうのが屋号です。昔は西の里にも同じ西岡という名前の家がぎょうさんありましたから、屋号で呼んでいたんですな。この家は代々法隆寺の大工だったんですが、棟梁になったのはおじいさんのときです。

そのおじいさんから聞いた話ですが、江戸時代には法隆寺大工は中井《なかい》大和守《やまとのかみ》の支配下にあったんだそうです。その大和守の下に幾人かの棟梁がおって五畿内《きない》の大工職の鑑札を仕切っておったんですな。その鑑札があると、船の渡し賃でも橋を渡るときでも、みんなただやったそうです。

法隆寺大工は城造りにも参加しているんですな。私のご先祖さんも大坂城の造営に行っております。城造りが終わると大工は秘密を知りすぎているというんで打ち首になりそうになったんですって。それを片桐且元《かたぎりかつもと》様が救ってくれたんですな。しかし、そのまま帰ったんでは捕まるというんで、小泉市場というところに住んでおって、それから法隆寺に帰ってきたんですわ。そのため私ンとこのお寺さんは片桐村小泉市場の安養寺《あんようじ》にありますわ。

法隆寺大工は、そりゃ誇りの高いものだったらしいですわ。京都御所の修築に参加したというて馬一頭に刀一振り、それに米二百俵をもらったという記録もあります。馬一頭というたら、今でいえば車一台ということでっせ。あるいはそれ以上かもしれまへんな。

幕末から明治にかけての法隆寺の棟梁家は岡島《おかじま》、長谷川《はせがわ》というような家だったんですが、寺の勢いがなくなるにつれてのうなって、私ンとこのおじいさん西岡常吉が明治十七（一八八四）年に棟梁に命じられたんです。その後に私の親父《おやじ》の楢光《ならみつ》が二代目になり、私が三代目になりますが、法隆寺棟梁というのも私で最後ですな。

宮大工の棟梁としては別でっせ。私の弟子に小川三夫いうもんがおりますが、これは立派な宮大工の棟梁でっせ。そうです、私はほとんど弟子というもんを取りませんでしたが、小川は宮大工の棟梁として育てたんです。法隆寺の棟梁というものはなくなりますが、古代建築を知って、それにならって大きな木の建物を建てていくことについては心配いりませんわ。

宮大工を育てるのと宮大工の棟梁を育てるのは違うのかってよく聞かれますが、そりゃ、違いますわ。棟梁は多くの人をまとめて建物を完成させなければなりませんやろ。大工は棟梁のもとで、木を扱うということになります。これはずいぶんな違いでっせ。

私の親父は婿《むこ》でした。二十三歳のときに西岡の家に婿にきたんですな。それまでは百姓でした。ここに来てから宮大工の仕事を始めたんですから大変ですわな。道具扱いに関しては、あまりうまくなかったですな。しかし、規矩術《きくじゅつ》という大工の計算法がありますのや。これに関しては上手だったですな。

私は父親が二十四歳のとき生まれました。おじいさんは私が生まれますと、初めっから法隆寺の棟梁にするつもりだったんですな、小さいころから仕事場に連れていかれて置いておかれますのや。何もせんでいいからそこで見ておれというんですな。みんなが働いているのを見ながら、ちょこんと座っておるんですな。

しかし、そうやっていますと、子供心にも働いている人の仕事ぶりや腕のよしあしというのが感じられるんです。あの人はうまい、この人は余りうまいことないな、というのがわかりますのや。私の親父はそんなにうまいことありませんでした。どこでわかるかといいますとな、身のこなしですな。うまい人には動きに無駄がありません。動きがきれいです。よけいなことなしにすっと仕事をこなしていくんです。段取りがいいんですな。

「見習う」とはよくいったもんです。たしかに仕事は見て覚えていくんです。おじいさんはこんなことを経験からよく知っていて、私に心と体で宮大工というもんを教えようとしたんですな。

おじいさんから教わることといいましたら、私も親父も同じです。親父は私の父親ですが、弟子という意味ではおじいさんの同じ弟子ですな。いわば親父と私は兄弟弟子ということになるんです。そうは言いましても親父は二十歳をすぎて初めて大工の見習いになったんですから、覚え方が違いますな。他の人のように小さいころから叩《たた》き込まれてきたのと違いますから、苦労したと思いますよ。

棟梁だからといって、腕が少しばかり悪くてもいいというわけにはいきませんのや。腕は一人前、それでいて人を使う器量というものがなければなりませんからな。それでも親父は三十六歳のとき、法隆寺西室三経院《にしむろさんぎょういん》の解体修理の棟梁になっていますわ。

私の場合は初めっから棟梁としての教育ですから、えらかったです。人をまとめていくからには人の苦労というもんを知らないかんというんで、見習いで入った弟子と一緒です。掃除や台所仕事、仕事場の整理、支度、みんなやらされましたわ。

息子に継がせなかった理由《わけ》

私ンとこには二人の息子と二人の娘がおります。息子は二人とも大工やなしに別の道に行きました。なぜ後を継がせなかったのかとよう聞かれますわ。私のほうにも息子たちにもいろいろ考えがありましたんやろけど、簡単にいいましたら、こんなんですかな。

みんなが遊んでいるとき私は遊べませんでした。この話は前にもしましたな。おじいさんに仕事場に無理やり連れて行かれて、嫌で嫌でたまらんかったんですな。なんで大工の家に生まれたのかと思いましたもん。そやから子供にはそういう思いはさせまい、息子たちが自分からやろうと思ったら、それはそれでええ、ほかにしたいことがあるんならそれでもええと思ったんです。嫌なものを無理にさせてもものになりませんからな。

それに宮大工というても毎日仕事があるわけではありませんのや。大きな解体修理でもあればいいですが、滅多にそんなもん、ありませんやろ。それこそ二百年に一回の仕事ですわ。また今みたいにあちこちで大きな建物を再建《さいこん》したり新しく造るなんて時代がくるとは、そのころとても思いませんでした。

寺のこまごましたところを直したりして食える時代でもありませんでしょ。終戦(昭和二十年)のとき、うちの長男がちょうど十歳でしたかな。この後の一番大変な時代に私が結核にかかりましてな、昭和二十五年から丸二年間寝込みました。いつ死んでもおかしゅうないという状態でした。子供たちは食い盛りでっしゃろ。終戦のころの私が法隆寺からもろうていたのが一日、八円五十銭や。そのころ米一升二十五円でっせ、ヤミで。配給というたら二合か三合しかありませんやろ。そのとき親子八人おったもんな。そんなもんで食っていけませんわ。だから子供たちもそれは難儀しました。私の家内も病気にかかりましして、そりゃ大変でしたわ。それで子供たちも宮大工というてもあんなことをしたらあかん、後を継いでいたんでは飯が食えんと思ったんだと思いますよ。そのころ民間の大工はもう六十円やったのに、私は八円五十銭やもんな。そんなこともあって私も無理に宮大工にさせるのはよそうと思ったんでしょうな。

ですから家族を養っていくために代々継いできた畑や山を少しずつ手放しました。それでもそんなときですから、そう高こう売れたわけではなかったんです。生きのびるために残してもろうたんだからと、ためらいはありませんでしたな。一町四反受け継いだんですが、残ったのはこの家だけです。こないして、なんとか宮大工をやって来られたんですが、その苦しい事情を息子らは痛いほど知っていますからな。

えっ、そうですか、息子たちは子供のころ道具を持たされたって、そう言うていましたか。えらい怖い父親だったでしょうな、私は。長男にも次男にも、いちおう後を継いでもらいたいという気はあったんでしょうな、少しは。

自分の子供たちにさせせんかったことをなぜ小川三夫という弟子にさせたかという人がいますが、少し事情が違うんです。小川が私のところへ来て、「法隆寺の五重塔のようなもんを自分も造ってみたいから弟子入りさせてほしい」というてきたときも、初めは断りましたのや。何ていうても仕事がありませんのや。彼が仕事場に来たとき、私は法隆寺の厨房《ちゅうぼう》で使う鍋《なべ》の蓋《ふた》を削っていたんです。そんなですから仕事があるようになったら来なさい、それまではどこかで道具を使えるようにしておきなさいと言うたんです。仕事がなければ宮大工の仕事がどんなもんかわかりませんやろ。そのときは目処《めど》があったわけではなかったですな。そのまま来なかったらそれだけの縁やと思うとったんです。でも、なかなか意気ごみのある人だとは思っとりました。その後、小川は仏壇屋へ見習いに行って、それから図面書きの仕事をして、私が法輪寺《ほうりんじ》の三重塔の再建を始めることを新聞で読んで、約束通り弟子にしてもらいたいとやって来たんです。この人を見て、この人の覚悟を知って、そのとき初めて自分の子供にできんかったことをこの人にしてやろうと思いました。初めから棟梁として育ててやろうと思ったんです。そのとき息子たちにはいいました。この人はよその人やけど、私の仕事を継いでくれる人や。そやからこれからはおまえたちより上の位置に置く。飯のときの位置も私の次の席です。そう家族のもんにも言い聞かせました。いいときに弟子入りしたいというてきたんですな。私も六十一歳になっていました。それまでのように鬼といわれるほど仕事、辺倒でない気持ちも生まれていたんでしょう。それと、なんていうても三重塔の再建というチャンスに巡り合えたということですな。塔を造る初めから教えられますからな。

そこへもってきて小川は一生懸命でした。高校を卒業してからでしたんで、私は弟子入りするには遅すぎるということも言いましたんや。それでも夜遅くまで、寝ないで刃物を研いでいますのや。私が最初の一年は本も読まんでいい、テレビもラジオもいらん。とにかく刃物を研げといいましたのや。それで夜も眠らんで研いでいる姿を見まして、これならものになると思うて安心しました。正直いって嫌がっている息子らに無理に後を継いでもらわんでもいいと思いましたのや。

そんなわけで、自分ンとこの息子やなく小川に後を継いでもらう形になったんです。

夫として父として

これはあきませんな。父親としては完全に失格でしたな。何もしてやれませんでした。そんなことを考える余裕もなかったですな。夫としても失格です。

仕事のことでは法隆寺には西岡という鬼がいるといわれましたが、家に帰っても同じでしたな。鬼のようなもんですわ。何しろ頭のなかは仕事のことで一杯でっしゃろ。娘が二人に息子が二人おりましたが、前にも話しましたとおり、息子は後を継ぎませんでした。そうですか、息子らも怖かったと言っておりましたか、そうでしょうな。怖くて近づかんようにしたと言うてましたか、そうでっしゃろなあ。

棟梁の仕事というのはそんなもんでしたな。古い材を調べれば調べるほど、いろんなことが出てきますやろ。それにたくさんの人を使こうて仕事をせなあきませんから、その段取りやら何やらを考えていたら、家のことは構っていられませんものな。いい父親やありませんわ。亭主としても失格ですわ。みんなえろう心配しましたやろうな。頑固に口伝《くでん》を守って、ほかの仕事はしませんでしたし、子供が育ち盛りのときに病気でっしゃろ。あんときは死の淵《ふち》をさまよったんですが、こないどうにもわからんことなら早よう死ぬのか生きるのかはっきりしてくれと思いましたからな。

それこそ田畑を売ってもなんぼもならんのに、みんな処分してやっと食っていたんですからな。それを子供たちはみんな知っていますからな。それでも自分はおじいさんに教えられたとおり、法隆寺の宮大工であろうと思ったんですな。それこそ食うものもろくになかったし、遊び道具ひとつ買《こ》うてやらなかったでしょ。そんな親父の姿を見ていたら、なかなか後を継ごうとは思いませんわな。こないな思いをしてまで宮大工をやろうとは思わんかったんでしょうな。報われん仕事やと思ったんやないですか。町家の家を造ったり、工務店でもやっていたら、そないなことはおまへんでしたろからな。

親戚《しんせき》のものや私の兄弟でも変わりもんやと今でも思ってますわ。よう近づいしきませんわ。それでいいと思っていたんですな。そんなことを気にしていたら仕事ができさませんな。この年になって病気をするまで七十年以上、仕事のことしかありませんでしたからな。寝ても起きても仕事のことですわ。それほど飛鳥、白鳳の先人の建てた建物は偉かったんでしょうな。こんなにやっても足下《あしもと》にも及びませんものな。

いろいろありましたが、自分にとって宮大工というのはいい仕事やったと思いますな。そのぶん家族のものは苦労して、寂しい思いをしたでしょうがな。

しかし、こうして継いできた法隆寺の棟梁というのも私が最後ですな。これからは新しい形での宮大工が出てきますわ。

私がおじいさんから教わり、ずっと継いできた工人の技術や知恵は次のものに伝えました。お宮やお寺が木で造られているかぎり、そこには引き継がれた文化がありまっせ。父親としてはまったく失格でしたが、宮大工としてはいい時代に巡り合わせてもらいましたし、私なりに悔いのない仕事をさせてもらえたと思っとります。ありがたいことですな。

思い出に残る人々

そうでんな、これまでぎょうさんの人に会いましたけど、思い出に残る人というたら、まず法隆寺の佐伯定胤《さえきじょういん》（慶応三～昭和二十七　一八六七～一九五二）さんでんな。元の法隆寺の住職です。私が子供のころ、おじいさんに連れられて法隆寺に行っていたころからおりました。子供のころ、ようお菓子をもらいましたで。「こっちへき、こっちへき」というて呼んでくれますねん。それで行きますと、黴《かび》の生えてる羊羹《ようかん》をくれましたで。大事に取っておいたんでっしゃろが、そのうちに黴が生えてしもうたんでしょうな。

仏教というような大げさなもんやないですけど、手ほどきを受けたのはこの佐伯定胤さんからですな。法隆寺の大修理が始まる前に親父と呼ばれました。

「こんどの大修理よろしゅう頼みます。ここの伽藍《がらん》は聖徳太子が仏教を広め、国を治めようと思うて造られたものや。いわば法隆寺は法華経《ほけきよう》の塊《かたまり》のようなもんやから、あんたらもこれを、たんに仕事やと思わんで、聖徳太子がどういう考えでこの伽藍を造られたのかを知ってもらいたい。そのためにも法華経を読みなさい」

そういうことを言われましたな。

でも、法華経を読んだかて漢文やもんやから、わかりまへんがな。そしたらちょうど大正大学の小林先生という方が翻訳の法華経を出されましたのや。それを買うて読みましたんや。しばらくたったら佐伯定胤さんが「どや、法華経、読んどるか」って言いますのや。

「いやあ、お寺からお借りした法華経はさっぱりわかりません。小林先生の翻訳の法華経を買うて読みました」

こない言いましたら、

「ああ、そうけい。まあ、よろし。どうや、どない思うた」

困りましたがな。それでも正直にいいましたで。

「いやあ、いっこうにわかりませんけど、ただありがたいこっちゃなと思います」

そういいましたらな、「それでいい」といわれましたな。この本が十二巻ありましたからな。口伝に「神仏をあがめずして社頭《しやとう》伽藍を口にすべからず」というのがありますが、これは仏教を尊ぶということで、内容まで深く知らなければならんということやないんですが、その後も『華厳経《けごんきよう》』『挿話《そうわ》全集』などさまざまなものを読みました。これもみんな佐伯定胤さんのおかげですな。

法華経にどんなことが書かれているかっていうんでっか。そうでんな、簡単にいいましたら、悟りというもんは、人間は本来の、親から生まれたままの汚《けが》れない無垢《むく》な気持ちで物事をおこなえということですかな。できる知恵があって、功利的な知恵を持って生きないで、生まれたままの無垢な気持ちで生命をまっとうしなさい、これが悟りやということやないですかな。

さきほどの口伝のことですが、仏教のことを奥深く知らなならんわけやないといいましたが、それぞれの寺や伽藍を造るときに、法隆寺なら法隆寺、薬師寺なら薬師寺を建てた人の気持ちというものは考えますな。たとえば、法隆寺は雄渾《ゆうこん》で木割りが太くて重厚です。薬師寺は同じような時代ですが優雅ですわな。聖徳太子は、仏教を基礎にして国を治める、そのための人材養成の伽藍として法隆寺を造られたと思いますし、薬師寺は初め天武天皇が持統天皇の病気平癒のために、その後は持統天皇が志し半ばで亡《な》くなったご主人の天武天皇のための祈願を込めた寺やというようなことは考えますな。

佐伯定胤さんのほかにも、清水寺の大西良慶《おおにしりようけい》（明治八～昭和五十八　一八七五～一九八三）、薬師寺の橋本凝胤《はしもとぎよういん》（明治三十～昭和五十三　一八九七～一九七八）、こういう人は一時代違う時代の人ですが、考えが今の人のように功利的やありませんでした。本当に純粋でしたな。高岡の国泰寺《こくたいじ》という寺の稲葉《いなば》心田《しんでん》。この人は禅宗の臨済宗《りんざいしゅう》の人でしたが、やっぱり無欲闊達《かったつ》な人やったですな。

ふつう、管長とか住職とかという人は職人をばかにしなさる。自分が頼んで堂を造らせる、塔を造らせるということで、大工をばかにしますな。軽く見ますな。それが違いますのや。この方々は私らを奉《たてまつ》ってくれましたな。立ててくれるんですわ。わざわざ塔を建ててもらいたいというて薬師寺までお出でなさいましてな。臨済宗国泰寺派の本山で、修行場《しゅぎょう》の寺です。修行の雲水《うんすい》やなんかには怖い人らしいんですが、私らは人事にしてくれましたな。

橋本凝胤さんは薬師寺を再建するときに、迎えに来られたんですわ。法隆寺の仕事は終わったやろ、俺ンとこに来て建ててくれんかと言われるんですわ。私はそのとき法輪寺の三重塔をやっていましたんやけど、資金が続かなくなって休んでいたんですわ。「それでも私は法隆寺の大工ですし、仕事が仕かかり中ですから行けません」と断ったんですな。そしたら法輪寺では、「ちょうどいい。これからまた資金を作りますから手伝ってやってください」といいますし、法隆寺にも話をつけてくれたんですな。それで薬師寺の金堂をしに行きましたんや。そうやって薬師寺に呼んでくれたのが橋本凝胤さんですわ。

薬師寺で橋本凝胤さんの後を継がれたのが今の高田《たかだ》好胤《こういん》さん（大正十三〜平成十　一九二四

～一九九八）ですな。この人も偉い人でっせ。私は初め、世間の人がタレント坊主《ぼうず》、タレント坊主というてましたんで、そう思っていましたのや。それでそんなん嫌いやというたことがありましたわ。しかし、会って話してましたら違いますのや。この人こそ本当の坊《ぼ》ンさんやないかと思いましたわ。橋本凝胤さんという方はやはり昔式の人で、知らんことを尋ねましたら「もうちょっと勉強してこい」というタイプの人やったですけど、高田好胤という人は「ああ、それはこういうことです」と細こう話してくれるんですな。橋本凝胤さんは自分で悟りを開き、道を探る仏法者やったと思います。もちろん、高田好胤さんも悟りを開いていなさるんでしょうけれども、その悟りをみんなに移し植えようという気持ちがありますわな。仏教を広めようというつもりでおりますのや。ですから薬師寺の伽藍の再建も、企業のまとまった寄付はお断りして、写経で金堂と塔を建て、中門を造り、回廊を回し、講堂を再建しようというんですから偉いことですわ。

　薬師寺の西塔再建に当たりましてはおもしろい話がありますのや。

　金堂の上棟式《じょうとうしき》の前後に、薬師寺は東と西の二つの塔があって成り立っていますのや、金堂ができましたら、ぜひ西の塔を造ってほしいというようなことを私が言いましたのや。そしたらその返事に高田管長が、

「西岡さん、なるほど薬師寺の伽藍は両塔あって初めて薬師寺の伽藍や。まったくそのとおりや。そやけれども金堂を完成させることで私は精一杯や。塔も建てたいけれども、

それは次の世代に譲りますわ」

と、こういうたんですわ。

ところが執事長の安田暎胤《やすだえいいん》さんが一人で私のところへやってきて、

「西岡さん、その塔というのは、木がどれほどいりまんねん」

と聞くんです。それで、

「ざっと計算しまして二千二百石ほどでっかな」

と返事しましたのや。そしたら、

「買いまひょか」

というんで、

「お金、ありますのか」

って聞いたら、

「ちょうどありまんねん」

というようなことで買うことにしました。

それで台湾に行ったときにそのつもりで木を選んでいましたのや。ですから木が当初よりもよけいに運ばれてくるんで管長さんが、

「西岡さん、あれはいったい何してはんね」

と、こう聞きますのや。せやから、

「何してはるって、あんた、この大きな伽藍を守っていくために必要ですねん。法隆寺でもみな同じこっちゃ。みんな台風や地震があったちゅうたら、修繕せなあきまへんやろ。そのときになって注文してたんではあかんさかい、こういうふうに用意してまんねん」

そういいましたら、

「ああそうでんな。あんたはなあ、法隆寺というえらい古い伽藍に仕《つか》えられて、そういうふうにいろいろ心得があるさかい、どうぞまあ、よろしく頼みまっせ」

と、こういうこっちゃ。そんなんで、西塔の用材を揃《そろ》えましてから高田管長に西塔のことを言い出しましたのや。

そうです、金堂の話があったときから西塔のことは私の頭にありましたな。「堂を建てず伽藍を建てよ」いう口伝がありますのでな。金堂の再建のことを考えるんでも、両塔のことはつねに頭に入っていましたな。

中門や回廊、講堂のことまで考えたのは塔が終わってからです。塔が完成した時点で回廊を決めたんですな。西塔の落慶《らっけい》のとき、みなさんに頼みましたのや。

「塔ができたからというて油断せずに、中門、回廊、大講堂、まだまだせなならんことがある。気持ちをゆるめずにお願いします」

となな。それで中門ができ、いま回廊をやってますやろ。食堂《じきどう》も十字廊《じゅうじろう》も大講堂も基本設計は終わっていますのや。後は次の人たちがやるだけです。二十世紀中に完成しますかな。そこまで仕事は進んでおりますのや。発掘調査や何やらあって確認せなならんことがありますやろけど、基本的なことはみんなやってありますのでな。私の仕事は終わりましたわ。残したことはありませんな。後は建てるだけでんな。

最初のときはここまでやれるとは思いませんでした。高田管長が講演し、写経の話をし、写経が集まって、ここまでできたんですからな。

法隆寺大工の口伝

法隆寺の大工には代々口伝が伝わっていますのや。私はおじいさんからこれを教わりました。そのいくつかを紹介しましょう。

この口伝は伽藍を造営する大工たちへの教えであると同時に戒《いまし》めでもありますな。本来、大工のためのものですが、みなさんが聞いても役に立つことがあるかもしれませんな。ものを作る心構えだったり、ものの見方だったり、人とのつきあい方やったりしますからな。

「神仏をあがめずして社頭伽藍《しやとうがらん》を口にすべからず」

これは神の道を知らんものは神社建築を口にするな、また仏の道を知らぬものは堂塔伽藍を口にするなということですな。

これは何も神道や仏教の専門家にならねば手を染めてはならんということではないんですな。自分が造ろうとしているもの、かかわっている仕事がどんなものか知らなならんという宮大工としての心構えですな。金のためだけに仕事をしてはならんということでしょう。法隆寺は聖徳太子が仏法者を育てるための場所として造られたんです。その仏法によって国を治めようとしたんですな。その聖徳太子の教えがどのようなものかぐらいは知らんと、法隆寺の修理にも解体にもかかわれませんな。私がこの仕事にかかわるとき、法隆寺の管長の佐伯定胤さんが言いましたもんな、法華経ぐらいは目を通しておけって。

この口伝に似たもので、こないなものもありますのや。

「家宅は住む人の心を離れて家宅なし」

家宅を造るならそこに住む人の心組みを受けて、その意を汲《く》んで造作しなさいということですな。まあ、大工のわがままや、自分の儲《もう》けで造るなということです。寺は仏さんの住むところやから仏さんの心組みを忘れるなということでしょうな。

「伽藍の造営には四神相応《ししんそうおう》の地を選べ」

四神というのは中国から伝わった四つの方位の神様ですな。伽藍を造営するなら方位に適した場所を選びなさいというているんです。四つの神というのは、青竜《せいりよう》、朱雀《すざく》、白《びやつ》虎《こ》、玄武《げんぶ》です。

青竜は「勾芒《こうぼう》」ともいいまして、春、草木の芽がたつ時期もいいますが、方位でいうと東の神様です。朱雀は季節は夏、方位は南。「祝融《しゆくゆう》」ともいいまして、火の神様ですな。白虎は季節は秋で、方位は西です。玄武は季節は冬、方位は北です。

これを地形ではどないなものかといいますと、東の青竜には清流がなりればならん。南の朱雀は伽藍より一段低く沼や沢でなければならない。西の白虎には白道が走っていなければならない。北の玄武には山丘が伽藍の背景になっていなければならない。伽藍を建てるならこんな土地を選び、南に面し北を背にするように造営しなさいというんですな。

この口伝を法隆寺に当てはめてみましょうか。法隆寺のあるところを斑鳩《いかるが》といいますが、ここの東方には富雄川《とみおがわ》があり、青竜に匹敵しています。南の朱雀は伽藍より一段低く大和川《やまとがわ》に向かって傾斜し、朱雀に匹敵しています。西にはそんな大きな道はありませんが、西大門の西側に大和川に達する道がありますし、北の玄武に当たるのは矢田《わた》丘陵が伽藍の背後に迫っています。

こんなふうに法隆寺は四神相応《しじんそうおう》の地に造られていますな。こうした地相のよさが千三百年前の創建当時の伽藍を残すことができた理由かもしれません。こないにいうと迷信のようですが、たいていの都や城はこうした地に建てられています。南側が低いということは見晴らしがよく、日当たりがいいということですな。北に山というのは北風を防ぎ、過ごしやすいというふうに推測できますが、東に川、西に道というのも何かそれなりに意味があったんでしょうな。今ではなぜそういうのかはわかりません。

これが薬師寺の場合には当てはまらないところがあるんです。東には秋篠川《あきしのがわ》があり、南は一段低くなっています。西は平城京西の二坊が貫通して口伝と合っているんですが、北には玄武に相当する山がない。欠相しているんですな。このためではないかもしれませんが、法隆寺が創建当時の七伽藍全部を残しているのに、薬師寺で残っているのは東塔だけですわ。

科学的やないといわれるかもしれませんが、私は口伝を信じています。それが伝統だと思っています。こうして今まで引き継がれてきたんです。もし私が伽藍を建てろといわれましたら、迷わずに一番先にこの口伝に従った場所を捜しますし、そうでない場所には建てませんでしょうな。

「堂塔建立《どうとうこんりゅう》の用材は木を買わず山を買え」

木の質は土の質によって決まりますし、木の癖は「木の心」といってもいいかもしれませんが、それは山の環境によって生まれますな。たとえば山の南斜面に生えた木を例に取ってみましょう。この木の日の当たらない北向きの側には枝が少ないんですな。あったとしても細くて小さいもんです。逆によく日の当たる南側には大きく太い枝が出ます。この地形が年間平均すると西からの風が強い場所だったとすると、この木の南の枝は風に押されますな。それで東に捻《ねじ》れます。しかし、この木が風によって無理に東に捻られているために何とかしてもとに戻ろうとする性質が生まれてくるんです。この元に戻ろうとする性質をこの木の癖といいますのや。すべての木には生える場所によってこうした癖ができますな。

口伝にいう「木を買わず山を買え」というのはこの木が伐採されて、製材されてから買うのではなく、自分で山に行って地質を見、環境による木の癖を見抜いて買いなさいということです。

なぜかといいましたら、製材されてしまってからでは木の癖は見わけづらいんですな。この西に戻ろうとする癖の木は、切り倒され、乾燥しますと木の本音を出すんです。この口伝は木の癖の見抜き方を教えているわけですな。

それとこの口伝のもう一つの意味は、一つの山で生えた木を使って一つの塔を造れ、ということです。あちこちの山の、性質の異なる木をばらばらに買わず、自分で山へ行き、木を見てその山の木をうまく使って一つの塔や堂を建てなさいというているんですな。

近ごろは実際に山へ行って木を見るということが難しくなってきています。それでも私は薬師寺の木を買いに台湾の山へ行きましたで。二千年を越す檜《ひのき》を見て心からよかったと思いましたな。山を見て、木を見ておいたので悔いのない仕事ができたと思っています。

この口伝は、次の四番目、五番目の口伝と密接な関係があります。

「木は生育の方位のままに使え」

この口伝には次のような文が続いていますのや。「東西南北はその方位のままに、峠および中腹の木は構造材、谷の木は造作材に」

山ごと買った木をどう生かすかということです。その山の南に生えていた木は塔を建てるときに南側に使えというているんですな。同じように北の木は北に、西の木は西に、東の木は東に、育った木の方位のままに使えということですな。

このとおりに木を使うとどうなるかといいましたら、南に育った木には枝がありますから、たくさん節《ふし》ができますわ。ですから南の柱に節が多いものが並ぶことになりますな。

法隆寺の飛鳥建築でも薬師寺の白鳳建築でも、堂や塔の南正面にはこの口伝通りに節の多い木が使われていますわ。逆に北の柱にはほとんど節が見えませんな。薬師寺の東塔の南面の柱を見てみなはれ。「一間六節」という言葉どおり一間の間に六個も七個も節がありまっせ。法隆寺の中門でも同じですな。南には節がいっぱい見つかりますが、北には少なく、あっても小さなものですな。

こうした知恵が千三百年の命を持たせているんですな。私は昭和九（一九三四）年から二十年間にわたって法隆寺の解体修理をしました。創建以来初めての解体修理でした。そのとき室町時代に建てられた建造物も修理せなならんでしたよ。室町のものは六百年しかたってないんでっせ。それでも修理せなならんかったほど傷《いた》んでいたんですわ。

室町のものは節のない材を集めて丁寧に組んでありまっせ。それでも六百年しか持たなかったんです。口伝を忘れたからですな。節だらけの飛鳥の木の半分以下の耐用年数ですがな。口伝にはそれだけの意味がありますのや。

山の中腹以上峠までの木は構造材に使えというのは、ここらに育った木はたくさんの光を浴びてしっかり育っていますな。日当たりはいいんですが、風も当たる、嵐《あらし》にもうたれる、雨にもたたかれる、中腹以上の木はこうした環境で育っているから木質が強く、癖もまた強いんですな。こうした癖があり、強い木は柱や桁《けた》、梁《はり》などの建物を支える骨組みになる部分に使いなさいと教えているんです。

谷は水分も多く養分も十分にありますわ。こうしたところでは光も風もそんなに強くなく、木は素直に育ちます。こうして素直に育った木は癖がない代わりに強さもそないにありませんから、長押《なげし》や天井《てんじょう》、化粧板《けしょうばん》なぞの造作材に使えというんですな。

昔の人は山の木の性質をよく観察してまっせ。今の大工にこないなことを言ってもさっぱりわかりませんやろな。時代が進んだからといって知恵が必ずしも増すわけではないんだすな。下手したら昔の人のほうがずっと利口でっせ。

「堂塔の木組みは寸法で組まず木の癖で組め」

建物を組み上げるのに寸法は欠かせぬものやけど、それ以上に木の癖を組むことが大切やというているんですな。

木の癖というのは前に話しましたな。左に捻れを戻そうとする木と、右に捻れを戻そうとする木を組み合わせて部材同士の力で癖を封じて建物全体のゆがみを防ぐんですな。もしこのことを知らずに、右に捻れそうな木ばかりを並べて柱にしたら、建物全体が右に捻れてしまいますな。こんなことになってはいかんというんです。この木の癖を見抜くためにも山を買え、山へ行って目でたしかめよというているんです。

法隆寺の五重塔や金堂を解体してみまして、この口伝が完璧《かんぺき》に守られているのを感じました。みごとなもんですな。この癖組みが完璧なことが、千三百年たっても建物をゆがまさずに、五重の軒先を一直線に持たせている理由ですわ。

近ごろの大工は寸法はやかましくいいますが、木の癖は問題にしていまへんな。寸法どおりに組み上げるのは誰でもできまっせ。そのときの寸法だけでは建物が長くは持たないことは長いこと大工をやっていたらわかるはずですが、いつまでもそのままですな。

建築というものは自然のなかで風雪に耐えねばなりませんのや。木の癖組みを忘れた建築は建築のうちに入りませんで。建物としての力が弱く、すぐに癖が出てゆがみを生じますわ。これではあきませんな。こんなことで造っても木の耐用年数の半分も持たされません。大工は木の性質、癖を生かして耐用年数一杯は持たせな自然の命の無駄使いですわ。まして癖があるからというて、その木をはじいて使わんというのは、もってのほかでんな。人間と同じです。癖は生かして使うてやるのが務めですわ。

「木の癖組みは工人たちの心組み」

建築は一人ではできませんのや。大勢の人間の力を結集して出来上がるもんなんですな。力を結集するというのは心を一つにするということですな。大勢の職人の心を棟梁《とうりよう》の心構えと同じように仕事に立ち向かう心構えにせなりません。職人も木と同じように癖がありますわ。それぞれ自分の腕を誇り、それで家族を養っているんですから一筋《ひとすじ》縄《なわ》ではいきません。そんな人たちばっかりです。この人たちをまとめなならんのです。

癖も違うし、腕も違う。うまい下手、早い遅い、さまざまですわ。それぞれ得手不得手《えてふえて》もありまっしゃろ。建物が大きければ大きいだけ人がいりますわ。大工だけでなく、石工《いしく》、左官、瓦屋《かわらや》、諸職の人がいてますな。この人たちを集めての仕事ですから、途中で投げ出すわけにはいかないんですな。気に入らんと思っても辞めるわけにはいきません。職人が気に入らんというてもそれを上手に使うのが棟梁の仕事です。この口伝はこれらの工人たちの癖を読んで、仕事がうまくいくようにせなならんという棟梁の心構えを説いたもんですな。

「工人たちの心組みは匠長《しようちよう》が工人らへの思いやり」

これは文のとおりですな。匠長というのは棟梁のことですな。大勢の工人の心を汲《く》んで一つにするためには棟梁に思いやりがなければならんということですな。現場を見まわっていますと、上手もおれば下手もおります。上手達人はさておいて、この下手を建物が完成する三年なり四年なりのあいだに立派な大工に導いてやりましょうという思いやりが必要だといっているんです。次の口伝にはその思いやりをこんなふうにいってますのや。

「仏の慈悲心なり、母がわが子を思う心なり」

工人たちへの思いやりは母親が子供を思うのと同じようにせなあかん。何かをしてやるからというて代償を求めるような浅ましい心ではいかんというんですな。しかし、棟梁ですから、たんに工人を甘やかせばいいというもんやないんです。甘やかすのと思いやりとは、まったく別のものでっせ。これをごちゃごちゃにしたら、まとまるものもまとまりませんし、育て方を間違いまっせ。むしろ甘やかすのは思いやりがないのに近いかもしれません。このごろの親を見ていましたら、この二つを取り違えている人が多いですな。

「百工あれば百念あり、これをひとつに統《す》ぶる。これ匠長の器量なり。百論ひとつに止まる、これ正なり」

百人の工人があればそれぞれ考えが違う。百人いたら百人別々の考えがあると思えというんですな。今どき学校でも会社でも、人の上に立つ人たちはこんなふうに生徒や社員を見ていますかな。この百人の心を一つにまとめるのが棟梁の器量というもんや。みんなの心がまとまって、初めてその方向が正しいというんですから、ずいぶん進んだ考えですな。昔の人やから、古くて、何でも上に立つ人は号令ひとつで下の者の意見や考えなんか無視していたんやないかと思っている人が多いやろけど、この口伝がまったくそうやないことを物語っていますな。

大きな仕事は人の考えを無視して、支配する力だけではできないんですな。もしそうやったとしても心のこもった仕事はできません。心のこもった仕事をせな、建物は美しゅうないし、長く持たせられませんな。それでは木の命を生かすことはできません。

これでは棟梁というのはやたら難しい仕事やし、そんなことできたんかいと思う人がおりますやろけど、千三百年前にこうしてたくさんの工人を使って法隆寺や薬師寺を造って、今まで残してくれているんやから、できるんですな。法隆寺を見ていたら本当に飛鳥の工人の偉大さに頭が下がります。

口伝というたら堅苦しいものやと思いまっしゃろけどな、この口伝には洒落《しゃれ》も入っていますのや。

「ひとつに止まる、これ正なり」

この文です。一つにまとまったものが正しいことだ、という意味ですが、一つは「一」ですな。これを止めるという字の上に乗せましたら「正」ですわ。うまいこと言うてまっしゃろ。

「百論をひとつに止めるの器量なき者は謹《つつし》み懼《おそ》れて匠長《しょうちょう》の座を去れ」

厳しいですな。工人の意見を一つにまとめられんかったら棟梁を辞めよというんですからな。そんなとき、上に立つ者は自分の不徳を恥じず、下の者が悪いというて首にしたり、よそに行かしたりしていませんか。下の者の意見をまとめられんのは自分に器量がないからだというんですな。こんなことになったら自分から辞めなければならん。建物を完全に建てるということは大変なことなんです。木の癖が読める、腕がいい、計算ができる、これだけではだめなんですな。棟梁というからには工人に思いやりを持って接し、かつ心をまとめなければならんのです。

諸職工の心構えが完成してこそ建物の完工という結果がいただけるんです。その心組みがなければ堂塔の造営はならんのです。完成されるすべての責任は棟梁にあるんです。そのぶんだけ棟梁の責任は重いということですな。私は自分がずっと棟梁でいるあいだ、この口伝を心に言い聞かせていました。

「諸諸《もろもろ》の技法は一日にして成らず、祖神たちの神徳の恵みなり、祖神忘るべからず」

そのとおりですな。口伝を守ってそれを実践すれば堂塔はできるけれども、これは自分だけの功やないというんですな。先人たちが実験を重ね、失敗を正し、こうして伝えてきた技法によるんや。自分の知恵や力だけではできるもんではない。神に感謝し、以後も口伝、技法を伝えなならんぞというているんですな。

本当にそうだと思いまっせ。私はおじいさんによって棟梁に育てられました。教えられた技法はおじいさんが考えたものやなしに、その前から伝わったものです。千年以上の時間をかけて間違いを正し、積み重ねてきたすばらしいものです。その技法に間違いがなかったことは法隆寺が証明してくれていますがな。私は長く大工をやってきましたけど、自分が新しく考え出したものは何にもありませんでした。それより解体修理をしながら、どうやってこんなことができたんやろと考えさせられることばかりでしたな。今でも飛鳥の工人に追いつかないと思っとるんです。

すべてこの口伝のとおりですな。科学が進歩したというて、昔の技術を無視したり、忘れてしまってはいけませんで。経験の積み重ねにはそれだけの価値が隠されておりますのや。科学はややもすると、経験や勘を枠の外にはずそうとする傾向がありますが、経験や勘も立派な学問なんでっせ。数字や文字にできんからというて無視したら、大きな損失ですな。

頭の記憶だけやなしに手による記憶というものもありますのや。法隆寺や薬師寺の塔はその記憶の結晶やおまへんか。これらのみごとな建造物を今のような道具なしに、一つずつ違う木の癖を生かして組み上げたんでっせ。もう少し人間は謙虚になって自然や先人の残したものを見ないけませんわな。あまりに自分のことだけ、目先のことだけを考えすぎますわ。先人はここに千年以上の時間を越えてものを見る習慣を持っていたことを証明して見せてくれているんですからな。

このほかにも口伝は百条ほどもありますが、それは細かなことです。この口伝が少しでも皆さんのお役に立てばと思って説明しましたのや。

巡り合わせた時代のこと

いい時代に巡り合えたと思いますな。ほんまにいい時代に生きさせてもろうていると思いまっせ。

まさか、自分で大きな伽藍《がらん》を造ることができるとは思いませんでしたもんな。これもいい巡り合わせですな。おじいさんにあれだけ仕込まれなかったら今の私はありませんわな。それにここまで法隆寺大工の技というものを引き継いでくれた人たちに感謝せなあきませんわ。

もしもでっせ、私が法隆寺の解体や修理をせんで、薬師寺の仕事に巡り合ったとしたら怖《おそ》ろしゅうて何もできませんわ。十分に法隆寺で修業させてもろうて、初めて飛鳥時代の建物がわかったんです。それも小さいころから嫌や嫌やと思いながらも仕込まれて、法隆寺大工の口伝やらを教えてもらってきたからですわな。

親父と一緒におじいさんの前に並ばされて口伝をいわされました。そのころは文の意味は漠然とはわかりますが、本当の意味はわかりませんがな。その意味がわかり、おじいさんが言っていたのはこういうこっちゃな、と思うたのは法隆寺の金堂の修理をしたときですわ。

　農学校に行かされた意味がわかったのもずっと後ですし、あのときおじいさんが百姓してみなあかん、というた意味もそうですわ。それと病気になり、そのままでは家族を支えられんようなときがきても、祖先から引き継いできた田畑や山があったから生きてこられたんですわ。

　そうやっているあいだじゅう修業でしたわ。こんな時代を抜けてきたんで、言いたいことをいい、学者とも対等に意見をいいあい、納得のいく仕事に近づけたという気がしますな。ほんの少し時代がずれても、私に薬師寺の伽藍はできませんでしたわ。早くても私に力がなかったでしょうし、遅かったら年を取って体力も精神力もついてこんかったでしょうな。

　人との巡り合わせにしてもそうでんな。人生のいい時期によい人に会わせてもろうていますわ。佐伯定胤《さえきじょういん》さんに育てられました。橋本凝胤《はしもとぎょういん》さんに呼ばれなかったり、高田管長に会わなんだら、伽藍造りのチャンスも来なかったでしょうな。一世代ずれたら、解体と修理には立ち会えたかもしれませんが、伽藍造りには巡り合えませんでしたわな。もう一世代前のおじいさんの時代やったらもっと仕事がなかったでしょうし、時代が伽藍造りというときやおまへんもんな。私と同じ世代でも無理やったかも知れんのですから。現に私の弟の楢二郎《ならじろう》も大工やったですが、こんな機会には恵まれませんでしたからな。先祖からの技術を何とか引き継ぎ、田も畑も山もなくしましたが、こんなチャンスに恵まれて思う存分に仕事をさせていただいてありがたいことですな。一時は自分だけで終わりやと思うて、息子たちも別の道に行き、後継者も育てられんと思いましたが、法輪寺の三重塔の再建《さいこん》というチャンスが生まれ、小川三夫という弟子も一人前の棟梁に育てられましたんやから不思議なもんですわ。そしてこんな繁栄の時代がさましたもんな。

別に私だけが特殊な力を持っていたわけやないんでっせ。昔から何代にもわたってこないして技術を受け継いできたもんやったんです。それが時代のなかで一つ一つ消えていったんですな。昔は林の木のように私のような職人がおったんです。それが一本ずつ枯れたり倒れたりして、気がついたら一人残されていたんですわ。

先祖から何代にもわたって引き継ぎ、残してこられたもんが、私のところで花咲かせてもろうたのかも知れませんな。うしろを振り返りましたら長い糸に日がまわるほど、ぎょうさんの人がつながっていますものな。その端っこに私がおりますのやろな。

それも、これで終わりやないんでっせ。造られたり、引き継いだ伽藍はこれからも残りますやろし、私らがやらせてもろうた塔や堂も、これから時間の試練を受けますのや。百年、二百年たって、私らがやった塔や堂がどうなっていますか。そのことを考えてやったつもりやけど、どうなっていますか、見たい気がしますな。三百年後に自分の造った西塔が東塔と並んで建っていたら、「よくやった」というて初めて安心できますがな。
私らの仕事は時代に教えられ、時代に育てられ、時代に機会を与えられ、その試験を受けてきたんですわ。私で終わりやないんでっせ。この後もこれから以上に続くんですから。

よく百年、二百年後には西岡のようなものがおらんから木で塔を造ったり修理は無理やろといわれますが、そんなことはないんです。現にそこに塔がありましたら、木のことがわかる者や、ちゃんとした仕事をする者は昔の人はこないやったんかていうて、私らが千三百年前の力強さや優雅さに感心して学んだと同じようにやれるんです。それができんやろからコンクリや鉄でやったほうがいいというのは、次の人たちに対する侮辱ですな。私も法隆寺や薬師寺の塔からいろんなことを勉強させてもらったし、教わったんです。この後の人かて、ちゃんとした物が残されておったら、そこから学び取ることができるんですわ。そのためにもちゃんとした物を残さなあきませんで。いいかげんな物を造って残したんでは伝わるものも伝わりませんし、そこで伝わってきたものを滅びさせることになりますのや。ちゃんとしたものを残すためにはできるだけのことをせなあきません。

時代に生かさせてもらっているんですから、自分のできる精一杯のことをするのが務めですわ。

木のいのち木のこころ〈地〉

小川三夫

はじめに

私の仕事は宮大工です。二十一歳のとき、法隆寺の棟梁西岡常一《とうりようにしおかつねかず》のもとに弟子入りしました。高校の修学旅行で法隆寺の五重塔《ごじゆうのとう》を見て、こんな塔を造ってみたいと思ったのがきっかけでした。まったくの素人《しろうと》から何とか一人前の宮大工としてやっていけるようになったのは、すべて西岡棟梁のおかげです。実際に檜《ひのき》を削り、組み立てる仕事をしながら飛鳥《あすか》の工人たちの技や知恵を学んできましたが、そこで教えられたことはそれまで学校で教わってきたのとはまるで違うものでした。

大工は手の仕事です。頭で考えるだけでは建物を造ることができません。学校の勉強は記憶や抽象的な思考の訓練でした。西岡棟梁のもとで大工の修業を始めたとき、それまでとはまったく違ったことを一から学ばなければなりませんでした。言葉や数字を媒介にして記憶したり考えたりするかわりに、体や手で自分の考えを表現しなければならなかったからです。ここでは本や言葉による指導は何の役にも立ちませんでした。

千三百年も前の姿をそのまま残す法隆寺や薬師寺の建物は、職人たちから職人たちへの手による記憶によって引き継がれてきたのです。

この手による記憶は、この後いかに科学が進んでも、言葉にも数式にもよらず、やはり人間の体を使ってしみこませた記憶や勘によってしか伝えられないでしょう。そしてそれを実践していくのは、私たち大工です。

私は職人としてのすべてを西岡棟梁から学びました。棟梁の教え方は独得のものでした。職人には職人を育てるための独自の教育法があるのです。

私は自分が棟梁の仕事につくようになったとき、西岡棟梁から学んだ方法で、自分の弟子たちに手の記憶を伝えました。近ごろはすべてが思考優先の時代です。人の生き方も、学校の教育も、頭で考えることを優先するあまり、肉体を持つ人間としてのあり方を疎《おろそ》かにするような事態が起きているように思えます。

大工は一本一本違った性質を持つ木を扱います。どれも同じ木はありません。それぞれの木の癖を読み、それを生かすのが仕事です。この考え方は人間にも当てはまります。人間も木と同じく一人として同じ人はいないのです。画一的に扱われ、社会から落ちこぼれの烙印《らくいん》を押されてしまった子供たちが、私のところに大工の修業に来ます。古くからの悪習のようにいわれる徒弟《とてい》制度には、個人対個人が持つよさがあり、木の癖を見抜き、それを生かす飛鳥の工人の心構えと同じものが弟子の教育にはたらいています。

西岡棟梁から学んだ方法で弟子たちを育てていますが、その方法も世間からは消えていきそうです。木の命を生かし、木の心を知るそのやり方が人間の教育に少しでも生かされればと思って、請《こ》われて、ここに話しました。

なにぶん大工の話です。乱暴で拙《つたな》いものですが、自分が受け継いだもののいくらかでも文字にできたらと思っています。もっと大きなものを受け継いだはずですが、いまはこの程度にしかまとめられませんでした。西岡棟梁に「未熟者が」と叱《しか》られるのを覚悟で、私事をまとめました。大工が建物に残した鑿《のみ》の小さな枘《ほぞ》と思ってお読みください。

本をまとめるに当たってたくさんの人の協力を得ました。感謝します。

平成五年初冬

I

塔を造る宮大工になりたい

俺が西岡棟梁《とうりょう》のところへ「弟子にしてほしい」って行ったのは、昭和四十一(一九六六)年の二月なんだ。高校を卒業する直前や。前の年に修学旅行で法隆寺に行って、これが千三百年も前に建ったのか、と驚いたんや。自分は栃木の生まれだから、それまであれほどの塔は見たことがないんだ。よくこんなもの建てたもんだと思ったよ。すでにロケットが月に届く時代だよ。ロケットを月に打ち込むにはよっぽどデータを積み重ねて準備にかかるんやろうけど、この法隆寺を建てた時代やったらそんなことも決してなかっただろうし、木を運ぶんだって大変だったろうと思ったんだ。

同級生はみんな進学だ、受験勉強しなくちゃなんねって騒いでいたよ。みんなが進学するような学校だったからな。そういうのに対しての反発もあったんだろうな。俺は大学に行くよりも千三百年前に塔を建てた職人の血と汗を学んだほうがいいって思ったんだ。そのころは何かを学んで、いつかは会社の社長になるんだって決めてたんだ。それで会社の社長になるんなら大学で勉強するより宮大工のほうがいいと思ったんや。それまで自分は高校を卒業したらどうするか決めていなかった。親は大学へ行くことを望んでいたと思うよ。

だけど、どうやったら法隆寺の塔のようなものを造れる人になれるのか、わからんのよ。学校の先生も、相談されてもわからないっていうんだ。だいぶ悩んだらしいで。でも現在でも建物が建っているんだから、それを造る大工がいるやろうと思って、リュックを背負って奈良の県庁に行ったんや。そしてこんな仕事をしたいんやけどっていったら、文化財保護課で法隆寺に聞いて、西岡という宮大工を紹介してくれた。それで法隆寺を訪ねたんだ。

人の出会いっていうのは本当に運だな。

県庁で紹介されたのは西岡棟梁のお父さんの西岡楢光《にしおかならみつ》なんだ。このとき西岡という大工が法隆寺に三人いた。一人はいまいった楢光、それと棟梁の弟の楢二《ならじ》郎《ろう》、それと俺の師匠となった常一《つねかず》や。でもそのときはそんなこと知らんかったわな。それで法隆寺を訪ねたら、たまたま棟梁がいたんや。

「西岡さん、いらっしゃいますか」

と聞いたら、

「西岡は三人おるが、誰や」

と聞かれた。だけど名前までは覚えてないのよ。しかたがないから、

「忘れました」

っていったんだ。そうしたら、

「西岡は俺だ」

っていうんで、弟子入りの話を頼んだんや。このとき名前を忘れないで、ちゃんと「西岡楢光」っていえてたら俺の人生は変わっていたと思う。なぜならよ、そのとき楢光さんは八十一か二や。前の年に瑞宝章《ずいほうしょう》、勲四等に叙せられていたよ。棟梁の本を読んだらわかるけど、棟梁と親父《おやじ》さんはあまり仲がよくないんだ。喧嘩《けんか》してるっていうんじゃないよ。二人ともおじいさんの西岡常吉《つねきち》から仕込まれた兄弟弟子なんだな。親父さんは婿《むこ》さんで、婿に来てから仕込まれた人、棟梁は子供のときから棟梁になるために英才教育をされた人や。ライバルみたいなもんや。

棟梁は親父さんを訪ねてきた人間を弟子になんかしないさ。まあ、うまいこと忘れたわけだよ。それで弟子になるきっかけがつくれたんだ。

それでもそのとき棟梁は、仕事がないからだめだっていうんだな。それに大工の弟子にするには、おまえは年を取りすぎているともいわれたな。この仕事がいかに大変かということもいっていたな。仕事がないから家庭も持てんし、女房ももらえんよ、って。

でもそのときはただこの仕事をしたいだけだったから、そんなことはいいと思っていたんや。とにかく自分は法隆寺のような美しい建物を造った人の技術を学びたいって頑張ったんだ。

棟梁は仕事がなくて、弟子を養う余裕はないっていっていたけど、本当に仕事がなかったんやな。法隆寺の境内の仕事場で鍋《なべ》の蓋《ふた》を作っていたもんな。自分のところでは無理だけど、こういう古い建物は全国にあるんやから、文部省に行ってみろといって紹介状を書いてくれたんだ。初めて会った人間にだぜ。それも突然訪ねて行った高校生や。本当のことをいったら人違いして訪ねた人間だ。そんな俺のためにわざわざ紹介状を書いてくれたんだ。文部省の文化財保護委員会建造物課っていうところの偉い先生宛《あて》だ。そこにいるいろんな先生の名前が書いてある。差出人は「大和法隆寺大工　西岡常一」や。白い封筒に墨で書いてくれたよ。

それでその手紙を東京の霞《かすみ》が関《せき》の文部省に持って行ったら、腕に技術もないし、建築のことも何にも知らないんだから難しいということだった。もし採用するとしても事務員みたいなものならあるかもしれないということだった。俺がなりたいのは塔を造る宮大工や。それでどうしても大工になりたいっていったら、ここにはそういう養成機関はないから、せめて一年でもいいから鑿《のみ》、鉋《かんな》を使えるようにして来てくれ、そうしたら現場を紹介しますっていうんだ。

それでいったん栃木に帰った。それでもその先どうしたらいいかわからない。別に俺ン家《ち》は大工でも工務店でもないんだ。親父は銀行員、おふくろは洋裁学校をやっていてな、高校も工業とかじゃなくて、ふつうの進学校や。だから何をやるにしてもまったくの端《はな》っからや。

それで人の紹介があって東京の家具屋に就職したんだ。そこへ行けば家具屋なんだから鑿や鉋、鋸《のこぎり》なんかを使って木工《もっこう》をやるんだろうと思ったんだ。家じゃ赤飯を炊《た》いて送り出してくれたよ。住込《すみこ》みだったから蒲団《ふとん》を持って出て行った。何とか道具を使えるようにしたいと思ったんだ。ところが行った家具屋は機械が並んでいて、道具なんかない。俺たちが作っていたのはデコラの家具で、機械が板を裁断して、接着剤で貼《は》りつけていく。俺たちはそれを検査するだけや。これじゃ何にもならないと思って二十日ほどで家に帰ってしまった。

せっかく送り出したのにすぐ帰ってきたんで、親父はだいぶ機嫌が悪かったな。口をきいてくれないんだ。家でごろごろしていてもしかたがないから、友だちの親父がやっていたオートバイの工場に行って、旋盤いじりをした。二ヵ月ほどいたかな。そのとき旅行雑誌に長野県の飯山《いいやま》に仏壇造りの仕事があるという紹介記事が載っていたんだ。写真が載っていて、削った細かい木が並んでいる。そして「細かい細工を一つ一つ丹念に仕上げていく」って書いてあったんだ。これなら道具が使えるようになるだろうと思って、そこへ行くことにした。仏壇のなかには堂のようなものがあるもんな。道具が使えるようになりたい、これだけだったからな。

そのときは弟子がどんなにつらいかなんて知らなかった。とにかく一年でいいから鑿、鉋を使えるようにして来いという文部省での言葉が頭にあったからな。

すでに卒業してから三ヵ月たっていた。六月に夏の服装で行って、そのまま一年いることになったんだ。そこへ行くまでは崖《がけ》っぷちに立たされた気持ちだったよ。

文部省からだめだっていわれて帰って、西岡棟梁にお礼の手紙を出したし、家具屋に勤めて辞めようと思っているというようなことも手紙で書いて出しておいたんだ。そのたんびに棟梁は丁寧な手紙をくれた。年を取って大工になりたいという俺のために、励ましてくれたり、こうしたらどうかという忠告だったり、それは丁寧な手紙だった。一度会いに行っただけなのに、ほんといい手紙をもらったな。そのときもらった棟梁からの手紙は大切に取ってあるよ。

まあそれで、こんどこそはと思って長野の仏壇屋に弟子入りに行ったんだ。

この家は貧乏だったたな。家族は親方と奥さんとおばあちゃんと小学校三年生と生まれて十ヵ月の女の子だ。奥さんは仏壇に金箔《きんぱく》を貼る職人だったから、毎朝仕事に出かける。帰りは夕方の六時ごろだ。残るのはおばばと親方と俺だけだ。おばあちゃんは子守りができないから、俺が背中に背負ってあやすのよ。俺は十八だぜ。高校出たばっかりの男が背中に赤ん坊を背負っているんだ。格好悪いべな。それでも道具を使えるようにならないといかんからな。何が嫌だったたっていうと、子供のミルクを買いに行かなきゃならないことだ。ここん家《ち》は金がないから大きな罐《かん》が買えないのよ。だから毎日、旅行用の小さな罐を買いに行くんだけど、そりゃ、嫌だったで。そんななかでも弟子にしてくれたんだからな。初め、弟子を取ると仕事が半分になるっていっていたけど、それでもおいてくれたんだ。

この話をすると、みんないつの時代の話かって不思議そうに聞くけど、昭和四十一(一九六六)年、ついこのあいだのことだ。

こんな親方だから仕事を教えてもらうのも大変なんだ。

「親方、これどうするんですか」

「うん……」

こんなのが一回か二回かな。次に、

「これどうするんですか」

って聞くと、

「やかましい!」

って玄翁《げんのう》で叩《たた》くんだ。叩いてからやっと教えてくれる。それからは聞いたら、ぱっと逃げるんだ。逃げたら逃げたで、

「何で逃げる！」

って怒るんだよ。よくあんな生活できたと思うわ。俺がそこに行ったのが昭和四十一年だから古い徒弟制度なんて、とっくに終わっていたんだけどな。

弟子にはいって何が一番つらいかといったら、まわりとの格差がありすぎることだ。まわりでもみんなが同じことをやっているのなら、そうしたことも我慢できる。でもそんなことをやっているのは誰もいないもんな。同級会なんかあると惨《みじ》めだよ。

俺は一日百円やんか。一ヵ月で三千円だ。散髪が五百円だった。お金がもったいないから床屋へは行かなかった。このとき日産の自動車を売っていた同級生は八万円も取っていたからな。

この仏壇屋にいたときも西岡棟梁には手紙を書いて出したし、返事ももらっていたな。自分の仕事にほれて精進せよというようなことやったと思うよ。それで一年の約束やったから、使っていた道具をもらって辞めたんだ。仏壇というのは何回も同じようなものを繰り返して作るんだ。だから一年でだいたいのことは覚えたんで、また法隆寺の西岡棟梁のとこへ行ったんだ。

そうしたらそこに、偶然、文化財の監督の古西武彦《こにしたけひこ》さんがいて、図面書きの仕事があるからって、島根県の日御碕《ひのみさき》を紹介してくれたんだ。日御碕神社の社殿が重要文化財で、その修復がおこなわれていた。俺は図面なんて何にも知らないんだよ。棟梁が、図面の仕事を覚えてから実務に移ればいいというんだ。そういわれりゃ、たしかにそうや。それで図面書きに日御碕へ行くことにしたんだ。

俺は何にも知らないで、宮大工になりたい、仏教建築をやりたいといってたんだな。いま思えば無茶や。それを西岡棟梁や仏壇屋の親方、古西先生なんかが一つ一つの仕事をぶっつけ本番で教えてくれた。学校に行き直したようなもんだな。それも全部、西岡棟梁が面倒を見てくれて、俺のために道を作ってくれたんだ。

それで、いったん栃木に送ってあった蒲団を背負って、こんどは島根県の日御碕に行ったんだ。そこで見よう見まねで図面を書いたよ。このとき書いた図面はいまでも文部省に保存されているんじゃないかな。この仕事の報酬が二十一万円だった。なかなかいい金額に思えるけど、見てまったくまねして描くんやから一年以上もかかった。月にしたら一万円ちょっとの給料やから、貧乏やった。

こうしたことが後で役に立つんだけど、このときは成り行きにまかせたまま、法輪寺《ほうりんじ》の再建《さいこん》が始まったといって棟梁が呼んでくれるのを待っていたんだ。実際にはそのとき少しずつ法輪寺の仕事は始まっていたんだけど、資金が足りなくて棟梁が一人でやっている状況だった。

日御碕が終わったんで、こんどは兵庫県豊岡市にある酒垂《さかたれ》神社の修理事務所に行った。ここに四ヵ月ほどおったな。

そのうち、西岡棟梁がいよいよ法輪寺の三重塔を再建するっていう記事が新聞に載ったんで、急いで手紙を書いたんだ。そしたらそっちの仕事の区切りがついたら来てもいいというんやな。うれしかったで。ここまででちょうど三年や。それでまた蒲団を持って奈良へ飛んで行ったんだ。それでやっと西岡棟梁の弟子になれた。このとき二十一歳だ。

入門までの棟梁の手紙

――ここに紹介するのは俺が棟梁に会って弟子にしてもらうまでに、西岡棟梁からもらった手紙だ。これを見ると、突然訪ねてきた一介の若者を棟梁がどう見てくれたかがわかる。それと宮大工という仕事がどんなものなのかを知ることができるかもしれない。手紙は初めて訪ねたときに書いてもらった紹介状から、弟子にしてもいいというものまで順に並べてある――（撮影　浦野俊之）。

＊　ここに収めた手紙は全部で十通ある。ただし第六通目は古西武彦氏からのものである。読みやすくするための句読点、ルビ、カッコ内の注などは編集部でつけた。

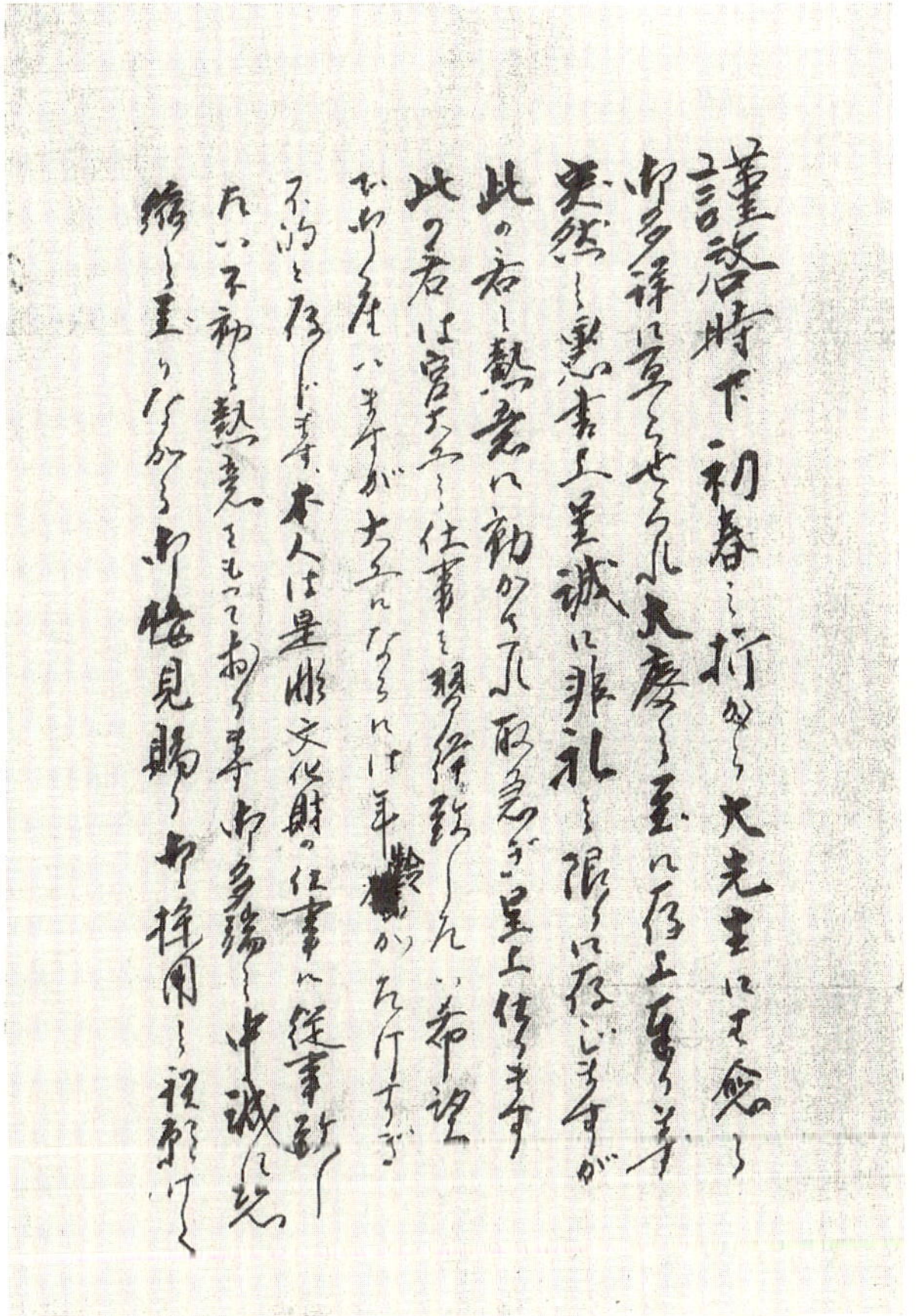
謹啓時下初春之折柄から大先生にも愈々
御多祥に亘らせられ大慶之至に存上奉り候
突然之愚書上呈誠に非礼之限りに存じますが
此の者之熱意に動かされ取急ぎ呈上仕ります
此の者は宮大工之仕事を相続致したい希望
でありますが大工になられは年齢がたけすぎ
不向きと存じます。本人は是非文化財の仕事に従事致し
たいと申し熱意をもって居ります御多端之中誠に恐
縮之至りながら御一覧賜り御採用之程願上げく

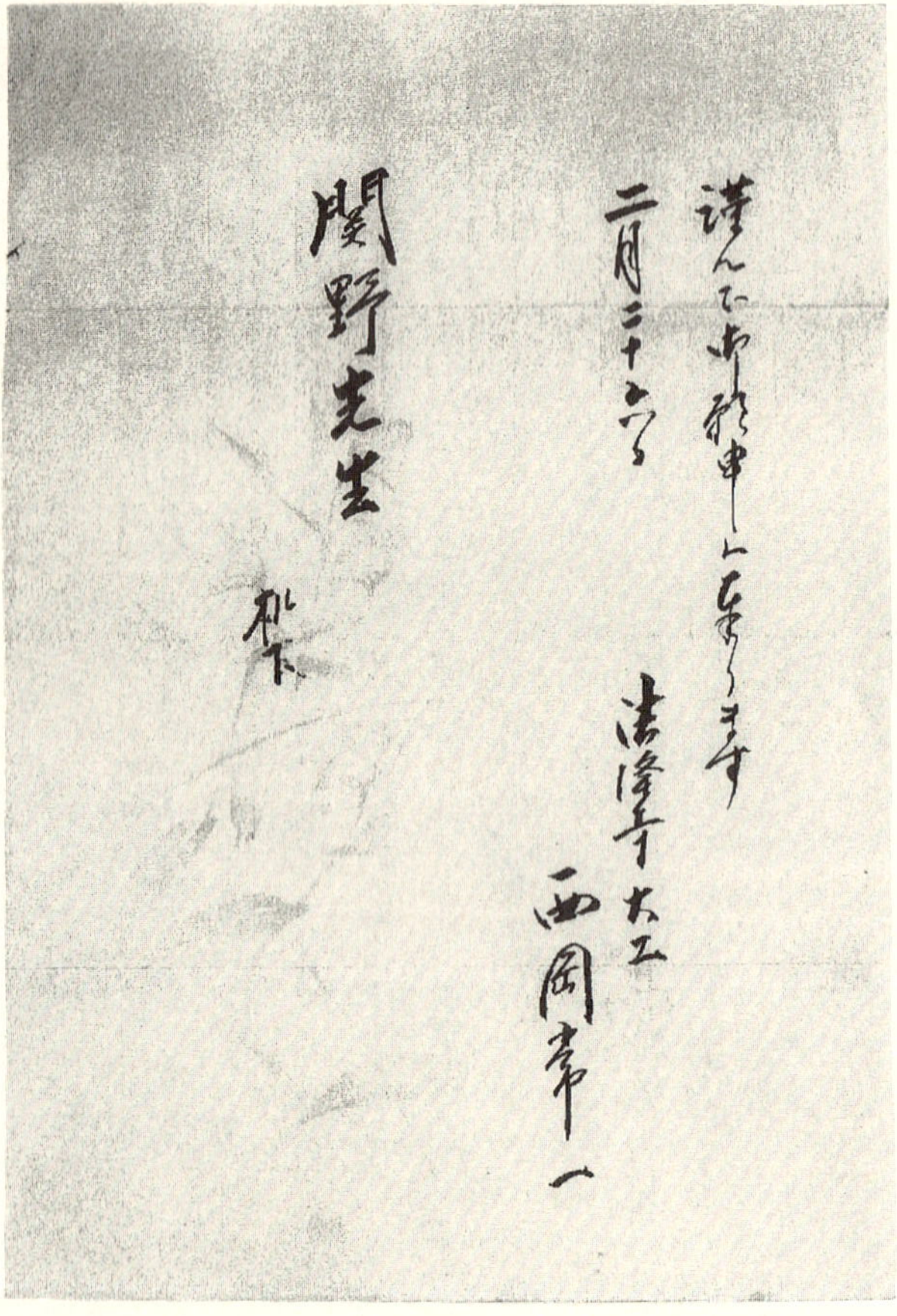
謹んで御礼申し上げます

二月二十二日

法隆寺大工　西岡常一

関野先生

机下

謹啓《きんけい》　時下《じか》初春の折から大先生には愈々《いよいよ》
御多祥《ごたしょう》に亙《わた》らせられ、大慶《たいけい》の至《いたり》に存上奉《ぞんじあげたてまつ》ります。
突然の愚書《ぐしょ》上呈《じょうてい》、誠に非礼の限りに存じますが、
此《こ》の君の熱意に動かされ、取急《とりいそ》ぎ呈上《ていじょう》仕《つかまつ》ります。
此の君は宮大工の仕事を習得致したい希望
で御座《ござ》いますが、大工になるには年齢がたけすぎ、
不的《（適）》と存じます。本人は是非文化財の仕事に従事致し
たい不動の熱意をもっております。御多端《ごたたん》の中、誠に恐
縮の至りながら、御接見賜《ごせっけんたまわ》り御採用の程《ほど》願は《（わ）》しく
謹《つつし》んで御願申《おんねがいもう》し上奉《あげたてまつ》ります。

（昭和四十一年）二月二十六日

法隆寺大工

西岡常一

関野先生

机下《きか》

大和法隆寺大工
西岡常一
文化財保護委員会建造物課
関野克先生

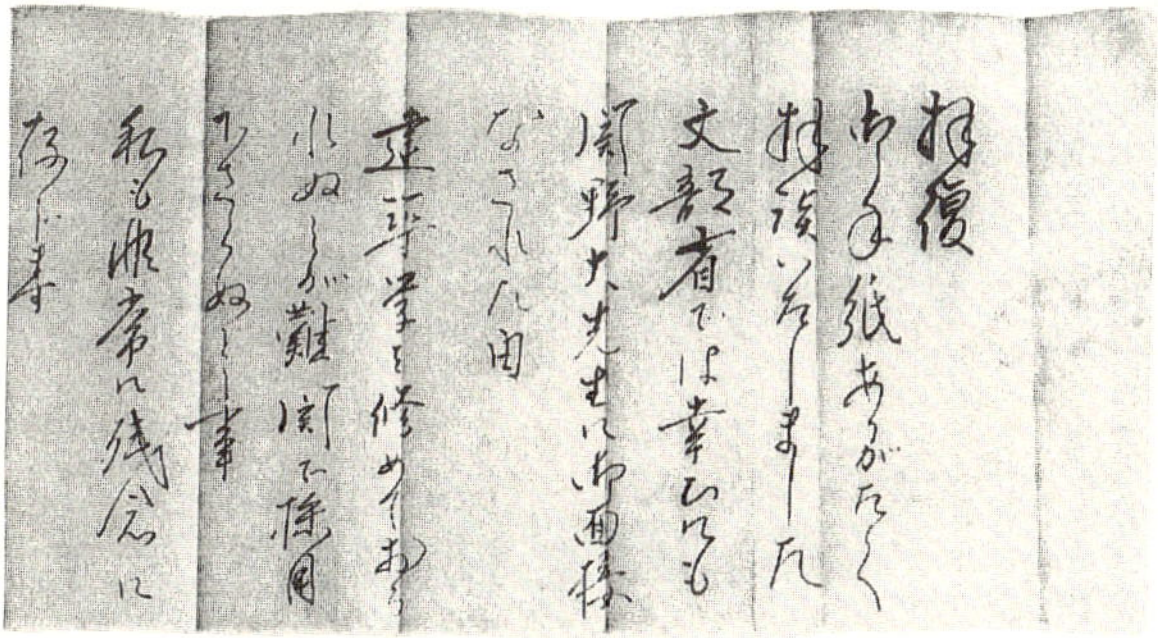
拝復
御手紙ありがたく
拝読いたしました
文部省では幸ひにも
関野大先生に御面接
なされた由
建築学を修めておら
れぬことが難関で採用
下さらぬとの事
私も非常に残念に
存じます

拝復
御手紙ありがたく
拝読いたしました。
文部省では幸ひ《(い)》にも
関野大先生に御面接
なされた由《よし》、
建築学を修めておら
れぬことが難関で採用
下さらぬとの事、
私も非常に残念に
存じます。

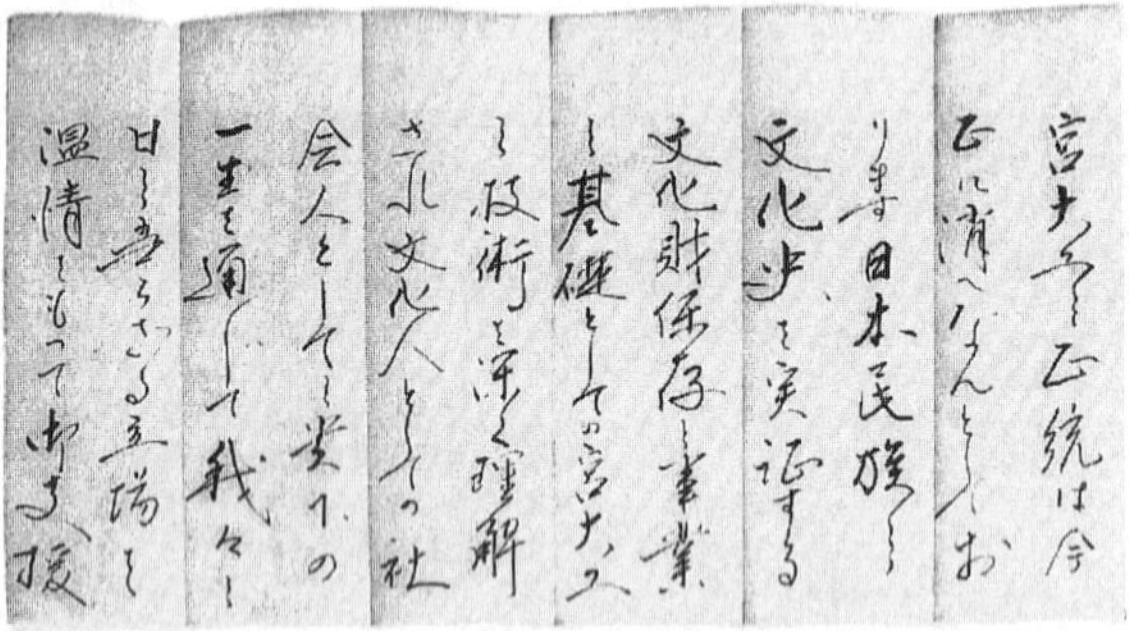

宮大工の正統は今正《まさ》に消へ(え)なんとしております。日本民族の文化史を実証する文化財保存の事業の基礎としての宮大工の技術を深く理解され、文化人としての社会人としての貴下《きか》の一生を通じて我々の日の当らざる立場を温情をもって御支援

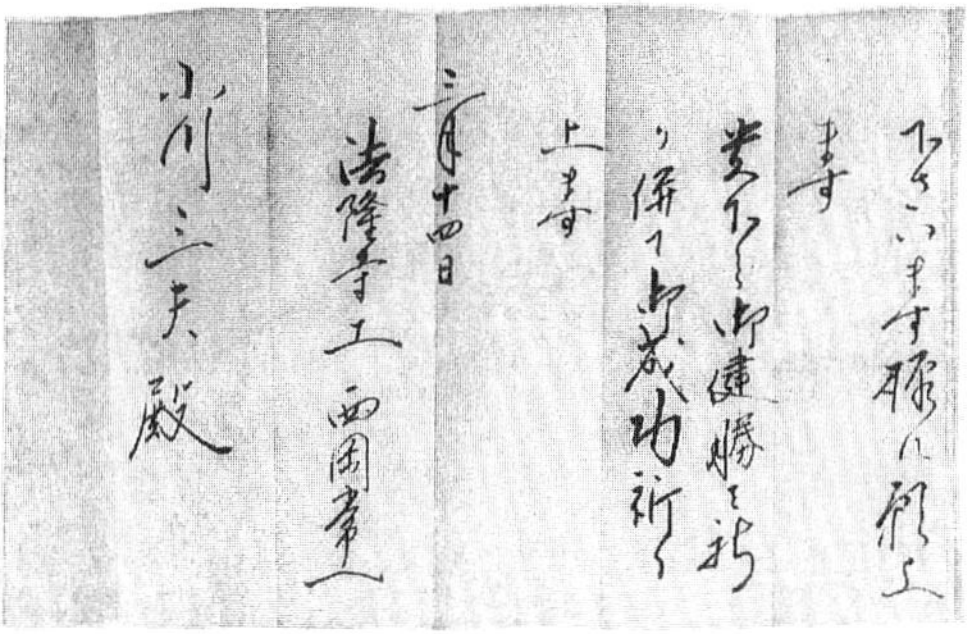

下さいます様に願上《ねがいあげ》
ます。
貴下の御健勝を祈
り、併《あわせ》て御成功祈り
上《あげ》ます。
(昭和四十一年)三月十四日
法隆寺工　西岡常一
小川三夫殿

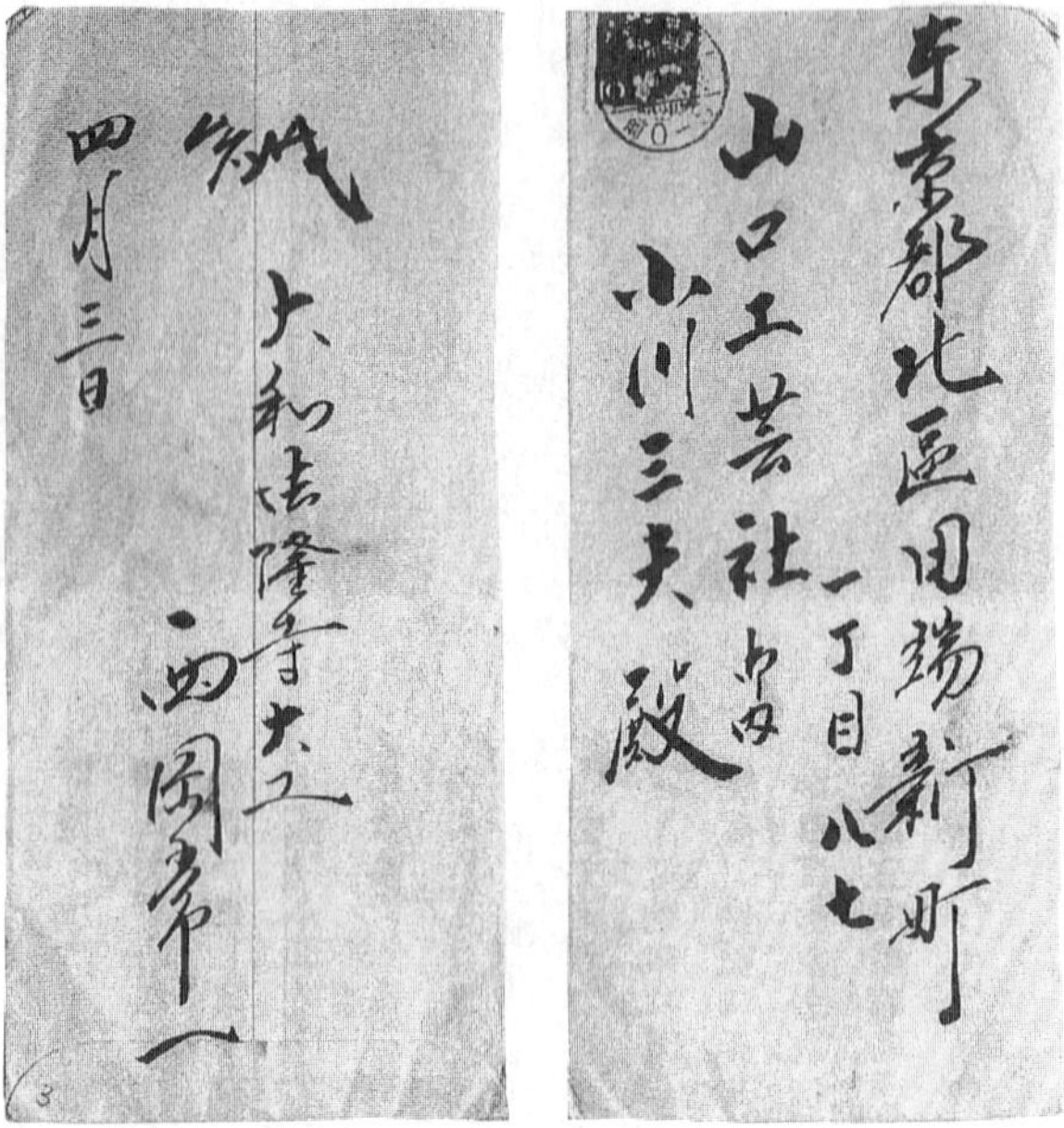
東京都北区田端新町
一丁目八七
山口工芸社内
小川三夫殿
緘
大和法隆寺大工
西岡常一
四月三日

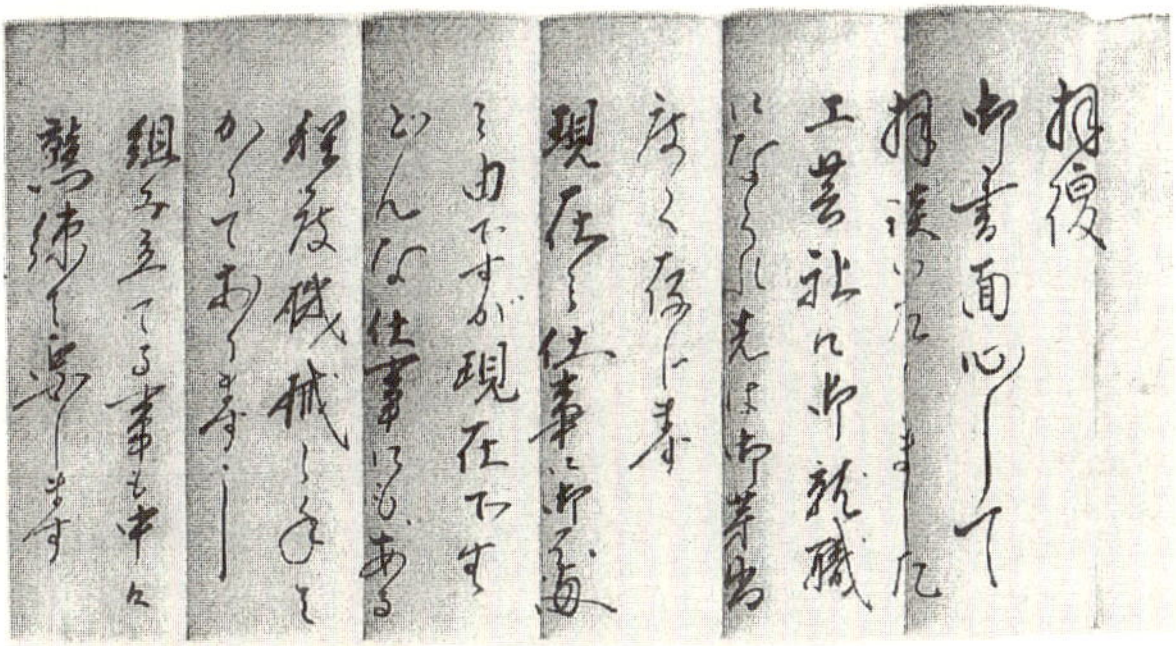

拝復
御書面、心して
拝読いたしました。
工芸社に御就職
になられ、先《まず》は御芽出《おめで》
度《た》く存じます。
現在の仕事に御不満
の由《よし》ですが、現在では
どんな仕事にも、ある
程度、機械の手を
かりておりますし、
組み立てる事も中々《なかなか》
熟練を要します。

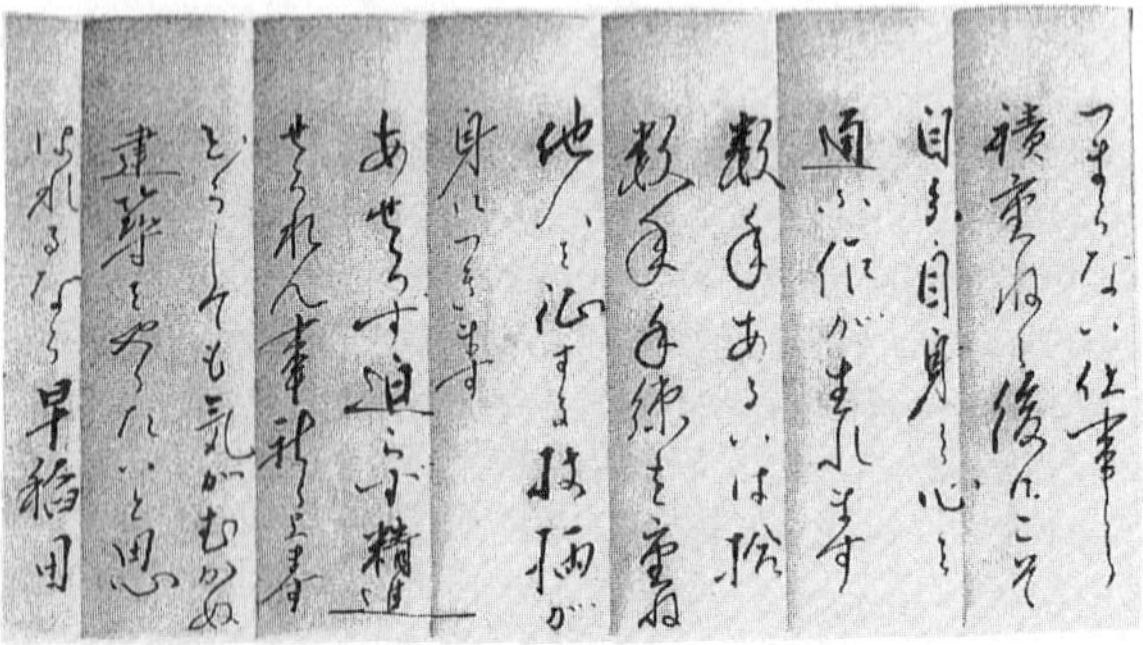

つまらない仕事の
積重《つみかさ》ねの後にこそ
自分自身の心の
通ふ《(う)》作が生れます。
数年あるいは拾
数年手練《しゅれん》を重ね、
他人を征する技倆《ぎりょう》が
身につきます。
あせらず迫らず精進《しょうじん》
せられん事祈り上ます。
どうしても気がむかぬ、
建築をやりたいと思
は《(わ)》れるなら、早稲田《わせだ》

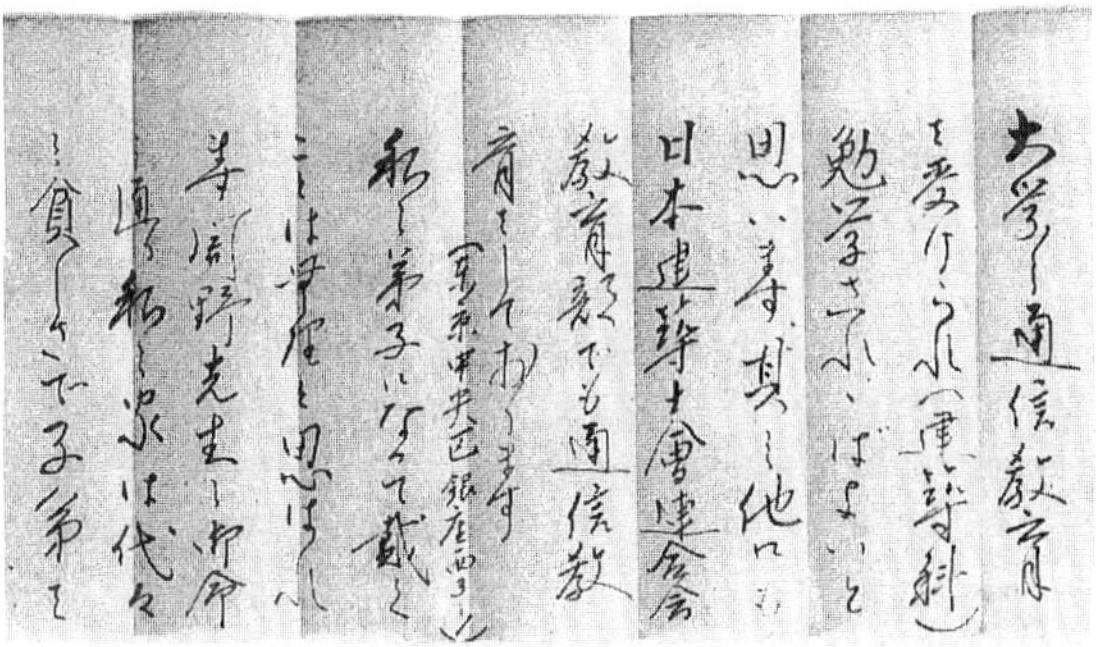

大学の通信教育
を受けられ（建築科）、
勉学されゝ《（れ）》ばよいと
思います。其《そ》の他《ほか》にも
日本建築士会連合会
教育部でも通信教
育をしております。
（東京〔都〕中央区銀座西3－1）
私の弟子になって戴《いただ》く
ことは無理と思は《（わ）》れ
ます。関野先生の御命《おおせ》
の通り、私の家は代々
の貧しさで、子弟を

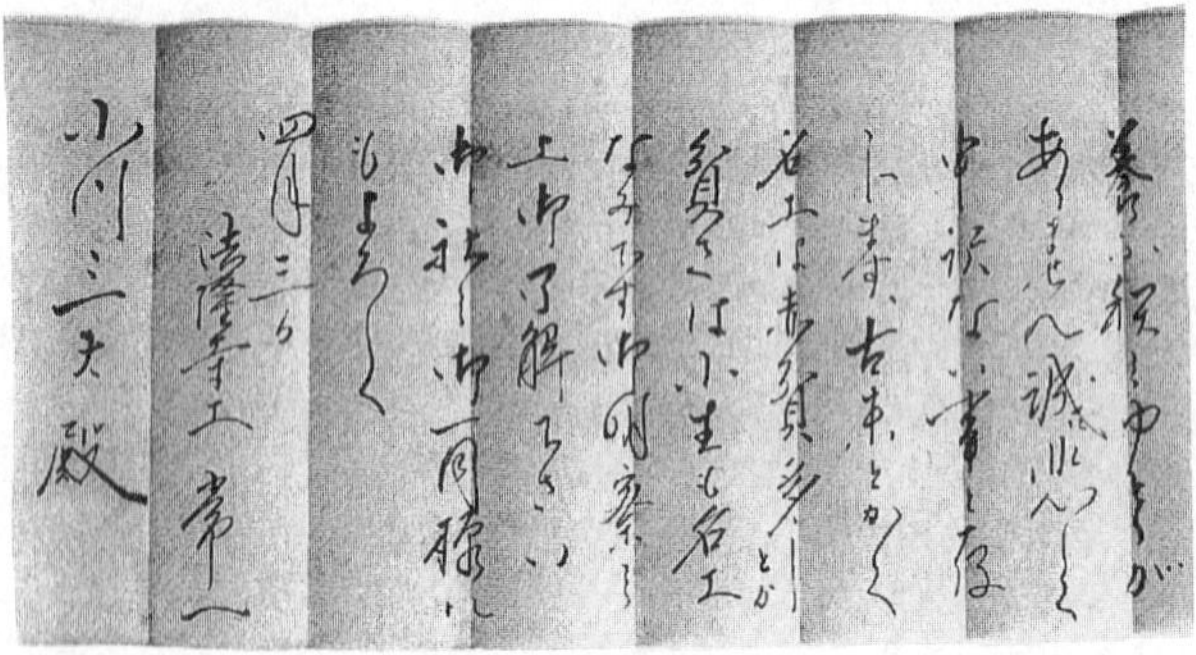

養ふ《(う)》程《ほど》のゆとりが
ありません。誠に悲しく
申訳《もうしわけ》ない事と存
じます。古来とかく
名工は赤貧《せきひん》多しとか、
貧さは小生も名工
なみです。御明察の
上、御了解下さい。
御社の御一同様に
もよろしく。
(昭和四十一年) 四月三日

法隆寺工　常一

小川三夫殿

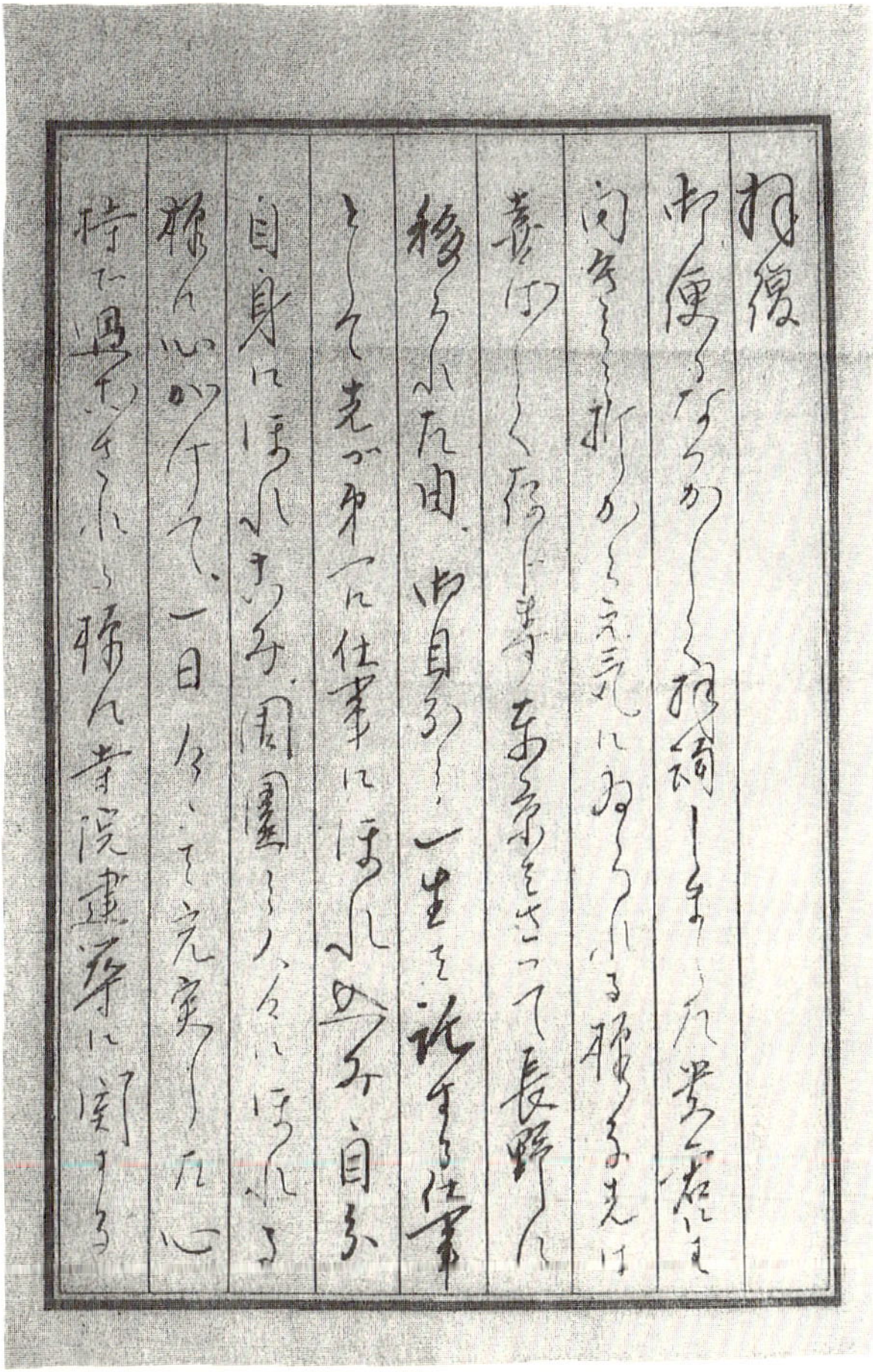

拝復
御便りなつかしく拝読しました。貴兄在りし
同窓とも折から元気におられる様子先は
喜ばしく存じます。東京をさって長野に
移られた由、御自分の一生を託する仕事
として先づ第一に仕事にほれぬ事、自分
自身にほれぬ事、周囲の人々にほれる
様な心がけで、一日々々を充実した心
持で過ごされる様。寺院建築に関する

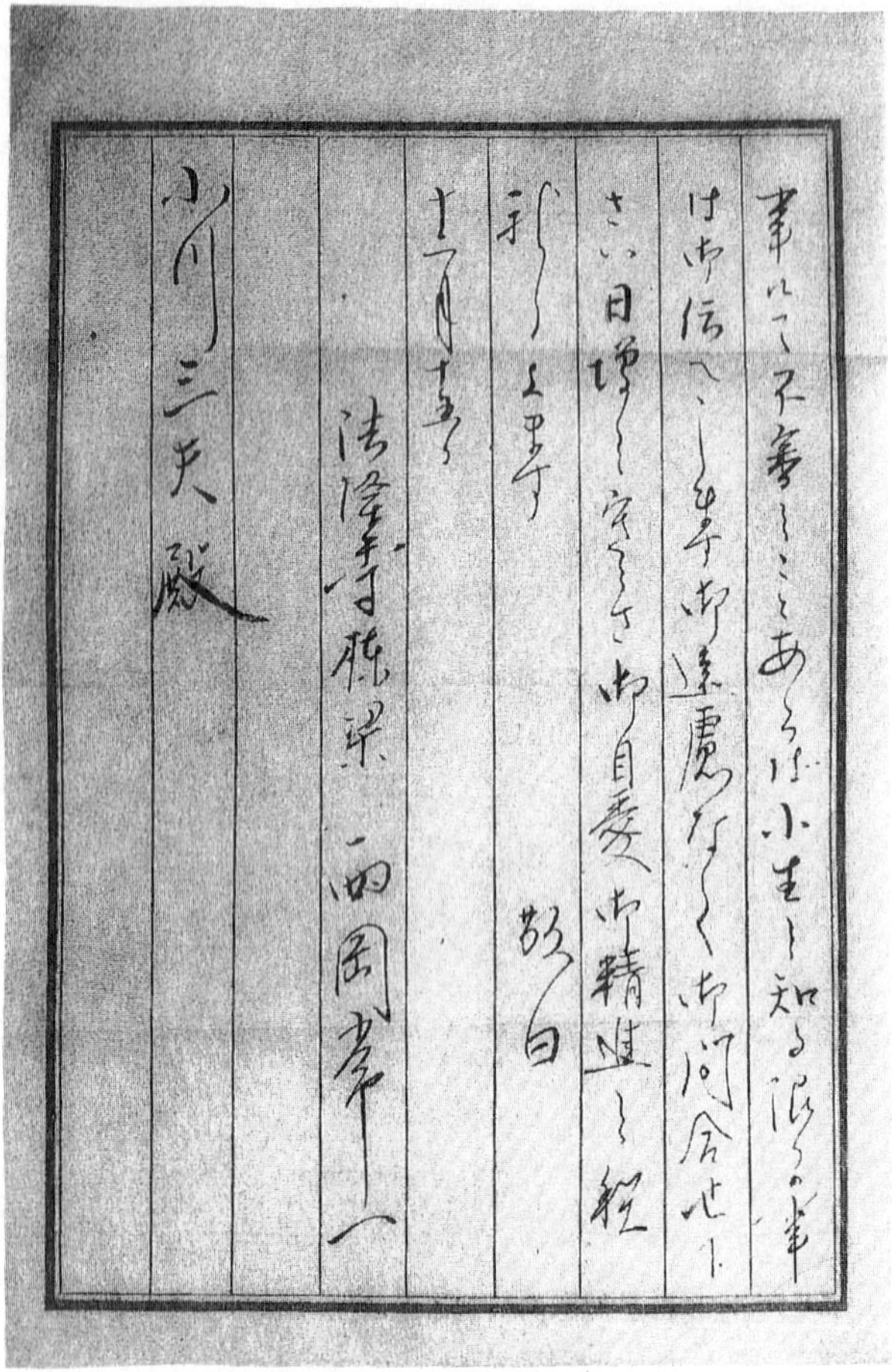

事にて不審之ことあらば小生に知らせ候の事
は御信へし乍御遠慮なく御問合せ下
さい日増しに寒さ御自愛御精進之程
祈し上げ　敬白
十一月十五日
法隆寺棟梁　西岡常一
小川三夫殿

拝復

御便りなつかしく拝読しました。貴君には向寒《こうかん》の折から元気にゐ（い）られる様子、先《ま》は《ず》喜ばしく存じます。東京をさって長野に移られた由、御自分の一生を託する仕事として、先づ（ず）第一に仕事にほれ込み、自分自身にほれこみ、周囲の人々にほれる様《よう》に心がけて、一日々々を充実した心持で過ごされる様に。寺院建築に関する事にて不審のことあらば、小生の知る限りの事は御伝へ（え）します。御遠慮なく御問合せ下さい。日増の寒さ、御自愛、御精進の程祈り上ます。

敬白

(昭和四十一年）十二月十五日

法隆寺棟梁　西岡常一

小川三夫殿

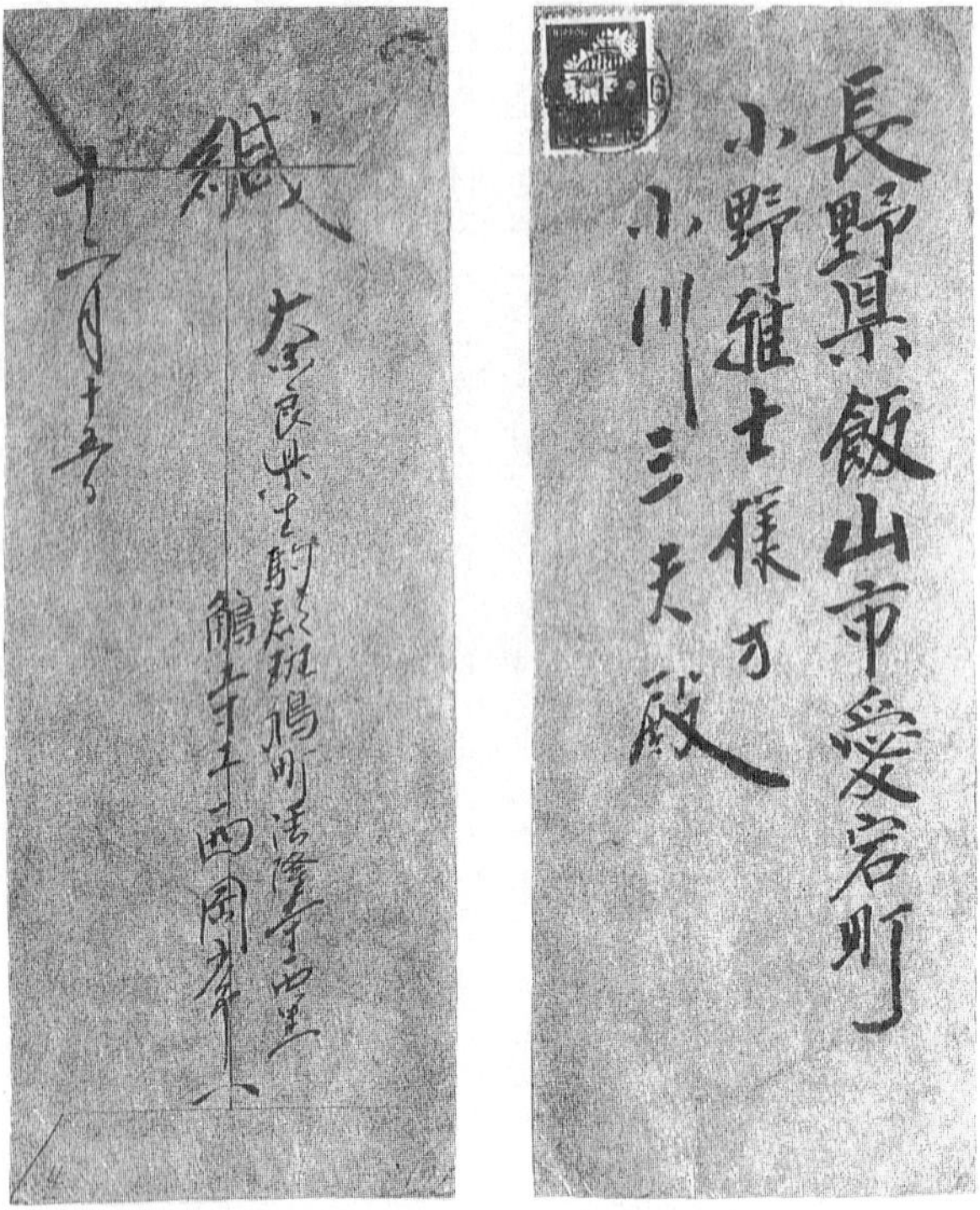
長野県飯山市愛宕町
小野雅士様方
小川三夫殿
緘
奈良県生駒郡斑鳩町法隆寺西里
西岡常一
十一月十五日

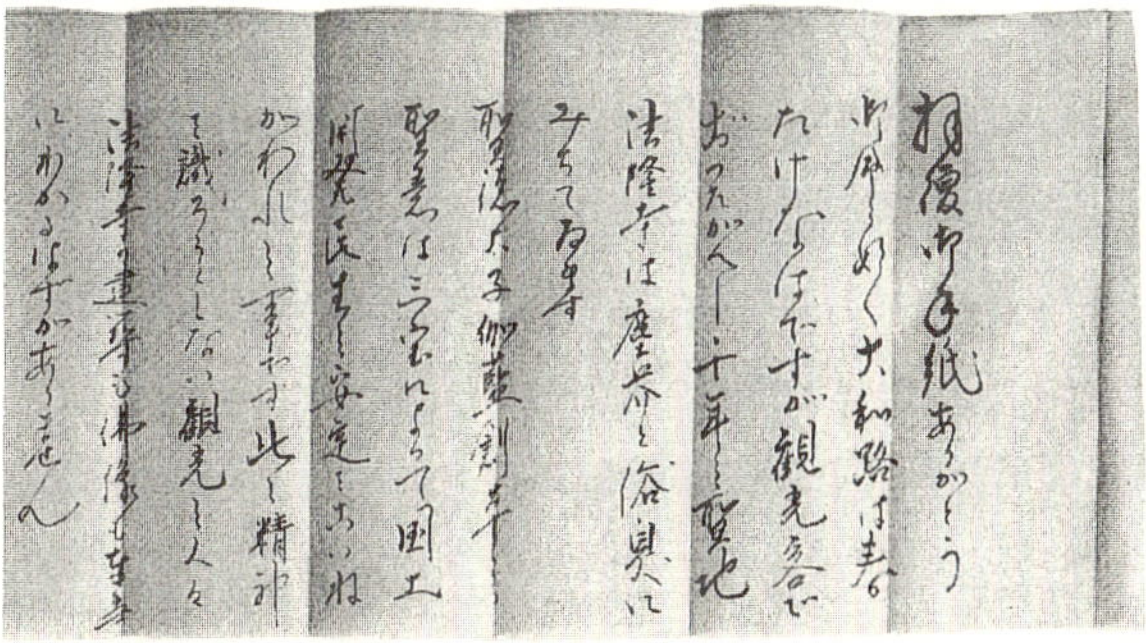

拝復　御手紙ありがとう。
御命《おおせ》の如く大和路は春
たけなは《わ》ですが、観光客で
ごったがへ《え》し、千年の聖地
法隆寺は塵芥《じんかい》と俗臭《ぞくしゅう》に
みちてゐ《い》ます。
聖徳太子　伽藍《がらん》創草《(草創)》の
聖意は、三宝《さんぼう》によって国土
開発、民生の安定をこいね
がわれ（て）の事です。此の精神
を識ろうとしない観光の人々、
法隆寺の建築も仏像も本当
にわかるはずがありません。

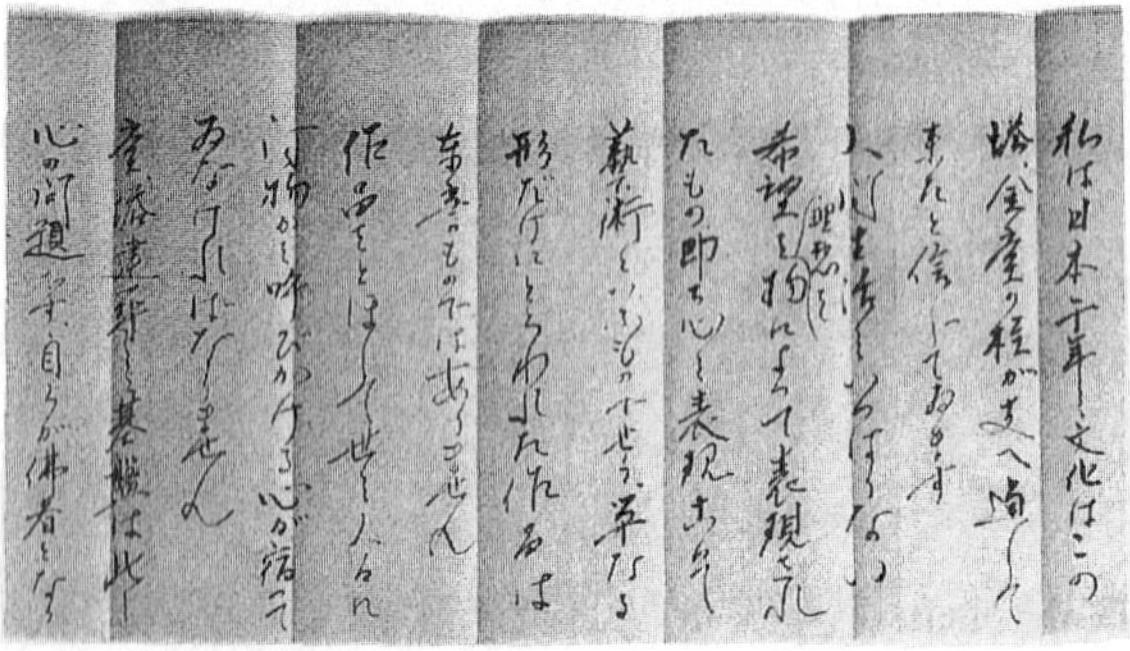

私は、日本千年の文化はこの
塔、金堂の柱が支へ《（え）》通して
来たと信じてゐ《（い）》ます。
人間生活のいつは《（わ）》りない
希望を理想を、物によって表現され
たもの、即《すなわ》ち心の表現こそ
芸術といふ《（う）》ものでせ《（しょ）》う。単なる
形だけにとらわれた作品は
本当のものではありません。
作品をとほ《（お）》して世の人々に
何物かを呼びかける心が宿って
ゐ《（い）》なければなりません。
堂塔建築の基盤は、此の
心の問題です。自らが仏者となり、

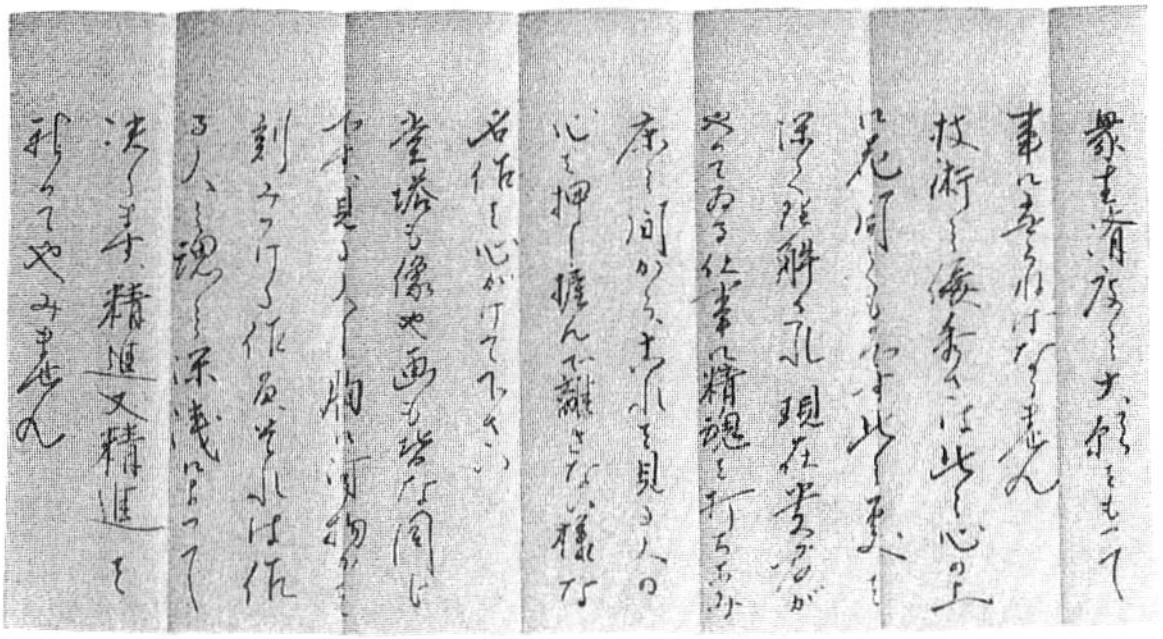

衆生済度《しゆじようさいど》の大願《たいがん》をもって
事に当らねばなりません。
技術の優秀さは、此の心の上
に花開くものです。此の処《ところ》を
深く理解され、現在貴君が
やってゐ《（い）》る仕事に精魂《せいこん》を打ちこみ、
床の間から、これを見る人の
心を押し握《つか》んで離さない様な
名作を心がけて下さい。
堂塔も像や画も皆な同じ
です。見る人の胸に何物かを
刻みつける作品、それは作
る人の魂の深浅《しんせん》によって
決ります。精進又精進を
祈ってやみません。

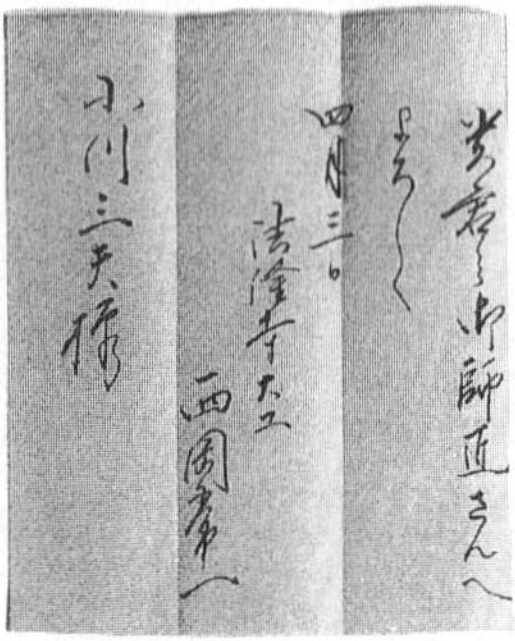
貴君の御師匠さんへ
よろしく
四月三日
法隆寺大工
西岡常一
小川三夫様

貴君の御師匠さんへ
よろしく。
（昭和四十二年）四月三日
法隆寺大工
西岡常一
小川三夫様

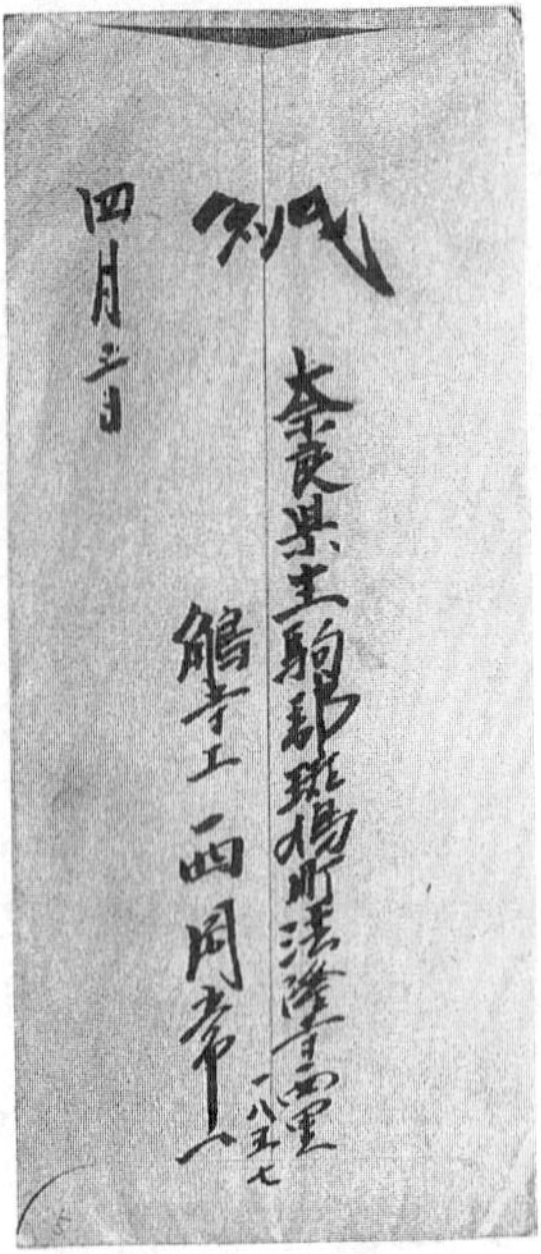

1

拝啓 前略

先日法隆寺薬師坊へお越し下された節は

失礼いたしました　小生本日表記工事現場へ

参りました　そして工事主任の持田豊君に

貴君の事を話しましたところ　一応当所へ来られ

製図を勉強し　その上で御希望の技術実務に

入ってもいいではないかとの事です　そのような

勉強の仕方が筋道かと存じます　三、四日前に

法隆寺西岡常一棟梁から当所の持田さんへ電話が

あり　それによれば　飯山市の文化財事務所の

領家君から　貴君を誘った話でしたが　勿論

貴君自身のお考えによることでして　第三者が

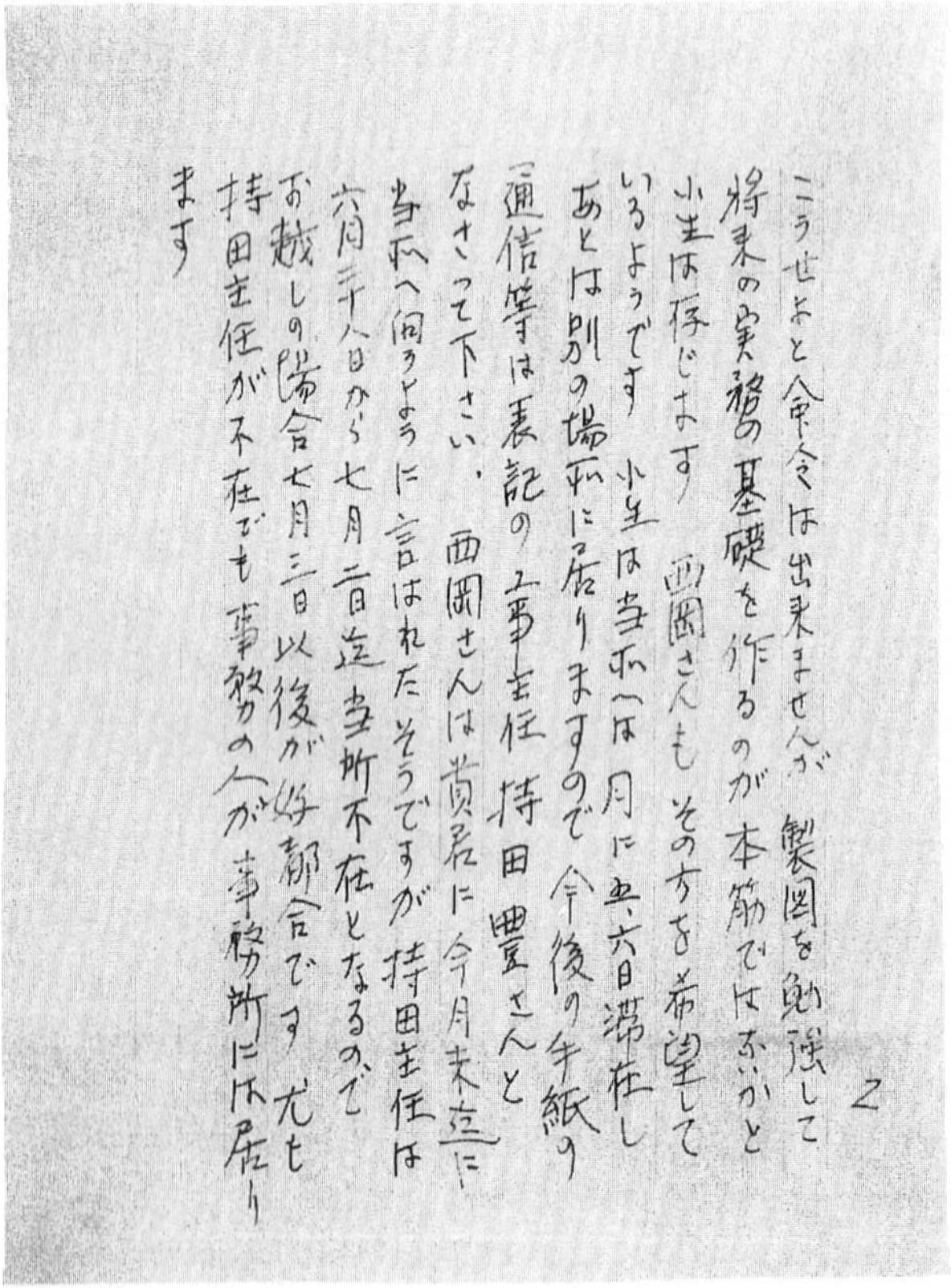

2

こうせよと命令は出来ませんが　製図を勉強して
将来の実務の基礎を作るのが本筋ではないかと
小生は存じます　西岡さんもその方を希望して
いるようです　小生は当所へは月に五、六日滞在し
あとは別の場所に居りますので今後の手紙の
通信等は表記の事務主任持田豊さんと
なさって下さい．　西岡さんは貴君に今月末迄に
当所へ向うように言はれたそうですが持田主任は
六月二十八日から七月二日迄当所不在となるので
お越しの場合七月三日以後が好都合です　尤も
持田主任が不在でも事務の人が事務所には居り
ます

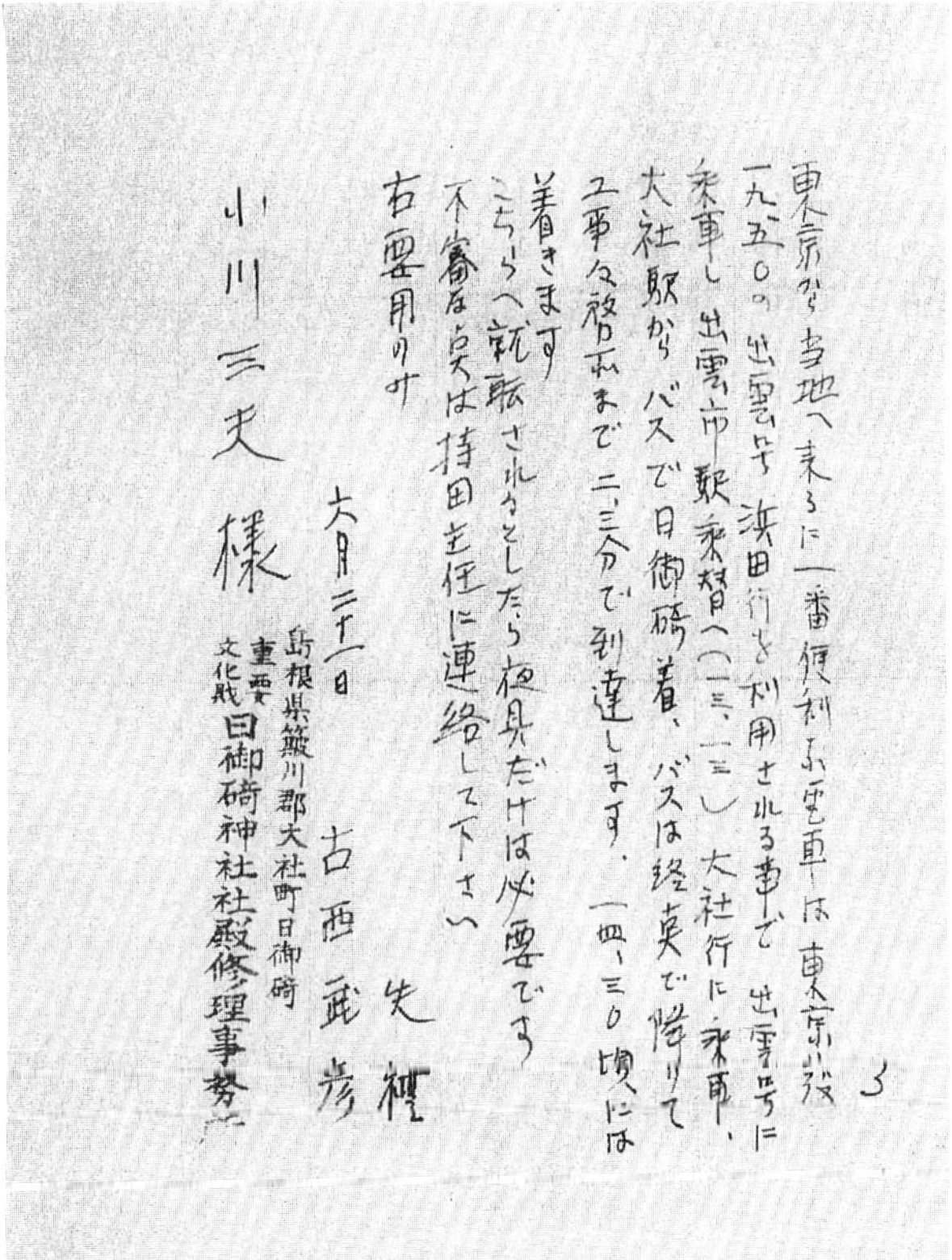
3

東京から当地へ来るに一番便利な電車は東京小発一九五〇の出雲号浜田行を利用される事で出雲号に乗車し出雲市駅乗替へ（一三、一三）大社行に乗車、大社駅からバスで日御碕着、バスは終点で降りて工事々務所まで二、三分で到達します。一四、三〇頃には着きます

こちらへ就職されるとしたら夜具だけは必要です

不審な点は持田主任に連絡して下さい

右要用のみ　　先禮

六月二十一日　　古西武彦

島根県簸川郡大社町日御碕
重要文化財　日御碕神社社殿修理事務所

小川三夫様

拝啓　前略
先日、法隆寺薬師坊《やくしぼう》へお越し下された節《せつ》は失礼いたしました。小生、本日表記工事現場へ参りました。そして工事主任の持田豊君に貴君の事を話しましたところ、一応当所へ来られ、製図を勉強し、その上で御希望の技術実務に入ってもいいではないかとの事です。そのような勉強の仕方が筋道かと存じます。三、四日前に、法隆寺西岡常一様から当所の持田さんへ電話があり、それによれば飯山市の文化財事務所の領家君から貴君を誘った話でしたが、勿論《もちろん》貴君自身のお考えによることでして、第三者がこうせよと命令は出来ませんが、製図を勉強して将来の実務の基礎を作るのが本筋ではないかと小生は存じます。西岡さんもその方を希望しているようです。小生は当所へは月に五、六日滞在し、あとは別の場所に居《お》りますので、今後の手紙の通信等は表記の工事主任持田豊さんとなさって下さい。西岡さんは貴君に今月末迄《まで》に当所へ向うように言は《（わ）》れたそうですが、持田主任は六月二十八日から七月二日迄、当所不在となるので、お越しの場合、七月三日以後が好都合です。尤《もつと》も持田主任が不在でも、事務の人が事務所には居ります。

東京から当地へ来るに一番便利な電車は、東京発一九（時）五〇（分）の出雲《いずも》号浜田《はまだ》行を利用される事で、出雲号に乗車し、出雲市駅乗替《のりか》へ《（え）》（一三〔時〕一三〔分〕）、大社《たいしゃ》行に乗車、大社駅からバスで日御《ひのみ》碕《さき》着、バスは終点で降りて工事々《（事）》務所まで二、三分で到達します。一四（時）三〇（分）頃には着きます。

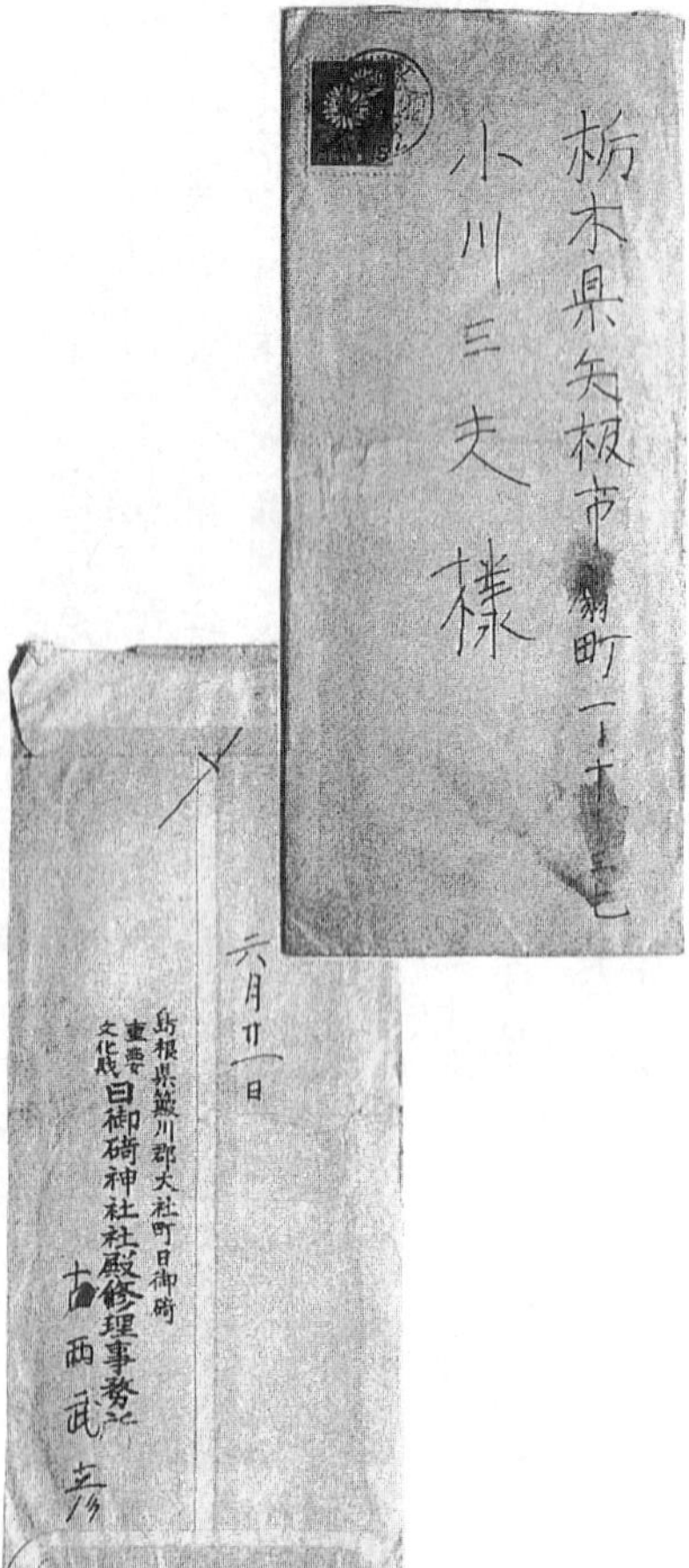

こちらへ就職されるとしたら、夜具だけは必要です。
不審な点は持田主任に連絡して下さい。
右要用のみ。
失礼

(昭和四十二年）六月二十一日
古西武彦

小川三夫様

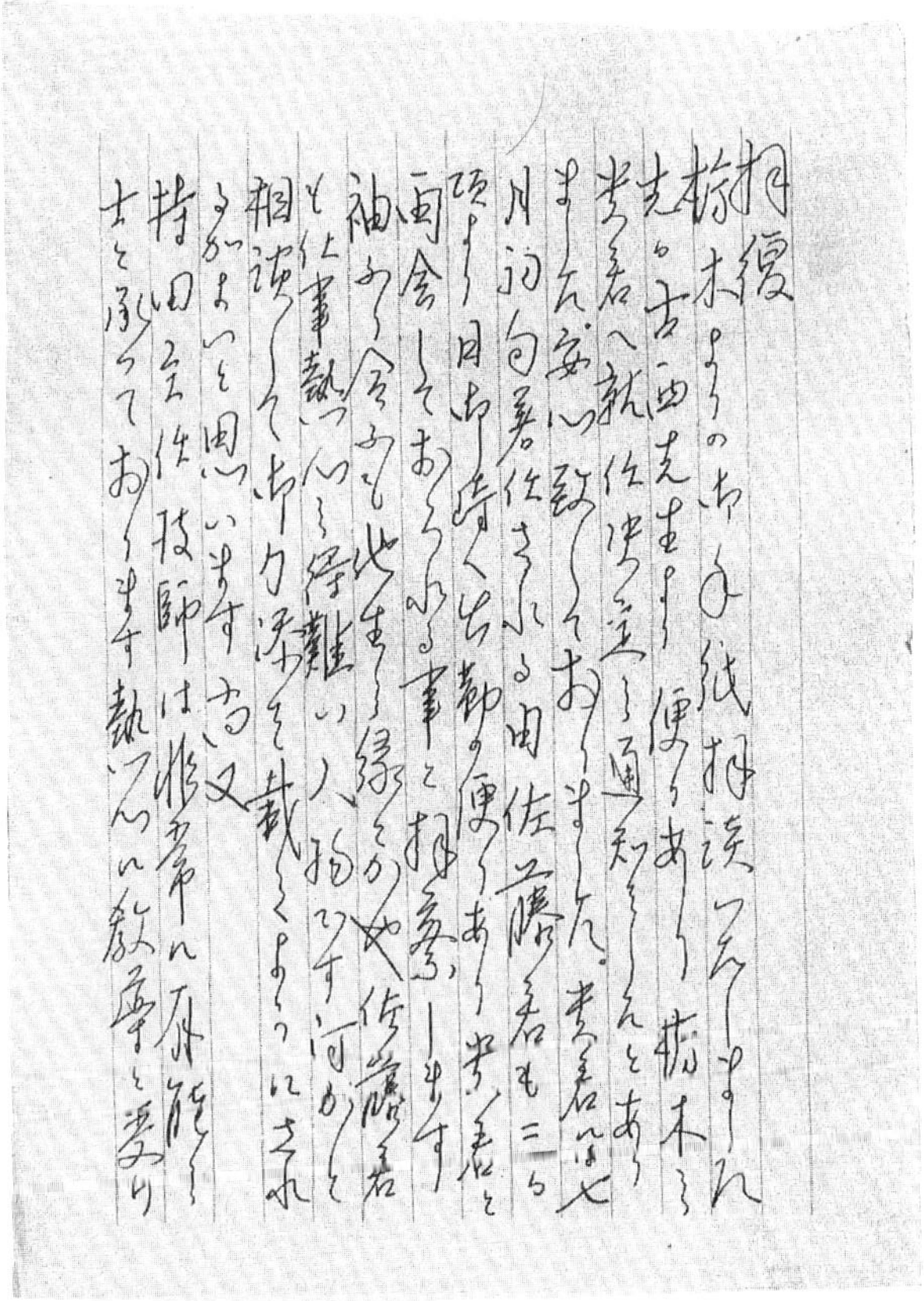

拝復
橋本よりの御手紙拝読いたしました 橋本さ
先日古田先生より便りがあり 橋本さ
ん貴君へ就任決定し通知したとあり
ましたが安心致しております。貴君は七
月初旬着任さる由佐藤君も二ヶ
頃より御時々出勤の便りがあり貴君と
面会しておられる事と拝察します
袖すり合ふも他生の縁とか佐藤君
も仕事熱心で得難い人物です何かと
相談して御力添を戴くようにされ
るがよいと思います 高文
特旭会佐技師は非常に有能な
士と聞いております熱心に教学を受け

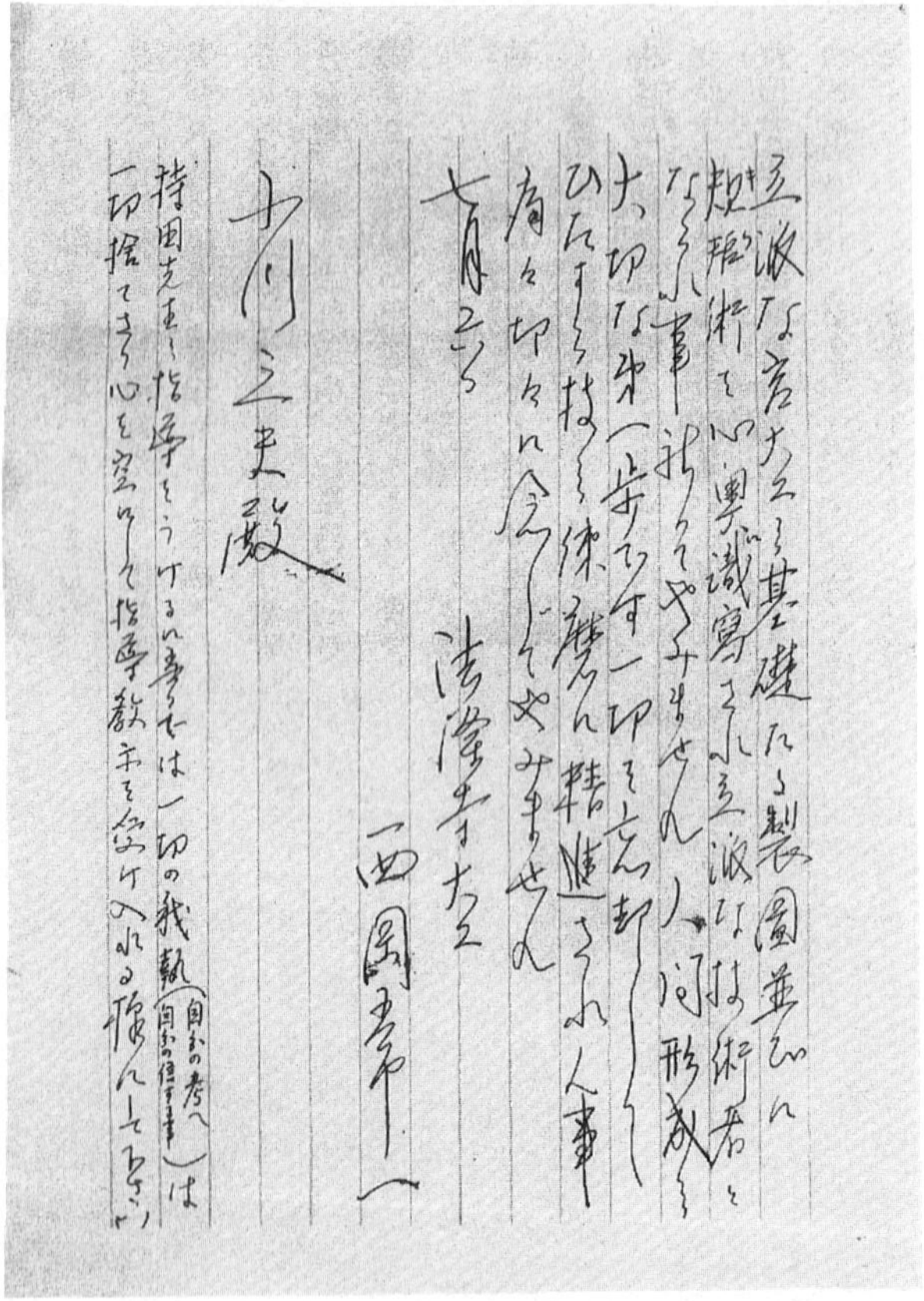

立派な宮大工は基礎たる製図並びに
規矩術を心得認識され立派な技術者と
なられる事祈ってやみません　人間形成も
大切な事一歩でも一切を忘却して
ひたすら技の錬磨に精進され人事
重々切々に念じてやみません

七月三日　法隆寺大工
西岡常一

小川三夫殿

持田先生の指導をうけるに当っては一切の我執（自分の考へ　自分の信ずる事）は
一切捨ててき心を空にして指導教示を受けいれる様にして下さい

拝復
栃木よりの御手紙拝読いたしました。先日、古西先生より便りあり、栃木の貴君へ就任決定の通知をしたとありました。安心致しておりました。貴君には七月初旬、着任される由、佐藤君も三日頃より日御崎（碕）へ出勤の便りあり、貴君と再会しておられる事と拝察します。袖《そで》ふり合ふ（う）も他生《たしよう》の縁《えん》とかや、佐藤君も仕事熱心の得《え》難《がた》い人物です。何かと相談して御力添《おちからぞえ》を載（戴）くようにされるがよいと思います。尚又《なおまた》
持田主任技師は非常に有能の士と承《うけたまわ》っております。熱心に教導を受け、立派な宮大工の基礎たる製図並びに

規矩術《キクじゅつ》を心奥《しんおう》に識写《しきしや》され、立派な技術者となられ（る）事、祈ってやみません。人間形成の大切な第一歩です。一切《いっさい》を忘却《ぼうきゃく》してひたすら技の練磨《れんま》に精進《しょうじん》されん事痛々切々《つうつうせつせつ》に念じてやみません。

（昭和四十二年）七月六日

法隆寺大工

西岡常一

小川三夫殿

持田先生の指導をうけるに当っては、一切の我《が》執《しゅう》（自分の考へ《え》、自分の信ずる事）は一切捨てさり、心を空《くう》にして指導教示を受け入れる様にして下さい。

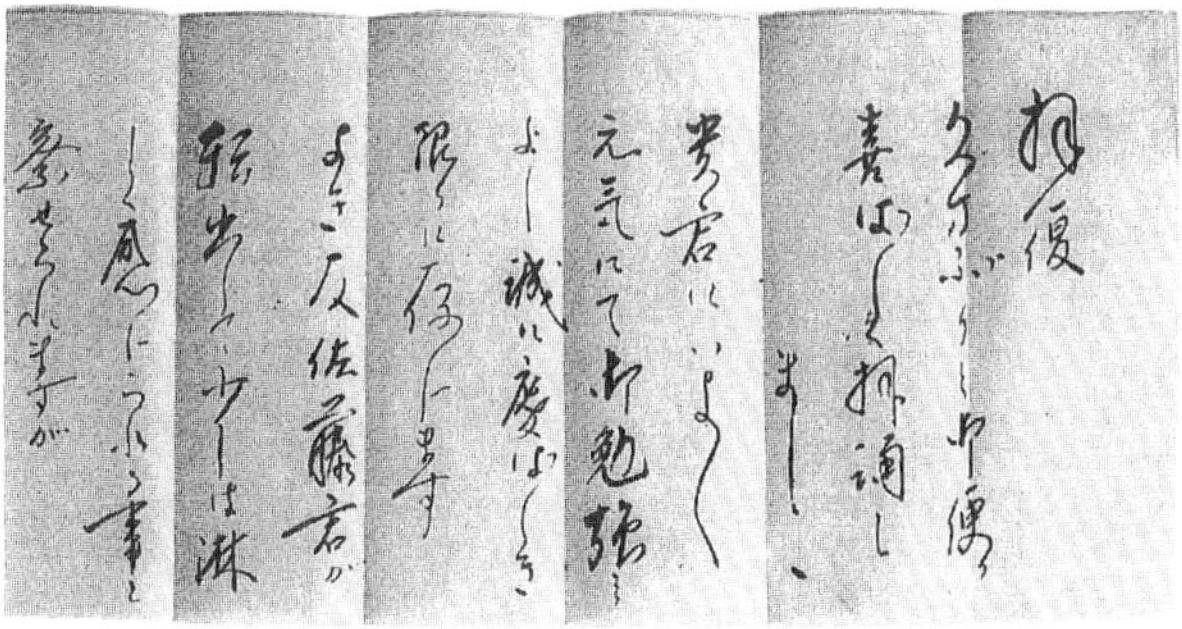

拝復
久方ぶりの御便り
喜ばしく拝誦《はいしょう》し
　　ました。
貴君はいよ〳〵《(いよ)》
元気にて御勉強の
よし、誠に慶《よろこ》ばしき
限りに存じます。
よき友佐藤君が
転出して少しは淋《さび》
しく感じられる事と
察せられますが、

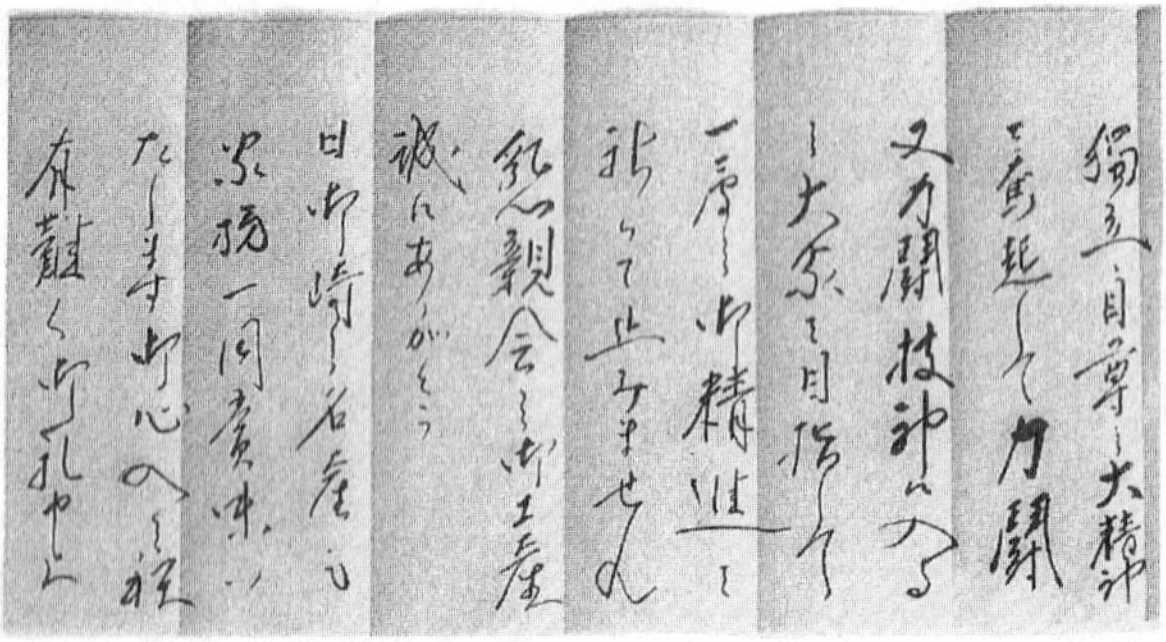

独立自尊の大精神
を奮起して、力闘
又力闘、技、神に入る
の大家を目指して
一層の御精進を
祈って止みません。
懇親会の御土産《おみやげ》
誠にありがとう。
日御崎（碕）の名産も
家族一同、賞味い
たします。御心入《おこころいり》の程《ほど》
有難《ありがた》く御礼申上

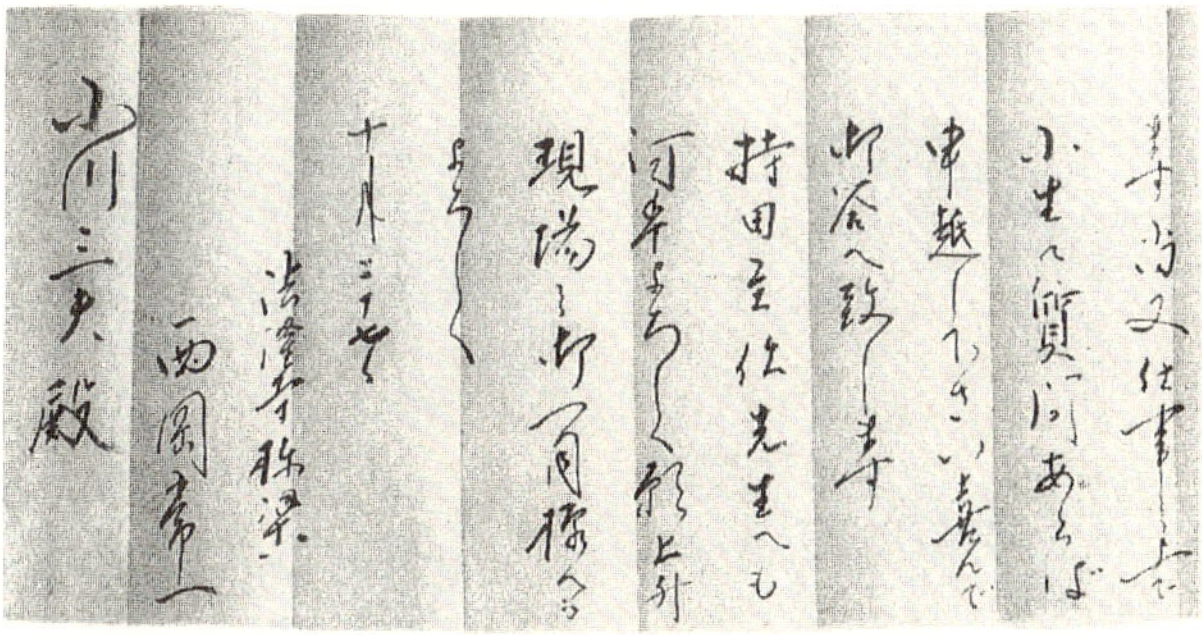
ます尚又仕事の上で
小生へ質問あらば
申越し下さい喜んで
御答へ致します
持田主任先生へも
何卒よろしく願上升
現場の御一同様へも
よろしく
十月二十七日
法隆寺棟梁
西岡常一
小川三夫殿

ます。尚又《なおまた》仕事の上で
小生に質問あらば、
申越《もうしこ》し下さい。喜んで
御答へ《(え)》致します。
持田主任先生へも
何卒《なにとぞ》よろしく願上升《ねがいあげます》。
現場の御一同様へも
よろしく。
(昭和四十二年) 十月二十七日
法隆寺棟梁
西岡常一
小川三夫殿

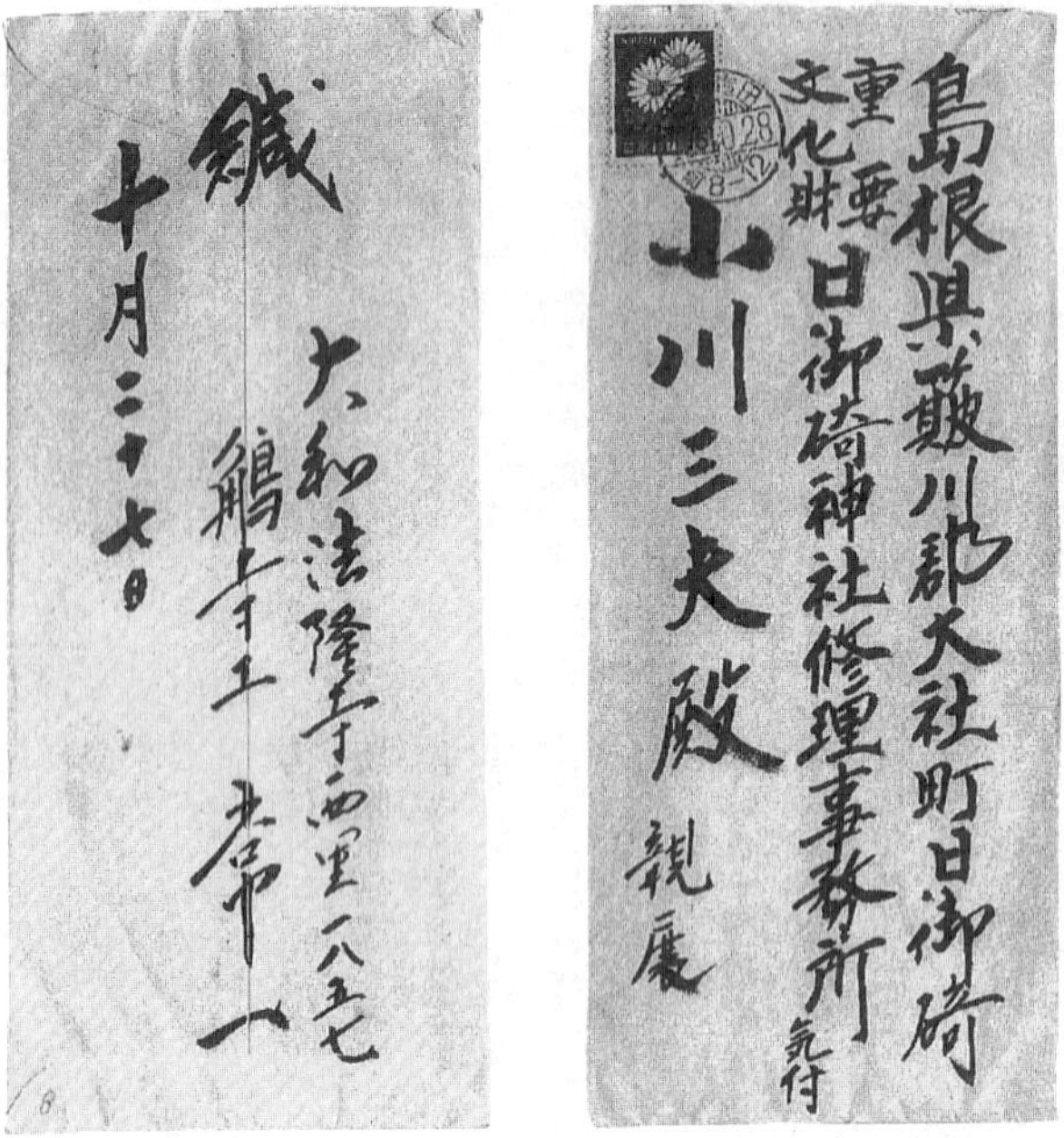
島根県簸川郡大社町日御碕
重要文化財日御碕神社修理事務所気付
小川三夫殿
親展
緘
大和法隆寺西里一八五七
常一
十月二十七日

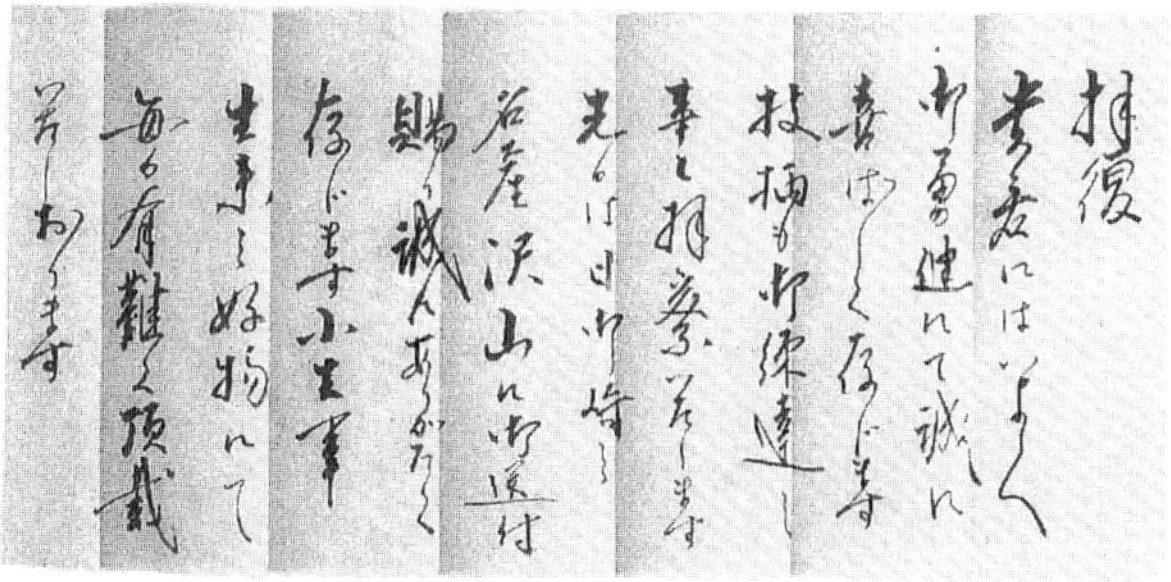

拝復
貴君にはいよ〳〵（いよ）
御勇健《ごゆうけん》にて誠に
喜ばしく存じます。
技倆《ぎりょう》も御練達の
事と拝察いたします。
先日は日御崎（碕）の
名産、沢山《たくさん》に御送付
賜《たまわ》り、誠にありがたく
存じます。小生事《こと》
生来の好物にて
毎日有難く頂載（戴）
いたしおります。

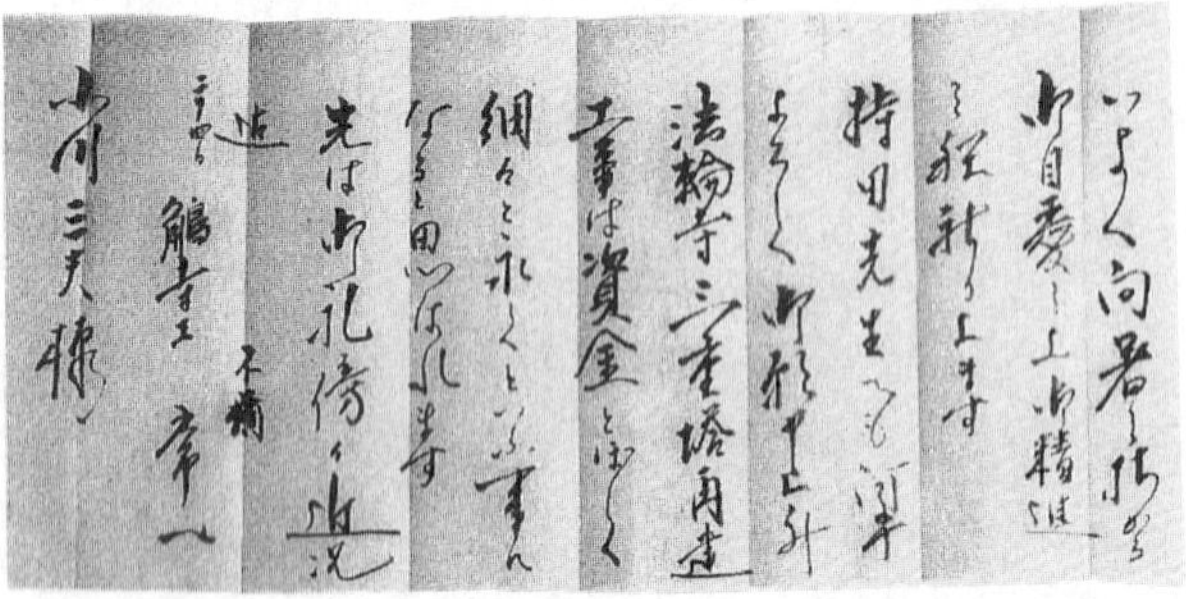

いよ〳〵《(いよ)》向暑《こうしよ》の折から
御自愛の上、御精進
の程《ほど》祈り上ます。
持田先生へも何卒《なにとぞ》
よろしく御願申上升《おねがいもうしあげます》。
法輪寺三重塔再建
工事は資金とぼしく
細々と永くといふ《(う)》事に
なると思は《(わ)》れます。
先《まず》は御礼傍《(旁)》々《かたがた》近況
迠《(迄)》。

不備《ふび》

(昭和四十三年六月)二十四日

鵤寺工《いかるがじこう》　常一

小川三夫様

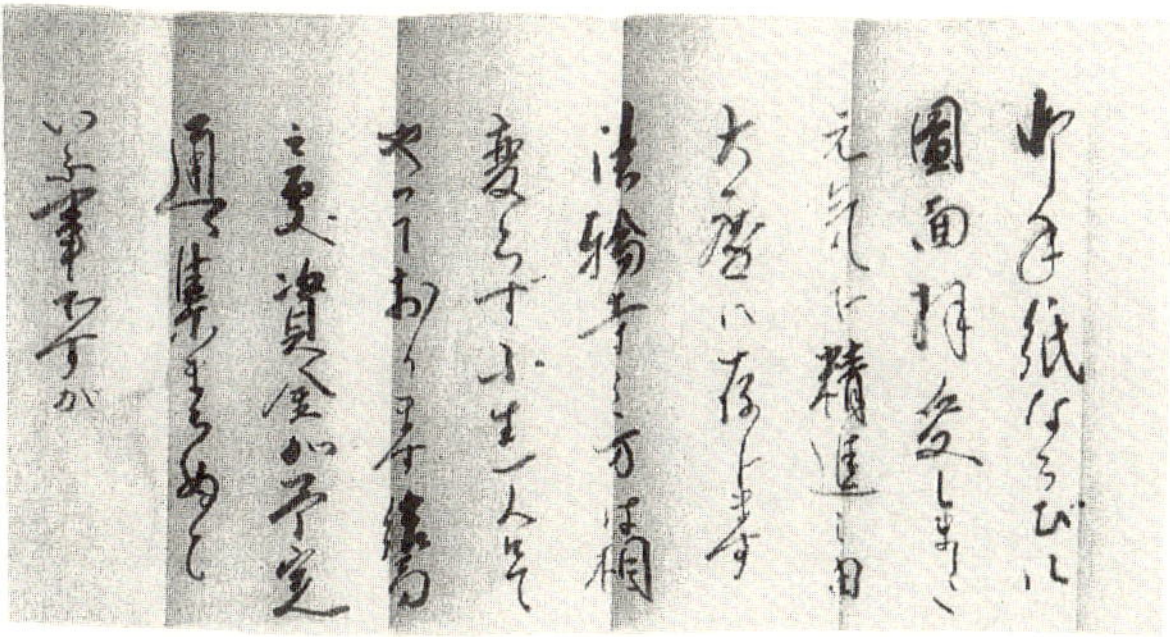

御手紙ならびに
図面拝受しました。
元気で精進の由《よし》、
大慶《たいけい》に存じます。
法輪寺の方は相《あい》
変《かわ》らず小生一人にて
やっております。結局
の処《ところ》、資金が予定
通り集まらぬと
いふ《(う)》事ですが、

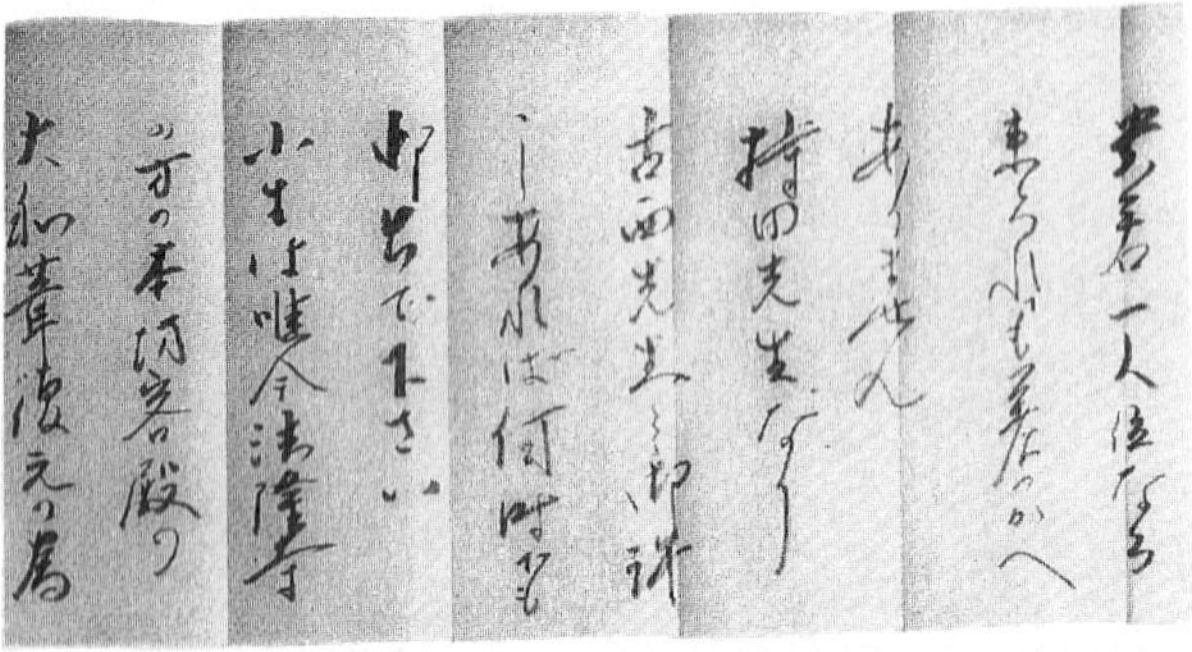

貴君一人位《ぐらい》なら
来られても差《さし》つかへ(え)
ありません。
持田先生なり
古西先生の御許《おゆる》
しあれば、何時《いつ》でも
御出《おい》で下さい。
小生は唯今《ただいま》法隆寺
の方の本坊客殿の
大和葺《やまとぶき》復元の為《ため》

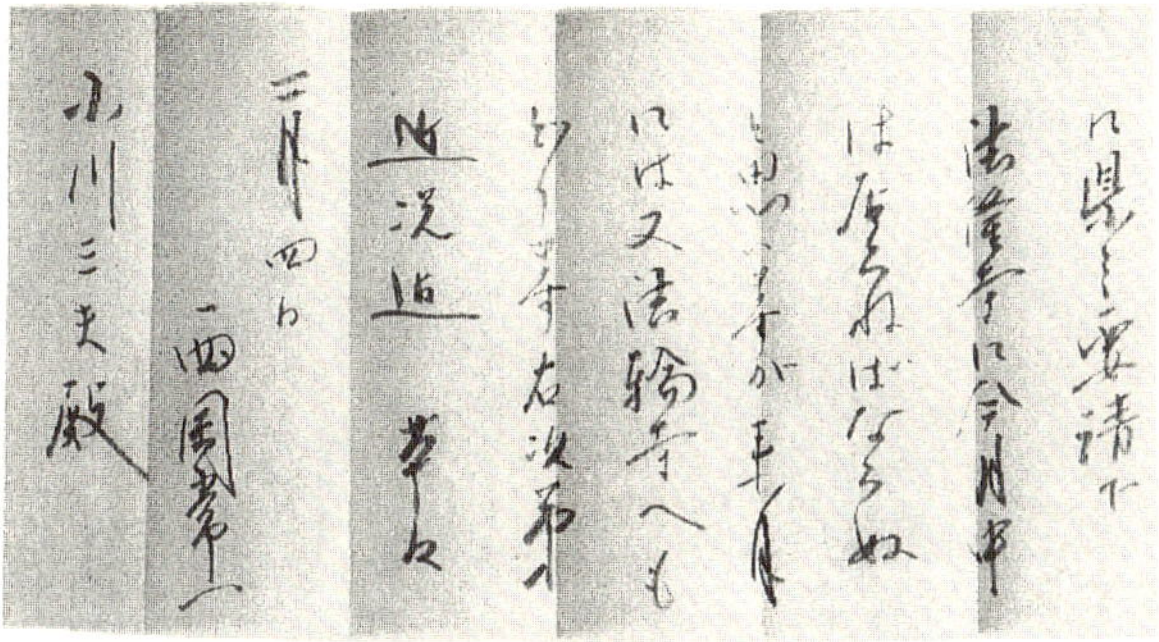

に県の要請で
法隆寺に今月中
は居《お》らねばならぬ
と思いますが、来月
には又法輪寺へも
どります。右次第
近況迠(迄)。　草々
(昭和四十四年)二月四日
西岡常一
小川三夫殿

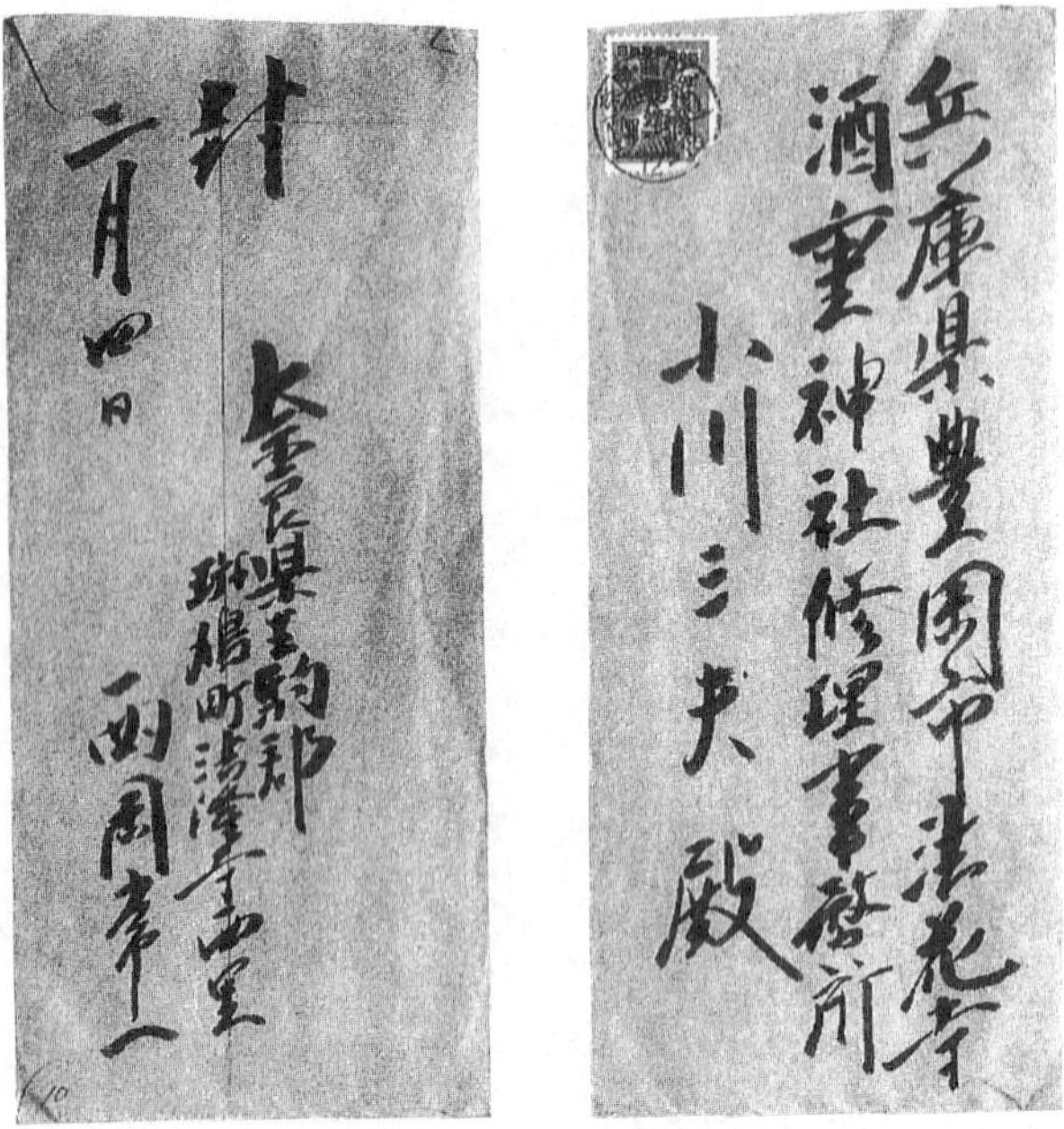
兵庫県豊岡市法花寺
酒垂神社修理事務所
小川三夫殿
封
奈良県生駒郡
斑鳩町法隆寺西里
西岡常一
二月四日

父親の反対をふりきって

俺の親父《おやじ》は地元（栃木県矢板市《やいたし》）の銀行員だった。まじめで、ものを堅実に考える人だった。まあ、そんな職業に就く人だから堅い人や。

俺が高校二年のとき親父が大きな手術をして、危なかったんだべな。親戚《しんせき》を呼べって医者にいわれて俺も高校を早引きして帰ったんだ。そしたら、いうんだ。

「おまえは学生なんだから学校に戻れ」

って。そんな親父やから、俺には大学に行ってサラリーマンになってもらいたいと思っていたんじゃないかな。

それなのに、俺が宮大工になりたいっていったから、反対だったんじゃないのかな。そのころ宮大工なんていったって、どんな仕事か誰にもわからないもんな。食えそうもない仕事だってことだけは想像がつくわ。銀行員なんだから、その職業がはやるかはやらないかぐらいはわかる。それに俺も西岡棟梁《とうりょう》に、

「飯は食えない、嫁ももらえない、そういう仕事や」

ということはいわれていたしな。

おまけに、いくらそのころでも、もう丁稚《でっち》や住込《すみこ》みで弟子にはいるっていうのはめず

らしかったよ。だから俺が道具使いを覚えたいっていって家具屋や仏壇屋に弟子入りしたときだって、おふくろはしかたがないと思って赤飯を炊《た》いてお祝いしてくれたけど、親父はほとんど口をきかなかったよ。それでも仏壇屋に行く前やったかな、おふくろが親父に、三夫に何か話してやってほしいといっているのを聞いたことがあって、それで親父は俺にこんなことをいった。これはよく覚えているわ。

「ふつうの人は川の流れに乗って上流から下流へ行くものだ。川を下っていけば下ることと自体、何の力もいらない。それだけじゃない。下りながら、景色だって見て行ける。右岸の桜がみごとに満開なのも、左岸の紅葉《もみじ》が鮮やかに色づいているのも、流れに乗りながら楽しむことができるんだ。それなのにおまえは何だ。川の流れに逆らって川下から川上に溯《さかのぼ》ろうとしている。溯るには力がいるぞ。それも並のじゃない、大きな力だ。苦しいし、だから景色を見てるゆとりなんか全然ないぞ」

俺がやろうとしていることは時代の流れに逆らうようなもんだっていうんや。それよりも楽な道を選んだらどうだっていう親心だ。

だけど、親父の仕事は人の金を持ってきて、右から左へ移すだけで何にも生産していない。俺はものを作りだす仕事につきたいと思っていたんだ。だからまったく聞く耳を持たなかったよ。

西岡棟梁は、

「自分の仕事は大きな流れに抗《あらが》って竿《さお》を立てるようなもんや」

っていうんだな。流れて、忘れてしまわれそうな仕事をやっとのことで支えてるんやということやろ。たしかにそのころの宮大工なんてそんなもんや。棟梁は自分のことを、

「川の中に立つ一本の杭《くい》や」

っていうんだ。そのころは意味がまだよくわからなかったが、俺はそれでいいと思ったんだ。


そんなだから、俺が棟梁のところへ行ってても、親父には俺が実際どんなことをしているんだかわからなかったんじゃないか。そのとき親父はもう体が悪くて、寝たり起きたりの生活だった。


薬師寺の金堂が再建《さいこん》されたとき、NHKのドキュメンタリー番組『白鳳再現《はくほう》』が放送された。棟梁や全国から集まった宮大工に混じって俺も出たんだな。その番組を見て初めて、そうかこういう仕事をしているのかとわかったらしい。俺はそれまで何にも仕事のことはいわなかったしな。その番組を近所の人も見ていて、散歩のときなんかに、

「三夫さんが出てましたね、尊いお仕事をしているんですね」

っていわれるやろ。それまではそれこそ自分から川を溯って行くような馬鹿《ばか》なことをしているぐらいにしか思っていなかったんじゃないか。


それからは俺のことを考えるのが一番薬になる、体のためになるっていってくれたも

んな。これはずっと後のことになるけど、俺が初めて棟梁をつとめた東京の安穏寺《あんのんじ》を見に来てくれるかって聞いたら、体が不自由なのに行くっていってくれてな。

その次の仕事、富山県高岡の国泰寺《こくたいじ》の地鎮祭《じちんさい》の日に危篤《きとく》の電話が来たんだ。俺は棟梁やからいなくちゃならないさ。親の死に目には会えないかも知れないとつねづね思っていた。式を終えて、すぐ汽車に乗って、新幹線経由で帰ったんだが、途中、米原《まいばら》から電話をしたら死んでおった。

おふくろは俺が仏壇屋にいたときから、

「法事があっても三夫は呼ばんでもいい、あれは修業中の身やから」

っていってたぐらいだから、俺のことをわかってくれていたとは思う。親父は西岡棟梁と同じ明治四十一（一九〇八）年生まれやった。

棟梁と二人だけの法輪寺

「弟子にしてもいい」という許しが下りたので、昭和四十四（一九六九）年の四月に棟梁の家に蒲団《ふとん》を持って行った。そのころ西岡の家にはおじいさん夫婦（楢光、つぎ）、棟梁夫婦（常一、カズエ）、長男夫婦（太郎、里枝）、次男（賢二）がおった。大勢の家族だったな。

この年の三月から法輪寺の仕事は始まっていた。最初に棟梁がいったのは、

「道具を見せてみい」

これやった。それで鑿《のみ》を出したんや。七分《しちぶ》やったかな。それをちょっと見て、棟梁はぽんと捨てたもんな。

がっかりしたよ。三年待って、その間に鑿や鉋《かんな》を使えるようにしておこうと思っていたんだから。仏壇屋では一年間の約束ということもあったけど、いくらかは道具も使えるようになったと思って出たんだから。それがちょっと見ただけで、ぽいや。こんなの道具やないということや。

しかし、俺はこういうことであんまりがっくりこないほうなんだ。「そうかな」と思っただけや。よけいなことを深刻に心配したり考えたりせず、なるようになるだろう、いわれたとおりやってみようと思う性質《たち》なんだな。もともとが手や体で考えるほうなんだろう。頭でこうやろか、ああやろかとは考えないからな。まあ得なほうや。職人の仕事というのは、そうやってものを覚えていくことが大事なんだ。西岡棟梁は後になって俺のことを、

「とにかく頭で覚えんと体や手に一生懸命記憶させようと人の倍も努力する人です」

なんていってくれたらしいけど、自分じゃそんな気持ちもないんだ。そういう性分《しょうぶん》なんだな。

だから道具をぽいと捨てられてどうだったと聞かれても覚えていないんだ。ただ捨て

られた、がっかりしたな、と思い出すだけで、だから「よーし、頑張ってやるぞ」と決心したということでもない。

棟梁がその後にいったのは、

「納屋《なや》を掃除しておき」

これだけや。

「はい」

って答えて納屋へ掃除に行ったよ。そこには棟梁の道具が置いてあったし、鉋屑《かんなくず》なんかがあったな。

「納屋を掃除しろ」ということは、「そこには自分の道具が置いてある。よくわしの道具を見てみろ。わしがおまえの鑿や鉋がまったくあかんというてる意味がわかるはずや。道具も道具やけど、研ぎもなっとらん。そこにはちゃんと研いだ鉋で削った鉋屑もあるやろ、それが本物や。道具を研ぐというのはそういうことや。掃除をしながらわしの仕事をよーく見ろ」ということだった。

とにかく棟梁の教え方というのは、すべてがこうだった。直接、わかりやすくものをいうということはないんだな。簡潔だが、遠回しだ。そのときすぐにはわからんことだったりするんだが、何かの拍子にいわれた真意が閃《ひらめ》いて、新しいことがぱっとわかるんだ。それで、

「これからは本も新聞もテレビも見んでいい。とにかく研ぎをやれ」

こういわれた。いわれたとおりにしたよ。新聞もテレビも見なかったし、本も読まなかった。建築に関係あるものも大工の技術の本も一切読まなかった。そうしたことが研ぎを覚える段階では無駄になるということだったんやろ。俺も後になって自分で弟子を取るようになったとき、同じことをいったし、いまもそういっている。基礎の段階では、ある期間、よそに目をやらず打ちこまなくちゃいけないんじゃないのかな。とにかく頭で覚えようとしたら手の覚えが悪くなるし、研ぎだけはやって覚えるしかないんだ。だから寝ても覚めても、どうやったら上手《じょうず》に研げるか、こればっかりや。

研ぎというのはどこまでやったらいいか、なかなかわからないものだ。そのときのその人の腕の水準までしかわからんのよ。これでよかろうと思っても、見る人から見たら何にも研いでないようなもんだ。未熟な段階ではわからないんだな。とにかく研ぐだけや。それでも棟梁はこういってくれた。

「おまえはよそで掃除や子守りや洗濯なんかの家の手伝いはすましてきているから、そういうことは、ここではしなくてもいい」

って。そして、はいった次の日から法輪寺の現場に連れて行かれた。飯のしたくや掃除をしなくていいから起きるのはそんなに早くなくてもよかったな。六時半ごろや。それでみんなと朝ごはんを食べて姉ちゃん（里枝、長男の嫁）につくってもらった弁当を持って法輪寺に行くんだ。

法輪寺の仕事場は二人だけ。

先に行って掃除して、研ぎ水を替えておく。それで棟梁が仕事を始める。何にもいわんかったな。黙って仕事をしているんや。一緒に飯を食って木を削って、それだけや。大きな部材で棟梁一人で持ち上げられそうにないと手伝って、原寸図面を棟梁が引いているときは垂木《たるき》を削っていた。とにかく何にもできんかったからな。それでも毎日そうやってそばで棟梁のすることを見ていると、次に何をするのかはわかるようになる。

棟梁の家から法輪寺に行く道はいつも同じ、法隆寺のなかを通って行くんや。棟梁は自転車やったけど、俺は歩きや。つい法隆寺のなかでのんびりしていると、着くのが棟梁より遅れたりする。そうしたら棟梁は一人でせっせと掃除をしているんだ。怒っているんだけど、何にもいわない。だけど仕草が怒っているのよ。そんなときは俺もさっさと仕事にかかるわけよ。仕事場に二人っきりしかいないから、相手の考えていること、することに隠しごとはないわ。隠せんわ。

よけいなことは何にもいわないんだよ。こうしてみろとか、それは違う、こうやるんや、なんていうのもないんだ。

「これをやっておけ」

これだけや。だから、やるしかないわな。これがいい修業だったんだろうな。

棟梁が俺のこと、度胸のいいやっちゃ、っていったって？　そんなんじゃない。やれっていうからやるだけだ。ただできないからって、くよくよ考えたりしないな。こうやったらできるだろうとか、たしか棟梁はこうやっていたなって思い出しながらやるんだ。前に図面引きをやっていたから、いまどんなものを扱っているかぐらいはわかるんだな。

そのかわり棟梁も意地悪だぜ。俺がここに来るまで鉋や鑿は使ったことがあっても、手斧《ちょんな》や槍鉋《やりがんな》なんかは扱ったことがないやろ。それでも渡されて、

「そっち半分はおまえがやれ」

こうだ。それで二人で一本の柱に取りかかるんだ。俺はやったことがないんだから遅いし、急ぐと虎刈《とらが》りになる。それでも棟梁は自分の側が終わると俺のことを待たずに、その柱をごろんと転がすんだ。そして次の面にかかるんだ。しょうがないから、俺も次の面にかかる。そんなん、敵《かな》うわけないやんか。俺は始めたばっかりや。それでも棟梁はかまわずやるんだ。こんちくしょうと思っても敵わないもんな。それで遅れた分は十時の休憩のときや昼の休みにやるんだ。それしかないからな。棟梁がやれっていうわけじゃないいんだ。自分の分は自分でやらなきゃなんねえべ。ほかにやってくれる人がいないんだから。

そうやってほとんどを現場で教わったんだな。宮大工の仕事は期間が長い。三重塔を造る場合、三年、四年はかかる。法輪寺の塔も長いことかかった。途中で休んだりした

ことをあって、始めてから出来上がるまでに八年ぐらいかかった。これはいい教育の場所だったよ。自分のやった仕事は見えるし、目の前に立派なお手本があるんだからな。西岡常一っていう名人が実際に手を動かしてやって見せてくれるんだ。それも同じ部材がいくつもあるから何回も繰り返してやるんや。仕事が始まったら来いっていう意味は、こういうことやったんだな。

こうやって現場で仕事をして、帰って夕食が終わったら俺は納屋で刃物研ぎをやった、遅くまでな。納得がいかないからやるんだ。棟梁《とうりょう》のようにはいかないんだ。別に悲壮な決心とか覚悟とかはないんだ。そりゃ一生懸命にやったけど、泣きながらとか、そんなんじゃないよ。苦しいことなんかないんだから。

寝るところは離れのおじいさんの部屋の上だった。一人だよ。二年ぐらいしてからもう一人、松下って子が弟子に来たんだ。それが来てからは二人で、押し入れも半分ずつ使ったな。それまでは一人だ。この子が来たときに、困ったことがあったら何でも俺に相談しろっていったんだけど、持っていたお金も物もこの子のほうがずっと多かった。この子は初めての修業だったんで飯のしたくや家事を手伝っていたけど、目と耳が少し不自由なんでこの仕事には向いていないっていって途中で帰っていった。

その俺が使っていた部屋は棟梁が書き物したり図面を引いたりする部屋で、押し入れにいろんな図面が入っていた。そこを使えといってくれたんだから、時間があれば図面を見たりするわな。棟梁はそんなことも考えていたんだろうな。

弟子入りの儀式

話は前後するけど、俺が棟梁の家に行って何日ぐらい後だったか忘れたけど、弟子になる儀式をやってくれたな。

ほかの家族ははずして、棟梁と俺と、立会人ということでおじいさん（楢光）の三人や。大きな鯛《たい》を前に置いて、自分の弟子にする、一生懸命やるようにといってくれた。

棟梁にしても、家に弟子を置くのは俺が初めてだったのかも知れないな。長男の太郎さんも次男の賢二さんも跡を継がなかったからな。それと法隆寺の棟梁という立場では、弟子がいらなかっただろ。大きな仕事するときには下に一人前の職人が集まるし、現場のかたづけやなんかは仕事師がおったからな。仕事をするうえでは弟子がおらんからといって困ることはなかったんやろと思う。

弟子入りの儀式のあとやったかな、棟梁が家族全員に言い渡したんだ。

「小川は私の跡を継いでくれる人や。ありがたいことや。これからは何でも小川はわしの次にする。おまえらは息子やけれども今日からはこの人のほうが上や」

それからは飯を食う席も棟梁の隣りや。太郎さんは俺より一まわり年が上なんや。そ

れで風呂《ふろ》にはいっていると、

「みっちゃん、湯加減はどうや」

なんて風呂を炊《た》いてくれるんだ。居心地が悪くてな。それで太郎さんがはいっているとき、薪《まき》を足したんだ、そうしたら太郎さんがあわてて小声でいうんだ。

「みっちゃん、やめてくれ。親父に見つかったら叱《しか》られる」

って。家族にとって棟梁は鬼のように怖い人だったんだな。家族の誰に話を聞いても棟梁は怖い人だっていうんだ。俺にはそんなことはなかった。

いつだったか、賢二さんが休みに浄瑠璃《じょうるり》寺《じ》へ連れて行ってくれたことがある。そして帰ってきたら棟梁が一人で猛烈に畑の草むしりをしていた。何にもいわなかったけど、体全体で、

「遊んでる暇があるのか」

といっているんだな。いまから思い返すとちょっとおかしいけど、そのときは弱ったなと思ったよ。連れて行ってくれた賢二さんのほうが大変やったろ。脇目《わきめ》もふらず、口もきかずに草をむしっているんやから。

次男の賢二さんは俺より二つ上で、賢ちゃんって、いまでも呼んでいるけど、はっきりものをいう人や。その賢ちゃんがいってたな。

「こんど来た小川はなんて暗いやっちゃ。親父は怖いし、とても勤まらんだろうから、

すぐに帰るやろ」

って。それでも、俺にそんな気はなかった。怖いというより、偉い人やと思ったで。西岡棟梁は俺の親父《おやじ》と同い年だ。親父は銀行員やったけど、話すことが違うもんな。親父の話は幅は広いが、浅くて底がないのよ。客のために話すことで、自分をつきつめるなんてことがないからな。ところが、棟梁のいうことは奥が深いし、やって見せることはとんでもない技術やろ。そのうえ自分に欲得がないからな。いちいち、うなずけるんだ。

徒弟制度ってのには運みたいなところがある。いい親方につけばいいけど、悪いのについたら弟子は僻《ひが》んじゃうし、ゆがんじゃう。おまけに頭ごなしにいわれても、弟子にはわからんからな。わからんのに怒鳴られても殴られても弟子にとっては何にも意味がわからんから、反発するだけだ。それじゃ後で閃《ひらめ》くこともないし、怒られるのが怖くてその場を取り繕うようになる。それでも技術だけは何とか身につくかも知れないが、後の進歩は難しいな。

西岡の家族の人は、みんな俺のこと、みっちゃん、みっちゃんて可愛《かわい》がってくれたな。おじいさんもよく話をしてくれたよ。

法輪寺の中断、薬師寺金堂の再建《さいこん》

棟梁はあまり言葉では教えてくれなかったけど、法輪寺の行き帰りに、俺はそこらのすすきの穂をちぎったり、棒の切れっぱしを手にして歩きながら鑿《のみ》を研ぐ練習をしていた。柄《え》が付いていて、まっすぐに研ぐのが難しいから、そうやって練習していた。

法輪寺の帰り道は一緒や。法隆寺の東門から入って、西門に抜けて帰るんだが、棟梁はときどき、

「堂や塔の軒《のき》がなぜあんなふうに反《そ》っているかわかるか。あれは中国の思想や。天帝《てんてい》を敬う気持ちからきたのや。軒の反りは鳥の翼のようなもんだ。天に羽ばたく姿をあらわしてるんや」

「五重塔はなぜ安定した美しさを持ってると思う？　あれがずんどうやったら美しくないやろ。あそこの松の木を見てみい。どこか五重塔に似てるやろ。自然の松の木の持つリズムある曲線の美しさを五重塔が持っとるのや」

こんな話をしてくれるんや。いつもやないで、たまにや。そのときは何でこんなことを話してくれるのかわからず、「ふーん、なるほどな」と思って聞くだけや。しかし後で考えると、そのときそのときの俺の力量や、次の仕事に関係のあることを話してくれ

てんのや。だからその一言《ひとこと》が後で俺のなかで大きくなるんやな。一言が百倍にもふくれて記憶されるんだ。

こういうふうにして少しずつ仕事を覚えていった。槍鉋《やりがんな》も使えるようになった。棟梁は右利《き》きで槍鉋をかけるんでも片方しかやらない。反対側はおまえがやれっていうもんだから、俺は右も左も槍鉋が使えるようになった。

このころの俺の日当が千円だった。そのうち百円は寄付としてお寺に差し上げていた。それで棟梁の家に食費として一万五千円払っていた。残りは使い道がないのよ。本を読むわけでもないし、映画を見ることもテレビを見ることも新聞を読むこともないんだから。ラジオも聞かなかったで。だから金が溜《たま》ると道具を買った。その道具の話は後でするよ。いつだったか棟梁が自転車で行くんだから俺も自転車を買っていいかって聞いたら、一言、

「だめだ」

って。だからずっと歩きだ。

法輪寺の仕事が中断されたんだ。お寺に資金がなくなったんだな。それでまた金が溜ったら仕事をすることになって、俺たちは休みや。作家の幸田《こうだ》文《あや》さんなんかが資金集めに走り回ったんだな。幸田さんって、おもしろい人だった。壁土をかき混ぜるのに自分も手伝うといって足袋《たび》はだしにもんぺ姿でやって来た。それでも足が壁土に埋まっちゃ

って動けなくなってな。みんなも笑ったけど、幸田さん自身、笑ってたな。

あのころ、法輪寺の再建をめぐって棟梁と設計した学者が論争をしていた。俺は新聞を読むわけでもないから、何がおこなわれているのかは知らなかった。それでも棟梁がどう思っているかはわかるよ。それでその学者が来るっていうと、勝手に造りかけのところを青いビニールで覆《おお》っちゃって、見えないようにしたんだな。棟梁は苦笑いしていたよ。俺が勝手にやっちゃうんだからな。あれは三重塔に鉄骨を使うか使わないかって話だった。棟梁は鉄よりも檜《ひのき》のほうが強い、鉄なんか使っちゃなんないっていってたんだ。この件では後で俺がとばっちりを食うことになるんだけどな。

棟梁は現場にいるんだから強いわな。相手がなんかいうと、

「はい、そうですか。そないしましょ。まかしておいてください」

っていって、自分が正しいと思うようにするんやからな。でも現場で喧嘩《けんか》したりはしなかったな。論争は会議の席でやってたんだろ。

法輪寺の仕事が休みにはいったんで、俺は棟梁について薬師寺の三重塔の模型作りに行ったんだ。尾田組《おだぐみ》の仕事場でやっていたんで、そこの宿舎に寝泊まりすることになった。蒲団《ふとん》や身のまわりのものは西岡棟梁のところに置いたまま、宿舎のを使った。棟梁は通っていた。俺もたまには棟梁の家に帰ったけどな。このときは近鉄歴史教室の依頼で、薬師寺西塔の十分の一の学術模型作りだった。現在、近鉄奈良駅の上の歴史教室に

展示してある。

学術模型というのは斗《ます》から柱から垂木《たるき》の一つまで正確に実物そのままに復元する大変な仕事や。塔を丸ごと十分の一に小さくしただけや。柱の寸法から連子《れんじ》格子《ごうし》、肘木《ひじき》、梁《はり》、内の構造まで、すべてが正確に十分の一や。本物を造るのと同じぐらい大変だし、細工が細かい。模型だからといって楽ってことはないんだ。一つ造るのに一年ぐらいかかる。費用にしてもふつうの民家が一軒はゆうに建つほどや。そのころでも千五百万円ほどしたんやないか。このときはまだ薬師寺に西塔はなかったんや。いまの西塔は昭和五十六(一九八一)年に落慶したものや。だから模型も初めから設計して復元した。こうした仕事は勉強になるで。塔の造り方を初めっから教えてもらっているようなもんやし、構造がよくわかる。それに少しのあいだやったけど、法輪寺の三重塔を手がけて大きな部材を扱っていたから、よけい塔のことがわかるんだ。本当にいい機会に巡り合わせてもらったと思うよ。

棟梁はずいぶん学術模型を造っているよ。東京の国立博物館にある法隆寺の五重塔の十分の一模型もそうだし、法隆寺の講堂に展示してある金堂の構造模型もそうや。模型作りはただ作るんやなしに、伽藍《がらん》建築に対する知識や構造を知らんとできないからな。

学術模型が終わったら、昭和四十五(一九七〇)年から薬師寺の金堂を造ることになって、俺は図面を引くことになった。棟梁は、日御碕《ひのみさき》で図面引きをしていたんだから全部俺にやれっていうんだ。この間にも古代建築の学者やら設計を担当した学者やら、いろんな人に会ったよ。

大工の見習いといったら、ふつう掃除やかたづけという細かなことから積み重ねていくんだ。それが俺の場合、まるで逆に、上から上からと始まった。西岡棟梁の考えもあったんだろうが、運もよかったんだな。大きな仕事につぎつぎと巡り合って勉強させてもらったからな。時代もよかった。それまでは仕事がなくて、棟梁が鍋《なべ》の蓋《ふた》を削っていたぐらいだ。日本が高度経済成長時代にはいったんだ。そんな年からじゃ無理だっていわれたのに、少しは早く仕事を覚えられたのもみんな現場があったからだよ。

でもそのころは、不思議なことに棟梁は決して俺のことを弟子だっていわないんだ。俺も棟梁のことを何て呼んだらいいかわからなくて、「棟梁」っていってみたり、「親方」っていったり、「先生」って呼んだりしていた。二人だけで仕事をしているときは話すことがない。黙ってやっているだけだからな。でも他の人がいると、やっぱり呼ばなくちゃならないだろ。

いまになって棟梁は、よその人に、

「初めから小川のことは、ただの大工やなくて棟梁にするつもりで教えましたな」

っていっているけど、そのころはそんなこと知らんものな。まあ、何となくふつうの弟子の扱いとは違うかなとは思ったけど、そのころ自分で棟梁になろうなんて思ってもみなかったよ。

薬師寺金堂の立柱式《りっちゅうしき》のときのことや。仕事をしている大工たちは、式のときのいろんな役割があるんだ。白装束《しろしょうぞく》で木遣《きや》りを歌ったりな。それが俺だけ役がない。これは全部、棟梁が仕切るんだぜ。忘れるわけねえべ。それなのに俺の役がないのよ。それで仲間が烏帽子《えぼし》を着る、なかなか大事な「検知《けんち》」という役を作ってくれたんだ。

なして俺を役につけなかったかってわかったのは、ずっと後でだ。

「棟梁を継ぐんだから、自分のすることを見ておれ」

というつもりだったんだと。でもそんなこと一言もいってくれないし、俺はそんなことも知らんから仲間が作ってくれた役を一緒になって楽しんでいたよ。棟梁は期待を持たせることや、天狗《てんぐ》になりそうなことは決していわなかったな。仕事を覚えるのに甘い言葉が何の役にも立たんと思っていたんじゃないかな。

法輪寺三重塔の副棟梁に

金堂の立柱式が終わったときに、法輪寺のほうにも資金ができたからって再開することになった。このころ棟梁は、法輪寺と薬師寺の棟梁を兼務していた。薬師寺の金堂は本格的に始まったばかりだし、両方一緒にはできないわな。それで、法輪寺はおまえがやれっていうんだ。昭和四十八（一九七三）年だから、棟梁《とうりょう》のところに来て五年目にはいったときだった。二十六歳だ。

それで法輪寺へは俺が一人で行った。そして、薬師寺をやっていて工務店を辞めたやつや、青森に帰った職人に手紙を出して来てもらったんだ。一緒に仕事をしていた仲間や。そうしたら、こんどは薬師寺で働いているやつが俺も行く、俺も行くって、法輪寺へ来ちゃった。来たいっていうんだから、しかたがないだろ。俺が誘ったわけじゃないんだ。それで四人ほど集まった。みんな一人前の職人として働いていた人たちだ。それも俺よりも年上や。

法輪寺をやるに当たって、棟梁から与えられたのは四千五百人だった。この四千五百人というのは工事が完成するまでに要する職人の延べ人数だ。出来上がるまで、木は何石、工賃は延べの人数何人と計算するんだ。そのとき俺は思った。これは飛鳥《あすか》の塔を再建するんだ。形は一緒のものを造るんだから、飛鳥の工人に技では勝てない。勝てるとしたら人の数だ。これを二千五百で上げてやろうと。法輪寺の仕事は清水建設が受けていた。だからその旨《むね》を清水建設にいった。人数が少ないということは早く終えられるということと安く上がるということなんだ。それで清水建設に、俺はこれだけの日数と人間でやるけど、残ったお金でだいぶ傷《いた》みが激しくなっている境内回《けいだいまわ》りを直す、それでいいかって断ったんだ。向こうは予算があるんだから足が出なければいいわな。

こちらは若い連中ばっかりだから、やれ、それって仕事を仕上げていった。みんな意気に感じて勢いがあったし、仕事が実に面白かったな。朝一番のバスを待っていられなくて、歩いて通ってきたものもいたよ。それにしても俺たちが儲《もう》けようっていうんじゃないんだからな。お寺のためにやったんだ。

みんなから二十六でそんな大きな仕事を与えられて不安じゃなかったかって聞かれるけど、そんなことはなかった。性格やな。棟梁はこのときのことを後で、

「あいつは人組みがうまいし、度胸がいい」

って褒めてくれたけど、自分で意識してそうしたんじゃない。たまたまそうなっていったんだ。

出来上がりかけたとき、棟梁が見に来た。それで、

「鉄材使ったんか？」

って聞くんだ。清水建設は設計図にあるんだから必要なものとして鉄材を現場に積んでおいた。棟梁はそんなもんは必要ないといって使わなかったから、いつまでも山積みになっていた。鉄を使う使わんの論争も結論が出ないんで、お寺との話で鉄材は最小限にしておきましょうということになっていた。俺は図面にあるから少し使ったんだ。それでそのことを正直に話した。そしたら冷たく一言、こうや。

「鉄を使ったら、ろくなことはない。そこから腐る」

昭和五十（一九七五）年に塔は完成した。俺もみんなもできるかなと思っていたけど、できた。塔の工事中は素屋根《すやね》といって足場が塔のまわりを取り巻いているから、塔全体は素屋根をはずすまでは見えない。その日、素屋根をはずすのを俺は下で見ていた。素屋根は上からはずしていくんだ。

一番上がはずされて、相輪《そうりん》が見え、三重の屋根があらわれたとたん、俺は真っ青になったよ。屋根が大きく傾いていて空に向かって反《そ》り返っているんだ。こりゃ、腹を切ってお詫《わ》びせなならんと思った。それでもじっと見ていた。そして二重、初重があらわれたら、反り返って見えたのが錯覚だったんやな。三重の屋根だけを見ていたからそう見えたんだ。そりゃ何回も確認したよ。いまでもあのときの三重の屋根が反り返っていたようすは夢に見るよ。

法輪寺の三重塔は自分が手がけて最後までやった初めての仕事だ。いまの仕事場「鵤工舎《いかるがこうしゃ》」はこの塔のすぐそばにある。だから毎日塔の前を通るし、窓からも見えるんだ。

満足がいくかって？

そりゃ難しいな。いまだったら、こうしたろう、ああしたかったというのがあるけれど、建造物は、だからといって直しがきかないからな。そのときそのときが勝負だ。

死際《しにぎわ》に見た西岡棆光の職人魂

この塔ができて落慶の直後におじいさん（棆光）が倒れた。この法輪寺の三重塔は当初はおじいさんがやることになっていて、図面が用意してあったんだ。だけど八十を過ぎていたから、住職さんが常一さんにまかしたらどうかっていったんで、譲ったんだな。職人はこういうことにはひときわ頑固なんだ。自分の仕事となると息子でも敵や。面白くないわな。形式上は総棟梁になっていたけどな。

二ヵ月ぐらい後だったかな、親戚《しんせき》が全員集まった。入院していても、もう先がないからと、車で家に連れて帰ることになった。あと一週間の命だってことだったな。おじいさんはそのとき九十三歳や。家へ死にに帰るようなもんだ。だから親戚が車の運転手に、三重塔ができたんだから法輪寺の前を通って行ってほしいと頼んだ。その車には棟梁とおじいさんと俺が乗っていた。病《やまい》が重かったから寝台車だった。法輪寺の前に来たんで車を止めて、

「おじいさん、法輪寺の塔ができたで、素屋根もはずれた」

と俺がいったんだ。そうして窓から見えるように体を起こしてやった。

「見えたか、見えたか」

って棟梁が聞いたら、

「見たっ」

っていうんだ。しかしよ、俺がおじいさんの顔を見たら、目をぎゅっとつぶっているんだ。だから見ているわけがないんだよ。それで、

「もういいから行け」

っていうんだ。この一週間後に、おじいさんは亡《な》くなった。職人ってのは死ぬまでこうだもんな。それでも俺は知っているんだ。西岡棟梁が法輪寺の三重の塔の通《とお》り肘木《ひじき》に「総棟梁西岡楢光」、この塔を再建したのはおじいさんだって書いたのをな。

棟梁はよく「親父《おやじ》は下手くそやった」っていってたけど、規矩《きく》や人のまとめ方はたいしたもんやった。見方によれば、西岡棟梁にとって自分の親父さんがずっとライバルだったんじゃないかな。こんなことをいうと棟梁は「違う」って首を横に振るだろう。いまでも棟梁は「親父は下手で……」っていうんだからな。

あのおじいさんもたいした人やった。二人は仲が悪かったけど、俺は二人の棟梁から可愛《かわい》がられたな。いってみれば二人の伝令役みたいなもんや。だからよく知っているんだ。下職やいろんな人からも頼りにされたし、人格的にも宮大工の棟梁としてもたいした人だったと思うよ。なにしろ西岡の家に二十三歳で婿《むこ》に来てから大工の仕事を覚えて棟梁を務めたんだから、並の努力じゃ絶対できない。棟梁だってそれぐらいのことは知

っているし、感じているさ。

おじいさんは最後まで法隆寺に仕事場を置いてあった。二代目法隆寺棟梁としてまっとうしたわけだな。おじいさんが死んでも棟梁は法隆寺に置いてあった道具を取りに行かなかった。行ったのは三回忌の後や。

「もう三回忌も終わったから、法隆寺にある親父の道具を取りに行こう」

って行ったんだ。棟梁と、棟梁の弟の楢二郎《ならじろう》さんと、俺の三人だ。道具はほとんどなかった。法隆寺の手伝いさんたちがみんな使っていてな。しかし、棟梁は欲得がないから、それでいいっていうんだ。残っているものだけ記念に三人で分けたんだ。みんな自分の道具を持っているから必要はないんだよ。

棟梁の弟・楢二郎の名人芸

西岡棟梁の弟の楢二郎さんは道具使いの名人やったし、使っていた道具もすばらしかった。俺たちは「楢ちゃん」と呼んでおった。体格のよい人で、棟梁より体のがっちりした野武士的な風貌《ふうぼう》の人だった。無口で、ほとんど口をきかんかったし、棟梁と同じで酒は飲まなかった。気持ちのやさしい人やったな。西岡棟梁は親父さんの跡を継いで法隆寺の棟梁になったが、楢二郎さんの身分は公務員で文化財保護課から法隆寺に派遣されているという立場だった。

親父さん（楢光）、西岡棟梁、楢二郎さん。この三人は常吉おじいさんから教わった兄弟弟子や。親子で同じ宮大工だ。考えてみたらすごい環境だよ。どの一人をとっても国の宝みたいな人だったんだから。たがいにライバル意識を燃やしたろうしな。親子、兄弟でも職人はみんなライバルだ。誰にも負けたくないし、自分が一番になるまで修業するんだからな。それにしても楢二郎さんの道具使いはすごかった。道具もよく手入れがされていて、溜息《ためいき》の出るような研ぎだった。それに、楢二郎さんは体は大きいが目立たない人やった。棟梁も仕事場では地味なほうやが、もっと地味やったな。一緒にいると棟梁が派手に見えるくらいや。

法輪寺の仕事の手伝いに来てくれて、一服のときなんかに、ぼそっと話してくれるんだ。仕事場へは足袋に草履《ぞうり》ばきだ。棟梁は前に話したとおり、道具使いにしても研ぎにしても、

「こないするんや」

といって一度手本を見せてくれたら、それでおしまい。俺がわかるまで、ほかには何にもいわん教え方だった。

ところが楢二郎さんは、鉋《かんな》はこう使うといい、鑿《のみ》はこうだ、研ぎにはこんな方法があるといって、自分の道具箱を開けて、なかから一つ一つとって教えてくれたよ。道具使

いやったらこれほどの人はおらんというぐらいの人やったから、心構えも違う。

大工というのは木を刻むもんや。刻むのが自分たちの仕事だ。刻むのは大工しかおらん。でも組むのは自分でなくてもできるといって、よっぽどのことがないと組み上げる仕事はしなかった。昔は大工が刻んだ材を鳶《とび》の人たちが運んで組んだものだ。それだけ自分の刻んだものに自信があったんだ。道具使いやったら棟梁よりうまかったと思うよ。鉋をかけても鑿を使っても、それはすばらしいもんや。

楢二郎さんは自分の親父さん（楢光）とはよく話をしておった。常吉さんは孫の棟梁を自分の直系として特別に育てたんだろうな。一族の人が一緒になっても、棟梁だけが孤立して見えたからな。またそれだけ責任感が強かったんやろな。家族にも気を張ってったんだから、兄弟にも、もちろんそうだったんだろうな。

楢二郎さんが棟梁のところに寄って一緒に飯を食ったのを見たのは一度だけ、親父さんの三回忌が終わって形見分けをした日だ。棟梁がめずらしく、

「飯でも一緒に食っていかんか」

っていったんだ。めずらしいことや。親父さんのことを思い出したんだろうな。そしたら日ごろは絶対にそないなことをせん楢二郎さんが、

「そうするか」

って飯を食っていった。俺も一緒だった。

それから一週間後や。棆二郎さんは法隆寺の回廊《かいろう》の修理中に心筋梗塞《しんきんこうそく》で亡《な》くなったんだ。ほんと仕事一筋の人やった。

棆ちゃんからもさまざまなことを教わったな。道具使いや具体的なこともそうだけど、大工としての生き方そのものを目の前で見せてもらったよ。宮大工の息のしかたを教わったという感じや。

俺は西岡棟梁は代々の法隆寺大工の家が生んだ最後の花だと思っているが、その花を咲かせるために、親父さんや棆二郎さんのような偉い大工がそばにおって、何にもいわんが力を添えたり、ライバルとしておることで、棟梁をより大きく育てたんやないかと思っている。棟梁は突然出てきたわけやないからな。俺も棟梁から多くのことを教わったけど、おじいさんや棆二郎さんからもたくさんのものを受け継いでいる。

高田《たかだ》好胤《こういん》師の一言

西岡棟梁のところは俺にとって大事な修業場だったが、もう一つの大きな修業場が薬師寺だった。ほかにも法輪寺や安穏寺《あんのんじ》や国泰寺《こくたいじ》と、自分が試され、育ててもらった場所はあるけれど、修業時代のことを考えれば薬師寺は大きな意味があった。

それは一つは、西岡棟梁が薬師寺で最後の花を咲かせようとしていたこともある。自分が持っている知識と技術の限りを尽くして、薬師寺の伽藍再建《がらんさいこん》に取り組んでいたからな。もう一つは、薬師寺の管長の高田好胤さんのことがあるんだ。

俺がまだ西岡棟梁の家にいたころやった。棟梁に用事を頼まれて東京の文部省に行ったんだ。京都から新幹線に乗った。そしたら同じ列車に管長さんが乗るところだった。俺も何となく苦手やったから、ほかの車両へ移ろうと思ったんだ。そうしたら、

「小川、何で逃げるんや」

って呼び止められた。

「どこへ行く?」

って聞かれたんで、

「東京です」

って答えたんだ。そしたら、

「そうか、じゃあ一緒に行こう」

っていうんだよ。

俺は管長さんぐらいになるとグリーン車やろうと思っとったけど、俺と同じ自由席だった。管長さんを知っている人たちは遠くから手を合わせて挨拶《あいさつ》をするんだ。そのたびに挨拶を返してたな。しかたがないから一緒に座ったんだ。管長さんも朝飯を食っていなかった。お供の人が食堂車へ行きましょうと誘ったが、行かなかった。そして、売りに

来たサンドイッチを買ったんだ。俺の分も買ってくれた。食いながら話をしたとき、ひょいと管長さんが俺にいったんだ。

「私は世間からタレント坊主《ぼうず》といわれているが、そんなことは構わない。薬師寺のことだけを考えて私はやっている。おまえもよけいなことを考えずに、西岡常一棟梁《とうりょう》のことだけを考えて仕事をしいや」

って。この言葉はきいたな。西岡棟梁のところで、「これからは本も新聞もテレビも見んでいい。とにかく研ぎだけをやれ」っていわれていたろ。内心では本も読まない、新聞も読まなかったら世間から遅れちゃう、これでいいのだろうかと迷っていたときだ。棟梁の言いつけは守っていたけど、管長さんのこの一言は揺らいでいた俺の心をしゃきっとさせてくれたもんな。

弟子にはいって何か教わって一人前になろうと思ったら、師匠にまかせるしかないのよ。まかせたといっても、こんなんでいいかなって実際に思うからな。でもその疑問があるうちはなかなか進まないよ。そんなときの高田管長の言葉だったからな。いま、いちおう自分が鵤工舎《いかるがこうしゃ》を構えて宮大工だっていっていられるのも、このときのことがあったからやと思っている。

道具のこと

一番先に研がされたのは鑿《のみ》だったな。鑿は難しいんだ。柄《え》がついているだろ。あれが邪魔になって研ぎにくい。柄がまっすぐに、水平に動かなくっちゃならないんだけど、それがなかなかできないんだ。だから歩きながら小さな棒を持って練習した。上達するにつれ、だんだん鑿の幅の狭いものを研ぐようになっていくんだ。狭いほうが研ぎにくいからな。鉋はまだ楽や。

俺が自分で買った一番最初の道具は砥石《といし》だ。高かったな。砥石は選ぶのが難しいんだ。それでも人に教わって買ったんじゃだめだな。自腹を切って、それで当たり外れを覚えなくちゃ、絶対に自分のものにならん。西岡棟梁もいっていた。

「十丁買って一丁ええのがあったら、よっぽどええほうや」

って。

俺が一番先に買った砥石の値段か？　あのころで三万円ぐらいやったかな。いまでいえば五十万円ぐらいのものやな。思い切って買ったわ。砥石が一番だからな。いい刃物を持っていても砥石が悪かったらいい刃がつかない。なんぼ研ぎがどうだ、こうだといっても、砥石が悪きゃ話にならない。砥石がよければ、道具が少しばかり悪くても使うたんびに研いだらええのや。しかし、反対の場合はそうはいかんからな。

砥石はみんな大事にする。誰にも触れさせないしな。人それぞれ研ぎが違うから、よその人が使うと癖がつくんや。西岡棟梁なんか自分でつくった砥石の入れ物があって、ちゃんとした漆塗りの蓋《ふた》がついていたものな。そりゃ、大事にしていたよ。

大工の道具も切れるけどな。昔からいい砥石を使っていたのは革製品を作る職人と散髪屋だ。

俺たちが仕事場に持っていく砥石は三丁もあればいいな。荒砥《あらと》、中砥《なかと》、仕上砥《しあげと》。この三丁があれば足りる。そのほかに名倉《なぐら》っていう砥石の肌を整えるものがあるけど、まあ三丁あればいいな。

道具というのは不思議なもんで、丁寧に丁寧に使っていると道具がそれに応《こた》えてくれるようになる。道具は自分の手の分身やから、毎日使っているうちに、道具から魂みたいなものが伝わってくるようになるんだな。

扱いも丁寧にせなあかん。冬の寒い時分には体を温めるように鋸《のこぎり》なんかも温める。温めておかないと、ちょっと曲がっただけでもぱりんといくからな。そやから鋸は布に巻いておくし、鑿なんかはふわふわの鉋屑で巻いておく。

西岡棟梁はいまは道具を使わないから、道具箱を覗《のぞ》いてみても、すぐには切れそうもない。研いでないんだから。だけど不思議なんだな。すぐは使えないけど、いつでも切れる、使えるって、道具が身構えているんだよ。ふつうは三日もそのままにしておくと、どうにもならないように見えるんだけどな。

棟梁の道具は数が少ない。仕事をするのに、昔は道具箱ひとつですんだんだ。ところがいまじゃ軽トラック一台分もある。電動ものが多くなっているからな。いまはそれだけ道具がなくちゃ仕事ができなくなっちゃった。道具を使うんじゃなくて道具に使われるようになってきているな。

西岡棟梁の教え方

俺なんか棟梁から「これはこうやって、ここはこうや」なんてこと、一つも教わってないもんな。二階の納屋《なや》に上がって、

「鉋屑《かんなくず》はこういうもんや」

って鉋を一回かけてその鉋屑をくれただけや。それを窓ガラスに貼《は》っておいて、それと同じような鉋屑が出るまで自分で削って、研究しなければあかんのや。訓練学校じゃないんだから、「この台はここを直せ」とか、「ここは甘い」なんてことはいわない。「鉋屑はこういうもんや」、それだけや。棟梁もおじいさんにそう教育されたんやろな。

しかし、小さいころから仕事を見て、鉋屑で遊んでいたのと、高校を出て飛び込んで

きたのとじゃ違うんや。棟梁の次男の賢ちゃんと一緒に薪割《まきわ》りをしていても、その仕草が違う。賢ちゃんは小さいときから木と一緒に育っているから体が覚えているんだよ。ところが俺は途中からやろ、違うと思ったもんな。

「鉋屑はこういうもんや」というだけや。これも一つの教え方には違いないんだ。

それだけやから自分で工夫しなくちゃなんないわな。手取り足取り教えてくれたら、そこから先、感じるものが違うと思うよ。また棟梁は何かいうんだが、俺にはしばらくわかんないのよ。それで、しばらくたって何かの拍子に、その意味がわかるんだ。「こうしろ」って思っていたんだなって。でもこの呼吸、慣れるまでは意地悪だって思ったで。

これが訓練校で少し教わってきたら違うんだよ。「こうやれば削れる」って説明してくれるだろ。だからその説明が頭から離れないんだな。できるだけそれに近づこうとする。そのことが頭からずっと離れないんだ。それに凝《こ》り固まっちゃうんだな。そのためにかえってわからなくなる。かえって邪魔なんだ。自分で考え、体で覚えたことは、まだなんな知恵はいらんのよ。大工みたいに体でものを覚えなきゃならないものによけいぼでも伸びていく。だからある意味では知恵なんかなくたっていいんだよ。そのほうがずっと身につくし、自分で考えるようになる。でもよ、知恵をなくせっていったって、人間、なかなかそうはいかないよ。そこから一歩も出られないのが人間だからな。

修学旅行でも、

「法隆寺の百済《くだら》観音は飛鳥時代の作で、中国の南朝の木彫の影響がある。衣紋《えもん》や天衣《てんね》の曲線が大変美しい」

なんて教わってから見に来るわけだよ。だから生徒もそこだけを見て、

「ああ、そうだ」

って思う。これだけだ。そしてみんな評論家みたいなことをいいだすんだ。予備知識にとらわれちゃって、それ以上に出ようとしない。それよりよけいなことなんかいわないでよ、百済観音をそのまま見せてやればいい。そうしたら美しいか、美しくないか自分の眼で感じ取るだろ。

後で徒弟制度のことは話すけど、弟子にはいって一番先にすることは持ってきた癖をなくすことだからな。

兄弟弟子の話

俺の兄弟弟子に当たるのかな、西岡棟梁の下で働いて、いまも宮大工をしている菊池《きくち》恭二と沖永考一《おきながこういち》というのがいる。このあいだ久しぶりにあって、二人の弟子入りのころの話を聞いた。その話が面白いんだ。

菊池は中学を出て大工に弟子入りしたんだ。家は農家だ。行った先の大工はふつうの民家を造る人だ。その人のところで菊池の兄貴も修業していた。三年で年季が明けて、その後そこで一年、よそで一年、住込みで修業をした。その間に近所の寺の造作も手伝うことがあったらしいんだ。そして修業を終えて、いちおう一人前になって家に帰ったとき、お寺の住職さんが高田好胤さんの『心』という本を読めって貸してくれたんだと。その本の終わりに写経のことと、その写経で集めたお金で金堂を建てる話が載っていた。それを見て自分も一度薬師寺を見に行こうと思って、盆休みに薬師寺に行ったんだ。そして薬師寺の東塔を見て、自分もこういうものを造ってみたいと思った、っていうんだな。それでその場で金堂は誰が造っているのかって薬師寺の受付のおばさんに聞いたんだそうだ。そうしたら法隆寺の大工さんで西岡常一という人が造っているって教えてくれたんだって。それで法隆寺に行って棟梁の家を教えてもらい、すぐその足で棟梁の家を訪ねたんだって。突然だぜ。そのときＮＨＫの撮影中で待たされて、その後で話を聞いてくれたというんだ。自分の家のことや大工の修業を終えたばかりだということを話したらしいわ。それで自分も金堂造りに使ってもらいたいと頼んだんだな。そしたら棟梁は、自分一人では判断できないから、ここに行って相談しなさいって、その場で薬師寺の生駒《いこま》（昌胤《しょういん》）さんに紹介状を書いてくれたんやな。俺のときとそっくりや。で、その足でまた薬師寺に行ったんだ。そして生駒さんに会ったら、棟梁と同じようなことを聞かれて。身元調査やな。それで私一人では決められないからお盆明けの十七日にもう一度来なさいっていわれたっていうんだな。菊池は岩手の遠野《とおの》の出や。いちいち家に帰っていられないから京都駅前の安い宿に泊まって、十七日にふたたび行ったんだと。そしたら棟梁から「来てもいい」っていわれたというんだな。

その少し前に九州から、やっぱり大工の修業を終えたばかりの沖永っていうのも来ていた。この人はいま鵤工舎《いかるがこうしゃ》で働いている。学術模型専門にやっているけど、うまいで。この人は一生道具使いでいたいっていう変わったやつだ。研ぎも腕もピカ一や。仕事場で何年もかけて三重塔や五重塔を造っている。こういう職人も必要なんや。図面を書いただけでは出来上がりの姿がわからないから実際の模型を作ってみるんだ。これも宮大工の大事な仕事だ。沖永ほどいくつも塔や堂の模型を作った人もめずらしいで。彼は高田好胤さんの『情《なさけ》』を読んで管長さんに手紙を書いたんだな。

「中学のときに薬師寺の三重塔の模型を作ったことがある、できれば木だけで造る薬師寺の金堂造りに参加したい」

って。そしたら棟梁から、

「金堂は全部木やなくコンクリートも使わなならんが、それでもよかったら来なさい」

って返事をもらったんだな。

そんなんで沖永が来て、三ヵ月遅れて菊池が来た。そのとき沖永が二十三、菊池が二十一だ。俺は棟梁の代理で薬師寺から法輪寺に移るころやった。それでも宿舎にはよく顔を出していたんで二人が来たことは知っていた。

この時分、集まった職人たちは宿舎に泊まっていた。二人とも棟梁からまず道具を見せろといわれて、全部ペケや、やり直しや。これも俺と同じや。

「自分では使えると思っていたんだが、まるで通用せんかった」

といってたな。後でほかの職人たちの道具を見て驚いたそうだ。研ぎひとつでもこんなに上があるんだなって。それで、宿舎に住んで初めっからやり直しや。積んである材を見て、こんな大きな材をどうすればいいか、てんでわからなかったって。五年ぐらい修業を積んでやって来てもそんなもんや。最初は木に呑《の》まれてしまう。それから西岡棟梁の下で仕事を覚えていったんだ。

一番新入りの菊池は朝五時に起きて、原寸場《げんすんば》の掃除をして、便所を掃除して、加工場に行ってシャッターを開けて水を張って、朝飯を食いに宿舎に戻って、七時にまた来るんだ。そしてお湯を沸かす。棟梁はバスで七時四十分に来る。着いたらすぐお茶を持って行けるように、急須《きゆうす》に茶葉を入れてお湯を注ぐだけにして待っているんだ。これを五年間続けたというよ。

この原寸場というのは、図面に引いたものを実際の大きさの板に書き写していく作業をするところで、この仕事は棟梁がやっていた。ここを毎日掃除していると、どうやって図面を書くか、全体の部材がどうなっているかがよくわかる。原寸場の掃除をしろっていうことは、俺に仕事場の掃除を命じたのと同じや。そこでよく勉強しろっていうことなんや。棟梁流の教え方や。よそで修業して来ていても、ここでは一人前に墨をつけて削れるわけではないから、足場を組んだり材木つなぎとか、そんなのが仕事だ。仕事は夕方四時五十分にベルが鳴って五時に上がりや。そしたらまた原寸場に戻って、お湯を沸かして棟梁を待つ。棟梁と副棟梁三人が寄って来て、お茶を飲みながら今日の仕事の反省や明日の段取りを話すんだ。棟梁はお茶が好きで、自分で葉を買って来て菊池に渡すんだ。そのとき、棟梁は副棟梁にいろんなことを話す。それを聞いているのが一番ためになったと菊池はいっていた。

日曜は休みや。この日は仲間や先輩と奈良のあちこちの寺を見てまわって歩いた。俺はそのころ結婚してアパートに住んでいたが、よくみんなと一緒に出かけて行ったよ。そうやって仕事を覚えて、勉強したんだな。この時代の薬師寺は何人もの仲間がいて勉強しあった一種の学校みたいなもんや。仕事場が学校なんだから、こりゃいいよ。先生も昼は一緒に道具を持って仕事をしてくれるんだからな。することと見ること話すことが、全部お手本や。

わからないことを聞くときは

菊池にいわせると、西岡棟梁《とうりよう》はとても怖かった、と。どこが怖いっていったら、怒って怖いんじゃなくて、一つ一つのことに対して厳しかったたっていうんだ。考え方が厳しいんだ。仕事にしても、話すことにしても、決してないがしろにしない。俺はあんまり話すほうやなかったから、棟梁の言いたいこと、やりたいことは肌で感じ取っていたけど、やっぱり厳しい人やった。

菊池が仕事中に「これはどうやるんだろう」って思うわな。それをお茶を飲んでいるときに聞くんや。すると棟梁は必ずこう聞き返すっていう。

「菊池君はどう思っているんだ」

西塔のときやったそうだ。

「三重の柱間《はしらま》はいくつですか」

って聞いたんだな。そしたら棟梁は、

「東塔は何間《なんげん》やったかな」

と聞き返されたんだな。菊池は慌《あわ》てて走って見に行った。毎日、そのときまで三年もそばで見ているんだよ。実際見ているようで見ていないんだ。菊池は自分で見る目がないからだっていっていたけど、人間、そういうもんだな。そばにあって毎日見ていたって、そのつもりで観察してなきゃ一生見えない、知らないままだ。

棟梁はそういう言い方で答えるんだ。直接「それはこうや」とは決していわない。だから棟梁には下手に質問できないよ。間違っているかもしれないけれど、自分はこう思うんだというのを持っていないと質問ができない。だから聞く前に考えるようになるんだ。

「自分がわからないとき、わからないから、教えてくれっていうのは失礼なんだ」っていうんだ。質問するときは先に自分の考えを述べる、その大事さを痛いほど教えられたって。

棟梁は家でもそうだったらしい。息子たちも同じことをいってたからな。宿題を聞きに行くと、

「おまえの考えは?」

こう聞かれるし、答えを教えてくれる前に、

「では、あれはどうなっていた?」

って逆に質問されるんだって。それでできないと怒られるし、拳骨《げんこつ》をもらうから、そりゃ、おっかなかったって、いまでもいっているもんな。

西岡棟梁は誰にも厳しかった。だけどいま思うと自分自身に一番厳しかったんではな

かったかな。それが弟子にもまわりにも、いっそう怖いって感じを与えるんだ。

菊池も沖永もそんな話をしていたな。俺とは別の形の棟梁の弟子やけど、それぞれ棟梁のいいところを学んでいるよ。覚えるっていうのは、こういうことや。いい師匠がそばにいて、そこから自分で学び取るっていうことや。棟梁は教えられるんやなくて自分から「学べ」っていっていたんだな。

図面を読め、見たらあかん

俺はずいぶんあちこちの図面を引いた。日御碕に図面書きの修業に行って、その後に棟梁のところで法輪寺の仕事をやった。そしてまた図面書きや。その後に現場で実際に木を削った。それで図面がどんなものか大体わかったけど、図面は道具を使えない者が引いてもだめだ。このことをいまの設計者はもっと考えなくちゃいけないよ。いまの設計者は自分を出そうと奇抜なアイデアを考えたり、建物を絵として見ている人が多いんや。だから実際に造ろうとすると、正確なことがわからないんだ。たとえば軒を支える尾垂木《おだるき》がどうなっているのか、というような大事なことが書かれていない場合が多いんや。

法輪寺の三重塔にしても、実際に造ろうとすると、いろいろ差し支えるところが出てきて、設計図を直さなければならなかった。

渡された図面は法隆寺の五重塔の初重、三重、五重を持ってきただけのものだった。おおよそそんな比率や。しかし、その割合で造ると全体がぴちゃっとして軽快さが出ない。もしこの比率で造るとすれば、高さを上げなけりゃならないんだ。だけど塔の全体の高さは決まっているから、いまさら直せない。それで二重の柱を少し下げることにした。そしてその分を三重に嵩上《かさあ》げした。そのことで三重目がすっと背伸びしたようになった。そのような手直しをしなかったら、ずんぐりしたものに仕上がってしまう。その直した図面は設計者には見せなかった。見たってわからないからな。もしわかるんなら、ちゃんと最初からできているわ。データを集めてそれを積み重ねて書いたんだろうが、それだけじゃ、しょうがないわ。法輪寺の三重塔はどこの三重塔でもないし、どこかのデータから出したものでもない。法輪寺の三重塔は法輪寺の三重塔でなくっちゃならないからな。

俺たちが造るのは儀式の道具の一つやない。戦いやし、真剣勝負や。一度建てたら長いこと保《も》たせなならんし、ちょっとおかしいからといって直しがきかないんだ。それに同じようにして建てられた千三百年前のものが建っているのに、俺たちの造ったものだけが壊れたら、それこそ恥や。いまでも地震があったり、台風が来るたんびに「保つやろか、保つやろか」って思っているもんな。

よく棟梁がいってたけど、自分らが造るものは二百年、三百年先のことを考えているんだ。それだけに苦労も多いし、大変だけど、面白くもあるな。工芸品や芸術作品と違って、建造物は大自然に逆らって建っているんや。引力に逆らって高くし、風雨に耐えて建っていなくちゃならない。だから頭のなかだけで考え、絵を描くような図面じゃしょうがないんだ。後世まで設計者は名前が残るかもしれないが、俺たち大工の名前なんか残らないよ。それでも造るからには大自然のなかで負けないで、美しくなくちゃいけないと思っているんだ。

図面が木の性質や強さを知って、それをどう組み上げるのかも知って描かれているんやったら、いいけどな。いまはどうしても仕事が分業になっているからしょうがないけど、図面引きを棟梁が俺に学んでこいっていったのは、これは木を扱う大工の領分で、それもかなり大事な仕事やということだからやったと思うな。

木を刻むとき、大工は図面を見る。図面を見て刻むんだけど、そのとき棟梁はよくこういってたな。

「図面を読め、見たらあかん。図面上では木はこう出ているけど、裏はああなっているんやろうな。そうやって上っ面《つら》だけでなしに裏も読むんや」

って。それと寸法だけで処理してたらあかんわ。寸法だけで組んだんでは、形はできても自然のなかで建物は生き残れん。口伝《くでん》に「木組みは寸法で組まず木の癖で組め」というのがあるやろ。木を組んだことがなければ、鉄やコンクリと同じように寸法だけで図面を引いてしまう。木は違うんや。それを昔から戒《いまし》めているんや。

法隆寺の鬼

西岡棟梁を「法隆寺の鬼」と呼んだ人たちがいるそうだ。それほど怖い存在やったんだろうな。棟梁の育てられ方ひとつを見ても、法隆寺大工の棟梁となるべく、生まれたときから英才教育をされているんや。法隆寺の西里《にしさと》に生まれ、一生のほとんどをそこで過ごしてきた。棟梁にとって法隆寺なしの人生なんて考えられなかったやろな。

棟梁を育てたおじいさんは江戸時代の生まれの人や。代々寺に仕える大工の家だったが、その人の代に初めて法隆寺の棟梁の役を拝命した。この時代の人や、責任をまっとうすべく命がけで法隆寺を守ろうと思ったろうし、息子がおらず婿《むこ》を取ったが、孫の常一が生まれたときはこの子に自分のすべてをつぎこむつもりやったやろ。とにかく常一が六歳のときに棟梁を自分の弟に譲って娘婿の楢光と常一の育成に賭《か》けたというからな。それは生半可《なまはんか》な育て方やないで。学校を選ぶにしても土を知らなあかんというて農学校に行かせるし、卒業してからも二年ほど農業をやらせてから大工にさせたほどや。棟梁の心のなかには法隆寺のことしかないわ。自分の家も家族も法隆寺に尽くすためにあるんやと徹底して教えられたろうからな。これは俺たち外から弟子に入ったもんにはなかなかわかることとやない。俺たちは技術や心構えは教わっても、棟梁の法隆寺に対する思いというのは、あまりに深すぎて、とてもわからないからな。

おじいさんの代から考えれば、「廃仏毀釈《はいぶつきしやく》」に始まるお寺の苦難の時代、仏教の衰退、戦争、法輪寺の三重塔の焼失、敗戦、そして法隆寺金堂の火災と、悪夢のような時代や。その時代に棟梁を継いだんだ。

結局は西岡棟梁がその最後になったけど、一番難しい時代に遭遇したわけや。その時代、お寺にそれほど金はなかったろうし、お寺に仕えていた職人はみんなほかの仕事に行ったが、棟梁は頑としてほかのことはしなかった。おじいさんの教えのとおり民家の仕事はいっさいやらず、自分の家でさえ、ほかの大工に造ってもらった。

寝る間も惜しんで研究し、解体修理に当たったたやろ。飛鳥建築のことを隅々まで研究し、実際に木に触って体で知っておった。そんなとき、学者のなかにはさまざまな意見をいうものがあった。棟梁にすれば、学者たちは何をいってるんだと思ったろうな。学者たちと幾つも論争になったわ。もうすでに西洋の考え方を持ち込んだ近代建築が主流の時代だ。棟梁のように古代の建築法を知っている人はいないわ。学者たちは文献と調査、比較から入った机上の研究者だし、棟梁は経験と口伝で技術を引き継いで来てるんだ。最初から土俵が違うわな。

しかも棟梁から見れば学者のいうことは間違っているか、一部のことしかいっておらんように見えたやろ。それでいて修復するのは自分や。自分は法隆寺の棟梁や。間違いを聞くわけにはいかん。命がけでも立ちふさがるわ。

それと食い違いを正すためには学者に負けないほど調査をし、本も読んだ。仏教の教典にも目を通した。そのために家族、親族、友人、すべてを犠牲にした。仕事一筋や。

こんな姿を人が見たら「鬼や」というだろうな。

棟梁にしてみたら自分が引いたら、なし崩しに千三百年も守られてきたものが目の前で壊されていくように思えたやろからな。

戦争に行っても召集が解除になれば家に帰る前に、まっさきに法隆寺に行ったそうや。俺が寝泊まりしていた部屋には戦地から親父《おやじ》さんに送った葉書がいっぱいあった。そのどれにも中国のお寺の話や見た塔のことが図入りで書いてあった。戦争に行っても頭のなかは法隆寺のことばかりだったんだろうな。

棟梁には二人の息子がいるんやけど、二人とも跡を継がなかった。一人とも子供のころから道具を持たされて仕込まれたそうだ。継いでほしかったんやろ。仕込み方もずいぶん厳しかったらしい。人は誰でもそうだけど自分の子になると我慢がきかないところがあるからな。しかし、そのころお寺からもらう金はわずかなもんや。それで暮らしていかなならん。家族は大変やった。子供たちが育ち盛りのときに棟梁は結核で伏しておったしな。死ぬか生きるかという事態だったらしいが、その病の床のなかでも本を読んでいたというからな。息子たちは思い出してもひどく苦労したといっている。やっと飯が食えるような状態やったというし、満足に遊び道具も買ってもらえなかったやろ。子供心に肩身の狭い思いもしたやろ。しかし、棟梁にしてみればそんなことでがたがたしてはおれんわ。とにかく自分が法隆寺を守らなと思ったろうからな。そのころストマイといって、目が飛び出るほどの高価な抗生物質を、畑を売った金で闇《やみ》で買って二年ほどで結核を治している。奥さんかて大変な苦労や。農家の出で大工のことは何にもわからん。舅《しゅうと》夫婦と子供が四人や。それで何とかやっていかなならんのだから。家計のことやおふくろさんの苦労をみんな知っているから、子供たちは宮大工の道を選ばなかった。

長男の太郎さんは、

「敗戦がなくて家業を継ぐのが当たり前の時代やったら、自分も宮大工を継いでいたかも知れん」

というていたし、次男の賢二さんは棟梁から、

「もし継ぐんなら大学で建築学を勉強してからこの仕事を継げ」

っていわれたそうや。

学者とのやりとりで、棟梁は職人の意見がほとんど通らん理不尽さを痛感していたんやろな。賢ちゃんは論争当時のことを思い出してこういってたわ。

「親父はよくいってました。『学問が先にあって建築があるんやない。法隆寺も法輪寺も薬師寺も、学問も何もない職人たちの時代に造られたもんや。学者は後からいろいろ理屈づけしただけや。だから学者というものは職人の後からついてくるものや』、そういうプライドを持ち続けていましたね」

賢ちゃんに学問をしてから仕事を継げといったなかには、法隆寺大工の技術と学問を何とか繋《つな》げたいっていう気持ちもあったかも知れないな。それでも結局彼も継がなかった。だから俺が弟子に来たときは、息子たちはいまごろなんて奇特《きとく》なやつがおるんやろと思ったっていってたからな。それにしても棟梁に、子供たちに無理にこんな苦労する道を継がせなくてもいい、自分が最後かも知れんという気は、おそらくそのときからあったんだろうな。自分も子供のころから、みんなが遊んでいるときに法隆寺の仕事場に連れて行かれて悲しかった。何でこんな家に生まれたんやろと思ったっていってたからな。だから長男がほかの道を選んでも、次男が継がなくてもそれでいいといったんだろうな。

とにかく家におっても遅くまで本を読んでいたし、書きものをしていた姿が子供たちの脳裏にしっかりと残っているからな。こんなだから家でも怖い親父だったらしいで。奥さんも子供たち四人も声を揃《そろ》えて、

「怖かったで」

というからな。

それはただ怒って怖いというんやなく、生き方の姿勢の問題でもあったんやろ。他人に厳しいぶん、自分にも厳しいし、誰かを甘やかしたら、そこからなし崩しに崩れるような怖さもあったんと違うかな。だから家庭でも「鬼」みたいなもんや。父親が家におるときは、家族は声をひそめて緊張しておったっていうからな。それでもちゃんと親父らしいこともしておるのや。子供と一緒に寝たというし、軍歌を歌って聞かせたりもしたそうだ。奥さんの肩をもんだりしたこともあるっていうからな。根はやさしいんや。いまじゃ、そんな鬼のようだったというても誰も信じないほどやさしくなってな。このあいだ入院中に訪ねたら、棟梁《とうりょう》が奥さんに、

「苦労かけたな」

ってしみじみいっていたよ。奥さんは、

「こないなこといわれたのは初めてや」

って笑っていたけどな。

でも俺が弟子に行ったころは、やっぱり「鬼」やった。怖かったもんな。ほかの職人もそういうわ。恐ろしくなくなったのは自分の道具をおいてからだ。いつだったか、

「仕事をしてもらってありがたいことや」

っていってたからな。昔はこんなこと、考えられんわ。太郎さんが、

「親父は八十五歳で仕事を引いたいままでのうちで、六十何年かは苦労のしどおしやったろ。やっと仕事がわかってもらえたのはこの二十年ぐらいやな。本当にご苦労さんでした」

といっていた。時代が変わって、法輪寺の落雷で焼けた三重塔が再建《さいこん》され、薬師寺も伽藍《がらん》の再現が夢でなくなって、見通しもついた。

やっとおじいさんから受け継いだ飛鳥《あすか》や白鳳《はくほう》の工人の技術と知恵が花開いたんや。これも棟梁が「鬼」であったからこそできたことやと思うで。こう考えたら鬼に感謝せなあかんな。それにしてもこういう時代が来てよかったよ。棟梁のすばらしさが認められたし、あの年になって家族にやさしくされ尊敬されているっていうのは、いまの日本ではそんなにないからな。

棟梁が鬼になってまで守ろうとしたものは何だったかって？　もちろん法隆寺そのものということもあるだろうけど、木の命をいかに生かすかという技術と、木の心を知るための飛鳥の工人から引き継がれてきた知恵をいかに絶やさず伝えるかということだったんやないかな。

最後の大木

西岡棟梁は法隆寺大工の最後の人や。俺はあの人から宮大工としてのすべてを教わったけど、棟梁の線につながるわけじゃないと思っている。技術としては受け継がせてもらった。その技術を次の世代に伝えていこうとも思っている。それでも棟梁と俺とでは立場が違うし、時代も違う。西岡棟梁までは法隆寺の棟梁として、寝ても覚めても法隆寺のことが頭から離れないような生活だったさ。それだけ棟梁のなかで法隆寺が占めていたものは大きかったと思うよ。法輪寺が始まったり、薬師寺が始まっても、法隆寺のことが重く心のなかにあったと思う。いまだってきっと一番大事で、自分の一生の多くを占めているのは法隆寺のことだと思っているやろ。口には出さないけど。

とにかく生まれたときから、すべてが法隆寺の棟梁として一生を過ごすように仕込まれたし、自分でもそう思っていたろうからな。家族が飯が食えないような状態でも、ほかの仕事には決して手を出さなかったんだ。世間や学者からは「法隆寺の鬼」といわれてもしかたがないな。それだけ執念を込めて守ってきたんやから。そうした棟梁の心の支えには、法隆寺を造った聖徳太子に対する篤《あつ》い信仰がある。それは棟梁の胸のうちのことやけどな。

俺は棟梁の弟子だけど、俺と棟梁とのあいだには大きな境目《さかいめ》がある。俺たちもお寺さんやお宮さんを造るが、棟梁にとっての法隆寺のように縛られるものがない。頼まれれば日本中どこへでも行く。逆にいえば、棟梁のように法隆寺という帰るところがない。棟梁たち宮大工は、お寺に仕える大工だったんだ。俺たちはたしかにお寺を造る大工やけど、仕えるというんではないわな。

棟梁の考え方の基本には、つねに飛鳥建築というものがあった。飛鳥建築は棟梁の血や肉みたいなもんだ。とにかく法隆寺の斗《ます》一個から垂木《たるき》一本まで棟梁は解体し修理したんだからな。形式だけでなく部材一つから構造に至るまで、法隆寺のすべてを知っているわけだ。それがまた法隆寺大工としての勤めやった。時代は変わって、お寺が抱える職人なんて棟梁の時代を最後になくなってしまった。千三百年続いてきた法隆寺はこれからもずっと残っていくだろうに、それを支えてきた法隆寺大工はいなくなったんだ。棟梁は受け継いだ口伝どおりに、自分で部材を選びに山へ行き、命がけで、家族まで巻き込んで自分の仕事を守ってきた。そのたびに田畑や山を売ってまでして仕事を続けてきたんだ。棟梁はああいうこだわらない性格の人だからそのことで悲壮感はないやろけど、子供たちはみんなこの仕事を食えない仕事やと思っていたよ。それでも棟梁はやって来たんだ。こんな人、おらんで。たまたま時代がこんなになって、棟梁がいうように、

「たくさんの大きな木が倒れていって自分だけが残った。そのため法隆寺の宮大工とし

て世間に知られることになったけど、本来はどこにでもあった仕事やし、技術だった」って。俺もそう思うよ、西岡棟梁は最後の大木や。法隆寺大工が代々にわたって育ててきた最後の大木やったと思うよ。

だけど俺たちは違うんだ。棟梁から法隆寺で飛鳥の考えや技法を学んだけど、それはいくつもあるうちの一つや。棟梁は俺が独立するときにこういったよ。

「法隆寺もあと二百年はこのまま大丈夫やろ。薬師寺も二百年は大丈夫や。そうするとおまえたちはもっと下がった新しい時代のものをやっていかんと食えんようになる」

そのとおりやと思う。俺は棟梁の仕事と考え方を見て、食えん宮大工から食える宮大工になろうと思ったんだ。それでこの道を選んだ。棟梁の道は継ごうにも道が切れて終わっておったんだ。その道のはずれにいて、別の新しく始まる道に俺を立たせてくれたのが西岡棟梁や。そう思っているんだ。

それで俺は自分たちで塔や堂を造れるようにしようと思って鵤工舎《いかるがこうしゃ》を作って弟子を育ててきた。この弟子たちが一人前になって広がっていけば、棟梁が伝えてくれた技術はあちこちのお寺さんやお宮さんで生かされるやろ。そして何世代かたって、また法隆寺や薬師寺の解体修理というときになったら、集まって来るのがその技術を継いだ人たちだ。考え方さえしっかり継いでおけば、西岡棟梁が伝えてくれた伝統は守ることができると思っているよ。

法隆寺は大工の教科書

そやな、俺にとって法隆寺は恩人でもあるし、道案内人でもあったな。自分がどの道に進んだらいいかわからずにいたとき、法隆寺の五重塔が道を教えてくれたからな。西岡棟梁と出会えたのも法隆寺のおかげだ。この五重塔と出会って人生が変わったといえる。

自分の大工としての道も法隆寺から始まってよかったと思っている。もし、これが江戸時代あたりの建物から始めていたら、装飾の美しさにとらわれて建造物が持つ本当の素朴で力強い美しさを見つけられなかったかも知れない。俺が初めて修学旅行で見たときは「すごい」と思っただけだったが、その後、棟梁のところで修業を積み、古代建築のことが少しずつわかってくるにつれ、法隆寺の持つ偉大さ、深さ、それを造った飛鳥の工人たちのすごさに圧倒されるばかりや。

まずは、よくも千三百年もこれらの木が保《も》ち続けているよ。腐りかけて立っているんやなくて、それこそ昔のままの姿で凜《りん》として建っているもんな。木というものを知り尽くしたうえで建てられたこの伽藍は、いまの技術でもとても追いつかん。機械がいくら発達して月に行けるようになっても、とても追いつけない。むしろ機械に頼れば頼るほど技は置いてきぼりにされるんやないか。

法隆寺に来るたんびに、昔の工人がどうやってこの木を選び、どうやってこれを組み上げたかと考えてしまう。よっぽど腕のいい職人たちが集まって、仏法者を育てる建物を造るんだという情熱を持って仕事をしたんだろうな。それまでこんな大きな木造の建築物を造ったことがなかったやろうから、造りながら参加していた職人たちも面白くてしかたがなかったんと違うかな。俺も職人たちと一緒にあちこちで堂や塔を造っているけど、いつも飛鳥の工人が法隆寺を造ったときのことを考えるもんな。

それは何といっても構造のすばらしさや。装飾を省いて木の持つ力強さをうまく生かしている。そのことが美しさを生み出しているんや。棟梁は、

「ほかのものは見んでもいい、まずは法隆寺だけを考えろ」

といった。俺は毎日、法輪寺の仕事場に行くとき、法隆寺を通り抜けて、塔を、金堂を見上げて通った。何かわからんことがあれば法隆寺に来てみればよかった。法隆寺は俺の教科書そのものだった。

塔の中や裏にも上がった。そこにはこの塔を支えるために考え出された飛鳥の工人の知恵が詰まっていた。その考えはいかに木を生かして使うか、これに尽きる。それと日本の風土に合わせて長く延ばした軒の出を支えるために、どれだけの工夫がなされているかということも痛いほど知った。そのたんびにこれが千三百年前に造られたことにあ

らためて驚かされたよ。どうやってそんなことが考えられたのか、と。

俺は塔を建てるときに図面を引いて、ああでもない、こうでもないと考える。だけど法隆寺を造ったころは、棟梁に聞いたら図面なんかなくて、そこらの木の切れっ端にこうやろうと描いただけじゃないかっていうんだな。それだけでわかる職人たちもすごいやつばっかりだったんだろうと思う。それこそ自分に与えられた分だけ造ればいいっていうんじゃ、法隆寺のような建物はできない。まちまちの斗《ます》や長さの違う柱を組み上げて千三百年も保たせるんだから、その当時の棟梁は本当にすごかったろうと思うよ。口伝《く でん》には、「百人の工人には百の考えがある。それを一つにまとめるのが棟梁の器量だ」「それを一つにまとめられないんなら自分から棟梁をやめろ」ってあるが、法隆寺にいると、その意味がよくわかるな。

いくつもある法隆寺大工の口伝も、法隆寺に来てみたらその意味が本当にわかるわ。

「伽藍造営の用材は木を買わず山を買え」

「木は生育のままに使え」

「木組みは寸法で組まず木の癖で組め」

みんなそのとおりだ。いまは日本古来の建築法が無視されて、何でも簡単に便利さだけを求めるものばかりが造られているが、もう一度日本の風土に合った日本の建築を見直すときが来ると思うんだ。そのとき、これが日本の伝統的な建物やというのがやっぱり法隆寺だろう。俺は西岡棟梁について、その建築技術や心構えを教わった。この後、俺の弟子や仲間たちがその伝統を引き継いでいくやろ。その技術がいかに優れたものかを証明してくれるのが法隆寺や。そういう意味では、法隆寺は俺たちの教科書なんだよ。

大工がわからんことがあったら法隆寺に行けばいい。木で建物を造るということはどんなことかを教えてくれるから。それにしても俺は思うんだけど、新しい機械が作られて技術が進むと、その分だけ人間の能力は劣っていくもんだな。これから先も便利なのがいいって言い続けたら、どうなるかと心配だ。とくに俺たちみたいに手の記憶で仕事をする人間がそうなったらと思うと、ぞっとするな。法隆寺は技術の進歩が進んだときへの警告かもしれんな。

それにしても、いい建物は時間の流れを越えて残るもんやし、美しさは変わらんもんや。自分たちの技の根源が法隆寺にあることを俺は誇りに思うよ。

II

食えない宮大工を食える宮大工に

西岡棟梁《とうりょう》は代々続いてきた法隆寺大工の流れを継ぐ人だ。俺は棟梁から技や心構えを教わってきたけど、これまでの棟梁の流れに乗るのとは違うと思うんだ。

口伝《くでん》を受け継ぎ、田畑を持って仕事がないときは百姓をやって、民家の仕事はやらんというのが法隆寺大工の心意気や。そうした職人に支えられる太子講という組織もあったんだ。しかし、いまは違う。法隆寺も変わったし、大工の側も変わった。

法隆寺のある斑鳩《いかるが》に西里《にしさと》という場所がある。

棟梁が生まれ育ったところで、ここは法隆寺に仕えるたくさんの職人がおったところや。瓦屋《かわらや》、左官、石屋、大工、その棟梁とみんなそろっておった。それでいつも法隆寺を見回って修繕したり、何年か後に始まるかもしれない修理の材料の準備なんかもしていたんだ。

俺が棟梁の家へ行ったときでさえも、おじいさん、楢二郎《ならじろう》さん、それに棟梁と三人もの名工が法隆寺に仕えておった。しかし、それもいまの時代では無理な話になってしまった。棟梁たちがしたことをいまやっているのは工務店や。法隆寺つきの大工というのはおらん。昔やったら、仕事やといったら、大勢腕のいい人が集まってきた。薬師寺の金堂でも、西塔でもそうや。各地から腕に覚えのある職人が、一生に一度、塔を造ってみたいといって集まってきた。もちろん、棟梁の下で仕事をしてみたいという人もおった。

しかし、法輪寺の仕事を自分でやってみてわかった。自分で弟子を育てていかんことには、高田好胤《たかだこういん》さんの本を読んで薬師寺の仕事をしてみたいという人もいた。

とにかくお寺やお宮の仕事には大きな部材が必要や。柱一本動かすんでも一人じゃできん。どんなに腕がよくても、道具使いがうまくても、一人では柱一本動かせんのや。少なくても三人はいる。柱を持つ二人に、その下に台を置くやつだ。そのためには弟子が必要だ。弟子を育てながら組織を作らなくては、これからの宮大工はやっていけない。

大工というのは基本的には一日いくらの日当だ。棟梁だってそうだ。休んだら一銭ももらえない。棟梁の日当はたぶんこのあいだまで、一日一万五千円ぐらいのもんや。西岡棟梁がだぜ。

あの人は金のことはまったく気にしていない。自分の仕事をしていれば、それでいい人や。ずっと受け継いできた田も畑も山も、みんな売ってしまった。病気もしたし、食うために必要だったんだろうけど、そんなことに執着がないんだ。山には鉋《かんな》の台を作るのにいい樫《かし》が生えていたし、手斧《ちょんな》の柄《え》を作るにもいい木が植えてあった。それこそ、柄にすると褐色を帯びた飴色《あめいろ》に光るようないい木だった。しかし、それがほかで必要だっていわれれば、

「そうでっか」

といって譲ってしまう。まあ、西岡棟梁はそういう人や。

棟梁のところは法隆寺大工として代々続いて来た家や。その息子たちが跡を継がず、継いだのはよそから来た俺や。棟梁は最後の法隆寺大工としてこれまでの仕事をまっとうすればいい。立派な人や。俺はそばにいて本当にそう思う。だけど俺がそのまま引き継ぐことはないんだ。

だから俺は棟梁ができないっていっていることをやってやろうと思った。弟子が必要なんだから弟子を取ろう。弟子を食わせられないんなら、食わせられるような仕事をやろうって。あんまり深く考えたわけじゃないよ。そんなことになるだろうと思っただけや。俺は先の先までものを考えるなんてことはできない性質《たち》や。それに、あんまり考えてばかりいても先に進まないし、動けなくなっちゃう。いまの子は賢すぎて、次に来ることがわかるんだろ。こうしたら、こうなるって。それじゃ、やる気がしないわ。明治

維新のときみたいに単純一徹、まず行動があるっていうほうが人は動くんじゃないか。俺はそっちのほうや。

大工というのは先の先までずっと計算してやっているように見えるけど、そうやないんや。ざっとは考えるよ。だけど細かいことはそれぞれの時点、時点で解決していく。ここが詳しくわからないから、これから先はやらないっていうんじゃ、ものはできないよ。間違ったら直せばいい。初めからやり直すことはできないけれど、それなりに何とかするんだ。それはそこへ行った時点で考えるのよ。

とにかく、弟子入りしたいっていって来るのを棟梁が断るのを見るにつけ、どんなに技術があったって、食えないのは職業じゃないって俺は考えたからな。技術者を食わせられないで何が文化なもんか。技術を受け継ぐんだってそうだ。食えないようなこのままの状態じゃ、受け継ぎたいと思ったって受け継ぎようがないんだ。

技能集団「鵤工舎《いかるがこうしゃ》」の設立

昭和五十二（一九七七）年の初めに棟梁が胃癌《いがん》の手術のために入院した。軽いものやったけど、これから薬師寺の西塔をやるっていうときに途中で休んでは大変な迷惑がかかるっていうんで手術をしたんだ。棟梁の西塔にかける気持ちのあらわれや。このときは西塔の話やったけど、棟梁の頭のなかには薬師寺の伽藍《がらん》全体の再建のことがあったんじゃないかな。二月末に無事退院して帰って来た。

このころ北村智則《きたむらとものり》という高校生が弟子になりたいといって薬師寺に訪ねて来た。俺は図面を引きながら話を聞いた。このとき俺はまだ棟梁の弟子やったけど、この子が学校を卒業したら自分の弟子にすることに決めたんだ。あとで棟梁にその話をしたら、

「そうか」

っていうだけや。俺が弟子を育てたいと思っていることを察していたんだな。それで「鵤工舎」というのを作って、その年の五月に西塔の図面を引き終えた時点で薬師寺を辞めたんや。

別に棟梁の下で仕事をするのが嫌で辞めたんやないで。病気も治って棟梁は元気や。薬師寺で思う存分仕事ができる。別に俺がおらんでもできる。俺は棟梁の下にいるよりも外へ出て、別のことをしてみたかった。そのほうがいいと思ったんだ。棟梁に相談したら、

「それがいい」

ってすすめてくれた。棟梁は鵤工舎の相談役だ。だいたい俺の存在があるのも背後に棟梁があっての話やからな。

そのとき俺はこんなことをいったことを覚えている。

「飛鳥《あすか》や白鳳《はくほう》の建築は、生意気なようだけど、図面を書いたり実際にやってみて少しはわかったつもりだ。いまは棟梁が元気なうちに、自分はほかの時代のもの、たとえば鎌倉や室町のものをやっておきたい。そうじゃないと、これから先ずっとこのまま飛鳥と白鳳のものだけでいくことになる。それでは狭いと思う。もっと広くいろいろなことを知りたいし、実際に勉強もしてみたい。それで辞めさせてもらいたい」

一年後、鵤工舎の挨拶《あいさつ》状を作った。俺が代表者で、棟梁が後見人や。そのとき作ったパンフレットに西岡棟梁の書いてくれた挨拶文がある。

昭和五十二年五月十一日、文部省告示第九十一号により文化財保存技術保持者の認定を拝受、技法伝承のため国庫より補助金を下附されし時を機会に、嫡弟子《ちゃくでし》小川三夫と相謀《あいはか》り、法隆寺、薬師寺等の古技法の伝承を根幹とする特殊工舎として本工舎は発足いたしました。伝統の技法を一層切瑳琢磨《せっさたくま》し、よりよき技法伝承に真実一路邁進《まいしん》致すべく精進仕《しょうじんつかまつ》ります。

大方の御施主の皆様方の御協力御心添を工舎の柱として一路精進懸命に努力いたしますことを約し御挨拶といたします。

昭和五十三年弥生吉祥日

鵤工舎大工　西岡常一

こうや。この年の五月、棟梁は文化財保存技術保持者に指定されていた。

北村はその年の四月に学校を卒業して俺の家に住み込んでいた。そこで刃物研ぎをやっていたよ。俺のほうはといえば、薬師寺を辞めたのはいいんやけど、仕事にこれといって目処《めど》があるわけやなかった。まあ家具を作ってでも飯は食えるやろと思っていた。それでしばらく家具作りをしていた。

その年の十一月に薬師寺からまた呼びに来た。刻みが始まっているんだけど、なかなか進まないから来てくれないかって。俺も仕事がなかったし、金もなかったから行くことにしたんだが、弟子はだめだっていう。

「それじゃ、いかねえ」

って、もめてな。結局、北村をつれて行くことになったんだ。こんどは棟梁が総棟梁、俺に現場棟梁をやれっていう。そんなややこしいことはいらないわ。

「棟梁は西岡一人でいい」

っていって、そうしてもらったよ。

後で委員会の記録を見たら、仕事のはかがいかないのは現場棟梁がいないからやって西岡棟梁がいって、俺を呼ぶことにしたらしかった。棟梁は何にもいわないし、俺はそんなこと全然知らなかったからな。

それでも西塔の仕事も面白かったで。自分で引いた図面だったし、いろんな職人が地方から出て来ていた。優秀なやつがいた。いまはそれぞれ自分のところへ戻って仕事をしているやろ。西塔のような大きな仕事はみんなの勢いがなくちゃならないんだ。みんなでよく飲んで騒いだわ。西塔は昭和五十六（一九八一）年の春に出来上がった。

俺は落慶を待たずに辞めた。東京から大きな仕事が来ていたからな。国土《こくど》安穏寺《あんのんじ》の祖師堂《そしどう》や。鵤工舎として端《はな》っからやる仕事だ。一億数千万円の大きな仕事だった。これも棟梁がテレビに出たとき、

「自分の弟子の小川が独立したんですが、宮大工の仕事がないときは家具を作っていますのや」

といって、小川とはこういうやつだと話してくれたんだ。そのテレビを見て仕事を頼みたいといって来た。由緒《ゆいしょ》ある寺や。これだって西岡という名前があって、棟梁が、

「小川なら大丈夫です」

って太鼓判を押してくれたからできたんや。そうでなかったら誰も一億円もする仕事を出してくれないよ。檀家《だんか》の人から集めた浄財で造るんだから、仕事を頼むほうだって恐ろしいで。これも法輪寺や薬師寺での実績があったから相手も納得してくれたんだろうな。棟梁がつねづねいっているとおり、人を育てるのには現場が一番の教室や。その後もおかげさまで仕事が続いて、いくつも堂や塔を造らせてもらったし、そこで弟子た

ちも仕事を覚えていったんだ。いまは弟子が全部で二十人ほどや。

独立後、初めての仕事

独立して初めての仕事は東京の足立区の国土安穏寺というお寺の祖師堂やった。ようやく俺にやらしてくれたよ。俺は法輪寺や薬師寺で仕事をしてきたけど、別に俺の名前でやったわけじゃない。みんな西岡棟梁がいての仕事だ。この年になるまでありがたいことはいっぱいあったけど、何といってもこのときが一番やな。

このとき俺は三十三歳。全部で一億何千万円っていう仕事だった。その金をポンと出してくれたんだ。俺にできるか、できないかわからんのにだで。西岡棟梁のところにいた人なら、大丈夫だろうといってやらしてくれたんだ。俺たちの仕事には初めに保証はない。結果を見て金を出すんじゃないだろ。出来栄えでどうのこうのというんじゃないからな。それまでの俺は自分が棟梁になってやったという仕事は一つもないんだ。それまでは一生懸命やってきたけど、全部人の仕事の手伝いだ。信用してもらったんだろうけど、それこそ担保は何もない。西岡棟梁の、

「小川なら大丈夫です」

この一言だけだ。そんな俺に仕事をやらしてくれたんだからありがたいことだよ。

安穏寺は将軍が鷹《たかが》狩りや日光に行くさいに必ず立ち寄る由緒ある寺だった。旧日光街道沿いにあって、東照宮に行くときに寄るんだな。そこへ第三代将軍家光が立ち寄ったとき、住職が、

「これから災難に遭われるという相が出ておりますからご用心なさったほうがよろしいかと存じます」

と注意したそうだ。そしたら本当に釣り天井で暗殺されそうになったんだが、その忠告がきいて助かったので、「天下長久山国土安穏寺」という寺号をもらって、葵《あおい》の御紋を使うことを許されたという日蓮宗《にちれんしゅう》の寺や。俺も引き受けるには引き受けたけど、やれるかどうか不安だったよ。何とかなるやろとは思ったけどな。

後で棟梁がいっていた。

「私が『小川なら大丈夫です』っていったから向こうは安心したらしいけど、私は心配やった」

って。それはそうだろうな。もし俺が失敗したら俺だけの恥やなく、

「大丈夫です」

っていってくれた棟梁の恥でもあるからな。上棟式に来て、現場を見るまで心配やったっていっていたよ。

しかし、いまから考えると、この仕事も西岡棟梁が俺にくれた試練の一つやった。い

つもなんか新しいことを教えてくれるときには、必ず大きな障害を用意してくれていたからな。そのときは必死だからそんなことは考えないよ。いわれたからやる。がむしゃらにやることで前に進んでいったんだろうけど、自分じゃ、次の段階の一歩に進んでいるなんて、とてもわかるもんではなかったからな。棟梁は決してそんなこと、口に出していわなかった。身をもって知れ、そして進めっていうことだけだ。

よく考えたら、これは「試験」だよ。この安穏寺の仕事は卒業試験みたいなもんや。ふつうテストは生徒が受けるもんだ。そして師匠が期待する水準まで技術も心構えもいっていなければ失格や。それでまたやり直す。それだけや。教える側の痛みは少ないわな。しかし、棟梁の試験はいつも棟梁も一緒に受けているんだ。初めてのときから、こんな大事なことまでさせてもらっていいかって思うことをいつもやらされてきたけど、もし俺が間違ったら棟梁が責任を取ることばっかりだよ。安穏寺に至ってはこれまでの宮大工としての誇りと実績をみんな俺に賭《か》けてたんだ。後でそのことに気がついたときには冷や汗が出たな。

俺たちのお寺やお堂を造る仕事はどれも何億もする仕事ばかりだ。よくそんな大きな仕事を請けられますねっていわれるけど、一つ一つの仕事にこうした積み重ねがあるから受けられるのや。それと職人は「自分はできる」っていうのぼせも少しはなくっちゃならないよ。そうした自信やうぬぼれみたいなものも、こそっと育ててくれるやり方なんだな。もちろん、これが目にあまれば「いいかげんにしろ」っていう目にあわされるんだけどな。大きな仕事に立ち向かうには、仕事に呑《の》まれんだけののぼせも必要や。度胸も大切なんだ。この安穏寺の仕事をこなしたのが自分の仕事の、一人前になったその第一歩やった。この初めの一歩にしても土台を作ってくれ、そこに乗せてくれたのは棟《とう》梁《りょう》だからな。本当に感謝や。

弟子を取る

俺ンところの弟子たちは、ふつうの家を造る大工じゃなく、自分は宮大工になるんだって思っているわな。誇りもあるだろう。こっちがプライドを植えつけるということじゃないんだ。やっていることはふつうの大工と変わらないんだから。

ただ、その一つ一つの部材の大きさが違うんだな。大きな木を扱っていると自然に人間も大きくなってくる。刃物研ぎだけは自分で修業せなならん。俺たちは木を扱う職人だから、自分の考えをあらわすには道具をこなせなくちゃあかんわな。まずこれは第一条件や。あとは何にも教えなくても仕事場さえ与えてやれば自然にわかってくる。教える必要なんてないんだ。みんなで仕事をしていれば自然と覚えるんだ。

きれいな木を削っているとき、その上を土足で歩くやつはいない。汚い手のまま仕事はしないわな。こんなことは仕事場で自然に覚えていくんだ。仕事ができるようになっても、大きな柱は一人じゃ運べないよ。みんなで協力しなくちゃ動かない。それですんで力を貸すようになる。

でも、気は長く持たなあかんよ。いまは短期間に教えて、短期間に利益を求めようとするだろ。そういうことじゃ弟子は育てられないよ。これは息の長い工事だからな、一つ一つを積み重ねていくしかないんだ。棟梁の鉋《かんな》のかけ方の教え方は自分で鉋を挽《ひ》いて、出てきた鉋屑《かんなくず》をくれて「こうやれ」、それだけだ。それを早くよけいに教えて、こうやって、ああやって、こういうふうにして削れっていったら早いかもしれないけど、それじゃだめなんだ。

教わるほうが何にも考えないし、閃《ひらめ》きもしない。別の事態にぶつかったり、ここでどうしたらいいかっていうときに何にも出てこないんだ。教わっただけじゃ、それ以外に一歩も出てこられない。それじゃ本当の大工にはなれんわな。棟梁がいっていた。

「煎《せん》じて、煎じて、煎じていけば最後は勘だ」

って。へ理屈の学問やなしに体で覚えたことが閃かせてくれるっていうんだ。そのためにも教わるんではなしに、自分で体得するしかないわな。

俺ンところだって学校じゃないんだから、弟子は自分で覚えるしかない。それでも昔と違って教わりに来たばかりの何にもできない弟子にも給金を払うんだ。できることといったら、仕事場を掃除したり、かたづけたり、飯を作ったり、そんなことばかりだ。その合間の時間を見て研ぎの練習をするんだ。

道具を持って仕事ができるってことになるには三年ぐらいはかかる。その間、道具を使ってみたくてしょうがないようになる。また、俺の役目としてはそうしむけなくちゃならない。最初から道具を持たせてやらせたら大変だ。できないんだから、つらいばっかりで面白くもないし、頭に残るのも、つらいってことだけだ。それじゃ、だめだから、やりたい、やりたいって思うまで我慢させなくちゃな。弟子と俺との我慢くらべみたいなもんだ。

それでそろそろいいだろうってときに、バーンと仕事をやらせる。大きな部材に取りかからせるんだ。弟子のほうは喜ぶが不安でもあるわな。そこらの木じゃないんだから。値段にしたらかなりのもんや。だから何回も測ったり、これでいいかどうか考えるよ、それで決心してやるんだ。やらせるほうだって大変だよ。責任をとらならんのだから。もちろん失敗するやつもいる。それはしかたがないわ。それでもやらせるしかないんだ。そのかわりできたら、実力がつくぜ。自信ができるんだ。

とはいっても、人を育てるのは難しいよ。

木にしても三年ぐらいは苗床で育てるわな。それを山に持って行って植えるんだ。そのときに、苗床で東に向いていたら山でも東に向かせて植えなくちゃいけない。これを西向きに植えたら一年でぐっと戻ってくるんだ。捻《ねじ》れちゃうんだな。捻れ性になってしまう。植林する人がいっていたけど、実際にはそこまで考えないでやってしまうんだって。ノルマがあって、仕事を終わらせなならんからな。

いまは学校でも、家庭でも同じことをやっているんじゃないかと思うんだ。昔は家でもよく子供を見て躾《しつけ》も厳しかったよ。しかし、いまは子供を学校に預けっぱなしだし、そのあとが塾だろ。それで帰ってきたら、子供は自分の部屋に入ったきり出てこない。これじゃ自分の子供がどんな子かわからなくなる。だから事件が起きたり、ぐれたりして、初めて子供のことは何にもわかっていないってことに気がつくんだ。学校では子供はみんな同じだと見なして、いっせいに斜面に苗を植えていくのと同じようなことしかしていないんじゃないか。

俺は弟子を預かったら、一人ずつ見るよ。一緒に飯を食って一緒に寝て、集団で生活するんだ。そうせな、その子がどんな子かわからんし、仕事を覚えるのにじゃまな癖を抜いてやれないし、癖が抜けなかったら、進歩しないからな。

千年という時間

初めて法隆寺を修学旅行で訪ねたとき、千三百年前の五重塔に感激して俺もこんなも

のを造りたいって思った話をすると、

「千年なんて時間がわからない」

っていう人が多いんだ。柱にしても千年以上保《も》っている木がたくさんある。西岡棟梁の話す檜《ひのき》にしても、樹齢千年の木は材にして、さらに千年は保つという。大きな堂や塔を造るときに、柱はどうしても千年、二千年という檜が必要だ。薬師寺でもそんな木を使ったし、法輪寺でもそうだった。俺は自分が削っている木が千年以上の木だと実感したもんな。

それと宮大工は時間に手伝ってもらって仕事をしていることもある。たとえば、法輪寺の心柱《しんばしら》を立てるにしても、心柱は塔の高さ全体よりも短くしてあるんだ。

塔一層に対して何寸かを考えて切り縮めてある。相輪や塔の瓦《かわら》の重さやなんかの力が加わって、だんだん塔が低くなるんや。それを計算に入れて心柱を縮めてある。それも用材は台湾の檜やから吉野材なんかと比べると固い、それで三寸縮めようなどというのは勘で計算するんだ。

また逆に国泰寺の場合は屋根が瓦でなく銅板葺《ぶ》きだから、屋根が軽い。それなら建物を重くしてやろうと、各階の小屋組の柱内に壁土を詰め込んだ。

法輪寺の三重塔も国泰寺の三重塔もどれも二百年ほどしたら、自分たちが引いた図面どおりになるだろうと計算しているわけだ。だから組み上げたら時間の助けを借りて、あとはいかに図面どおりに仕上げてもらうかや。そういう意味で宮大工の仕事は時間の手伝いがいるっていうことや。二百年、三百年という時間がわからんといけないのや。

この大きな時間の流れがわからんのは、「耐える」ということを知らないからじゃないかな。弟子にはいっての修業は全部がうれしかったり楽しいことばかりじゃない。そりゃ嫌になることはいっぱいあるさ。まわりを見たら友だちはみんな一人前になって働いているときに、自分は掃除をしているんだからな。一年たっても、二年たってもろくに道具も持たせてもらえない。そしていざ道具を使い始めたら、一人前になるまではとても時間がかかりそうだと気がつく。そのどの段階も飛ばせないし、大工なんて実に厄介な仕事を選んだものだと思うよ。

俺は弟子たちに千三百年たった法隆寺の塔のことや、材木置き場にある檜が法隆寺の柱が立てられたころから生えていたものだってことを話すと、たいてい最初のころは不思議そうな顔をしているな。年月の長さがぴんとこないんだな。千年という時間がわからんのよ。それも無理がないな。それまでの生活といったら、母親に「早く」、「早く」といわれて、飯を食うのも、遊ぶのも、勉強するのも、みんな短い分単位だったり、勉強にしたって、それこそ歴史を一枚の紙の上でこれが千年前の事件です、で終わっていたんだからな。本当に時間の流れを感じる暇なんかなかったろう。それにここに来た弟子たちだって中学出てすぐ来た者は、たったの十五か十六歳や。一番長くいたところが小学校の六年や。

しかし、弟子にはいって飯作りから、掃除、研ぎ、道具使いとどれにしても「早く」とはいかないからな。それぞれ一秒、一分、一時間、一年という時間が身に沁《し》みてわかるだろ。それもうれしかったり楽しけりゃ、時間はすぐに過ぎるさ。しかし、つらくて耐えなきゃならないときの時間は遅いよ。俺は弟子たちが時間をかけて一つ一つ覚えていったほうがいいと思っているんだ。何も急ぐことはない。一見無駄なように思えるかもしれないけど、この時間の過ごし方が、技術の上でも人間的にも人を大きくするんだ。長い時間を耐えてきたら大きな仕事に向かっても決してへこたれないよ。

それと耐えてきたやつには時間の長さがわかるようになる。千年という時間がわかるようになるんだ。古代建築を見ても、それを造った工人の仕事の一つ一つや、山で伐《き》った木がどれぐらいの時間をかけて運ばれてきたのかが考えられるようになる。修学旅行でいやいや法隆寺や薬師寺をまわって、教わったとおり、

「これが千三百年前に建ったのね」

「この形が白鳳の建築か」

なんてわかったようなことをいったって、先入観だけで、少しも感動がない。

まあ、いまの子供たちには時間がどうのこうのといったってわからないかもしれないけど、「時間の長さ」を知ろうとしたら、「耐える」ことを体験することが大事なんやな

いかな。

鵤工舎の徒弟制

俺を一人前の大工に育ててくれたのは西岡棟梁《とうりよう》で、その教え方というのはいわゆる徒弟制度や。徒弟制度というと古くさい封建制度の遺物のようにいう人が多いが、大工として一人前の技術と知恵、それと勘を養うにはこれしかないんじゃないかと俺は思っている。

たしかに徒弟制度は師匠の人柄そのものに強く影響される。なにしろその師匠のもとですべての癖をなくして師匠のいうことを聞き、仕事を覚えていくんだから、悪い師匠に当たったら気の毒や。長い時間をかけて教えてもらうし、一緒に暮らしているんだから、師匠の考えや好み、いろんなことが弟子に移ってしまう。いいことも悪いことも移っちゃうんだ。覚えが悪いといっちゃあ殴ったりする親方もおったやろ。昔はみんなそうやった。教える前に手が出るんだから。そういう悪いところもあったさ。昔なら五年で一人前にしなくちゃならない。その間は飯を食わせて、一生食えるだけの仕事の技を教えるんだから、親方も短気な人は怒りたくなるやろ。弟子に来るやつは何にも知らんのだから。それで、五年、なかには三年で一人前に仕上げてやらなければならん時もあるやろ。終わって一年のお礼奉公があるにしろ、教えるほうも大変や。

俺はたまたま西岡棟梁のところに弟子入りさせてもらった。五年で一人前とかそんなことは端《はな》っから決めていなかった。何年かかっても塔を造れるような技と知恵を身につけたいと思っていたんだ。だから急ぐことはない。棟梁も自分の弟子として育てるつもりになってくれていたときやから幸いやった。本当に初めは自分でも何年かかるかわからなかった。

内弟子になるまで三年ほど、ほかで修業して道具使いを覚えたけど、棟梁のところへ行ったら初めからやり直しや。たまたま家事はほかでやって来たからいいといわれて、すぐに仕事場に連れて行ってもらったけど、本当なら掃除や飯作りからさせなならんところや。知らない人が聞いたら、

「なぜ大工の仕事を覚えるのに、掃除や飯を作らなければならないのか」

って思うやろな。職業訓練所みたいな学校でも覚えられるやないかってな。しかし大工のような仕事は最後はこうだ。

「鉋《かんな》を研いだんですが、どうでしょうか」

「だめやな」

「どこがいけませんか」

「どこがって、みんなだめだ」

「いい、悪いはどうやって見わけるんですか」

「肌ざわり、勘だ。わかるまで研げ」

「……」

言葉では何にも伝わらないんだ。言葉で物事が伝わらないっていうことがあるんだ。みんなは何でも言葉や文字で伝わると思っているが、そんなのは一部や。匂《にお》いや音、手の感触なんていうものが文字で伝わると思うかい。

人間には頭のほかに体があるんや。その体で覚えなくちゃならないのが大工さ。もちろん計算したり図面を引いたり、頭ですることもあるさ。それでも多くの作業は手でやる。手仕事ってやつだ。手で道具を研いで、木を削って、その完成の度合いは手でたしかめる。肌ざわりで判断するんだ。もちろん慣れてくれば目でもわかる。「ここらでいい」というのは勘や。つまり大工は最後は勘を育てなくちゃならないわけだ。

学校や訓練所で、勘が養えるか？　何でも学校で教われると思ったら間違いや。勘をどうやって養うかっていったら、自分の師匠から写し取るしかないんだ。だけど、人はみんな性格も、持っている才能も違う。教えるほうは弟子の性格や才能に合わせてタイミングをはかって、ここまで来たらこうしてやろうということを考えなくちゃならないんだ。勝手に教えておしまいってわけにはいかないいんだよ。

個性なんてものがなければ、誰にでも同じ方法で教えてやれるけど、人は木と同じでそれぞれ癖があるんだ。それを無視したらだめになってしまう。癖を生かすように、それを伸ばしてやるのが教える側の勤めや。棟梁はこういっている。

「人間は生まれたままの個性を持っている。本当の教育というのは、その個性を伸ばしてやることだ」

こうなると教わるほうも教えるほうも大変や。学校のように教室に集めてみんな一緒に、同じペースでというわけにはいかない。弟子になるまでは弟子と師匠はまったくの他人や。その他人の癖を見抜いてその人にあったやり方で、一人前の職人に仕上げてやるとしたら、どうすればいい。

俺は、師匠と一緒に飯を食って、いつも一緒にいて、同じ空気を吸って、何を感じ、それにどう反応して、どう考えているかを知らなくちゃならないと思っているんだ。これは自分の体験からもそう思う。俺は棟梁の家に住み込んで毎日一緒に暮らして、棟梁が触ったものに自分も触って、とにかく棟梁のやるとおりにした。棟梁もほかのことは何にも考えんでいい、本も読むな、新聞もいらん、とにかく研げっていった。俺はそのとおりにした。

俺のところに来た弟子にもそうしてもらっている。この方法は手間がかかるけど、弟子を一人前にするにはこれしかないと思っているからだ。

なにより大事なのは一緒に暮らし、同じ釜《かま》の飯を食うことや。教えてくれる人と教わるもんは同じ空気を吸わなならん。宮大工の仕事を一つ一つばらしてみたら、研ぎ、鑿《のみ》、鉋《かんな》、鋸《のこぎり》、錐《きり》、図面引きというふうに、いくつかに分かれるだろうな。その一つ一つを紙に書いて一つ終わるたんびに消していくとするやろ。鑿やったら通《かよ》って来て教わり、次に残した鉋を学んでいけばいい。そういう方法で最後までやったら、すべてが学べたということになるな。学校やったらこうやるかもしれん。

しかし、これでは学べんことがいっぱいあるのや。道具の使い方は道具と手だけやと思うだろうけど、それぞれの木に対して大工がどういう思いを抱《いだ》いているかとか、何でもかでも完璧《かんぺき》に仕上げるのが美しいかというと、そうでないこともある。少し木の表面に刃の跡を残したほうがいいかなというものもあるんや。それはやってみなわからん。それは木と対して初めて生まれて来る呼吸みたいなもので、これは伝えようがない。それと親方の何気《なにげ》ない仕草や、歩きながらふと漏らす言葉、松の木を見て五重塔を思うとか、人間が感じるいろいろなことがあるやろ。仕事と仕事のあいだをそういうことが埋めていて、それが大工の「勘」を作りだしていく。

よく一緒にいる友だちと、同じものを見て同時に笑うことがあるやろ。話も合図もしないのに同じことを感じ、同じ反応をすることがあるやろ。あれに似たことが師匠と弟子のあいだに生まれてこな「勘」は育たんし、教わりきれないものがあるんや。それは気がつかんうちに師匠から自分に移されておるんだ。こういうことはすぐにはできん。

どうしても時間がかかる。時間をかけながら個性に合わせて育てていくんだ。それが徒弟制度の基礎的な学び方や。

いまの時代は何でも早くやりたがり、究極の目的を儲《もう》けることに置いているから、このように時間をかけてものを教えたり、教わったりすることはなかなかできにくいわ。人間はみんな不揃《ふぞろ》いなんだ。そのことを忘れているから教育が問題になるんやないか。

しかし、師匠と弟子が一対一では時間がかかりすぎるし、教えてやれる人間の数も限られる。それと、どうしても教えるには現場の仕事が必要だ。現場で本物の、高度な、よい檜を使って覚えていかなくちゃいけないんや。こんな条件を考えて、俺は「鵤工《いかるがこう》舎《しゃ》」を作った。ここは徒弟制の学校みたいなもんや。現場で仕事をしながら一緒に暮らして先輩や師匠の仕事を学んでいくところや。幾人もいるからそれぞれ進みぐあいが違う。田舎の分校の複式学級みたいなもんや。学校と違うのは教えるんやなく、教わる人しだいだってことだ。教えるほうは日当としてお金を払っているんだから、教える義務はない。現場にも宿舎にも誰でもできる仕事がいっぱいある。自分に応じた仕事をしながら本人しだいで学べばいい。しかし、その仕事はどれも檀家の人たちが持ち寄った浄財で造るものや。おろそかにはできん。だから現場は厳しいで。

これがいま俺たちの採っている徒弟制度や。

鵤工舎ではいちおう腕と人格に応じた縦の組織になっている。

一番上は「番匠《ばんしょう》」西岡常一、ついで「大工頭《だいくがしら》」小川三夫、次が「大工」でたくさんいるな。大工は一人前の技術と人格があって、仕事場では棟梁の代わりを勤められる人たちだ。その下に「引頭《いんどう》」といって、見習が終わって道具を使うようになったのがいるな。最後がはいったばかりの連中で「連《れん》」、まあ「見習い」だ。こんな組織になっている。これは昔の大工の身分制度みたいなもんだ。

初めの仕事は炊事と掃除

鵤工舎はお寺やお宮を造るところであるが、同時に宮大工を育てる場所でもある。俺は自分が西岡棟梁から教わったことをここで弟子たちにも学ばせている。教えるっていうよりも自分たちで大工に必要なこと一切を身につけていくといったほうが当たっているな。俺はなにも教えているわけじゃないからよ。そのためのチャンスは作るけど、覚えるのは自分たちちや。

俺ンとこは、

「弟子になりたい」

「お寺を造りたい」

「五重塔を造りたい」

ってくるやつは拒まないよ、やりたいんなら来いって。だけど途中でつらくなって嫌だからって辞めていくやつも止めないんだ。だからいろんなやつがいる。大学を出てから来たのもいるし、企業に勤めていたのに辞めて来たのもいる、中学を出てすぐ来たのもいる、高校中退して来た子もいる。学校で成績のいいのも悪いのも、箸《はし》にも棒にもかからなかった子もいる。その子が来たければはいれるんだ。

その代わりみんな住込みだ。みんなが一緒に飯を食って、仕事をして、一緒に同じ屋根の下で寝る。これが原則。通って来て、仕事場だけ一緒で自分の部屋に帰るっていうのはお断りだ。奈良の場合、鵤工舎の一階が弟子たちの部屋だ。ここには畳一枚より大きな木のベッドを作って並べてある。これ一つが一人の分だ。食堂は二階。作業所は法隆寺や法輪寺のすぐそば、斑鳩《いかるが》の里にある。ここに通うものもいるし、ほかの現場に行くものもいる。ほかに茨城に大きな伽藍《がらん》を造るから、ここの現場にも宿舎が作ってある。この宿舎で寝泊まりして仕事をしているものもいる。それと栃木に工場があるし、そこにも宿舎がある。それと九州に腕のいい俺の兄弟弟子がいて学術模型を専門に作っている。そこに手伝いに行くものもいる。ほかにも、鵤工舎から独立していったもののところへ手伝いに行ったり、現場はいろいろだ。

どこへ行くにしても、初めはみんなの食事作りに掃除だ。

何にも知らないでうちに来ても、鵤工舎はその子に日当を払わなくっちゃならない。

これは労働基準法で決まっているから最低賃金は払わなくっちゃならないんだ。昔のように弟子にはいって飯を食わしてもらう代わりに家事を手伝って仕事を教えてもらうというのとは違うんだ。仕事ができなくても、初めっから日当は払われるんだ。

　ふつう学校でものを教わるときは授業料を払うのが当たり前だな。お金を払って教えてもらう。でも、いまは社会に出れば、お金をもらって仕事を教えてもらうんだ。変な話だけどこれが当たり前になっている。

　鵤工舎だけじゃないぞ。どこの会社だってそうだ。何にも知らない学校出に高い給料を払う。もらうほうは一番高く払ってくれる会社に行く。給料が安ければ辞めて別のところに行くだろう。初めは何にもできないんだ。それなのに金をもらいながら覚えていく。なかには仕事を覚えたと思ったら辞めていくのもいるだろうな。

　鵤工舎も、大工になりたい者がお金をもらいながら教わっているんだ。その金は仕事のできる人が働いたもんだ。

　だから新弟子は自分のできることをしなくちゃならない。何ができるかっていったら飯を作ることだ。これならできる。職人は朝が早い。だからその人たちよりも早く起きて朝ごはんを作って、昼の弁当の用意をする。遅くとも五時には起きなくっちゃならないな。

　仕事から帰ってきたらすぐに晩飯の用意だ。うまいものを作れば喜ばれるし、まずければ叱《しか》られる。当たり前だな。仕事を教えてくれる人に少しでも恩を返したいと思ったら一生懸命やらなくちゃならないわな。毎日三食の飯を作るんだから大変だよ。料理の勉強をしたわけじゃないんだから、自分で工夫しなくちゃならない。それも一日じっくり作っているわけにはいかないからな。わずかな時間に、早くうまいものを、飽きないように作るんだ。買い物をする時間だって限られている。作ってもらうほうだってわがままはいわないよ。自分だって通《とお》って来たんだからな。下のものの苦労は知っているわ。それに食費はみんなで割り勘で計算するんだ。贅沢《ぜいたく》なものばかり作って食費が嵩《かさ》んでも文句をいわれるしな。次のものがはいってくるまで、食事作りは続くんだ。長い子で四、五年やったのもいる。運のいい子は二ヵ月ぐらいで下のもんが入ってきたっていうのもいた。そんなときは前のものも手伝っているな。誰もやれとはいわないんだよ。

途中で辞めた子が戻ってくることもあるんだ。

「やっぱりもう一度やり直したい」

って。こういう子は前に何年いて、いくら腕がよくても、もう一度、初めっから食事係をやるんだ。

初めはつらいで。早く起きなければならないし、メニューも考えなければならないし、遅かったり、まずかったり、同じものばっかり作ると怒られるし。

この怒られるのに慣れ、つらいのが苦にならなくなって初めて仕事が覚えられるんだ。

人のためにするのがつらかったり、苦になっているうちはまだまだ誰も何にも教えてくれないな。仕事場に行っても、研ぎ水を用意したり、あとかたづけをしたり、掃除をしたり、持って来いっていわれたものを取りに行ったり、そんな仕事ばっかりだ。

　でもこれが大事なんだ。西岡棟梁は子供のときからおじいさんの仕事場に連れて行かれて座らされていたという。そうして仕事場の雰囲気や空気になじんでいったんだ。初めっから何かやろうとしてもできないし、邪魔になるだけや。

　研ぎ水の用意にしても気を遣ってなきゃだめなんだ。うちは作業場は「整理整頓《せいとん》」が鉄則や。きれいでなくちゃ、いいものはできないよ。ごみだらけのところからきれいなものを作ろうったってできるもんじゃない。職人が出した切れ端をかたづけ、鉋屑《かんなくず》を寄せる。職人が大勢いるところだったら、それだけで忙しいで。それで重いものを持つときは手伝う。これだって、職人が丁寧に鉋をかけたものを汚れた手で持ったら拳骨《げんこつ》だ。柱にしても職人に軽いほうを持たせるぐらいの心構えが必要だな。誰もこんなことは教えてくれないけど、仕事場でみんながするのを見て身につけていくんだ。

　材木にしても二人でやっと持てるような重いものがあるんだ。お寺さんなんかの木はそんなのばっかりだからな。その木にしても自分で実際に持ってみなきゃ、本当の重さはわからないよ。持ったり、触ったりしているうちに木というものがどんなもんか、体でわかってくるんだ。頭では誰でもわかるさ。子供だってあの木は重そうだっていうぐらいのことはわかるからな。重い木をクレーンで持ち上げるのを、子供も顔を真っ赤にして、さも自分が持ち上げている気になって見ていることがあるからな。そういった頭や目で見て感じたことを、実際に自分の腰や肩で覚えるんだ。覚えさせるんだ。

初めて重い木を持たせると、みんなこんなに木が重かったかって思うよ。だからなかなか持てない。体ができていないし、持てないものは誰かが何とかしてくれるって思っているからな。そんな気持ちのうちは怒られる。重い木を持つと、早く置きたくて木を放るようなことになるんだ。材より自分のことのほうが気になっているんだな。これが、仕事場で手伝いをしているうちに、こんな重いものがと思う木が持てるようになるんだよ。木に触るときの手つき一つにしても変わってくるし、自分の手の感触だって違ってくる。こういうことは意識して変わっていくんじゃないんだ。時間をかけて、仕事場にいるうちに自然に覚えていくものだ。木になれるんだな。大工は一生、木を扱うんだ。その木との接し方を手にも体にも、そして頭にもしみこませる、これが大事なんや。

体で覚える

俺が西岡棟梁《とうりよう》の家に住み込んだときは、

「これからは本も新聞もテレビも見んでいい。とにかく研ぎをやれ」

こういわれた。俺はほとんど兄弟弟子というのがいなかったから、夕飯を食ったらすることがない。だから夜遅くまで刃物を研いだ。

いま鵤工舎にはたくさんの弟子がいる。だから一人ってことはない。テレビだって見たければある。本も読むなとはいわない。日曜は休みやから映画を見に行っても遊びに行ってもかまわん。

だけど、夕飯が終わったらみんなは道具を研ぐな。奈良の宿舎の一階にはそういう作業部屋がある。鵤工舎に住まず、現場のそばの宿舎に住むときは、現場に砥《と》石《いし》を並べた研ぎ場を作る。全員の砥石を並べるんだ。

夕飯が終わると、そこで全員が研ぎ物をしている。新入りは夕飯のあとかたづけを終えてから行く。そこで遅くまで研ぎの練習や。誰も強制するわけやない。したいやつがやるだけだ。でも先に入った兄弟子が率先して研ぐからな。大工は仕事中でも刃が甘くなったり木の種類が変われば、そのたびに研ぎに行く。

うちの若いのがほかの仕事場でほかの職人と一緒になることがあるやろ。そうすると一丁前に、その職人の刃がどんなものか必ず見るもんな。その人の研ぎを見て腕を推測するんだ。俺が棟梁のところに来て、道具を見せろっていわれたときと同じことをやっているのや。それだけ練習するんだから、みんないい研ぎをするよ。

研ぎは癖があったら絶対にうまく研げない。だけど鵤工舎に来るやつにはみんな癖がある。世間では落ちこぼれだったり、ワルだったりな。そんなやつが大工になるっていっても、もうここに来る前にその年齢の分だけ癖を背負ってきている。いまどき宮大工になりたいっていうんだから、ふつうの人よりずっと癖の強いやつばっかりや。なかにはほかの職業にはつけそうもないから大工にでも、と思って来るやつもいる。そういう人が研ぎ物をするんやから、どうしたってうまくは研げん。

研ぎというのは、基本的には真っ平らな砥石の上に刃物を真っ平らに動かすことや。砥石にも癖があるが、真っ平らに動かすことができそうで、できんのや。この真っ平らに動かすことがどんなに難しいか。

棟梁がいう法隆寺大工の口伝《くでん》に、「木組みは寸法で組まず木の癖で組め」というのがある。木の癖を見抜いて、それを生かして組み上げろということだが、人にも通じることなんだな。俺は二十人もの弟子を預かって大きなものを造っている。なかには癖の悪いものもいるわ。手の早いのも、気のきかないのもいる。鑿《のみ》を使わしたら並ぶものがおらんというやつもいるが、そいつらにもみんな癖がある。

その癖を一度なくしてやらなければ、いい研ぎはできない。研ぎを見てたら、いまその人がどのくらいの水準にいるかがわかる。

とにかく研ぎはやってみることや。やっていたら、なぜか自分の刃が右に曲がる癖があることがわかってくる。それで、右に曲がるのを直そうとする。ところが長いあいだ体にしみついた癖や。その人のそれまでの暮らし方全部がそこに出ているんだから、そう簡単には直らん。頭で右に曲がらんように右に曲がらんようにと、考えれば考えるほどうまくはいかん。心を無にして研ぐっていうが、練習を繰り返しているうちに、腕、肩、腰が自然と決まってくる。そこまで待たなくちゃいけないんだ。その段階までくると、弟子の表情が変わってくる。

ワルで、つっ張っていたやつが、そんなんじゃあかんて気がつくのや。自分の心はごまかせるで。こんなもんでいいやとか、次に行ったら技もついてくるやろとか、いままでは自分に甘くしてやってきたんだろうが、ここでは研ぎができなくては仕事が始まらんのや。その研ぎは自分の癖を直さな研げん、絶対に研げん。

こうしたことは頭では覚えられないんだ。経験だからな。体で記憶しなくてはならんのだから、体で覚えるしかない。テストをして八〇点の合格点を取ったらまあいいかというわけにはいかんのや。初めは自分の進みぐあいがわからん。やってもやっても、うまくならんからな。それはしかたがない。自分がゼロの位置におって研ぎの練習を始めたのやないからな。癖があるため実はその人はマイナスの位置にいたのや。まず癖をなくしてゼロの位置に戻さなくてはならん。そのあいだは目に見えては進まん。

俺が棟梁のところに弟子入りさせてほしいと行ったとき断られたのは、一つは仕事がなかったからや。しかし、もう一つは年を取りすぎていたからや。棟梁は弟子にして技術を身につけるんやったら、学問なんかいらん、早いほどいい、少なくても中学を出たぐらいからがいいっていっていた。それは体でものを覚えるには素直で、よけいなものに染まっておらんほうがいいということや。

こうした修業はつらいわな。自分だけが取り残されてしまったように思うやろ。学校の仲間や友だちは社会に出て一人前の仕事をして、一人前の給料をもらって、一人前に扱われている。

俺が仏壇屋に弟子入りしたとき、一日百円やった。友だちは自動車のセールスの仕事をしてたけど俺が月三千円のとき、八万円取っていたからな。比べたら惨《みじ》めなもんや。しかたがない、初めからやるんだから。それまで学校で頭で覚える訓練をしてきたのに、手や体で記憶する勉強を始めたんだから。それも近道なんかない。鵤工舎にいるうちはまだいい。みんな仲間やし、同じ道を歩いているか、先に行っていたとしても自分のことをわかってくれている。だけど世間に戻ったら自分は何をやっているのかと思うもんな。誰でもそう思うわ。それで挫折《ざせつ》してしまうやつが多い。俺としたら修業の途中で家に帰したくはない。正月やお盆で帰って、そのまま辞めてしまう人がいるからな。

それと自分は叱られてばっかりやし、自信がなくなるわな。この仕事が自分に向いているかどうかって。時間のかかりぐあいは人それぞれや。しかし、まじめにやっていれば必ずうまくなる。時間がかかるのはしかたがない。要領がよく何をやらせても筋がいいって褒められる人がおるな。そんな人が職人に向いていると思うやろが、違うんや。

いいか、この仕事は早く簡単に覚えるより、じっくり体の芯《しん》まで覚え込むほうがいい。そこまで覚えたら絶対に忘れない。頭と体はそこが違う。頭はすぐ忘れるやろ。手は忘れないからな。人が五年でやるところを十年かかってもいい。そのほうが実際に仕事をするようになってから成功する率が高いんや。

弟子のなかにも早く覚えたいからといって本を読むやつがいる。鉋の刃はこうしたほうがいい、こういうときはこうすればいい、って書いてある。そいつがそのことを仲間に話すわな。みんな、なるほどと思う。言葉っていうのは便利で、なるほどと思えばそれで自分ができる気になるからな。俺にも聞いたようなことを質問してくる。しかし、俺は言葉では教えんよ、やって見せるんだ。しかし本で覚えたことは自分の手でやっていないから、俺が手本を見せてもなかなかわからんわ。そういう意味では本を読んでも無駄や。それどころかそんなことに気を遣い、意識するだけ上達は遅くなる。棟梁が俺に手紙をくれて、「心を空《くう》にして指導教示を受け入れる様に」って書いてあったけど、そのとおりなんだ。

時間をかける

宮大工の修業は時間がかかるけど、時間がかかるということがいいと俺は思うんだ。お寺や塔を造るとなると、出来上がるまでに大変な時間がかかる。ものによっては二年、三年とかかる。俺は西岡棟梁のところで、ほとんどの仕事を実際の現場で教わった。宮大工の仕事を教わるには堂や塔を造っている現場がなければどうしようもない。幸い鵤工舎《いかるがこうしや》が発足してから仕事が続いているから弟子が入ってきても幾つかの現場に行かせて、違った仕事を経験できるようになっている。これはありがたいことだで。これが民家だったら半年ぐらいで一つの仕事が終わってしまう。一つ一つの仕事が短く急がなくちゃならないと、仕事を覚えるのもそうのんびりはしていられない。

俺のところではそんなことはない。垂木《たるき》を削り出すにしても何百本もあるし、木造《きづく》りだけでも一年はかかる。初めはどの部分の仕事をしているのかわからないけど、時間がたつにしたがって自分の役割がわかってくる。これが大事なんだが、人の仕事とのつながりがわかってくる。だんだん仕事が見えてくるんだ。

研ぎにしてもそうだけど、時間をかけて覚えるやろ。それで実際に大きな塔を造ることになると、こんな大変なものが果たして自分にできるやろうかと悩む。時間だって二年、三年とかかる。その時間に負けて押しつぶされそうになるんだ。めげてしまう。二年、三年という時間は怖いで。明日までにやれとか、一週間以内にとかっていう時間なら誰にでも読めるんだ。それが二年後、三年後となれば、中学生や高校生なら、それだけで卒業してしまう時間の長さや。半端《はんぱ》な時間やない。その時間の重さに負けないためにも時間をかけてものをこなすことを体で知っておかなくちゃならない。だから、新入りが研ぎや飯作り、下働きで時間がかかることは大切なことなんや。

それと、これだけの時間がかかると現場で初めから最後まで体験できる。いまはいい時代やで。棟梁やおじいさんたちの時代はこれをみんな解体修理で覚えたんや。覚えた技術や引き継いだ技で自分自身が新しい堂や塔を造ってみるというチャンスはなかなか持てなかったんや。それこそ西岡の家では代々法隆寺の大工をやって来たけど、最後の常一棟梁のときに初めて薬師寺や法輪寺の塔や堂の再建《さいこん》という新しく組み上げる仕事がまわってきたんだ。それがいまは、いくつも新築の堂や塔を建てる仕事がある。飛鳥《あすか》や白鳳《はくほう》の工人がやったように自分の腕で新しく塔を建てるチャンスがあるんや。宮大工としたらこんな幸せはないで。

時間というのは人を育ててくれるもんや。それこそ俺が西岡棟梁から現場で教わったのと同じように、同じ空気を吸って一緒に鋸《のこぎり》を使って、一緒に木を担《かつ》いで、一緒に飯を食っていたら、自然に覚えていくものなんだよ。学校では、ある時間のうちに、いかに早く、いかに要領よく覚えるかが問題だ。テストの後は忘れてもいいから前の日に丸暗記や。ところが俺の弟子たちは、時間はいくらかけてもいい、覚えるまでたっぷり時間はある。手に技術がつくまでいればいい。それぞれ、その人に応じた仕事があるし、目の前に自分より少しずつ上の人がいて手本を見せてくれているんだ。その仲間も同じ釜《かま》の飯を食っているんやから、たがいに何を考えているかがわかるはずや。とにかく大きな建物は一人や二人じゃ決してできない。何人もの人が集まって長い時間をかけて造るんだ。

大きな部材をまかす初仕事

毎日、自分で刃物を研ぎ、仕事場で職人が仕事をしているのを見ていれば、自分もやってみたいと思うようになる。刃物の切れ味も試してみたいだろう。仕事場で掃除をしたり、材木を運ばされているうちに、自然とそういう気持ちになってくるんだ。先輩が鉋《かんな》をかけて鉋屑《かんなくず》を出している、それは気持ちよさそうや。軽くかけるだけで鉋が滑って、ふっと吹くと飛ぶくらい薄い、向こうが透けて見えるような鉋屑が出てくる。これが実に格好よく見えるんだ。

職人の仕事が格好よく見えてきたら自分でもやりたいと思うだろう。その気持ちが高まって、研ぎもまああのところへいったときに、仕事を与えるんだ。そこまで我慢させておくのが大事なんだ。そこらの母親のように、何でも欲しいものをすぐに与えても、もらったほうは大してうれしくない。人間なんて天《あま》の邪鬼《じゃく》で、簡単に手にはいるものには面白さが薄れてしまう。そうじゃないんだ。欲しいものをやるには、その面白さに魅せられるようにタイミングを見計らってやらなくっちゃいけない。早く与えすぎたら、仕事がしんどいし、遅すぎたら熱が冷めてしまう。機を見て、

「これを削ってみい」

って大きな木を与える。そこらの木端《こっぱ》を与えてはだめだ。職人が材料をどんなに大事にしているか、それまでに痛いほど知っているやろ。粗末にしたり汚れた手で触って拳《げん》骨《こつ》を食らったりしているんだからな。たしかに、お寺や塔を造る部材は高価なもんや。ほとんどが檜《ひのき》だし、どれをとっても三百年、五百年は経過したものや。柱にするようないいものなら千年を越える木もある。

まだ墨付けができないから先輩が墨付けしたものを与える。初めてだし、大きいし、与えられたほうは、おっかなびっくりや。ほかで修業してから薬師寺に来た大工たちでもビビるほどだからな。ふつうの民家を造る大工と宮大工の一番の違いはこの部材の大きさや。小さな木やったら呑《の》んでかかれる。しかし、大きな木はそれだけで迫力があるんだ。お宮やなんかに生えている杉や楠《くすのき》の巨木のそばに行くと、心が震えるような気に

なるやろ。畏《おそ》れ多いというか、大きな木を神様扱いする気持ちがわかるものな。それは部材にしても同じや。

とくに大工は毎日木を扱っているから、木に対しては敏感だ。大きな部材を前にしたら、こんなの俺にできるかなと実際思うからな。自分の腕と度胸を試されているようなもんだ。遊びで削るような木やなくて、大きな部材を削らせるか、鑿《のみ》で枘《ほぞ》を刻ませるんだ。これでいいかな、深さはどこまでやったかなと、そりゃ何回もたしかめる。最後は度胸を決めなきゃならん。それでうまくいけば大きな自信になる。

こういうときは性格が出る。構わずぱっと取りつくやつもいるし、じっくり何回も何回も曲尺《かねじゃく》を当てて、こっちがいい加減にやらんかって思うまで考えてやるやつもいる。どっちでもいいんだ。

いずれやっているうちに、大きな木を前にしても平常心でいられるようになる。大きな木は自然に人を大きく育てるからな。これはすごいことだで。ふつうの民家をやっていたら、一生、千年なんて樹齢の木に触ることがないんだから。大きなものを扱っていると、人間も大きくなるんだな。不思議なもんだ。若いときから時間だ、お金だって考えていたら、人間細かくなっちゃうよ。ここではそれがないんだ。とにかく思い切りとことんやる、これだけだ。

道具をこなす

そうやって道具を使うようになると、自分の未熟さに気がつく。隣りで同じ仕事をしている職人と自分との差は嫌でもわかる。まず研ぎが違う。それまで一生懸命練習をして、「自分もなかなかやな」と思っていたのが足下《あしもと》にもおよばないことがわかるんだ。それに道具のこなし方が違う。職人の仕事を見ていたら、動きに無駄がない。こなしがきれいや。

職人と同じにやろうと思うと力一杯やってしまう。一日中、同じようにやっていたらくたびれてしまう。隣りの職人は若い自分より体力があるとは思えないのに、軽々と仕事をこなしている。どうしてやろかと考えるわな。大工は力で道具をこなすんやないんだ。この力加減がわかるまでは経験を積むしかない。突然にうまくなることはないんだ。

いずれにしろ大工は木工が主体だから、道具を十分使いこなせるというのが条件や。道具が使いこなせて初めて自分があらわせる。通常、道具を意のままに使えるようになるまでに十年はかかるといわれている。

研ぎ方や道具使いにしても個性がある。それぞれが癖を持っているからな。それとどうしても才能という天性のものがある。これが修業しているうちに出てくる。学校では人はみんな平等だと考えて、そのうえで全員に同じことを同じ方法で教えているけど、人間は全員違うもんや。覚えるのも、早いもの遅いもの、上手なもの下手なもの、器用なもの不器用なもの、さまざまだ。それぞれの仕事を見ながら個性を判断して、それなりのやり方とその人にあった修業の場を与えてやらなければならない。

修業には、ちゃんとした「場」を与えてやらないとだめや。道具を使うということは人には教えようがない。場を与えて、道具を使わせて、そのやった仕事に対してはこうだった、それは鉋をこう使ったからだと初めていえるんだ。そういう注意を聞きながら、自分のやり方を自分で直していくんだ。だから仕事を与えてやれば自然に自分で覚えていく。仕事を前にすれば人間誰しも真剣に考えるからな。仕事を与えず、いつも練習用の木ばっかり削っていたんではだめや。上達しない。

西岡棟梁《とうりよう》も俺にそうしてくれた。平気で大きな部材を扱わせてくれた。俺はそれで自信をつけ、道具が使えるようになったと思っている。だから俺が弟子を育てるにしても同じことをしてやらなくちゃあならないんだ。仕事のできるやつだけを集めてやっていたんでは後に続いてくるもんが育たない。じっくり教えて育てていくと、いいところが伸びてくる。急がせちゃだめだ。やっつけでいいと思うようになるし、自分さえもごまかしてしまうからな。それは必ず仕事にあらわれるんだ。

俺たちの仕事はそこらの何年かしか保《も》たないでいいような家や、せめて二十年保てばいいという建物とは違うんだ。俺たちが使う木は千年もたったものや。それは少なくとも建物の材として千年の寿命がある。それをちゃんとまっとうさせなくちゃならない。ごまかしの仕事は木の力を殺してしまう。建造物は一ヵ所だけを直すわけにはいかないんだ。塔を完成させて素屋根《すやね》をはずしたら、もう直しはきかない。仕事をした自分はその建物の弱点や間違いを知っていても後で直すというわけにはいかん。だからつねに精一杯やらなくちゃならないんだ。だけど、道具が使えなくてはそうは思ってもできない。自分が思ったとおりに仕上げるためには、それができるように修業せなあかん。厳しい仕事や。その代わり少しずつだが、道具を使えるようになると面白いものなんだ。木を削ったり、穴をうがったりするのは面白いもんだ。刃物を研ぐんだってそうだ。最初はどうやったってうまくいかないが、少しでも進歩するのがわかると面白いよ。道具を持ったばかりの子に垂木《たるき》なんかを削らせるだろ。そうすると、なかには素直な気持ちのいい木に当たることがあるんだ。こういう木はすっすっと気持ちよく鉋がかかる。一瞬、自分がうまくなったんじゃないかって思う。それで面白がっていつまでも鉋をかけて細くしてしまうことがあるぐらいだからな。

よく切れる刃物で工作するというのは実に気持ちのいいもんだ。その面白さが忘れられなくて、棟梁や親方になって人を使って仕事をするより、一生道具を握っていたいっていう人もいるぐらいだ。木工にはそんな不思議な魅力があるんだ。

機械を使わない理由《わけ》

鵤工舎では、できるだけ人の力でやるようにしている。宮大工というのは、大きな重たい部材が多いんだ。だからクレーンやフォークリフトがあったら便利や。こうした機械のおかげで、いまは飛鳥の大工が法隆寺を造ったときの何分の一かの手間と日数でできるようになった。だけど、うちではできるだけ機械を使わないようにしているんだ。

機械でやれば簡単だ。重い木を動かすにしても、さっさかできる。飛鳥の工人たちは重い木を担《かつ》いで、えっこら、えっこら足場を上がっていったんだ。重い思いをしたほうがいいっていうんじゃないよ。俺だって、自分で仕事を請けているんだから仕事は早く上がったほうがいい。しかし、機械で簡単にやっていたら、造る大工が何にも考えなくなるんだよ。

大工の仕事は段取り八分っていうぐらい、次にすること、先のことを考えて、いまの仕事をしなくちゃならない。だから材を置くにしても、次に使うものを下にしたら、その上にあるものを寄せなくちゃならない。そんなことをいちいちやっていたら仕事にならない。だから材木の置き方ひとつにしてもよく考えて置く。置き方だけじゃない。木の削り方にしても組み立て方にしても何でもそうだ。機械だとそういうことは簡単にやり直しがきくから大工が真剣にものを考えなくなる。真剣に考えない癖がついたら、ろくなものが造れんわ。

電動の道具にしても同じや。鼻唄《はなうた》をうたいながら削っていても鉋がかかるからな。自分の手で鉋をかけていたら、節があるとか木の筋だとか、細かく見て仕事をする。そのために修業したんだからな。端《はな》っから電動工具だっていいんだ。でもそれじゃ木の何たるかがわからないし、手で削ったもののよさも理解できないだろう。

うちでも電動の鉋を下拵《したごしら》えには使う。でもみんな一人前に手道具が扱えるやつが使うんだ。手道具をうまく使えるやつは電動工具を使わせてもうまいよ。

じゃ重い木はどうするんだって？　みんなで持つんだよ。これが動くんだな。俺たちでも山と積まれた材を見ると、こんなの持てるかなと不安になることがある。それを若い連中が工夫して持ち上げるんだ。重いものは誰もが力を抜けない。抜いたら誰かが大きな怪我《けが》をするからな。自分の手抜きが他人の命につながるから、仕事に打ち込むよ。全員がそうだから、誰も手を抜かないし、自分から進んでそういう仕事をするんだ。別に褒められようとしてやるんじゃない。俺ンところでは褒めないからな。機械がなくても、人間の手でできるんだよ。

このことを知っておかないと、すべて機械がなくちゃ仕事にならないってことになる。これじゃ機械に使われることだろ。機械がものづくりの主力になると、機械で処理しづらい木というのが必ず出てくるんだ。機械は木に合わせて刃を研いだり角度を調節したりしないからな。そうするとどうなるかっていうと、そういう木は使わないようになる。こうして使いやすいほうへ、使いやすいほうへと流れていってしまうわけだ。そうなると職人の手の技術なんて死んでしまう。職人の技術が死んだら、いざ本物を造ろうとか、元に戻って考えようとしたとき、何にも考えられないし、造れないことになってしまうんだ。棟梁が、

「道具が使えなきゃ大工の考えはあらわせないから腕を磨け」

っていうのにはそういう意味も含んでいるんだろうな。仕事は人間が考えてするもんだってことを肝に銘じておかないとな。人間が造ったから法隆寺も薬師寺も美しいんだ。決して機械じゃないんだ。

俺たちはただ建物を造るだけじゃなくて、人も育てる。そうすることによって後で俺も楽になるし、みんなも楽になる。仕事の面白さもわかる。棟梁もそう思って俺に教えてくれたと思うんだ。

新弟子の面倒を見る

あるところまでできるようになったら、その人に新しく入ってきた人を弟子につける

んや。うちのように二十人ほどの人間が集まってくると、俺一人ですべての人間の面倒を見ることはできないからな。これは西岡棟梁のところにたった一人で俺が弟子でいたときとは大きく違うな。まあ、仕事をまかせられるぐらいになったら、他人の面倒を見ることを経験してみたほうがいい。俺はわりあい早くから自分の弟子を取った。身分的にはまだ棟梁の弟子のうちに最初の弟子を取ったんだ。それがよかったと思っている。職人というのは頑固で、自分の世界にはいってしまう人が多いが、ものを他人に教えるというのはなかなか勉強になるもんだ。それといずれにしろ宮大工をやっていこうとすると、自分一人じゃできない。どんなに腕がよくてもそれはできないんだ。とにかく一人じゃ柱一本動かせないいんだから。そのためには人を使わなくちゃならない。人を使うのも道具を使うのと同じように大事なことだ。これだって鑿《のみ》や鉋《かんな》と同じで、突然面倒を見ろといわれても、そううまくはいかない。刃物より難しいもんだ。やさしくばかりしていたんでは教えられないいし、怒ってばかりいてもだめだ。手取り足取り教えてもだめだってことは何回も話したとおりだ。

教えるほうにもかなりのエネルギーが必要なんだ。

よく子を持って親の気持ちがわかるというだろう。あれと同じじゃ。人に教える段になって、初めて親方や師匠のいったことや、やり方の意味がわかることがある。自分じゃ何気なくやってきたことの意味が、教える立場になって初めてどうしてだったかなと考えるようになるんだ。

これが自分の技術の進歩につながる。俺たちの技術というのは、それこそ千三百年前から受け継がれてきたものや。自分だけで完成させたものなんて一つもない。そういう意味では俺たちも技術を正確に繋《つな》ぐ役目があるわけだ。教えることは自分の技術や考え方をもう一度正しいか、これでいいかどうか、確認する作業でもあるんやないか。

何人もの弟子を持って俺はそう考えたから、うちの弟子たちにも仕事をまかせられるようになったら人を預けるようにしているんだ。

ゲンちゃんのこと

人にはそれぞれ持ち分と役割があると思うんや。新入りの何もできんやつでも掃除や飯作りはできる。できることをすることでみんなと一緒の仕事に参加するんだ。

大きな堂や塔を造るとなれば、同じメンバーで何年も仕事をすることになる。そのときメンバーが全員同じ腕前の、それもすばらしい腕前のやつばっかりが集まっているよりも、技術はばらばら、それでも人間的なやつが集まっているほうが、長い仕事はうまくやれる。俺のところにはいろんなやつがいる。道具使いなら俺より上手なやつもいる。棟梁《とうりょう》の器《うつわ》のものもおるわ。人はさまざまや。このさまざまがいいんだ。

法隆寺の口伝に、「百工あれば百念あり、これをひとつに統《す》ぶる。これ匠長《しょうちょう》の器量《きりょう》なり」というのがある。百人の人がいれば百人の考えがあるという。それをひとつにまとめていくのが棟梁の仕事だっていうんだ。そのとおりや。俺ンとこは現在二十人だが、みんなまったく違うからな。もちろん腕も違う。道具使いが得意なものもいるし、不得意なものもいる。人とうまく話せんのもおれば、その反対のものもおる。計算の得意なものもおればできんやつもいる。

俺は自分から積極的にこれをまとめて、こいつはここでこの仕事が向いているとはいわないんだ。そんなことをしなくても、仕事を預ければ、みんなのなかで自分の位置というのを自然に感じて、その役割を果たすものだ。

意見をまとめるやつは俺が黙っていてもそうする。何人かおれば必ずそうした人が出てくるもんだ。大工の仕事は結局は人まかせにはできん。自分がこれをやらなりればと思ったら、自分がそれをやるまで仕事は終わらない。この精神は修業時代に十分積んでおかなければならん。

うちの現場に行けば、みんなほとんど口はきかないで仕事をやっている。いちいち聞くやつもおらんし、いちいちこうしろと怒鳴るやつもおらん。みんな自分の役目を知っているし、それが終わるまでは黙ってやっている。俺が西岡棟梁と一緒に仕事をしているときもそうやった。よけいなことは何にもいわん。仕事のことでわからんことがあっても自分で考える。

このあいだも本堂の天井板を二人で張っておった。端までいったらどうやって張り終えたらいいのかわからんのよ。それまでは下のものと上のものに分かれてやっていたが、最後は上のものが降りてこなくちゃならない。それまでどおりに二手に分かれてやっていたんでは一人が天井裏に残されてしまうやろ。ああじゃない、こうじゃないって考えていた。考えるといったって、座り込むわけやないで。その最後の板を持って、あっちへ置き、こっちへ置きしているんだ。そしてこれでは最後の部分がどうしても浮いてしまう。最後を浮かせないためにはどうするかって考えていたんだな。小さくするわけにはいかん。溝《みぞ》を深くしたらどうか、それしかないかって考えている。まわりでもほかのものが仕事をしていた。長押《なげし》をかけているやつもいた。それでも誰もこうしたらいいとは言いにはいかん。やっているほうも聞きにはいかん。もし聞きに行ったら教えてくれるやろ。それでも聞きに行かんと、こうしたらどうだって二人でやってみて終わらせたよ。ちゃんと、はまるんだ。これが学校や親だったらすぐ駆けて行って、

「こうしなさい」

って教えるだろうな。教えるのは簡単なことだ。現場が忙しくて、すぐにでも終わらせなならん場合だったら、

「こんなこともできんのか！」

って怒鳴るやつがいて、そいつがさっさとやってしまうやろ。俺のとこはそんなことはない。もちろん二人が三日も四日も考えて仕事にならんのやったら困るで。しかし、そんなことはない。その場で天井をちゃんと張ってきたのや。最後の終え方だってその延長にある。やればできる。

西岡棟梁は文化財の保存技術保持者や。飛鳥《あすか》、白鳳《はくほう》の建物、木組みは全部知っている。その意味も知っているやろ。それで昭和の時代に塔を再建するときに学者と論争になった。鉄材を入れるか入れんかということやった。棟梁はこう言い切った。

「飛鳥の建築物は鉄を使わんで、千三百年も保《も》っています」

それに対して学者はこう言い返したそうだ。

「それは西岡棟梁のようにすべての技術を知っておる人がおればそれでいいでしょうが、いつまでもそんな人がおるとは限らない。そのことを考えたら鉄を使ったらどうか」

って。それは違うんや。技術というのは物がなくなったらわからなくなるやろけど、ちゃんとした木を扱う大工やったら、物を見たらどうすればいいかはわかるもんや。いわれたことしかやらなくてもいいサラリーマンとは違うからな。関連のある仕事のことを知らなくては一人前とはいえないのが大工や。技術は一つ一つ積み重ねていくんであって、突然まったく別なものが出てくるということはない。だから修業を重ねていけば一歩ずつ上がっていけるのや。大工の技術とはそんなものだ。後世の人にはできんやろと考えることは失礼なことだ。やったことがないものにはここらの呼吸がわからんのやろな。難しいやろ、そんなことはできんやろ、って思うのは頭で仕事をする人たちの考え方や。俺たちはそうやない。道具を手にして材料を持って、やれるかどうか、わからなかったらどうしたらいいかを考える。やる前には考えない。そうなるように修業時代に訓練するんだ。

現場にはまちまちの人がおる。話もしないで仕事をしているっていったけど、それで仕事場がぎすぎすしているわけやないで。和やかなもんだ。緊張感はあるさ。みんな必死だからな。だけどその場に和やかさがあるんだ。そうした和やかな雰囲気を作りだすやつがいるからだ。そうはいっても、ふざけるとかそういうんじゃない。

ゲンちゃんていう弟子がいる。体も大きくない。やせて小さい。中学を卒業してすぐ十五歳ではいってきた。いまもあまり変わらんな。親父は腕のいい大工やった。和歌山の竜神《りゅうじん》村というところに住んでおったから、畑を手伝ってときどき釣りに行く。そんな生活やったそうだ。この子は学校の成績はびりだったろうな。親が面倒を見てくれといってきたんで預かった。

話すのもうまくない。算数も得意じゃない。この子が新入りのときに食事係になった。一ヵ月分の計算をしたら一人当たり十三万二千円だっていうんだ。みんな驚いたよ。絶対にそんなはずがない。見せてみろって、ほかのやつが計算した。計算がまるで違う。

桁《けた》を間違えているっていうんじゃないんだ。早い話が計算ができないんだな。計算が嫌だから買い物もできるだけ行かない。行くときも細かい金は持って行かない。いつも一万円札か五千円札だ。それを出せば、お釣りをくれるからな。自分で計算しなくてもいい。もらってきたお釣りは罐《かん》に入れておく。服だって買わないし、本もなんにもいらない。そんなだからお金は溜《たま》るんだ。自分じゃいくら持っているか知らないもんな。欲もない。何か欲しいってことがないんだ。

そういう子だから英語もできなかった。いつか職人がカラオケに連れて行って、うまくはないがゲンちゃんにも歌えって歌わせた。ところが歌詞が英語のところへ来ると黙っちゃうんだ。変なやつだと思っていたが、後で聞いたら英語はまるでだめだっていう。どれくらいだめかって聞いたら、

「通信簿は一やった。一だったら少しはできるだろうけど、実際はゼロや。でも通信簿にはゼロがねえから一なんや」

こういうんや。それでさらに聞いたら算数は足し算はできる、引き算もまあまあや。かけ算もできないことはない。でも割り算はだめ。意味がわからないし、割り算と聞いただけで頭がボーッとなってしまうっていうんだ。とにかく分数とか小数点がついたら何が何だかわからなくなってしまう。何で数字の上に数字が乗ってしまうのか、数字の途中に点がくっついてしまうのか、わからないんだそうだ。

俺も高校では五十五人中五十五番やったけど、それぐらいのことはできる。大工にも規矩術《きくじゅつ》という、けっこう難しい計算法があるくらいや。まったく計算ができないんじゃ困るわな。それも足し算だけでは無理や。割り算や小数点、分数もいる。そしたら一緒におった仲間が本屋に行って小学生の計算問題を買ってきて、ゲンちゃんに教え始めたんや。偉いなあ。夜、仕事終わってから算数をやっていたからな。

こんなボーッとした子やが、これが仕事場ではなかなか役に立つんや。ほかの誰もこの子のまねはできん。この子も意識してやろうとしてやっているわけやない。意識してそんなことができるんやったら大したもんや。この子の何がいいかっていったら、仕事場が和むんや。

ゲンちゃんがいると仕事場がぎすぎすしない。これは大したもんや。大勢が一緒に何年もかかる仕事ではこういう人が大事なんだ。これは誰もがやろうと思ってもできないことだ。優秀な棟梁が人を統率するのとは違う。ゲンちゃんがいるおかげでみんなの心がまとまるんだ。不思議だよ。世間に出たら計算はできん、話すのは下手や、落ちこぼれやって相手にしてもらえないかもしれないけれど、うちでは大事な存在や。

ただ和ませ役っていうだけでも役目があるんだが、この邪気のなさが、ほかにも役に立つんだ。こういう子は素直や。よけいなことを考えないからな。だからこの子にはまずほかのことはいいから、ちゃんと研げるように仕込んだ。

「こういうふうに研いでみな」

って手本を見せてやった。そうしたらこれが上手に研ぐんだ。親父《おやじ》は変わった人だったから、息子に大工のことも道具のことも何にも教えていないんだよ。うちに来て初めて道具を持ったんだ。

　今年で八年目になるけど、研ぎではうちでも、一、二の腕だ。算数ができんでもいいのや。刃物が切れるし、仕事が丁寧だから、ゲンちゃんに鑿《のみ》を使わせたらそれはうまい。そこまでできるようになると人の仕事も見えてくる。

「ゲンちゃん、あの子の腕はどうや」

　って聞くと、

「いいけど、少し急ぎすぎるな」

　となかなか適切な返事をするんだ。

　ゲンちゃんはこうした位置にいるから、自分じゃ人の上に立つ気はない。こつこつ自分の仕事をこなしている。それでも若い子がはいってくると研ぎを教えることもある。こういう子は人に物を教えるとき決して怒らない。

　ゲンちゃんの家は竜神村に畑と田圃《たんぼ》が少しある。長男だし、田植えや稲刈りには田舎で畑仕事をする。どういう大工になりたいかって聞くと、忙しい季節は畑仕事をし、それが終わったら大工をやるっていうんだ。これは昔の法隆寺大工の仕事のしかただ。西岡棟梁を最後とする、宮大工の本来の生活のしかたなんだ。自分の生活のしかたを知り、土から離れない。こうしていれば利益に追われてやっつけ仕事をすることはないからな。

こうして考えると、ゲンちゃんは、別に利口に生きることだけがいいっていうわけでないことを教えてくれる貴重な存在や。

大きなお寺や塔を造るのが宮大工の仕事だけど、こうしてそれぞれの力や性格に応じた仕事がある。それぞれ大事な役目だ。一緒に暮らして、一緒に仕事をしていると、みんなと力を合わせてやっていこうという気持ちが出てくる。そうして仕事をこなしていくなかで、だんだんと仕事を覚えていく。親方や棟梁だけが先生やない。それぞれが自分のいいところを見せて、それをほかの人が学んでいく。こういうのが本当にものを学ぶということやないやろうか。

息子・量市《りょういち》のこと

ゲンちゃんの親父は松本仁《まつもとじん》といって、薬師寺の金堂、西塔のときに西岡棟梁の下で副棟梁を務めた腕のいい人や。みんなから「仁さん、仁さん」って呼ばれて慕われた職人だ。前に話した菊池や沖永なんかもずいぶん面倒を見てもらった。薬師寺が終わった後は鵤工舎に来てもらって若い連中の世話をしてくれたり、うちでの大事な戦力やった。

それがゲンちゃんが中学を卒業するとき、仁さんがいってきたんだ。

「小川さん、うちの子を預かってくれんか」

ゲンちゃんが学校では落ちこぼれだってことは聞いていたよ。そのとき、俺は仁さんにいったんだ。

「いいよ。俺、預かるよ。そのかわり仁さんには悪いけど、辞めてくれないか」

息子を預かるからには親がそばにいてはだめだ。それに仁さんは腕がいいからどこにでも仕事があるからな。仁さんがいなくなるのは、うちとしては痛手だよ。それでも息子を預かるにはそうしなくちゃ、その子は育たない。中途半端にはできない。その子の一生を預かるんやからな。それで仁さんは、

「わかった。頼む」

といって辞めていった。

それでゲンちゃんを北村に預けた。北村は俺の一番の弟子や。それで、

「この子はしょうがねえから、穴を掘ったら人よりすばらしい穴が掘れるようにしてやってくれ。ほかはどうでも、それだけでいいから教えてやってくれ」

って頼んだよ。

人は覚えるのは遅くても同じことを一生懸命やっていたら必ずうまくなるんだ。人より時間がかかってもいいんや。それで穴がうまく掘れるようになったら、次には鉋をか

けられるようになればいい。下手で何でもできるより、このほうがなんぼいいか。現にゲンちゃんはそうなってくれているからな。

それでこんどは、うちの息子や。

うちの長男の量市は早い話が不良だった。中学時代に暴れて暴れて、俺も学校へよく謝りに行かされた。それでも俺はいいと思っていたんだ。別に勉強のできる子にならんでもいいとな。本人は高校へ行きたかったんやけど、行けないんだ。成績は何とかなるんだが、内申書が最悪やからな。それで、

「どうする、どこかへ就職するか、それともうちに来るか」

って聞いたら、

「鵤工舎へ行きたい」

っていう。それで西岡棟梁《とうりよう》のところへ連れて行ったんだ。挨拶《あいさつ》にな。そしたら棟梁がこういってくれたんだ。

「やってくれるか。ありがたいことだ」

こうや。こんなせりふ、なかなかいえないよ。ふつうは「高校ぐらい行ったらどうだ」とかいうわな。そうやない。「やってくれるか」だもんな。

それでも私立の高校が受かったんだ。そうしたらやっぱり高校へ行きたいんだな。それで俺に、

「学校へ行くど。俺は学校へ行く」

ってていいに来た。俺は高校へ行きたいのは知っていたけど、いってやった。

「ちょっと待て。おまえ、偉そうにいうんじゃない。俺は別に高校に行ってもらいたいわけやない。行くんだったら行かしてくださいぐらいのことはいわんか」

ってな。そうしたら、

「行かしてください」

って頼んだよ。それで高校に行ったんや。初めは十番くらいやった。そのうち何かがきっかけで学校に不信感を持ったんだな。こうなるとだめや。喧嘩《けんか》はする、オートバイは乗り回す、シンナーもやっていたろうな。髪は染めるし、耳に穴を開けて飾りはつける。それでも母親は高校だけは終わらせたかったらしいんや。俺が量市に、

「退《や》めて、うちに来るか」

って聞くと、怒っていたもんな。俺はこの子がどんなアホやっても最後は自分が引き取ると思っていたから、母親のように怒りはしないよ。それで、結局は自分から学校を退めて鵤工舎に来た。ダボダボのズボンをはいて、リーゼントや。

しかし鵤工舎に来たからといって、俺が監視下において育てるっていうんじゃない。預けたんだ、うちの若い衆にな。うちには高校のとき喧嘩ばっかりしていたつっ張りやなんかがいっぱいいる。もちろん、ちゃんと大学を出たのもいるよ。その人たちも研ぎ

から始めて、みんなに面倒を見てもらって一人前になっていったんだ。暴力や命令でやらすんじゃない。嫌ならいつ辞めたっていいんだ。先輩も、殴るとか自分の洗濯ものを洗わせるとか、そんな理不尽なことはしないよ。飯を作るとか掃除をするのは、自分のできることが、それしかないからだ。それで量市も宿舎にはいって掃除、飯炊《た》き、研ぎの修業を始めたんだ。一生懸命やっているよ。たまたま俺ン家《ち》の子は他人には預けられなかったから俺が育てた。それで手元において若い衆に預ける形をとったが、何年かしたら外に出そうと思っている。そうして修業して育っていくんだ。生活の基礎、大工の基礎ができたら、生き方は他人のところで学んできたらいい。

人を育てるっていうのは「場」を与えてその環境に置いてやればいいとわかっているけど、なかなか難しいもんやで。

失敗したときは

失敗したことはいっぱいあるよ。後で考えると冷や汗が出るようなことばっかりだ。二年も三年もかかる大きな仕事を請けるたびに、自分にできるかなと思うものな。初めて独立してやったときだってそうだったし、いまでもその気持ちはあるよ。またできると思うから請けるんだけど、心配はいつでもあるさ。まして建物は自分だけが建てるんじゃなくて大勢の人間が集まっての仕事や。自分のところの弟子たちの力量は知っているけど、仕事のたびに少しずつ目標を大きくしてあるんだ。だからいつでも心配はあるさ。そうやって少しずつでも目標を大きくしなければ人間は伸びないよ。やるほうだって張りがない。終わったときに、できたっ！　っていう喜びはそのほうがずっと大きいからな。

俺たちの仕事というのは同じものを造ることは二度とないんだ。堂や塔がそういうものだってこともあるし、材の檜《ひのき》の一本一本が全部違うからな。後で、あそこをこうしたほうがよかったんじゃないか、と思うことはある。それを次に生かすんだが、そのときはそのときで、またそれが出てくる。まず図面を引く。そしてこれでいいか何回も確認する。そして原寸を引く。それで本物のサイズでのカーブや木の組み合わせぐあいを確認し、直さなければならないところはこのとき直す。だけどこの後は大工がそれぞれ墨付けをして材を削り出すんだから、それからの直しは難しくなる。ここに至るまでにも何回も直しがあるんだ。ということは間違い、不完全なところがあるってことだ。これだけの大きなもので気が遠くなるほどの部材があるんだから完璧《かんぺき》ってことはまずないよ。えばる話じゃないが、完璧にはできない。

法隆寺や薬師寺、ほかの建造物でも間違ったところを継ぎ足したり、直した跡はある。法隆寺の建物だって斗《ます》の寸法や柱でも一つ一つ違うんだから、そうでもしないとできないよ。一個ずつ組み合わせるたびに軌道修正して組み上げていったんだ。なにしろあの時代の道具で造ったんだし、板でも角材でも割って使っていたんだからな。同じ寸法のものが揃《そろ》うほうが不思議や。そう考えたら少しばかり寸法を間違えたからといっておどしていられないよ。

そりゃあ、後で青ざめたことはあるよ。いつだったか材を組み上げたらそこに土台がないんだ。寸法を間違えて、あるはずの土台がそこにない。しかたがないから、みんなが休んでいる間にそこに柱を継いで立てておいた。弟子たちがなにか失敗したときだって、そばを通るとすぐわかる。雰囲気がおかしいんだ。「何だ?」って聞けば、たいてい切りすぎたり間違ったりしているんだ。しかたがないから直す。とにかくそのままにはできないだろ。建物なんだから、一個だけでもほかに影響するからな。直すんだ。職人たちでも後で笑いながら自分の失敗談を話しているよ。あのときはこうしたとか、虹《こう》梁《りょう》を逆さまに削ってしまって往生したとか、このあいだ見に行ったら尾垂木《おだるき》の寸法が、ほかより少し長いところがあったとか、みんなで話していたよ。

それでも間違いに気がついたときの大工は早いぜ。さっと直してしまう。切りつめてしまった木を接《つ》いだりドリルで揉《も》んでみたり。

俺は何も完全に寸法どおりに造るのだけがいいとは思っていないんだ。木は一本ずつ癖があるし、乾燥によってすぐ縮んだりする。それに出来上がったその姿が完成品じゃない。ものによっては瓦《かわら》の重さがかかって二百年後ぐらいに落ち着いた姿になるなんてことはいっぱいあるんだ。だから目先の細かいことにとらわれないで、その場その場で軌道修正していかなくちゃ大きなものはできない。機械で完全に寸法どおりに作ったものより、不揃いだけど、それをうまく組み合わせた法隆寺のほうがずっと美しいんだからな。

失敗は気づいたときに直すことや。隠したりごまかしたらあかん。

宮大工としての自分の仕事

西岡棟梁は、

「仏法者を養う道場を造るのが宮大工の仕事や」

といっていたけど、自分はお坊さんに頼まれて檀家《だんか》の人の喜ぶ建物を造っているんやと思っているんだ。檀家といっても一人やない。檀家の人がたくさん集まって浄財を持ち寄って造っているのや。その人たちの心の慰め場所を造る、そう思っているよ。

俺はこの仕事を西岡棟梁から教わった。西岡棟梁はおじいさんから教わった。もちろん基礎は教わるが、後は自分で調べたり研究しなくちゃならなかったと思う。それでも古代建築の心構えと技術をおじいさんから教わったんだ。おじいさんはまたその父親やおじいさんから教わったろう。そうやってずっとたどっていくと、千三百年前に法隆寺を建てるために集まった飛鳥《あすか》の工人のところへ行き着く。

いまの建築は新しい素材や新しい建築法を研究することが中心だ。大きなビルや大きな橋、高速道路はいくつも造られてきた。けれどもその方法はみんな新しいものばっかりや。奈良には千三百年前から現在までしっかりと建っている法隆寺や薬師寺のような美しい建物があるのに、みんなこれを美術の対象としてしか考えていないだろ。もちろん、その美しさを研究してくれるのはいいよ。でも、これも大きな橋やビルと同じ建物なんだ。ここに秘められている技術や知恵は、そりゃ大したものだと思うよ。

その技術や知恵を受け継いで研究してきたのは、学者や研究者でなくて西岡棟梁のような大工なんだ。そしてその末端だけれど俺たちもそれを引き継いでいると思っている。この技術や知恵は学者や本では引き継げないんだ。大工が体で覚え、手で受け継いだその記憶を後世の人に伝えなくちゃ実際には残らないんだ。

新しい道具が作られ、機械が導入され、電気が動力になっても、この技術はそれには決して替わることがない。一本一本の木をどう使うか、木の癖を知って扱うことに古代建築の基礎はあるんだから、機械でいっせいに同じ寸法にしてしまうわけにはいかないよ。

そうしたら、面倒でも昔ながらのやり方で技術を継いでいかなきゃならないさ。昔ながらのやり方が悪いってことはない。それより新しいやり方に多くの無理があるんだ。新しく考えられる方法は無理に力で押し通すやり方だ。こういったやり方を続けていくと、もとのやり方がどうだったか、戻って考えなきゃならないときが必ず来る。

それと、この伝統的な仕事のやり方には教えられ、考えさせられることが多いんだ。そんなこともあって気張るわけじゃないけど、この伝統的な技術で建造物を造っていくのが宮大工の大事な役目だと思っているんだ。

現在の悩みと将来

これからの宮大工のあり方を考えると、そういいことばかりでもない。たしかに西岡棟梁のころのように仕事がないわけじゃない。全国のあちこちで堂や塔を新築しているから仕事はある。それはいいことだ。しかし、ときどき罪悪感みたいな疑問が出てくるんだ。

棟梁たちの時代までの宮大工がしてきたことは、いまでもそうだけど日本の伝統的な建造物の修理や再建やった。法隆寺にしても、薬師寺にしても、法輪寺にしてもみんな国の文化財や。それを直したり、造ることで宮大工の技と知恵を残してきたんや。そのためには遠く台湾からでも二千年という檜を運んでくる価値があった。

しかし、俺がいましている仕事はたくさんのお金を集めて、大きな木を伐《き》り倒して、大きな堂や塔を造っている。こんなに木を伐って、こんなに大きなものを造らんでもいいんやないかって、ときどき考えることがあるんだ。これは俺の自己満足のためにやっているんじゃないかって。信者さんが集めてくれた浄財で造らしてもらっているんだけど……そんなことを考える。

俺は自分の親父《おやじ》の仕事が他人の金を動かしているだけで生産的やないと思って非難したけど、俺もそう変わらんのやないかと思ってしまうことがある。薬師寺や法輪寺の仕事をしていたときにはそんなことは考えなかったよ。

それと、いまは大きな建物を造る檜がなくなってきた。宮大工の技や知恵は檜に支えられてきた。俺の時代はまだ大丈夫やろ。しかし、このままやったら檜は確実になくなる。そうしたら、せっかくの飛鳥の工人からの技も知恵も生かしようがなくなってくる。そんなこともあるんだ。西岡棟梁の時代も日本に木はなかったが、まだ台湾の木が使えた。しかし、もうあのような木は世界中からなくなってしまうんだ。誰も育てなければ、なくなるわ。檜は本来、日本特産の木だ。小さな建物や民家を造るような木はあるだろうけど、古来からの建造物を再建したり解体修理することになったら、その用材にする木がもうないんや。考えないかんことや。その大事な木を俺は使っているしな。気楽に大きな建物を造ればいいというわけにはいかないんだ。こんなふうに悩みはある。しかしよ、悩んでいてもしょうがないから、まあ、試練だと思うことにしているんだ。

これまでのような細工に向いた柾目《まさめ》の大きな檜は捜せない、ないんだから。俺たちは節《ふし》があっても、曲がっていても、捻《ねじ》れていてもそれを生かして使うしか方法はない。法隆寺を造るときだってそうだったんだ。遠くに行けばまだいくらでもあったろうが、法隆寺の近くの檜は使い尽くした。その時代、遠くの木はないのと同じや。だから近くの曲がった檜でも何でも使うしかなかった。いい木がないから、いいものを造らなくてもいいということはない。造るからには精一杯いいものを造る。その不揃いなもので、千三百年保《も》つ建造物を造ってきた。俺たちもそう考えなければな。

年を取った木は暴れが少ない。若い木は人間と同じで癖も強く暴れるんや。これからは暴れる若い木も使わなくてはならんやろ。あるがままの木を使わなしょうがない。でも、それこそ試練や。木のことを知らなくては木造の建物ができん時代がまたやって来る。そう思って腰をすえて仕事をするんだ。俺の弟子たちはもっと大変や。もしかしたら檜以外のものを使わなくてはならんからな。そうしたら自分たちで、これまでなかった新しい技や知恵を生み出さなくてはならない。大変や。飛鳥の工人と初めから競争することになる。それにしたところで、ここまで引き継がれてきた技や知恵のうえに、ほんの少し乗せるぐらいのものだ。

そう考えると、いま俺たちが弟子と一緒に、大きな木をたくさん使って造っているのも意味があると思えるんだ。とにかくこうして堂や塔を造ることで、伝統的な技や知恵は引き継いでいけるからな。いずれにしても、精一杯やらないかんし、本当に木の命を探って、それを生かす仕事をしなくちゃいかんと思っているよ。

木のいのち木のこころ〈人〉

塩野米松

宮大工の草野球――まえがきにかえて

平成五年五月二十三日、千葉県印旛《いんば》村中央公園グラウンドで野球の試合が行われた。茨城県竜ヶ崎《りゅうがさき》市を中心とした地区には草野球のトーナメントがあり、約百チームが参加して優勝を競う。それぞれ野球好きの人たちがチームを組んで参加する。

この日の試合はそのトーナメントを控えての練習試合だった。互いに初顔合わせの二チームである。

ひとつは萩原フェニックスチーム。町のスポーツ店の斡旋《あっせん》で遠く隣県のグラウンドまでやって来たのである。もう一方は鵤工舎《いかるがこうしゃ》チーム。フェニックスは全員きちんとユニフォームに身を固めてあらわれた。鵤工舎チームは地下足袋《じかたび》の者もいれば運動靴の者もいる。着ている物もまちまちである。作業着の者、ジャージを着た者、ポロシャツの者もいる。野球をしに来たというよりは土木作業に来たというほうがあっていた。野球をしに来たということがわかるのは、彼らがグローブをはめて球を追いかけているからだった。

鵤工舎はチームを結成したばかりで初めての試合だった。ユニフォームもなく、バットも昨夜自分たちがつくった物を二本持って来ていた。相手チームは呆《あき》れるとともに恐ろしそうにしていた。スポーツ店の話では宮大工さんのチームだと聞かされていたからだ。神や仏を敬う、彫刻などを中心とする建物をつくるおとなしい人たちだと思ったらしい。宮大工という言葉はそんなイメージを与える。

それが地下足袋やタオルの鉢巻きをした、いかにも怖そうな集団だったのだ。しかもユニフォームを着ていないのはいいとして手作りの鬼の棍棒《こんぼう》のようなバットを持ってバッターボックスに立ったのだ。

嘘《うそ》のような話であるが、本当に平成五年の話である。

バットもいかにも宮大工らしく、ちゃんと檜《ひのき》を削ってつくってあった。そのバットは今も竜ヶ崎の宿舎の前に転がっている。

鵤工舎のベンチに入って元気よく「打てよ！」と声をかけていたのが、鵤工舎の棟《とう》梁《りょう》・小川三夫《おがわみつお》である。彼のことを選手たちはみんな「監督」とも「棟梁」とも呼ばず「親方」と呼んでいた。これでは相手チームが面食らうのもしかたがない。

野球の試合が始まる前に駆けつけた小川はチームの主将である大堅工樹《おおのこうき》にこう約束していた。

「試合に勝ったらユニフォームをつくってやるぞ！」

野球をちゃんとやったことがあるのはピッチャーをつとめる大堅だけである。彼は高校時代、野球をやっていた。内野手だった。しかしそれから十年、ほとんどキャッチボールもやったことがなかった。ほかの全員も野球など長い間やったことがなかった。メンバーが揃《そろ》うことがなかったからである。

宮大工の仕事は各地を転々とする。頼まれた場所へ行って二、三年で完成すれば現場は移動する。そうした現場が各地にあり、それぞれ数人ずつが働くだけである。野球ができるほどの人数が揃うのはそんなにあることではない。それほど大がかりな仕事はめったにないのである。

いま鵤工舎が請け負って造営している竜ヶ崎市の正信寺《しょうしんじ》の仕事は建築面積が八三〇平米《へいべい》（平方メートル）の大きさがある。基礎工事が始まり木造りが始まったのが平成四年。この仕事が完成するまで五年はかかる。この仕事の現場の責任者が二十七歳の大堅工樹である。この現場には常時十人ほどの鵤工舎の若者たちがいる。栃木、奈良にある鵤工舎の宿舎から交代で手伝いに来る。

そんなわけで竜ヶ崎の宿舎には野球のチームをつくるのに十分な数の若者がいた。仕事が終わったあとにキャッチボールをできる時間もあり、人数もいたのである。しかし、日ごろ金槌《かなづち》や鑿《のみ》、鉋《かんな》しか持たない連中である。まとまった練習なんかしたことがない。試合が決まって、今朝早起きして球場に駆けつけ、キャッチボールをしたのが九人でやった初めての練習である。

小川が「ユニフォームをつくってやる」という約束をしたのは、にわかチームが勝てるわけがないという思いがあったのと、ユニフォームを揃えて休みの日に野球を楽しませるのも悪くはないと考えたからだ。これまで長いこと弟子を預かってきたが、こんなことを言ったのは初めてだった。

小川三夫は法隆寺の棟梁・西岡常一《にしおかつねかず》に学んだ。西岡が育てたただ一人の内弟子である。彼は修業の間の五年間、新聞を読むこともテレビを見ることも本を読むことも禁じられた。ただひたすらに刃物を研ぐことに精を出せと命じられたのである。それが西岡が自分の祖父から教わった宮大工の修業法であったからである。

小川は高校の修学旅行で訪れた法隆寺の五重塔の見事さに感銘し、宮大工を志した。しかし、高校を卒業した十八歳という年は職人の修業を始めるには遅すぎた。西岡は断わった。年を取りすぎていることと、宮大工の仕事が食っていける状態ではなかったからだ。小川が訪ねたとき、西岡は鍋《なべ》の蓋《ふた》をつくっていたという。自分の子供たちは誰も跡を継いでいなかった。仕事がない状況では跡を継ぐことができなかったということもある。

それでも小川はあきらめなかった。西岡が「鑿、鉋を使えるようになったらもう一度来てみなさい」といった言葉を頼りに、家具屋、仏壇屋で修業し、再度、西岡の門を叩《たた》いた。西岡はこのときも弟子入りを断わり、代わりに文化財建造物の図面引きの仕事を斡旋した。法輪寺《ほうりんじ》三重塔の再建《さいこん》が始まっていたが、資金が続かず細々と一人で作業を続ける状態であったのだ。この仕事が順調に進み出したら小川を弟子にしてもいいと思っていたのである。そして法輪寺の仕事が始まり、小川は弟子に入ることを許された。初めて訪れてから四年目であった。

小川は西岡の指示通り、刃物研ぎで毎日を過ごした。よそで修業を積んで来たということで西岡家での飯作り、掃除はなかった。それでもひたすら大工修業の日々であった。だから彼には野球を楽しむという時間はなかった。修業中に遊ぶという余裕はなかったのである。

西岡も同じである。彼の家は代々法隆寺の大工であった。祖父の代から棟梁を務めるようになった。このため祖父から棟梁になるべく、子供のころから修業させられた。仲間が遊んでいるとき、作業場で祖父から仕込まれていたのである。そのころのことを西岡はこう言っている。

「そのころおじいさんが法隆寺の塔頭《たっちゅう》の修理をしてました。そこへ連れていかれますのや。小学校へ上がる前でっせ。そうしますと境内《けいだい》で友だちがベースボールしてますのや。それがうらやましかったですな。私は行きとうないんです。おじいさんだって連れていって何させるいうんやないんです。そこで見とれと言うだけですわ。棟梁教育の一環だったんでしょうな。仕事場の空気いうもんを早くから教えておくつもりやったんでしょう。脇でベースボールやってるのに仕事を見てないかんのですわ。子供ですもん、遊びたいですわな、友だちたちと。こんなんですから、たまに仲間に入れてもらってもベースボールができませんのや。悲しかったですな」

野球をしている鵤工舎のチームでは大堅工樹が一番年上、その下に中学を卒業したばかりの十六歳の子から高校中退、卒業、専門学校卒業、ほかの仕事から転職してきた者などさまざまな経歴の若者たちがいる。いずれもまだまだ修業中の見習である。修業中の者が休日に野球を楽しむ。ふつうの人には当たり前のことであるが、徒弟制度の下で修業をする宮大工見習たちにとっては画期的なできごとであった。

この試合、大堅の二ホーマー、七打点と彼の好投によって八対四で勝った。

小川は約束通り全員のユニフォームと自分の監督用30番の背番号のユニフォームをつくらせた。鵤工舎チームが正式に発足したのである。宮大工の野球チームである。

この本では法隆寺大工・西岡常一の跡を継ぐ、小川三夫率いる鵤工舎とその若者たちの姿を追いながら、伝統の技術を受け継ぐということや、そのために鵤工舎が取っている現代の徒弟制度とはどんなものかを、若者たちの言葉、行動を通して見ていきたいと思う。

なお、本文中の敬称はすべて略させていただいた。

Ⅰ　親方・小川三夫《みつお》の考え方

鵤工舎《いかるがこうしや》の発足

鵤工舎のことを簡単に説明しておこう。

鵤工舎は小川三夫がまだ西岡常一《つねかず》のもとにいたときに興した宮大工の工人《こうじん》の集団である。設立のきっかけは次のようなことだった。

西岡は宮大工になりたいという小川へ手紙でこう書いている。

「私の家は代々の貧しさで、子弟を養う程《ほど》のゆとりがありません。誠に悲しく申訳《もうしわけ》ない事と存じます。古来とかく名工は赤貧《せきひん》多しとか、貧さは小生も名工なみです」

そして入門のさいも、

「宮大工の仕事は飯は食えない、嫁ももらえない、そういう仕事や」

と言った。

こんなにすばらしい技術を伝承しているのに食えないというのはおかしい。食えないなら食えるような宮大工になってやろう。小川はこう思って鵤工舎を興した。

西岡は代々続いてきた法隆寺大工の最後の人である。自分は西岡から技術や心構えは受け継いだが、そっくり西岡の跡に座るわけにはいかない。時代が違う。自分は自分流の宮大工としてあとの人たちに西岡から教わった技術を伝えていくが、そのためには貧乏や苦労だけでは続かない。宮大工という仕事を経済的にもきちんと職業として自立させなければ、技術だって滅びてしまう。

宮大工が扱う部材は民家よりかなり大きなものである。柱一本にしても、どんな名人でも一人では持てない。二人で持ち、一人がその下に台を入れなければならない。どうしても三人以上の人が必要である。

それを食えない、養えないからといっていてはなんにもできない。仕事ができたといって、そのたびごとに職人を集めるよりは、初めから心の通った者と仕事をするにこしたことはない。それに弟子に仕事を教えるには現場がなくてはならない。西岡も法輪寺という現場が動き出すまで自分を呼ぶことはできなかった。人は現場に置かれればそこで自然に仕事を覚えていくものである。これは西岡から教えられた教育法であった。

現場があれば弟子は育てられる。自分はできるだけ弟子を取ってその場で仕事を教えていきたい。そう思って鵤工舎を興したのである。昭和五十二（一九七七）年五月のことである。

それから十七年。幾人もの人が弟子に入ってきた。ある者は途中で志を変えたし、ある者は理由も告げずにやめていった。

九人がここを卒業し、独立している。そして、いま二十人の弟子が鵤工舎にいる。

小川が工人集団の名前に「鵤工舎」とつけたときのいきさつがおもしろい。

鵤工舎という名前をつけてくれたのは誰かと聞いたことがある。そのとき小川はこう答えた。

「この名前は俺が考えたんだけど、組織を興すにあたって、幸田文《こうだあや》さんに名づけ親になってくれって頼んだんだ。そうだ、作家の幸田文さんだ。そのころ法輪寺の三重塔をやって毎日のように顔を合わせていたからな。そしたらこう言うんだ。

『私は女だからだめです。名前は男がつけたほうがいい。女がつけると万が一何かがあって、ここで踏ん張らなければならないっていうときに力が出ないもんです。歯を食いしばらなくちゃいけないときこそ大事なときでしょ。そのときに力が出ないんじゃ困りますものね。何もないことを祈りますが、何かのときに力になるというのはそういうことなんです。露伴《ろはん》がそう言って、女は名づけ親になってはいけないって言ってたんです』

こう言うんだな。さすがだと思ったね。そうかもしれないぜ。万が一になってみなくっちゃわかんないけど、名前っていうのはそういう力があるものかもしれない。それで、鵤工舎の名づけ親は西岡常一になってもらったんだ」

斑鳩《いかるが》の里《さと》に集まる工人の集団という意味で彼はこの名前を考えた。斑鳩の里は法隆寺のあるところであり、彼の師である西岡の住むところでもある。ここはかつて、といってもほんのこの間まで法隆寺のための法隆寺に仕える工人たちが住んでいたところである。西岡の住む西里《にしさと》は左官《さかん》、石積み、瓦屋《かわらや》、大工などの職人が住むところであった。小川は宮大工としてのすべてを学んだこの地に本拠を置くことにしたのである。

これが鵤工舎の出発点であるが、ここがどんなところかは小川本人をはじめ、鵤工舎の若者たち、ここを出て独立した弟子などへのインタビューから明らかになっていくだろう。

親方・小川三夫、鵤工舎を語る

初めに鵤工舎の親方である小川三夫に自分たちの組織がどんなものであるかを聞いてみた。

鵤工舎ってどんなところかって？　そうだな。まず宮大工の工人の集まりだっていったらいいかな。工人っていっても、みんなが一人前っていうわけじゃないいな。

一人前の大工《だいく》もいるし、昨日入ったような何にもできない見習もいる。そんなまだ一人前じゃないほうが多いんと違うか。だから宮大工を目指す工人たちの集まりって言ったほうがいいかもな。

いちおう身分があるんだ。

まず「番匠《ばんしょう》」西岡常一や。鵤工舎の精神的な支え、塔でいったら心柱《しんばしら》や。そして、つぎが俺や。俺は「大工頭《だいくがしら》」。

それで「大工」。大工といったら技は当然一人前でなくちゃいかん。その上で人の先に立って仕事や段取りができ、任せられた仕事をちゃんとできる人間や。そのためには仕事度胸《どきょう》がなくちゃいかんな。下の者から信頼されて、統率力がなくちゃいかん。技だけでなく、人間も磨かれているってことだ。現場で棟梁《とうりょう》を務めるのが大工や。

世間じゃ金槌《かなづち》を持って、鉋《かんな》がかけられたらみんな大工や思っているけど、違うで。大工といったら人格も技も一人前でなくちゃ名乗れないんだ。たとえば、何億円っていう仕事を任せられたら、決められた人間で、期限まで仕上げなくちゃならない。それでいて、施主《せしゅ》に満足してもらって、仕事にかかわったみんなが楽しくなくちゃいけないんだ。それが大工や。いま鵤工舎におるのが四人。それに独立して出て行ったのが七人。ここはみんな宿舎で一緒に生活しながら技を習得するところや。でもいつまでもいたんじゃ一杯になるし、交代ということがなくなる。先の者がいつまでもおったんでは、つぎの者が育たんわな。だから初めは三十歳になったら宿舎を出るということに決めてあったんだ。その年になれば嫁さんももらわなくちゃならないし、家のこともあるやろ。

大工の下が「引頭《いんどう》」や。これは現場では副棟梁のようなものや。棟梁を助けて仕事をする。技術があって、仕事の段取りができて、指導力がなければならん。建物をつくるには技はあっても一人じゃできん。人を使わなくちゃならん。この、人が使えるということが大事なんだ。これが四人。そして家の事情やなんかで独立して行ったのが二人や。

そのつぎが「長《ちょう》」。三、四年修業して技術もだいぶ身についてきて、言われた仕事はまあできるってとこだな。道具使いが一人前で、下の者に道具の作りが教えられる人や。これが三人や。

そして、つぎが「連《れん》」。これは幅が広い。昨日入ったやつも連。一、二年いて道具がだいぶ研げるようになった者も連や。飯炊《めした》き、掃除、手伝い、簡単な仕事をしながら先輩の仕事を見たり、材を運んだりしながら刃物を一人前に研げるように修業しているやつだ。これが今は七人か。鵤工舎で修業させてくれって来るからいいだろうって入れるだろう、そうするとすぐやめていく者がいるんだ。だからここは人数が変わるんや。この身分制度は平安時代から建築にかかわるものの間で使われていたものや。

いま鵤工舎には一番長い者で十八年という者から昨日入った者までいる。大工でいえばひよこ、いやひよこにもならない卵から俺の代わりが務まる人間までだ。だから修業するにはいい。いろんな段階の人が揃《そろ》っているんだから。それぞれの仕事ぶりを見ながら勉強できるからな。

学校ではない

でも、なかには勘違いしてくる人間がいるんだ。鵤工舎を学校だと思って教わりに来るつもりのやつがいる。ここは学校じゃない。まず授業料は取らない。逆にこっちが給料を払うんだ。仕事を教えるのに、こっちが払うんだ。昨日入って、何にも知らない、何にもできなくても金は払わなくちゃならない。今はそういうもんや。昔は違うで。ほんの小遣い程度はもらったが、わずかなもんだ。

それでも勘違いするんだな。教えてもらえると思っているんだ。大工の仕事なんて教えられるもんじゃない。自分で習得するしかないんだ。「こうやればいい」なんて誰も言わないよ。言ったってその人の身にはつかない。言ってわかることじゃないからな。西岡も言葉ではほとんど教えてくれなかった。一緒に暮らして、一緒に飯を食って、仕事をやっていると相手の考えていることがだんだんわかるようになる。それで刃物を研ぐ。これが自分の思うようにはいかない。何しろ、それまですべてのことを言葉で教わって、言葉で覚えることばっかりしてきたんだからな。それがここでは手と体で覚えなきゃならん。

たとえは悪いが、途中で目が見えなくなった人と同じや。これまですべて目に頼っていたのに、それができなくなった。あとは初めっから指先の感覚で判断しなくちゃならない。その訓練だ。それまでのことをすっかりぬぐってからでないと感覚ってのは磨けないんだ。

それがわかるまでに時間がかかる。これが学校ならそう言って教えてくれるやろ。だけどそれじゃだめだ。自分で気がつかなくちゃいかん。これから長いこと仕事をしていかなくちゃならないのだから、体で覚えるしかない。

そのための時間とチャンスは、たっぷりここにはあるんだ。先輩もいる、仕事場もある。ここでは大きなものをつくるから、民家の大工のように一年で四棟も五棟もの棟上《むねあ》げは体験できない。ひとつが三年や五年はかかる。それでもつねに三つ、四つぐらいの現場があるから順に仕事場をまわっていけばいろんな工程が体験できる。自分次第だ。学ぼうと思ったら、いくらでも現場はある。それが鵤工舎だ。

入舎希望のこと

今年(平成六年)に入って、半年で三十人ぐらい鵤工舎に入りたいという人があったな。

手紙がまだ十通ぐらい山になっている。返事もできないわ。忙しいし、どう対処していいかわからないしな。みんな、いい子なんだと思うんだけど、手紙だけで、会ったことがない。実際に来たのは二十人ぐらい。その半分は、母親が夢中になっている、今はな。それと、ウチに入れる入れないじゃなく、「ぜひ見学させてください。息子を連れていきます」と、こういうことをやっている場所と人間関係を見たいと来る人がいるわ。それはそれでいいんだが、実際のところ、中に入ってみなくちゃわかんないわな。

鵤工舎の今後

これからは自分のところで育てた者は希望があれば鵤工舎に残していこうと思う。いままでは自分が若かったから、若い者をなんぼでも入れて、育てて、出してと思っていたよ。出ていってちゃんとやっているのがいるからな。川本を筆頭に、高崎、田中、三輪田、佐藤、斎藤。それに、まだ大工までにはならなかったけど、建部に辻。だいたい八人ぐらいいるんだ。うちで育てたわけじゃないけど一緒にやってきた石本もいる。一番上の者で四十歳ぐらいだ。

この独立していった者たちがうちに来たのは、北村を弟子にした、ちょっと後だったな。奈良の慶田寺《けいでんじ》の本堂をやっていたときと、高岡の国泰寺《こくたいじ》の三重塔をやっていたときだ。あの連中はみんなうちに来る前、よそで修業していた。川本はツーバイフォー（2×4）をやっていたのかな。川本もうちに来たいと言ってきてから三年ぐらい待ってもらっているんだわ。そのころ、俺は薬師寺をやっていて弟子を取れる状態じゃなかったからな。高崎は設計事務所をやめてやってきた。一級建築士の資格を持っている。田中も三輪田も多少よそで修業してから来た。

ここに来たきっかけはやっぱり西岡の仕事だろうなあ。そのころ、俺のところに直接来る理由がないからな。

どうして鵤工舎から出したのかって？　それっていうのは、こう決めていたんだ。宿舎がいっぱいになっちゃうから、自分が独立してやるなり、うちの仕事を請け負うなり、それはかまわないけど、三十になったらアパートを借りて宿舎から出ていけと。

出ようと決心すれば「お世話になりました。やめて、来年、帰ります」というふうに言ってくる。そのときには「これやってみろ」って現場の総棟梁をやらせて、それで出す。まあ、卒業試験だわな。だから、川本は名古屋の現場をやっている。ただ大きな現場がないときもある。大きいのはできなかったけども、小さいのでもちゃんとやらせて出してきた。ひとつなしとげれば、自信になるんだな。

この前、独立していった一人が、嫁さんをもらいたいんだが、女の家の親が賛成していないとかで俺に話をしてくださいって言ってきたんだ。そのときは、一番先に自分の卒業作品はこれですと言って、奈良の蓮長寺《れんちょうじ》をその親に見せてから、うちに来た。仕事を見れば、これだけできればと、向こうも思うやろしな。それでうまくまとまったらしいわ。そういう効果もあるわな。

大工も嫁が来てくれないって問題がある。女の子よりもその母親が「やっぱりちょっと職人さんは」って言って嫌っている感じが見えるな。

独立していっても鵤工舎の一族や。新人の入舎式とか慰安旅行だとか、祝い事なんかのときは来てもらって、立会人になってもらっているんだ。

しかし、これからはそう外へ出してばっかりはいられないんだ。今ここにいるのは外で仕事をしたことのない無垢《むく》な人間ばかりだ。角間《かくま》は外で修業してきたけども、それだって、うちに来られなくて五年間待っていたんだからな。

ここで育ったこの子らが「居たい」って言うんなら、そうしてもらいたいなと考えだしたのは最近だ。いままでは、自分が弟子を取って一人ずつ一から教えられたし、そうしてきたけど、もうやっていられないわ。立場上、雑用が多いし、外に出たり何かと大工以外の仕事が出てくる。それを考えると、みんなとやっていられなくて、俺が育てた子が中心になって鵤工舎全体で人を育てていくという感じになってきた。

俺の仕事も簡単じゃなくなったからな。外にいっては注文主に会って話を聞いて、設計する。そして見積りを出す。日常の労務管理もして、給料計算して、会計だろ。そのうえ現場も奈良、栃木の岩舟《いわふね》だろ、それに今は茨城の正信寺だ。それぞれに人がいるんだから、あっちへ行ったりこっちへ行ったりしなきゃならない。組織だから、しかたがないよな。また組織がなければ仕事もできないし、人も育てられないんだ。

将来のこと

うちで育った若い者を外へ出さなくてもいいようにする話だけど、こんど栃木に土地を用意したんだ。千二百坪買った。それは一つは、正信寺が終わると仮設材を置く場所がないんだ。足場を組む鉄のパイプだとか大きなものをつくるにはかなりの量がいる。いまの岩舟（栃木県）の工場じゃ狭い。それで置き場が必要だったんだ。

それと一番考えたことは、うちの者が嫁さんをもらうようになって、現場が変わるたびにあっちへポン、こっちへポンと現場暮らしをさせておくわけにもいかないだろ。だから、大きい工場を持ってその近くに住むようになれば、嫁さんをもらって、今はちょっと出られないんだというときには、工場で木造りをする。現場には若い子が行って組み立てる。まあ、所帯を持ったら現場の仕事をなるべく少なくして工場で木造りをするしかないんじゃないかと思ってな。

ふつうの大きさの建物は工場で刻んで現場へ持っていってすぐに組み立てる。人間はほんのちょっとだけ行けばいい。所帯をもったら家を空《あ》ける負担を少なくしてやらないと。やっぱりそれが一番問題になるからな。それを考えると、ちゃんとした宿舎、ちゃんとした作業場がいるだろ。

いままでは、そういうシステムがなかったから宮大工がいなくなってしまったんだ。昔、宮大工はたくさんいたよ。俺の同級生のおやじも宮大工だった。各地を転々としていたんだけど、最後には栃木に住んで民家をつくる大工になった。

宮大工は仕事のあるところに行って、そこで生活しているわけだ。昔だったらば、それでよかったかもしれん。しかし、これからは子供の教育ひとつをとったってむずかしい時代だから、一緒に同じところに住みたいと考えるだろ。またそうしてやらなくちゃいけないよ。これまでどおり宮大工は体を持って行かなくちゃならないということになると、みんな、宮大工をやめていくな。

だから、俺ンところは奈良と栃木と、沖永のいる福岡。その三ヵ所さえあれば、何とかやって行けるだろ。

それと、もう一つは、どうしても堂宮《どうみや》の仕事のないときには、年に一軒ぐらいずつ奈良の宿舎みたいな家をつくろうと思っている。自然木《しぜんぼく》を生かした民家や。あの家で真っ直ぐなのは柱だけだ。曲がった木には曲がった木の味わいがあるだろ。ああいう材料は製材機にかけられないから二束三文なわけだよ。山から出す手間が惜しいから山に放り投げてあるような木だ。しかし、そういう木を使ってやらないと、山だって、その木だって生きてこない。そういう曲がった木を生かして家をつくっていこうと思っている。そういう家が楽しいと思う人が注文をしてくれればいい。

こういうことを先の先まで考えているかって？　そんな長い先のことまで考えたことはないな。今年はここまで成長しますとか、伸ばしますとか、こういう希望を持っていますとか、そういうのは一つもない。栃木だって、竜ヶ崎の仕事が終わったらば、資材を置く場所がないし、置き場を借りるという、そんな貧乏ったらしいこともできないから、買おうかってなったんだ。

それと、はっきり言ったら、これだけの人間はいらん。鵤工舎を大きくしようとも思わなかったし、企業にしようとも思わなかった。建物がつくれて食えりゃあ、よかったんだ。それがどんどん、どんどん人が来て。いまの奈良の宿舎だってみんなでつくったようなもんや。

みんなが一生懸命働いてくれたからだ。それで、新しく来た子には、おまえらの先輩たちがつくってくれた建物なんだから、感謝してきれいに使ってくれ、掃除しろって言うんだよ。

なぜ飯を炊《た》かせるか

新しく入った子になぜ飯作りさせるかというと、その人の職人としての仕事の段取りがようわかるんだな。段取りがいいのはいい飯作りをする。仕事の前、途中、後にいそいでつくるんだから段取りがよくないと飯はつくれん。

それと、掃除させれば、その人の性格がわかる。几帳面《きちょうめん》なばっかしがいいんじゃないんだ。パッパッパとやるやつと、きっちりすみずみまでやるやつと。それは、仕事にあらわれる。一緒だよ。だから、掃除をやらせれば、ああ、こいつはここらまでいけるなと、だいたいわかるんだ。だから掃除せいというと嫌な顔をしよるやつもいるけども、それで、腕まではかられていると思っちゃいないわ、だれも。

種をまく

心配もあるんだ。俺が最初に北村を弟子にとったのは三十一のときだった。それから十五、六年でこういう形になった。大堅《おおの》が弟子をとったとして、十五、六年たって、組織をきちっとしていけば、やっぱり二十人ぐらいになるだろう。そのとき仕事の量はどうか。あるかもしれないし、ないかもしれん。それっていうのは、世の中の経済と一緒だから。お寺が立派でどうのこうのといったって、やっぱし経済の後についていくようなもんだろう。たとえば、自分たちがボロ家に住んでいてお寺まで直してやろうという人は少ないだろ。だから、そういう心配もある。もっと心配なのは大きい材料がなくなっていることだ。材料がなくなっているから、ちょっと難しくなっていくだろうな。しかし、この件は大工だけではどうしようもない。与えられた木を生かすようにしていくしかない。これからの大工は大木が使えない。大変なことやで。

鵤工舎の初めの頃は西岡の弟子だっていうことで仕事が来た。こんどは俺がみんなに小川三夫の弟子だっていうことで仕事が来るようにしてやらなきゃいけないわけだ。しかし、俺は小川三夫という名前よりも鵤工舎がやった建物を見て、「あ、これだったら」と言って、施主が来られるような建物をつくりたいんだ。そう思ってやっている。だから、いまいる子にも、ここは肝心なところだから覚えさせなくちゃならないというときは、自分の現場を休んでもその現場へ応援に行かせて、それを見せておくわけだ。若い子たちは人手が足りないから応援に行かされたぐらいにしか思わないかもしれないけど、肝心なところは見せておかなくちゃあかんからな。

それというのも、そういう仕事がいつまでもあると思ってはならないからな。材にしてもそうだ。いまあるから、それを見せておかなくちゃ、やらせておかなくちゃならない。鵤工舎全体でそれを経験したということにしなくては。

　これは、能率を考えたらできないよ。しかし、種まきはしなくちゃならないんだから、それは我慢してもやらなくちゃあかん。給料を払う組織としてはそれがしんどいところだ。だから、赤字になる現場もあるよ。しかし、それはそのうちになんとかなるわ。一生懸命やっているんだから。

　俺はほんとうは若い子には金は払わないでいいと思っているんだ。しかし、いまどきだから多少は払うけど、給料はたくさんはやっていない。だいぶ安いですよ。でも安いから教えながらやっていけるんで、これが高かったら無理や。高い給料の人間に勉強ばかりさせていられないよ。

　しかし、嫁さんをもらうころになったときには、高くせにゃ、こんどはみんなが生活できない。そのときには上げる。寺から一人役《いちにんやく》もらっていても、いまは一人分を二日かかっているよ。そうすると、二分の一の給料ぐらいであればなんとなく最後の締めはできる。

　ほんとだよ。それっていうのも学校は金を持っていって教わるところだ。ここは金をもらいながら教わるのだから……。それにじっくり体で覚えるためには時間がかかる。時間は今の世の中では金に換算される。鵤工舎では流れる時間がゆっくりしているわな。急いでもしょうがないんだから。ゆっくり勉強するためにはたくさんの給料ではやっていけないんだ。これが企業なら自分たちの経済を優先させるよ。弟子が覚えるのを待たないで、「こうやるんだ」って教えたほうがよっぽどいい。もっと効率を考えたら弟子なんか育てないで職人を使ったほうがどんなにか速いか。

歪《ゆが》むことも大事

俺ンとこにはいろんな子が来るよ。落第生や暴走族、高校中退、シンナー吸ってたやつ。そういう子が、うちにおさまるんだな、自然に。うちの子は、友だち感覚で全部いられるやろ。だから、ひがんだり、歪んだりしない。ひがんだり、歪んだりしても何にもならんからな。歪みやなんかは刃物を研ぐとき、じゃまになるんだ。大工になって、いつまでもひがんでいたんじゃだめだ。

しかし、そのひがんだり歪んだりということは、なくちゃならない時代には一度は通らなくちゃならないな。それがやっぱり人間を強くするもとだよ。でもな、ひがんだり歪んだりをいつまでも持ち続けていたのではだめだ。

弟子入りしたいと言ってくるやつの半分ぐらいは大工に関係ある人の子供たちだな。大堅がそうだ。それからゲンちゃん、原田がそうだ。饗場《あいば》も大工の子やな。あとは松永がそうや。柴田《しばた》も大工の子や。角間、千葉、中澤《なかざわ》は違う。三分の一ぐらいかな。あいつらが親父の跡を継ぐかどうかということとは関係ないと思うよ。大工って仕事はおもしろいからな。大工仕事というのは、小さいけどもいろいろな工夫をしてやって、その結果、建物として目の前に出てくるわけだろ。学校を出てちゃんとした会社に入って、学歴があってといっても、その人らは工夫とか何かをする幅は狭いんだよな。組織としては、個人にあまり独走されたらかなわないだろ。命令を聞いて、忠実にやってくれるやつがいいんだ。

だから、全然違うと思うんだ。俺らはバカだけども、みんな一生懸命工夫せにゃ生きていけないんだよ。工夫に工夫を重ねなくちゃいけないんだよ。俺たちは一本一本違う木を相手に、つねに初めての仕事に取り組んでいるんだから、自分で判断しなくちゃ進まないんだ。

しかしこのごろは俺ンとこでも大胆な子が少なくなったな。もう少し考えなくちゃならないのは、荒々しさというのがうちの子にはなくなっちゃったことだ。初め来たときには荒々しく、強いんだけど、ここに来ると、みんなやさしくなっちゃうんだよ。喧嘩《けんか》したり暴走族みたいなろくでもないやつが、ここへ来ると、別に心を入れ換えろと言ったわけでも何でもないのに、やさしくなっちゃうんだ。強がりだけじゃ仕事にならないということもあるんだろうな。

一つは、大きい木に向かって長い時間をかけて仕事をする。すると、荒々しいとか、一丁、やってやろうとか、意気込みとか、そういうものだけではできないというのがわかってくるんだろうな。

だけど、荒々しさも持たなくちゃならない。クソッていう仕事度胸。仕事度胸のある子に育てなければならないんだ。でもいざとなったらやるんだろうな、そういう経験を何回も何回も積み重ねていると。

それとやっぱり研ぎものや。研ぎものっていうのは、はっきりしている。荒々しいだけや力まかせじゃだめだということがわかるんだ。それじゃ切れないんだから。ほかの人との差が歴然と出るからな。

切れる研ぎというのもなかなかむずかしい。研ぎのすばらしさってあるんだ。きれいに研ぐというのも大事だ。しかし、現場では刃物は長く切れなくちゃならないという技術も大事だ。ちょっと節《ふし》に当たったらパリッと刃が折れてしまうようではどうしようもないわけだ。

そういう研ぎ方も工夫しなくちゃならないんだよ。そこがむずかしい。

だから、まずは剃刀《かみそり》のように研いで、つぎに長切れ、そして刃がこぼれない工夫をした研ぎ方をすればいいんだけど、最近は、そういうことまでしないで、削れればいい、切れればいい、それだけしかやらないから、本筋もわからなくなっちゃうんだ。だけど鑿《のみ》の刃が剃刀みたいにきれいに研げてもパラッと欠けるような状態では、まだ本当に使えるというんじゃない。しかし、乱れてなく、まずそこまで研ぐのが一つの段階だ。

刃というのは、光のようなものだ。横から透かすと、ちょっとした狂いでもよう見える。ちょっと曲がっていても、すぐにわかる。おそろしいよ。だから、どこから見てもピシッと決まっていれば、まあまあだ。そこまで研いで、それからは自分で工夫して自分に使いいい研ぎにしていくことになる。

ジレンマ

三年間だけっていうことで預かった岡田っていう子がいたんだ、それがこのあいだ帰った。岡田はやめるときに、「俺は鵤工舎に来たために、それまでやってきた仕事に戻れないかもしれない」って言ったな。

たとえば柱をこれだけ削る、それには、研ぎものに時間をかけて、下準備を一生懸命やってピシッと削れるようになった。ところが、こんど外へ行ったときに、そんなことをしたら能率が上がらないから怒られるな。「もっと速くやれ」と言われる。自分はそこまで削れる腕を持っているのに、二分の一のところでやめなくちゃならないむなしさというか、悔しさを知ってしまう。そうすると、生きていくのにここで学んだ技術がとってもじゃまになると思うんだよ。これもむずかしいところだよ。

それがたとえば、絵描きとか陶芸家とかというのだったら、一人でやるんだから磨きがかかってよくなるかもしれないけれども、建築というのは、総合したものだからな。鵤工舎だけが一生懸命やって、千年保《も》つと言ったたって、それに伴う左官、瓦屋《かわらや》などの職人がボロボロじゃだめだ。そういうみんなの呼吸《いき》が合ってはじめて、千年の建物という形になるんだけれども、それがむずかしい時代だな。

平成五年、法隆寺が世界の文化遺産になった。文化遺産になったのは、つくってからいままで守ってきた人がいたからなんだ。これからその文化遺産を守っていこうとすると、まずは技術者も必要だし、山に木を植えておくことも必要なんだよ。

もう一つ、法隆寺みたいな文化遺産はきちっと残しておかなくちゃいけない。法輪寺の三重塔を設計するときに、ある学者が、

「いまは西岡さんみたいな棟梁《とうりよう》がいるから飛鳥《あすか》建築の復元ができるけれども、これから百年先には、そういう人がいなくなってしまう。そのときだれでもが修理できるような形にしておかなければいけない」

と、そう言ったんだよ。

それは、大きな間違いだよ。いま復元して残せる、きちっとわかっていることはすべて残しておかないといかん。そうしておけば、百年先の人が一生懸命工夫して、また復元できますよ。しかし、いま百年後の人ができないからといって、彼らのためにこうい

う新しい方法を考えておかなければいけないなんていうのは、大きな間違い、おこがましいかぎりですよ。よけいなお世話だ。法隆寺というものがあって、昔の人はこうして建てたんだというものが残っていれば、職人というのはバカじゃないんだから、そのものを見れば、設計の考え方から、どのような工法でつくられていったかということは自然と膨らんでいくんだ。想像できるんだ。だから、そういうもの自体を残しておくっていうことが大切なんだよ。

道具にしてもそうや。ただ、道具の現物だけ残しておいてくれれば、解説なんかなくていい。これをなぜつくったんだろうとか、どうやって使ったんだろうとか、どこに使ったんだろうとか、それを見ただけで使った人の考え方から使い方までが感じとれる。そういう意味でも、もの自体を残しておいてくれるってことはありがたいことなんだ。

修業留学

鵤工舎で岡田を預かったみたいに、うちの子も遠野《とおの》の宮大工の菊池《きくち》のところへ出してみようと思っているんだ。菊池は薬師寺のとき西岡を頼ってきた外弟子や。この間、菊池のところへ誰か行きたい者はおらんかって聞いたら、「俺、行きます」って、（原田）勝《まさる》が手を上げた。だから、勝を行かそうと思った。でも急にいなくなっちゃうと仕事にもさしつかえるから、順々に「悪いけど三年ぐらい頼むよ」って預かってもらう。その代わり、菊池のほうからも預かってもいいっていうふうに順繰り、順繰りにしてな。やっぱり他人の空気を吸わないとわからんこともあるからね。うちのように丁寧にばっかりやっているのがいいかどうか、これはわからんもの。

ここらで外に出してやるのもいいんだ。初め来たころは帰るって言ってた勝に、このまえ「どうだ、十年ぐらいで家へ帰るか？」って聞いたんだ。けど、勝は「帰らない」って言っていたから、一人一人の意志を確認してから出すことを考えなくちゃ。十年しかここにいないなら出す必要はない。うちで覚えて、それで家へ帰って、また家で勉強したらいい。しかし、ここにずっと一生いたいとなると、他人のところの仕事ぶりを一つひとつ把握しておくことも必要になる。

これがここのいいところだと思うんだ。世間じゃ、二十いくつにもなれば、もう一人前の大人だ。早く仕事を覚えて、たくさん給料をもらって、女房ももらって楽をしたいと思うわな。それが、勝ぐらいの年になってもずっといるとなれば、勉強の時間は十分にあるって考えられるわな。そう考えてくれれば、鵤工舎の技術を覚えることは覚える、そのうえに器量をさらに大きくする。そのための留学さ。

別に外に出さなくてもいいんだ。沖永のとこにしても、独立していった川本らのところに出してもいいんだ。応援に行って仕事をする。それも勉強になる。違う空気も吸ったらいい。それで二、三年したら戻って来ればいい。いま、ふっと考えるんだけども、人間育っているときにある程度ゆとりがあるというのも大切なことと違うかな。それと大事なのは耐えることだな。ここにくると持てあますほどの時間とか、遅々として進まない自分に打ち勝つとか、それに耐えることのほうが大きいからな。ところが、ここの進み方では自分はついていけないという人たちはやっぱり出て行ってしまう。それはそれでしかたがないわな。俺は出て行きたいって言ったら止めないんだ。そうかって言うしかないわな。それがここのやり方や。みんなよくわからんかもしれないけど、仕事はできるようになるんだ。高岡で初めて三重塔が出来上がったとき、みんなに聞いたんだ、自分たちの力でこの塔ができると思っていたかって。誰に聞いても「できるとは思っていなかった」って言うんだよ。未熟な素人集団なのに、それでもみんなでやれば、ちゃんと出来上がるんだ。これが鵤工舎の不思議なとこだ。

俺も不思議に思うよ。これまでもそうやって、いくつも建物をつくってきたんだ。それもいいかげんなものはないよ。ときには、そりゃ俺だっておっかなくなるし、手も出したくなる。それでも我慢してやらせるんだ。そうしないと人は大きくなれないんだ。できないかもしれないっていうんで、やらせないんだったら絶対伸びない。大堅だって九年目にしてもうあれだけの建物（正信寺）をやっているんだからな。施主も心配だろうし、俺だって心配だ。それでもいいからやらせるんだ。最後は俺が責任をとるから、やれって。そうやってここでは人を育ててきた。これからもそうするよ。

鵤工舎がどんなものか、どういうところか、俺にだけではなく、みんなの話を聞くとわかるんじゃないのかな。

以上が小川三夫が語ってくれた鵤工舎の姿である。

鵤工舎の入舎式

毎年、幾人かの新人が鵤工舎に入って来る。学校を途中でやめた者や、ほかの仕事からここに移ってきた者はそれぞれの都合《つごう》に合わせて入舎して来るのでそのために歓迎会を開くということはない。入ったその日から現場に行って下働きや掃除をし、宿舎で先輩たちから教わりながら飯をつくる。それが仕事を覚えに来た職人一般のやり方である。

学校を卒業して四月に入舎する者たちだけは入舎式が行われるようになった。それもこの四、五年のことである。若者たちのインタビューを読んでもらえばわかるが、彼らはさまざまな形でここにやって来ており、入舎式をしてもらっていない者も多い。

小川は自分が西岡のところに内弟子として入ったとき、一匹の鯛《たい》を前にして「これから弟子にするのでしっかりやるように」と言われた日のことを覚えている。そのときは立会人として西岡のお父さんの楢光《ならみつ》が同席した。こうした式を行うことで心構えがしっかりする。

できるだけそうしてやりたいのだが、鵤工舎の入舎形態は試験日があるわけでも、募集要項があるわけでもない。突然、思い立って来た者や悩んだ末に飛び込んできた者が多いので、数人が一緒になるというのは四月だけである。

平成六（一九九四）年四月には中学を卒業して来た花谷《はなたに》と高校を卒業した迫田の二人が入舎し、二人のために四月三日、入舎式が行われた。現代の徒弟制度の中で新人の入舎をどう迎えるか、そのようすがわかるのでこのときの模様を紹介する。

場所は鵤工舎の奈良の宿舎の二階。ここは弟子たちの宿舎であり、小川の家族の住居でもある。一階が弟子たちの宿舎と研ぎ場、三階が小川たち家族の部屋。二階が食堂とテレビのある部屋。そしてこうした式が行われる和室がある。小川の現在の家族は妻と長女、次男、小川の四人。長男量市《りょういち》は茨城・竜ヶ崎の宿舎に住み込んでいる。入舎式は二つの和室を通して行われた。床の間を背負って新入舎員の花谷、迫田が座った。向かって左には鵤工舎を卒業し、現在は独立している先輩たち。上座から順に、川本、高崎、三輪田、石本。右側の席は鵤工舎の若者。上から小川、大工の北村、大堅《おおの》、角間《かくま》、引頭《いんどう》の松本、中澤、そして左側末席に、千葉、饗場《あいば》が並んでいた。今年から引頭に昇進した饗場はこうした席に出席するのは初めてである。この先輩たちが二人の入舎の立会人である。新人の二人を除いて全員が「鵤工舎」の印半纏《しるしばんてん》を着ている。この半纏は彼らが鵤工舎の一員であることを示している。卒業して、独立しても鵤工舎の一員として小川は扱っているのである。全員の前のお膳《ぜん》には、赤飯、汁、ウルメ、昆布《こんぶ》、煮物、酢の物の器が並び、それぞれ尾頭付きの鯛がのっていた。小川の奥さんと手伝いに来た高崎の奥さんが準備したものである。

初めに小川が挨拶《あいさつ》をした。

「迫田君は、鵤工舎で十年ほど修業したら、お父さんが熊本の宮大工さんなので、跡を継ぎたいとそういうことを言っています。迫田君は、十年という限られた期間と思って精いっぱい修業してください」

正座した迫田が「よろしくお願いいたします」とお辞儀をした。高校時代、柔道をやっていたという。体は大きく体重は一〇五キロ。

小川が続いて花谷を紹介した。

「花谷君は、昭和五十四年一月十八日、北九州の小倉で生まれました。花谷君は、履歴書によりますと、『一日でも早く宮大工になりたいです』と書いてありますけれども、まだまだ若いですからゆっくりとやってください。それに今の年です、若いうちにたくさん怒られること。あまり怒られないような態度をとっている小利口な人間にはならないように。何か一言ないですか」

花谷が挨拶した。花谷は小柄で体重が四五キロしかない。まだまったくの少年である。

「自分は、ゆっくりと焦《あせ》らずに、小川さんのもとで頑張りたいと思います。よろしくお願いします」

この後に、先輩たちが順に自己紹介をし、全員にビールが注《つ》がれ乾杯となった。乾杯の後に小川が再び挨拶をした。

「この二人が大工になれるかなれないかは、本人の心がけひとつと思います。この二人が大工になれるようにみなさんで見守ってやってください。よろしくお願いいたします。入舎、おめでとうございます」

用意してあった道具が運ばれた。二人の新人のために用意した道具である。段ボールの箱に、鋸《のこぎり》、柄《え》のない鋸、さしがね、金槌《かなづち》二種、鑿《のみ》三本、巻尺《まきじやく》、鉋《かんな》二個、砥石《といし》二個、釘《くぎ》抜《ぬ》き大小、いずれも真新しいものが入っていた。

小川が道具の箱を渡しながら言った。

「これは本当の基本だけの道具や。この道具はさしあたって必要なものだ。まず一番先につくるのは自分の道具箱。それがおまえたちがつくる最初のものや。それをつくって現場に持っていくんだ。ここにある鑿だとか鉋を入れて持って行くんだ。大事にしろよ。よーく切れるようにするんだぞ。

これからは、遊びもできない、散歩なんか行けないぞ。迫田……十年たっていったら早いぞ、一日一日、思いっきりやっていったらすぐたっちゃうぞ。アッという間だぞ。

それと、こういう仕事は十年たっても経験できるのは三棟ぐらいだろうな、二年で一棟つくれるとしてもそれぐらいのもんや。しかし、最初は使いものにならないんだから、材を運ぶとか掃除をするとか、よくても垂木《たるき》削りとかばっかりだ。それだから、一生懸命やらなくちゃ、十年で帰るわけにはいかないぞ。帰ってもいいけどな。一人前になるには大変だよ。寝ている時間も惜しんで励まないかんぞ」

道具渡しの儀式がすんで食事が始まった。小川が注がれた酒を飲みながら独立していった弟子たちに話す。こうして独立していった弟子たちが一堂に会する機会はめったにない。小川はそれぞれに近況を聞きながらこれからの鵤工舎のあり方などを相談するように話し、意見を聞く。そのなかから一部を紹介する。小川が自分のところから独立していった弟子たちとどんな関係を結んでいるかがわかるだろう。

「石本のところは今、忙しいか。俺ンちの量市を預かってくれないか。止信寺の上棟《じょうとう》が終わったら出したいんだ。三年間ぐらい。量市に民家の普請《ふしん》もやらしたいんだ。

一人か二人を交代で出そうと思っているんだ。鵤工舎で大工の基礎だけ教えて、刻みなどは全部できるようにしておいて、あとはもう働け、働けというふうにしておけば。一人じゃなくても二人でもいいんだよ。まあ人を見てだけどな。そんなふうに思っているんだ。一度、外へ出て、それでまた戻ってきて、それでまた勉強したらいいんだから。よその世界を見るだけでもいい。たとえば、町屋の大工なら一年に三、四棟ぐらいは上げられるよ。それがここでは三年に一回ぐらいだもんなあ。それでは経験にならないわ。棟《むね》上げる経験が積めないもの。だからいまの若い子を順繰り順繰りに送り出して、それでまた戻ってきたらいいんだから。社寺もいいけども、社寺だけではやっぱりあかんな。大工としての経験が積めないからな」

石本は正確には小川の弟子ではない。薬師寺に西岡の下で働くために来て、その後、鵤工舎で働くようになった人である。

この自分のところの若者を外に修業に出したいというのは小川がずっと以前から構想してきたことであった。この話にそれぞれが意見や感想を述べた。独立して行った者たちは全員が社寺をやっているわけではなく、民家を手がけているものも多い。おおかたの意見はそうしたほうがいいということであった。

先輩たちとの話の途中で、小川は上座に座っている新人の二人に話しかけた。

「十年辛抱して立派になるだろう。そうした人には、二宮金次郎の銅像をやることになっている。二宮金次郎をもらえるように頑張らないかんぞ。それでな、二人ともここに習いに来てるんだから、そのまんまの自分をさらけ出したらいい。習いに来ているのに格好つけたらあかん。格好つけてたら何にも覚えん。何のために習いに来てるんだかわからんぞ。自分たちは始めっからわからないんだから、わからなかったら聞いたらいい。でも聞くにしても、よっぽど、こうと思って聞くんだぞ。バカみたく、わからないからといって『あ……』なんて言ったら、ゲンコツだぞ。本当に、ちゃんと考えて、考えてから聞くんやで。

　迫田はあんまり気づかねえ。花谷はよう気づくんだよ。こっちは、何も考えねえから、ボーッと大きくなってんだろ。ふつうの人だったら、花谷を褒めるで。しかし俺、嫌いなんだ、こういうの。うまいんだよな。『なにしましょうか』『何かありませんか』とかよ。そんなことはどうでもいい。小利口にはなるな。棟梁になって何かするとき、そんなことは通じねえぞ。本当のことだけを見極めるように考える。本当のことだけをな。無理してつくる必要はないんだ。わかったか。世の中にはこっちの世界とあっちの世界がある。おまえたちは今日から職人の世界に入ったんだから、職人の世界だけじゃやって行くんだ。世の中のおべんちゃらも、格好も関係ない。自分の腕を磨くことや。わかったな」

　下の席では饗場や中澤が神妙に話を聞いていた。

「西岡が本の中で、こういうことをいうんだよ。『煎《せん》じて煎じて、煎じて煎じて煎じて、行き着くとこはかん』だって。いろいろなことを煎じて煎じて、煎じ詰めれば『かん』しか残らないっていうんだよな。

だからみんなに聞きたいんだよ。『かん』というのは、感覚の『感』やろ。『かん』というのは、どういうふうにして育つと思う？　『かん』というのはどういうもんだと思う」

高崎が「経験」やないかと答え、それぞれが言うのは、勝負の「勘」とか、そういう「かん」もあるという話になった。

「経験を超えるものがあるんだよ。経験を積むだけで『かん』が生まれるって言ったら、これは嘘《うそ》だ。そうじゃないよ。それを超えているもの。経験を積んで、体験を積んでいったら『勘』は働くようになる。しかしそれは『感』じゃないわな。しかし、西岡は煎じ詰めたら『かん』だっていうんだものな。それをどうしたら養えるか。

『かんを養う』というのはどういうことや。数をやることやろか。しかしたくさんの数をやれば『かん』はそうとう研《みが》かれるというふうに思うかもしれないけど、それ以上のものがあるのと違うか？　人間生まれながらに持っているものなんじゃないか。仕事の早い、きれいだというのはわかるやろ。その人らを見たら。どうだろう。あれはちょっと早いな、あれは何かがすごいなと思うやつっているやろ、職人で。それ見てたらわかんないんだな。

俺たちはどうやって職人の『かん』を育てるかや。俺は順序としてはまず研ぎやと思っている。本当にきれいにきちっと研げるまではものすごく苦労したからな。それがまず第一。無駄な苦労かもしれないけど、それをしなくちゃいかん。つぎに現場のむずかしい仕事を納めるなんていうのは微々たるものだ。すぐにできるようになる、その気になれば。しかし、そこから先の線がきれいだとか、空間がいいというのは感覚になっちゃうんだよな。これは、教えられないんだ。それは、その人間の持っているものの感覚は教えられないんだ。その人が仕事の中で摑《つか》むしかないんだ。埋もれているものを探して、磨くしかないんだ。俺だって、本人だってそれがどんなものか、どこに隠れているかわからないんだから、やってみるしかないわな。棟梁としての器量はその先の問題や。人を束ねる能力があるかないかということになるが、これもみんな同じじゃないさ、その人が努力することだ。その人間が信頼されて、仕事の注文があるかということになってくる。むずかしいぞ、人を育てるというのは」

このあと、弟子を取って育てなくてはならない独立して行った者に小川は心構えや自分が抱える悩みを問いかけて行く。一段落したところで腕相撲大会が始まった。

新人の迫田が強い。全員が挑戦したが、勝てず大騒ぎとなった。腕自慢の者たちが新人に負けたのだ。酒が入り、それぞれが入舎したころのことや、昔の作業場での思い出、いま抱えている契約のこと、嫁さんのこと、新しい結婚のことなどが話された。午後一時から始まり、解散したのは五時だった。

今回は「引頭」以上が茨城、栃木の現場から駆けつけている。会が終わりしだい、大工の大堅、角間たちは自分たちの部下たちが待っている現場に帰って行った。

新人の花谷、迫田は大堅が預かる茨城の竜ヶ崎の現場に配属されることになった。

これがこの年の入舎式の模様である。ここに徒弟制度が積み上げてきた人間関係の、小さいけれどもひとつの形があるように思う。

迫田は、このあと茨城の現場で働いたが、もらった道具を残して、一ヵ月で鵤工舎を去った。新たなところでの修業を選んだのである。小川はあえて理由も聞かなかったし、止めもしなかった。

Ⅱ　鵤工舎《いかるがこうしや》の弟子たち

鵤工舎の二宮金次郎像

小川は二宮金次郎が好きである。工舎の慰安旅行でも宴会でも、若い者と飲んでも、酔うと「二宮金次郎」の唄《うた》を歌う。小川は、ブロンズで高さ六〇センチほどの二宮金次郎の像を十体つくらせてある。一人前の大工として技を身につけ、人の上に立ち、大きな仕事をやり終えた者に免許皆伝として与えるためにつくったのだ。

本を広げ、薪《たきぎ》を背負って歩む像である。二宮金次郎が広げている本には「粒粒辛苦《りゅうりゅうしんく》　不撓不屈《ふとうふくつ》　雪中松柏《せっちゅうしょうはく》　神工鬼斧《しんこうきふ》　及第為帰《きゅうだいしてかえる》　師曠之聡《しこうのそう》　桃李成蹊《とうりせいけい》　鵤工舎」という文が彫り込まれている。師の西岡常一の文字である。これまで鵤工舎創立以来の弟子・北村智則《きたむらとものり》と九州で学術模型を専門につくる部門を担《にな》っている沖永考一《おきながこういち》の二人しかもらっていない。

話の中で登場する二宮金次郎の像とは「修業修了」を示すこの像のことである。

弟子たちの生活

いま二十人の弟子たちが鵤工舎にいる。しかし、この人数は不動ではない。やめていく者もあるし、途中で入って来る者もいるからである。入って来る者は宮大工の仕事をほとんど知らずにやって来る。十年の下積み生活が必要なことは知識としては納得できるが、実際に生活を始め、やっていけないことがわかるとやめていく。

入舎した者は全員、仲間と共同生活を送る。宿舎は現在は三つ。奈良の宿舎は小川や小川の家族と一緒に、栃木の工場は弟子たちだけで、現在は角間《かくま》に率いられる四人が生活している。茨城の宿舎は現在建築中の竜ヶ崎の正信寺《しょうしんじ》の敷地内にプレハブの宿舎を建てて、そこで寝泊まりし、現場に通っている。ここには大堅《おおの》に率いられる十人ほどの若者がいる。

このほかに地方で仕事が始まれば何人かが出かけて行き、簡易宿舎をつくるか部屋を借りることになる。いずれにしろ同じ仕事をしている者は同じ屋根の下で暮らす。

ただし、一人前の大工として認められた北村と沖永は自分の住宅を持っている。

宿舎での個人の部屋はさまざまである。一つの部屋を一人で使うこともあるし、畳二枚ほどの手作りのベッドが自分のスペースのこともある。このベッドは真ん中に畳が敷かれ、周囲は板敷きになっている。荷物はベッドの下に置けるようになっている。

ほとんどの弟子は移動することが多いので荷物はきわめて少ない。初めから最後まで同じ現場に立ち会うのは、現在では、「大工」の大堅、角間、北村の三人。ほかの者は状況に応じて、あちこちの作業場に派遣される。そのときは自分の道具と着替え、洗面道具など日用品を持って出かける。

北九州に住む沖永は、学術模型作りを専門にしており、ほとんどそこの作業場にいる。学術模型とは本物の塔や堂のすべての部品を十分の一か二十分の一の大きさにつくり、組み立てていくもので、一つに二、三年はかかる。彼の仕事が忙しくなれば若者が手伝いに行くこともある。若者たちの仕事場や移動は小川が決める。

仕事は木の拵《こしら》えから始まり、足場づくり、組み立てと建物を建てるための作業すべてを行う。大きなものに至っては三年間も木の拵えをすることもある。現在はいくつかの作業所で同時に仕事が進行しているので、さまざまな工程が鵤工舎全体では行われていることになる。仕事のようすを知るために彼らの「出面《でづら》」を紹介する。平成六年九月の仕事である。北村、大堅、角間は棟梁《とうりよう》としてそれぞれ違う建物の責任者である。

基本的に三度の飯の支度と掃除は新人の仕事である。賄《まかな》いはつかないし、雇わない。自分たちの食事は自分たちでつくる。もちろん昼の弁当も自分たちで用意する。現場に親方（小川）がいるときは親方も同じ飯を食う。親方はそれぞれの宿舎をまわり、仕事

平成六年

鵤工舎

棟梁	大工	引頭	長	連
西岡常一	沖永考一	松本源九郎	原田勝	前田世貴
	北村智則	千葉学	藤田大	小川量市
大工頭	大堅工樹	中澤哲治	吉田朋矢	柴田玲
小川三夫	角間信行	饗場公彦		松永尚也
				大橋誠
				花谷太樹
				谷口信幸
	川本敏春	辻正則		
	高崎勝則	建部清品		
	田中求			
	三輪田學二			
	斉藤正義			
	石本孝一			
	佐藤和明			

9 月計画　　　名前　大堅工樹

日	曜	所	内容	
21	日			休み.
22		正信寺	組	母ヤ組みたて
23		〃	拵	前包きざみ
24		〃	〃	母ヤきざみ
25		〃	組	支外化粧板張り
26		〃	拵	母ヤきざみ
27		〃	〃	〃
28	日			休み
29		正信寺	墨	母ヤ墨付け
30		〃	拵	母ヤきざみ
31		〃	〃	〃
1		〃	組	母ヤとりつけ
2		〃	墨	母ヤ棰割り 野地板切
3		〃	拵組	母ヤきざみ. 野棰とりつけ
4	日			休み
5		正信寺	組	母ヤおさめ
6		〃	組墨	母ヤおさめ. 野棰割り付け
7		〃	拵	野棰割りつけ. きざみ
8		〃	仮墨	屋根こわし 瓦シンだし
9		〃	墨	瓦シン. みの甲墨だし
10		〃	組	母ヤ束入れ 母ヤかわむき
11	日			休み
12		正信寺	墨拵	母ヤ墨付け きざみ.
13		〃	拵	母ヤきざみ. おさめ
14		〃	墨拵	みの甲墨付け. 母ヤ
15		〃	拵木	瓦座木造り
16		〃	木	根太運び 木造り
17		〃	木	大引き運び 木造り
18	日			休み
19		正信寺	拵墨	母ヤ野棰かき. 墨付り
20		〃	拵	母ヤ野棰かき

材　用材整理　用材出し　用材運搬
木　木取り　木造り
墨　墨付
拵　木拵　きざみ
組　組立　取付　仮組み
現　現寸　形切　図面　模型
雑　仕事外　見積　現場移動
仮　仮設小屋　足場　素屋根

所	日数
正信寺	26
合計	26

9月出面　　名前　千葉　学

日	曜	所	内容	
21	日	正信寺		
22	月	正信寺	組	母屋.桔木棰納め方
23	火	〃	〃	〃
24	水	〃	〃	〃
25	木	〃	〃	〃
26	金	〃	〃	化粧板張り方
27	土	〃	〃	母屋治め方
28	日	休み		
29	月	正信寺	組	銅張り
30	火	〃	〃	束きざみ.まくら.母屋入れ
31	水	〃	拵	棰がき
1	木	〃	〃	〃
2	金	〃	〃	〃
3	土	〃	組	棰付け.
4	日	休み		
5	月	正信寺	組	棰付け.
6	火	〃	〃	まくら入れ.
7	水	〃	〃	高さとり.(型板).まくら入れ.
8	木	〃	〃	束.母屋入れ.
9	金	〃	〃	高さ出し.
10	土	〃	〃	母屋入れ.
11	日	休み		
12	月	正信寺	組	母屋入れ
13	火	〃	〃	〃
14	水	〃	拵	壁貫穴あけ.
15	木	〃	組	壁貫入れ
16	金	〃	拵	棰がき.
17	土	〃	〃	〃
18	日	休み		
19	月	正信寺	墨	高さ出し.墨付け.
20	火	〃	拵	棰木がき.補強材入れ

材	用材整理　用材出し　用材運搬
木	木取り　木造り
墨	墨付
拵	木拵　きざみ
組	組立　取付　仮組み
現	現寸　形切　図面　模型
雑	仕事外　見積　現場移動
仮	仮設小屋　足場　素屋根

所	日数
正信寺	26
合計	26

8.9 月出面　　名前 花《ハナ》谷《タニ》太《ダイ》樹《キ》

日	曜	所	内容	仕事
21	日	正信寺	体	―
22	月	〃	組	母屋 取付
23	火	〃	雑	表札 作り
24	水	〃	〃	〃
25	木	〃	組	棰 取付
26	金	〃	〃	〃
27	土	〃	材	用材 整理
28	日	休み	―	―
29	月	正信寺	雑	表札 作り
30	火	〃	木	木造り
31	水	休ましてもらった。	(休)	しんどいで休んだ。
1	木	〃	雑	そうじ
2	金	〃	〃	母屋 のこ入れ PM そうじ
3	土	〃	材	野棰 運び
4	日	休み	―	―
5	月	正信寺	雑	そうじ
6	火	〃	〃	野地板くぎうち
7	水	〃	〃	〃
8	木	〃	仮・雑	素屋根 PM そうじ
9	金	〃	雑	野地 くぎうち
10	土	〃	雑	そうじ
11	日	休み	―	―
12	月	正信寺	墨	すみ付け PM そうじ
13	火	〃	材	ゆか板 はこび
14	水	〃	材	根太の材料うんぱん
15	木	〃	材	〃
16	金	〃	木	母屋木造り
17	土	〃	材	束の用材はこび
18	日	休み	―	―
19	月	正正信寺	雑	母屋 ノコ入れ
20	火	〃	〃	母屋 ノミ入れ

材	用材整理　用材出し　用材運搬
木	木取り　木造り
墨	墨付
刻	木刻　きざみ
組	組立　取付　仮組み
現	現寸　形切　図面　模型
雑	仕事外　見積　現場移動
仮	仮設小屋　足場　素屋根

所	日数
正信寺	25
合計	25

の進行を管理しながら、彼らと食事を共にする。食べ物はまったく同じものだ。

修業中の弟子たちは作業場で自分ができることをし、上のものから与えられた仕事をこなす。作業は八時から始まり六時で終わることになっているが、進行次第で変わることもある。仕事が終われば上下関係はほとんどない。先輩は後輩を私用で使わないし、洗濯など自分のことは自分でする。

作業中は道具の手入れはしないことになっているので、晩飯が終わると弟子たちは思い思いに研ぎ場に行って刃物を研ぐ。刃物を研ぎ澄ますこと、これは西岡が小川に命じ、小川がそれを弟子たちに命じた宮大工の修業の一番の基礎である。研ぎ場は、奈良の宿舎の一階に、他は作業場の近くにつくってある。それぞれが自分の砥石《といし》を並べ、いつでも研ぎができるようになっている。

小川が西岡棟梁の家で修業したときとは違って、テレビも新聞も、雑誌も、遊びに行くことも禁じられてはいない。自分で自分の時間を使うのである。ある者は自分の好きなスポーツをしに地区のクラブに出かけるし、花や茶、書道を習いに行く者もいる。テレビを見る者もいれば、寝転がって雑誌を読む者もいる。仲間がいれば野球をし、サッカーボールを蹴《け》って汗を流す。

それでも、夜には多くの若者が研ぎ場に行き、研ぎに精を出す。その時間は人によっては二時間、三時間におよぶ。そこでは一心不乱、研ぎに精を出す。

すでに四年も滞在している竜ヶ崎では恋人ができた者もいるし、地区の祭りではここのメンバーは重要な神輿《みこし》の担《かつ》ぎ手として受け入れられている。

休日はいちおうは毎週日曜日、正月、お盆だけである。弟子たちは毎日の仕事を出面《でづら》という日記につけ、一月《ひとつき》ごとに働いた日数を自分で申告する。鵤工舎は体系的には株式会社で、社会保険は各種完備しており、手当てもある。給料は出面の申告により、日給制で換算される。休みたければ休み、その分が勘定に入らないことになる。

そういう意味では彼らは会社の社員である。言いようによっては給料をもらって、修業をしているといえる。弟子たちの身分は「大工《だいく》」「引頭《いんどう》」「長《ちょう》」「連《れん》」の四段階に分かれているが、昇進は毎年正月明けに壁に張り出された表でわかる。すべては小川が仕事ぶりを見ながら決める。

日々の生活や、仕事の中身、考え方などを紹介するために現時点（平成六年八月）で鵤工舎に所属する若者全員にインタビューした。彼らの話から宮大工を志す若者たちの考え方や生活ぶりがわかるだろう。そしてそのようすが鵤工舎という工人たちの集団の性質をあらわしていると思う。

小川の弟子たちに対する態度は「木は生育の方位のままに使え」、「堂塔の木組みは寸法で組まず木の癖で組め」という法隆寺の口伝《くでん》のまま、個性を壊さず、癖を生かすことにある。

大工・北村智則

ぼくは昭和三十三（一九五八）年生まれで、高校を出てすぐここに来ましたから、十八年目です。長さだけはすごいですね。いままで何をやっていたんかと思いますけど。生まれは大阪の茨木《いばらき》市です。親父は建具《たてぐ》の職人です。出たのはふつうの高校。はじめは高校へ行くのももう一つなんか気がすすまへんで、中学校を出たら大工になると言っていたんです。だけど、「いまは、とにかく高校だけでも行っておき」とみんなに言われて、まあ、それでもいいかなあ、みたいないい加減な気持ちで高校に行ったんです。高校をもうじき卒業するというころ、あまり勉強も好きじゃないし、大学へ行くための勉強もしていなかったし、行ってもどうかなと思っていて、木の仕事なんかいいなと前から思っていたんです。親父《おやじ》の仕事のことも考えました。前からお寺などを見てまわるのが好きやったので、どうせ建てるのならお寺のほうがいいかなと思って、親父に宮大工になりたいって言ったんです。親父も、

「建具屋よりも宮大工のほうがおもしろいやろ。別に建具屋にならんでもええわ。おまえの好きなものをやったらええ」

と、とくに反対もしなかったんです。

初めは西岡棟梁も親方のことも知らないし、全然伝手《つて》もないし、知っているところもなかった。たまたま薬師寺の金堂が落慶《らっけい》したころで、よく新聞に出ていたんです。それで薬師寺に行けば、大工さんがいてはるか、いなくてもだれかに教えてもらえるんじゃないかと思って薬師寺に行きました。お寺の事務所みたいなところへ行って、こうこういうわけで、大工さん、だれかいてはりますかと言うたら、建設事務所に電話してくれはって、ちょうどそこにいた小川さんが話を聞いてくれたんです。西岡棟梁も側《そば》にいてはりました。それで、小川さんがそういう気でやりたいのだったら、今度一回、親と一緒に来いと言われました。それで、親に一緒に行ってもらって、高校を出たら小川さんの弟子になることになったんです。

高校のときは、二年の夏までサッカーをしていたんですけど、二年の夏休みにへばってしもうて、それでやめてしまったんです。運動神経は、まあまあですね。そんなに得意でもないし、どっちかというと多少悪いかもしれないけども。

よく聞かれるんです、鵤工舎の一番弟子ですよねって。順番から言ったらそうですね。弟子として入ったのは最初です。

入ってすぐのころは、親方はたぶんまだ薬師寺に行ってはったと思います。ぼくは親方の家へ住込みで（大和）郡山《こおりやま》の工場へ行っていたんです。宿舎のそばにあった、親方がこの間まで住んでいた家です。

そのころは別にやって行けるやろかとか思いませんでした。やっていけば、なんとかなるだろうと思ってたんやろな。ぼくはとろいから、あんまり深いこと考えないのかも。

いまはみんな食事作りとかしていますけど、あのころは奥さんにほとんどしてもらっていました。家の横に仕事場がつくってあって、親方も晩にそこで仕事をしてはったんで、ぼくはそこで研ぎものをしました。あんまり厳しくは言われませんでしたけど、ときどきは怒られました。怒鳴ったりはあまりしません。言うのはやっぱり遅いとか、ちゃんとやれとか、ですね。

途中で、やめたいと思ったこと？　何度もありましたね。あれは、薬師寺……、何年かちょっとはっきり覚えていないんですけど、そのころ、一回やめると言うたことがあります。家に帰りはせいへんかったですけど。結局、続けました。親方は止めたりなんかしないですね。ああ、そうかみたいなもんです。やめたいと思った理由ですか？　あまり大した理由はなかった。なんか根が詰まったみたいになって嫌《や》になったんで、やめるみたいな。それでも思い直したというんか、帰らへんかったんです。奥さんは、そういうときは全然何も言わないですね。そりゃ一緒に暮らしているわけですから、励ますとか、「しっかりやらなあかんよ」みたいなことは言われました。

あのころ、ぼくが悩んでいたことというたら、たとえば、二年くらいしてからまた若い人が来たんです。それでぼく自身、まだろくにわからへんのに、親方がもう全部ぼくに任すんですよ。親方が教えるんやなくて、ぼくの下につけてしまうわけです。だから、ぼくが全部教えなあかんわけです。二年目か三年目ぐらいです。それで、まちごうたことをしたらぼくが怒られるんですよ。そういうのはけっこう負担ですよね。まだ何もでけへんのになあとか思いながら。研ぐのは、まあまあ研げていたかもわかりませんけど、道具はまだまだ使いきれなかったですからね。

入って一年目の秋に西塔が始まるので親方は薬師寺に呼ばれて戻ることになったんですが、弟子は連れて来るなって言われたんです。けど、それやったら親方は行かへんと言うて、結局、薬師寺へ一緒に行かせてもらうことになったんです。薬師寺では親方は図面を書いたりしてはったんで、ほかの職人さんから仕事を教わりました。

一人前だって言われたことはないですね。けど、十年おって親方が認めてくれたかなんか知らんけど、二宮金次郎をもらったときぐらいですか。そやから、あれで一人前かなあというとこですけどね。

もらったのは、いまのところは、ぼくを入れて二人だけです。

その間にもやめたいと思ったことは、何回かあります。本当に家へ帰っちゃったこともあります。あのときは何日間ぐらいやったかな、一月《ひとつき》か、二月《ふたつき》ぐらい帰っていましたね。いやあ、昔の話ではなく、わりと最近ですよ。はっきり覚えてないけど、三十歳前後のときかな。実際はどうかわかりませんが、世間から見たらいちおう一人前になってからです。そのときの理由ですか？　落ち込んでしまったんです。いまはだいぶましになったんですけど、仕事のこととか若い子のこととか、いろいろなんか滅入《めい》ってしもうて、仕事をするのが嫌《や》になってしもうて。どっちかいうたら、反抗して出るというよりも自滅型ですね。

これまでここに来た若者ですか？　三日でやめたもんも入れたら、ひょっとしたら五十人ぐらいになるかもわかりません。全部はわからないですね。途中、けっこう地方へ出て仕事をしていて、奈良のことや、ほかの現場のことがわからない時期もありましたから。そのころは、たぶん、いまよりやめるのは少なかったと思います。昔の人のほうがそれなりの覚悟をして来ていたからかもしれないですね。

ぼくは初めてここで大工になったんですけど、昔、来ていた人は、もともと大工で途中から来た人が多かったですね。それと家が宮大工とか、あるいはそれに似たような仕事という人が。それで、何年か修業をして帰っていく。高崎さんなんかは、家が岐阜の神棚屋です。ほかの人たちは民家をやってきて、一通り道具が使えて、それで入ってきた人が多かったですね。

途中から来た人たちも、ぼくらとそんなに違いはないと思います。ただ動きとか仕事の段取りは、かえって外から来た人のほうがいいですね。自分らは、ちょっと動きが鈍い。これは鵤工舎の特徴かもしれません。みんな、急がない。悪い特徴を、ぼくがつくっているんかわからへんけど。親方は、もうすこし速くやれって、言うていますよ。

そうですね、親方と一緒に建物つくった数が一番多いのは、ぼくですね。薬師寺のあとは、法輪寺の上土門《あげつちもん》の修理か何かしたような気がしますが、はっきり覚えていません。あと信州の蓼科《たてしな》に水屋《みずや》をつくったんです。手水屋《ちょうずや》を。あれのほうがたぶん東京より先のような気がしますけど。あれは、沖永さんと親方とぼくと相川君と四人でやりました。あれは薬師寺がすんでからですから、ぼちぼちまあ仕事ができかけていましたから。

この後、ずっとここにいるかですって？　そのへんは、ちょっとまだなんとも……。いまのところ、出る予定もないですけど、まだわかりませんね。ぼくは、自分で独立したいという気はあまりないです。そやから独立したい人は、おそらくどんどん出ていかはるようですけど、ぼくなんかは、どっちかいうたら、仕事だけさしてもろたらええみたいな感じやから。独立したら、いろいろなことをせなあかんでしょ。ぼく、あんなのが苦手やから……、苦手いうか、めんどうくさいいうか、せんでええんやったら、それにこしたことないなと思っているんです。

まだ、設計なんかはあまりちゃんとはさしてもろうてません。この前、神社を頼まれて書いたんですけど、それが初めてです。親方が図面を書いて、ぼくが原寸引いて、図面に抜けているようなところは、原寸で先に書いてしまって、それを記録用に図面に残したりしてましたけど。

そうですね。設計図を渡されて、この寺をつくれと言われれば、まあ、できるんじゃないですかね。お金の勘定が別やったらできますね。

鵤工舎が大きくなっていくということですか？　ぼくは、大きくなること自体は、別にかまへんですけど、弟子の取り方がちょっと違うんじゃないかって前から言うているんですよ。この前、やめて家に帰ったと言いましたけど、そのこともあったんです。ある程度、上の人が育ってきて、それで順番に増えていくのやったらいいけど、若いもんをバーッと入れるときがあるでしょ。そういうのはちょっとおかしいんじゃないかって。ぼくは、ぼちぼちいくほうですから、たとえば、現場をまかせられる人が何人かおって、また中堅がおって、下がおるとかいうのやったらいいけど、なんかいまは、いきなり下ばっかりみたいになっている。

正信寺をやってる大堅君は大したもんやと思います。ほとんどが若い修業中のもんだけでやるんですから。自分で言うのもおかしいけど、よくできるなと思います。これまでだってよくできてきたと思います。感心していますよ。これが親方のやり方なんです。鵤工舎流です。

初めてやった国泰寺《こくたいじ》の三重塔だってそうです。今年行ってきましたけど、あのころ、まだみんな二十代だったでしょ。西岡の弟子といっても檀家《だんか》さんとか、向こうの人は心配ですよね、これでできるんかなと思うて。で、ぼちぼちできてきたら、ああできてきたというようなもんですよ。いまでも同じでしょう。どこへ行っても、初めはみんな心配やって言われますよ。行ったときすぐには言わへんけど、できてからね。

「いまだから言うけど、ほんまにできるんかって心配やった」

って。国泰寺のときもよう言われました、できてからね。

うち流のやり方だと、一人前でない人たちがたくさんいるから元気はいいけど、どうしてもはかどりが遅いですね。ただ、その間に人が育っていくと思います。育つかもわからへんけど、うちのやり方は時間がかかると思いますね。むずかしいところです。

まえに親方から、各現場ごとで仕事のことはもちろんやけど、お金のこともそこをまかされた者が請け負うような形にしていきたいという話があったけど、いまのままではようしませんわ。そやけど、これからはそんな形でもやれるようにしていきたいとは思ってます。

川本さんとか、高崎さんとか、三輪田さんとか、同じくらいの人たちが独立して行きました。ここを出て行って、ここで修業したことがどうかって？　そうですね。社寺建築が続けられたら役に立つと思うけど、地方へ帰って自分でやるとなると、仕事をすることよりも注文を取ることのほうが大変やと思います。親方も独立した人と鵤工舎とをタイアップさせて、グループとして仕事や人の面で協力していける体制を考えていはるようです。

人に教えることですか？　心配とかはしてないです。順番に一つひとつやれば。人によって、遅い、早いはありますが、できます。それはどれだけ打ちこむ情熱があるか、それに器用、不器用ということも、どっちもあると思います。

一生懸命やれば、だれでも研ぎものとか道具だけはつくれると思います。ただ、仕事の遅い、早いは、なかなか……。研ぎものとか仕事場での動きを見たら、なんとなく雰囲気でちょっとわかるようなときもありますが、誰がいいとか悪いとか、才能があるかないとかというのはわかりませんね。大工ってむずかしいですね。仕事を黙ってやっているだけのもいるし、ワーワー言って、みんなを引っ張っていくのもおるし。そういうのがたくさんいて鵤工舎が成り立って、なんとかなっているみたいなものですから。

結婚ですか？　したいという気はありますけど、なかなか出会う機会も少ないし。それでもたまに紹介してもらったりするんですけど、なかなかうまくいきませんね。

毎日の暮らしですか？　いまは宿舎を出てアパート暮らしでしょ、夏はほとんど外食です。涼しくなったら、たまには自分でつくりますけど、暑いときは、何を買うてもすぐ腐るし、つくるのも、帰ってもうくたくたになっているから、いまは外食ばかりしています。

早いときは五時ごろ起きることもあるし、五時か六時すぎぐらいに起きて、パンか何かを食べて洗濯したり、花に水をやったりして七時半か、八時までには作業場へ来て、仕事は六時まで、あとは掃除とか、たまに道具をかたづけたりして、帰り道に食べて帰るときもあるし、何か買って帰って食べるときもあるし、そんな感じです。食べて帰ったりしたら、やっぱり七時半とか八時ぐらい。その後は、風呂《ふろ》に入って、テレビを見て、ひっくり返っているぐらい。貯金はほとんどないです。ぼくはいろいろなものに使《つこ》うていますからね。カメラとか、ステレオとか、道具。道具を買うのが好きですね。

持っている大工道具を全部足すと？　計算したことはないですけど、けっこうになると思います。買ったときの値段で、もしちゃんと計算したら、電気道具とかも入れたら二、三百万、そのぐらいになるかもわかりません。道具は自分で買いました。初めに親方とか一緒に仕事をしていた人からちょっともらいましたけど、それ以外はほとんど自分で買い足してきました。

この後の鵤工舎ですか？　どんどん入ってきてもいいけど、やっぱり大堅君とか角間君ぐらいの力のある人が、何人かできてからのほうがぼくはええと思うけどね。やっぱりその仕事を見て動きとか雰囲気とかを覚えなしょうがないでしょ。そやから、それがもうちょっとしっかりしてから。それに入る人もそのほうが得やろうし、こっちも楽なような気がしますけどね。いまは、なんとなく鵤工舎学校みたいになっているでしょ。ぼくの理想からいうと、ちょっと外れています。

まあ、よそでは、もっと棟梁《とうりょう》とか親方は現場へ出て仕事をしてはるようなことをよう聞くから、そっちのほうが、ぼくは自然のような気がするんです。

西岡棟梁も、親方(小川)一人を育てただけでしょ。そやから、いまの鵤工舎はなんかちょっとぼくの思っているのからしたら違うんやけど、まあ、それはそれとして、ぼくはいま、自分のやれる範囲のことだけをやろうと思っています。

西岡棟梁のことですか? 棟梁は薬師寺にぼくが行ったころは、もう現場へは道具は持ってこられなかったです。事務所で図面を書いたりいろいろなことをしながら、ときどき現場へ出て、指導してもろたりとか、話をいろいろと聞かせてもろうたりとかしてました。ぼくはちょうど親方のところから通っていたので、ほかの職人さんらは宿舎の食堂で食べていたんですけど、昼休みに棟梁と親方と三人で昼食を事務所で食べて話を聞かせてもらいました。

どんな話をしたかはっきり覚えてないですけど、仕事の話とかはあまりしてなかったと思います。わからんとことか、こうこうこないしてますけど、これでいいですかとか、聞いたりしましたけど。

でも、すごい人ですよ。薬師寺とか法隆寺でも、ここどうなっているんですか、と聞いたら、ほとんど即答されますものね。あそこは、ああやった、こうやったとか。ノートでも、細かくびっしりと書き込んであります。あの人のいちおう孫弟子ですから誇りには思っていますけど足下《あしもと》にもおよびません。

（きたむら　ともり）

大工・大堅工樹

昭和四十二（一九六七）年七月二十三日の生まれです。秩父《ちちぶ》農業高校の林業科を卒業しました。野球部でセカンドをやっていました。甲子園出場の県予選では二回戦で負けました。

林業科を選んだのは、とくに理由はないですけど、兄貴も林業科を出ています。親父《おやじ》はふつうの大工です。兄貴は会社員で、精密機械の会社に行っています。林業科は一クラス四十人。卒業して、自分らの同級生の多くは林業とほとんど関係ないような会社に行って、林業に関係するようなのは十人といないです。俺は卒業して、東京の宮大工の工務店に行きました。学校に求人の紙が貼《は》ってあったんです。

俺、外に出るということが全然できなくて、東京とかも、そこで働くまでは五回行ったかどうか。親方（小川）は俺がワルだったたって言うけど、そんなんじゃないです。喧《けん》嘩《か》もそんなにしなかった、ソリは入れてましたけど。

子供のころからプロ野球の選手になりたいと思っていました。スカウトに来るだろうとは思ってなかったです。いざ就職というときに、先生に何するんだと言われて考えたら、親父が大工だったし、やっぱり大工しか知らないんで、結局、大工になった。じいさんが宮大工で、親父もじいさんと一緒に宮大工の仕事をずっとやっていたんです。その前の代はお坊さんだったんです。じいさんのお父さんはお坊さんだったと聞いていました。東京の工務店には一年と一ヵ月いました。

そこは、その年初めて高卒を採って同じようなのが七、八人いました。自分が入ったときは、大工は全部で三十人か四十人ぐらいいたんです。住込みというか二人部屋の寮みたいのがあって、修業といっても、大工仕事はあまりしなかった。そこは、基礎も全部やっているところで、最初は基礎のほうばっかり。本堂の基礎づくりをしたり、アスファルトを敷いたり。

それに機械ばっかり使う会社で、自分の家は田舎の大工だから機械はあまり使わないんです。それが当たり前だと思っていたのが、東京へ行ったらそういう機械ばかり使うので、なんか考えてた大工と違うなと思って。それで、東京ならいい大工の本があるんじゃないかと思って、本屋に探しに行ったんです。大工のためのいい本がなくて、西岡棟梁の『斑鳩《いかるが》の匠《たくみ》宮大工三代』という本があったんです。宮大工ってついていたんで買ったんです。俺、それまで棟梁のことは知りませんでした。読んでいたら後継者に小川という人がいるって書いてあったんで、この人のところへ行こうと思ったんです。そのときに、ちょうど新聞に親方がたぶん出ていたんだと思います。それを見たら、薬師寺

の近くのプレハブに住んでいるという文章だったので、

——よし、これは、もう薬師寺というお寺だったら、どんな本を見ても出ているから、そこにまず行けば会えるだろう——

と思って、それでわからないけど、薬師寺までとにかく行ってみようと思ったんです。それで親方のところに行くために工務店をやめました。五月のゴールデンウィークのときでした。荷物は、やめた日に宅急便で秩父の実家に送りました。それで、そのまま秩父に帰らずに新幹線に乗って奈良に来ました。人にものを聞くということがそのころできなかったので、東京駅では新幹線の乗り方がわからなくてだいぶ迷いました。

お金はそんなに持っていなかったと思います。京都で乗り換えて、西ノ京まで来ました。まだ明るかったんですけど、プレハブがあるだろうと思って薬師寺のまわりをだいぶ探して歩いた。そうしたら夜になってしまって。ちょうど薬師寺の近くに交番があるんですよ。どうしようもないから、そこに行ったら、お巡りさんがちょうどいたんで、

「この近くに小川という人はいませんか」

と聞いた。そうして親方のところを教えてもらったんです。

それで行ったんです。連絡も何もしてません。そして行ったら、その日、親方がいなかったんです。しょうがないから奥さんに「じゃ、また明日の夜、来ます」と言って、そのまますぐに帰って来ちゃったんです。それで、どこかで寝ようと思って、駅のベン

チへ行ったんです。夜遅くなって、駅の人が電気をみんな消して行っちゃうでしょ。そうしたら、そのうちに寒くなって寝てられなくて。薬師寺のまわりを歩いてみようと思って起きたんです。薬師寺の前を朝までぶらぶら、ぶらぶらしていました。修学旅行のときは来ていますけど、やっぱり改めて見ると、すごい寺だなと思いました。

それで、その日は「昼間だったらば、作業場にいる」と、奥さんに言われたんですけど、「夜、来ます」って言ってしまったので、秋篠川《あきしのがわ》のところでポケッとしてました。暇だったんで唐招提寺《とうしょうだいじ》にもたぶん行ったんじゃないかと思います。いま思えばむちゃくちゃだった。

それで、夕方に行ったら、親方はいなくて、やっぱり、また同じように「明日また来ます」と言って出ていこうとしたら、ちょうどトラックで帰って来たんです。親方はこれから晩飯を食べるときだったと思います。もう暗かった。真っ暗だったんです。それで、

「弟子入りさせてください」

って言ったんだと思います。そうしたら、何とも言わずに、

「うちに上がれ」

と言われて上がって。それでそのときは、

「ちゃんとした仕事が来たら呼んでやるから、いまのところは帰ってくれ」

って言われたんです。それでも、

「きょうはどっちみち遅いから泊まっていけ」

って、北村さんに宿舎へ連れて行ってもらったんです。それで一晩泊めてもらって翌日、

「どうせ来たんだったら、きょう、少し作業場へ行って何かしとけ」

と言われて、足場作りをちょっと手伝ったんです。で、帰ろうと思ったら、

「仕事をやめてきちゃったんじゃ、しゃあねえから」

って言ってくれて、それでいったん秩父へ荷物だけ取りに帰ったんです。

そのときいた先輩は今いる人では北村さんとゲンさん。高崎さんは、ちょうどもう家に帰ったときです。田中さんはいました。三輪田さんもいました。相川さんもいたし、佐藤さんとかも。沖永さんは俺が行った一週間前ぐらいに九州に帰っていた。一週間ぐらい前までいたんだということを聞いています。

建部さんは五条の観音寺という寺にいて、あと名古屋に川本さんが行って仕事をやっていたんです。

それで、秩父から戻ってきて斑鳩《いかるが》の宿舎に入れてもらった。ちょうど俺が行った三日後に北村さんの小豆島《しょうどしま》での仕事が始まった。それで北村さんについて、小豆島にゲンさんと一緒に行ったんです。

小豆島に二年近く行ってたんですけど、そこでご飯炊《た》きから始まって、北村さんに研ぎとかみんな教えてもらったんです。道具は前の工務店で一揃《そろ》い買って持っていたんです。それで研いでいたら、こういうふうにしたらいいとそんな感じで、そんなに詳しくは教わりませんでした。北村さんもゲンさんも、みんなものをしゃべらんし、自分も無口です。全然しゃべらなかった。

そのときもう一人、自分よりも一月《ひとつき》前に中卒で来ていた、いまは長野に帰っている子がいたんですけど、それと飯炊きをしていました。

つくったのは、野菜炒《いた》めですとか、カレーとか……。醬油蔵《しょうゆぐら》みたいのがあって、そこに仮設をつくって、二部屋あったんですけど、そこに住んでいました。小豆島の現場にずっといて、上棟式《じょうとうしき》が終わるとすぐに、近鉄奈良駅の近くの蓮長寺《れんちょうじ》の妙見堂の手伝いをして、そのあと大阪に行ったりとか一年ぐらいして、それからまた小豆島へ戻ったんです。

ええ、もう最初から、ここでもう最後だ、ここでだめだったら大工にならんと思っていたんで鵤工舎《いかるがこうしゃ》以外のことは考えませんでした。親父の跡を継ごうとか、それは全然思っていません。

ここにですか？　ずっとはいないと思います。卒業するんじゃないですか、わかんないですけど。たぶん出ると思います。親方のように弟子を取ろうとかそんなのは全然思っていないですけど、自分のやりたいようにやりたい、いずれ自分で図面を引いて、自分でやってみたいと思っています。

この正信寺の建物ですか？　自分ではうまくいっていると思います。与えられた、よこされた人でやる。一人だったら一人でもやると決めているわけです。

初めは不安だらけだったですよ。なんとかやっていくうちに、形になっていくんで大丈夫なんかな、と。最後まで完成させるのは、小豆島で最後までやったんで二度目です。それもあって、なんとなくできそうな気持ちがあります。

俺、親方に言われたとおりにしているんです。世間のことは全然わからないです、そういうものは。常識が全然わからないんで。仕事だけだったらば、わかるんですけど。世の中のことは、こういうときにお茶を出すとか、人に挨拶《あいさつ》するとか、そういうのはちょっと常識に外れていると思います。恥ずかしがり屋ですし。

親方に、叱《しか》るときはもっと叱れ、もっと言ってやれって言われるんですけど、あんまり言わないです。怒ったことはないということもないですけれど、なるべく言わないようにというか、最初から間違えるのはだいたい見ていてわかるので、そういうのは最初に言う。それで失敗しても何も言わないです。

野球のチームですか？　あれは俺がつくったというより、みんなでやりたいなというので、それでなんとなく盛り上がっていったんです。あとは勝《まさる》が町の人やスポーツ店の人と話をつけてきて、それでできたんです。

初めてのときはグローブはなんとか九人分あったんですが、地下足袋を履いている人もいました。バットも残材で自分たちがつくっていった。いいのも一本買ったのがあったんですよ。それを使ったりしたんです。相手ですか、ちょっと怖そうにしていましたね。なんかそんな感じだった。地下足袋を履いたり、鉢巻き巻いていたりしてるから。

あのときは勝ったんです。

あれはだいぶ遠くまで行ってやった。このへんの人じゃなかったんです。トラックとか乗用車で行ったんです。あのときはおもしろかったですね。そのとき勝ったんでユニフォームをつくってもらいました。

その後は、大会に三回、秋の大会と今年の春の大会です。去年の夏の大会では、一回勝ったんです。

お嫁さんの当てですか？　ないです。

このあいだ親方の隣に買った土地ですか？　何も思ってはいません。金の使い道もないし、鵤工舎で金をもらおうとは思っていなかったんで、親方が買わないかっていうんで買ったんです。別に貯金がゼロになってもいいなと思って。

金の使い道はほとんど道具代ぐらい。最近は、お盆も帰りません。いまでも家には、自分はまだ飯炊きだって言ってます。いつもそう言っていますよ。だけどこのあいだ両親が初めて来たんです。いままでは、どこの現場に行っても居所は言わなかったんですけれど、ここ竜ヶ崎のときは、ちょうどおばあさんがぐあいを悪くしてもう死にそうだったので、連絡してもらわないと困ると思って電話番号と住所を教えてあったんです。そうしたら勝手に来たんで、びっくりしました。ちょうど親方がたまたまいた日だったんです。

「削りものなどさせてもらえるのでしょうか」

と母ちゃんが聞いたので、親方が、

「大堅はここの棟梁ですよ」

と言ったら、もう本当に驚いていました。

夢ですか？　二宮金次郎をもらったら出たいです。最低でも十年と言われているので、来年は九年だから、もうちょっとです。独立とか、自分ちへ帰るとかは考えていません。とりあえず外に出てみたいなという……。

親方ですか？　すごい人です。鵤工舎に来てよかったと思っています。

（おおの　こうき）

大工・角間信行

今年から「大工」です。去年の暮れからなったんだと思うんですけど、いつかはっきりしない。それまで親方は何も言わなかった。飲み屋の帰りに、一生懸命やっているから役がついたって言われました。この表が貼《は》られるまでは、ほかの人は知らないと思います。本音はすごくうれしいんですけど、本当にこれでいいのかなあという気もしているんです。

自分はいまは日当が一万円ですけど、引頭《いんどう》のときは八千円だと思いましたけど。

自分の家では大工は誰もいません。おじいさんは洋服屋で仕立てもしていました。父親はその跡を継ぎましたから。兄貴は大学を卒業してサラリーマン。下に妹が二人います。上のほうは就職して、下の子はいま大学です。

昭和四十三（一九六八）年五月四日、埼玉県大宮の生まれです。自分が出た高校は普通というか、進学する者が多かった。自分も進学するつもりはあったんです、半分ぐらいは。いちおう共通一次も受けるつもりで申し込んであった。成績も別に悪くはなかったんです。それで、申し込んだ後の年の暮れに進路をどうするかということになって、先生のところへ相談に行きました。そのときに、もう大工になるって決めたんです。父親は大学へ行かせたいようなことをちらっと言いましたけど、でも反対ではなかったです。

大工さんになりたいというのはちっちゃいころからあったんですね。小学三年生だったと思いますけど、自分ちを増改築したときに大工さんが来ていて、それがおもしろくてその人にくっついて材木屋さんに連れて行ってもらったりしてました。

高校時代はずっと一年生のときから空手部でした。空手は父親が大学のときにやっていたんです。で、ちっちゃいころから見ていたもんですから、きっと興味があったんだと思います。

西岡棟梁《とうりょう》のことは早くから知っていました。小学校の国語の教科書に載っていたんです。『法隆寺を支えた木』というのですが、そのなかの棟梁の文章っていうか、それを覚えていた。鵤工舎を知ったのは、高校三年生のときに、親方が『読売新聞』の夕刊に何日か記事になったんですけど、そこへ行くと、何人か若い人がいて、弟子を取ってくれる、と書いてあった。それで、そこへ行こうと思った。

はじめは新聞社に聞いて電話をしたんだと思います。学校の先生にそこへ行きたいと言ったら、西岡棟梁と知合いの人がいるから紹介してあげようという話になったんです。ですが、とりあえず自分で行きますと言って、それで小川さんのところに行ったんです。年末……、十一月とかそのぐらいだったと思います。

その前に手紙を出したら、「今回は取れないから」と言われたんですけど、手紙でだめでも、直接行けばなんとかなるだろうと思って行ったんですが、そうしてもやっぱりだめだって言われたんです。そのときすでに、一人取ることに決まっている、みんなが泊まる寮も一杯だし、道具も一から教えるんじゃ大変だからって。それで、ほかで道具でも使えるようになれば来てもいいって。

自分にはどこにも伝手《つて》がなかったんです。そうしたら、親方が東京の上野に翠雲堂《すいうんどう》というところがある。そこに建築の部門があって、堂宮《どうみや》をつくっているからって、電話をしてくれたんです。それで、翠雲堂さんというところへ面接に行きました。向こうも自分も気にいってそこに勤めさせてもらおうと思ったんですが、

「あと何年かしたら、また鵤工舎へ戻りたい」

って話したら、

「ずっといてもらうならいいですけど、ちょっとの間というんじゃ、それは残念ですけど取れないですね」

と断わられた。そのほかにもいろいろ当たったんですが、結局はうちの父親がよく行く焼鳥屋の飲み友だちのおばさんちを修繕したり何なりしている大工さんがいるということで、その人を紹介されたんです。その大工さんは、ふつうの民家だけではなくて、お稲荷さんとか、ちょっと宮大工の仕事もやるって言うんです。

ここではじめから五年ということに自分は決めて、五年たったら鵤工舎というところへ行きたいんですけどって言ったら、それでいいって。自分では、大工の年季は五年だと思っていたんで、そういうふうに言ったんです。

そこは親方と親方の弟さん二人がいて、通いじゃ修業にならんと言うんで住み込みま

した。五年間、別に大変だということはなかった。仕事をやっているときはおもしろかったです。三年か四年目ぐらいに、町内の神社を建て替えるという話があって、その仕事をしました。

修業中ですか？　作業場とか家の掃除はふつうにしてましたけど、ご飯作りはしなかった。奥さんがやってくれて。自分は六時から六時半ごろに起きて、ご飯を食べて現場にすぐに行きました。お昼に休んで、あと三時、親方は十時休みはあまりしなかったですけど、三時は休みました。

それで、明るいうちはいくらでもやるんですね。夏場だったら七時とか八時とか、親方が「やめるか」って言うまで。自分の年季が明ける五年目ぐらいになってから、弟さんのほうが、やっぱ、そんなにいつまでもやっているのは切りが悪いからと十時になったらやめるようにしたんです。

躾《しつけ》は厳しかった。仕事のときはすごく厳しかったんです。よく怒られました。三年目ぐらいまではずっと怒られていたんですけど、それを過ぎたらまあまあ怒られなくなった。それで五年目の出る前に、たまたま近所の大工さんが請け負った仕事ですけど、その人が忙しくてできないんで、やってくれと頼まれたのがまわってきたんです。それを自分にやってみろと言われて、墨付《すみつ》けから建前《たてまえ》までやらせてもらいました。とりあえず仕事を覚えたというか、親方がわざわざやらしてくれたんだと思うんです。卒業試験みたいなもんですね。いろいろ気を遣ってくれたというか、こっちへ出るのを知っていてもよく面倒を見てくれました。

いつから道具を一人前に使えるようになったですって？　まだまだです。そこでは思ったことはないです。いまでもそんなに思ってないですけど。

はじめに教わったのは研ぎです。ここまでやっておけと言って、ま、いちおう順繰りには教えてくれたんです。でも、一回だけしか教えてくれない。その代わり、しょっちゅう見てくれるわけで、教えてもらったのは確かその一回だけだと思いますけど。あとは現場で仕事をしながら覚えていきました。

そのあいだも小川さんとは連絡を取っていました。一番はじめに会いに行ったときに、川本さんの話をしてくれたんです。

「川本というのがいまそこにいるけど、あれも一回来て断わって、三年目ぐらいに、また来た」

って言うんですよ。親方は三年ぐらいしたら来いって川本さんに言っておいて、川本さんはそのつもりで来たんだけど、親方は忘れたって言うんですね。

自分はそれを聞いたもんだから、忘れられちゃまずいなと思って年賀状だけは毎年出していたんです、「あと何年ですから」とかって書いて。

三年か四年ぐらいのお盆休みに実家に帰ったときに、小川さんから電話がかかってきて、「もうそろそろ来てもいいですよ」と。それでもこっちにも約束があるから、それが終わってから行きますって言いました。

それで、五年目の出るときに、親方が電気道具一式、揃《そろ》えてくれたんです、新しいものを。それまでは親方が使っていた鑿《のみ》とか、鉋《かんな》と鋸《のこぎり》かなんか、みんな親方のを借りていたんです。そのうえ、いままで使っていたので持って行きたいものがあったら持って行っていいということでした。

そこでの給料は入るときに、お金はいらないからって、そういうふうにお願いしたんです。むこうもそのほうがいいっていうんで、給料は払わないけど、月々の小遣いはやるからと言われてもらったんですけど。一年目は一月《ひとつき》一万円、二年目が二万円、三年目は三万円、四年目は四万円、五年目は五万円になったんです。

そのお金はこっちへ来てからのことを考えて貯めておいた。百万ぐらいはなんとか貯めたと思うんですけど。道具代とか、生活費っていうか、ここでももらえないだろうと思っていたから。

それで五年目の正月に奈良に挨拶《あいさつ》に行ったんですけど、そのときに四月の終わりころに来ればいいと言われたんです。それで四月の半ば過ぎて、

「もうすぐ行きたいんですけど」

と言うと、

「そんな、いきなり電話をされても困る」

って言われて、

「いや、前に会ったときに、四月の終わりごろに来いと言われたんですけど」

と言ったら、

「とりあえずここ（栃木）へくれば、佐藤という子がいるから、そいつに聞いて何かやってろ」

って言う。それでやっと入れてもらえたんです。

佐藤さんというのは、去年独立したんですけど、七、八年ずっといた方です。

前のところはいちおう四月一日に引き上げたんです。それで、お礼奉公というのをするっていうのを修業中に聞いたもんで少しの間ですけど、四月の終わりまで行きますと言って、こんどは実家から親方のうちへ通ったんです。

ここに持ってきた道具は、前の親方にもらった道具だけでした。佐藤さんという人のを見たら、やたらいっぱいあるんです。それで、必要なら買い足していったほうがいいよと言われました。でも、しばらくは持ってきたままだったんです。

初めの仕事は賽銭箱《さいせんばこ》をつくった。これが鵤工舎での最初の仕事です。けっこう大きかったですね。四尺×三尺ぐらいあったんじゃないですか。材料が欅《けやき》だったので木が暴れたりなんかして、簡単ではなかったですね。出来上がりですか？　いや、褒められた覚えはないですけど。別にに何ともいってないと思うんです。

そのとき一緒に入った人ですか？　奈良に新しく入った笹川君と前田君と物江《ものえ》君とか内田君とかおりました。

入ったときはいちおう外で五年間やってきたというので「長《ちょう》」扱いだったと思います。日当は七千八百円でした。給料はもらえないと思っていたので、「あ、こんなもらえるもんかな」と驚きました。

道具ですか？　ここでやっているときに、親方が来て見たんです。

「うちの若い子のほうがうまく研ぐな。ま、町屋じゃしょうがねえなあ。みんなうまく研ぐぞ」

と言われたんです。本当に、みんなうまく研いでいましたね。たしかに町屋では鵤工舎みたいにには研ぎません。研がないというか、ちょっと切れればいいなぐらいで、がんがん使っている鑿なんかの場合、ふつうの大工さんで、いちおう刃が欠けたりすれば研ぐ。それもピシッと研ぐというよりも、切れればいいぐらい。鉋の場合は別ですけど、とくに鑿なんかはそう思います。

あと、鵤工舎に来て感じたのは人間関係が厳しくないことですよ。けっこう、みんな自由にやらせてもらえている。もうちょっと年上の人がたくさんいて、目をきかせていて厳しく指導するんだと思っていたんですね。そうしたら若い人ばっかで、思っていたらでやっていても思いますけども、ほんとにできるものなのかなって。

鵤工舎に入って、栃木に二週間いて、奈良に行きました。そこではしばらく吉田《よしだ》君と自分と二人だったんです。飯はどっちって決めることなく二人で一緒にやっていたんです。自分がつくったのは、卵料理とか野菜炒《いた》めとか、焼き魚もしましたね。それぐらいです。

奈良では山門の仕事をやりました。そこでかな、川本さんが垂木《たるき》でも削らしてやろうかと言ったんですけど、パッと自分の鉋を見て、

「あ、こんなんじゃだめだ。こんなんじゃ使えねえ」

と言われた。北村さんからは、

「道具をちゃんとしておかねえと、仕事さしてもらえねえぞ」

って。悔しいというか、恥ずかしかったですね。奈良に来て川本さんとか北村さんの道具を見たら、町屋のとは全然違うなと思いましたからね、はい。たしかに道具をちゃんとしなきゃ、仕事にならないなと思った。それまでも鵤工舎へ来る気持ちがあったので、きちんとしていたつもりなんですけどね。ほかの人も自分の道具を見に来ましたよ、どんなのを使っているんですかとかって。自分は年が上だったので、いちおう敬語で話してくれるんですけど、もう見ながら……だめだと思ったでしょう。

ここに来たらみんな夜遅くまで研ぎものをやってますね。そんなこと前のところではやったことはなかった。遅くまでやっていると、そんな研ぎもの、明日にしろと言われるときもあったので。なにしろ現場がずいぶん遠かったんです。茨城から人宮まで毎日通いで行っていたんです。そうです、現場で八時ぐらいまでやっていると親方の家に帰るのが九時半から十時です。それからご飯食べてですから、何かやるという時間はなかったですね。

そんなでしたから、ここに来てからは楽だったんです。六時に終わるでしょ。「もう終えていいんですか」って感じでした。時間が余ってしょうがなかったんです。外は明るいし、一人のときは買い物に行ったり、食事をつくって。あとは研ぎものをしていました。

むこうの貯金は全然手をつけてないです。

ここにきて初めのうちは、月の終わりになると、全然貯金ができないんですよね。貯金しようと思っても、貯金できる余裕がなかったです。食費と道具代。道具は初めのころはあんまり持っていなかったのでずいぶん買ったと思います。

そうですね。自分はここでの目標というか、日本一の宮大工になりたいというのがある。修業の年数とかは聞いてないです。何も聞いた覚えはないですけど、ただ、

「十年たって、人に教えられるぐらいになったら、二宮金次郎の銅像をやるぞ」

という、それは聞いたんですけど。

いま自分は仕事（埼玉県東松山市の西明寺の本堂）を任されていますので、しっかりやらなくちゃと思っています。ここに限らず、鵤工舎はよくやっていると思います。こんなに若い人だけでつくっていけるんですから、不思議です。外から見ているだけだったら、自分が依頼主だったら心配になると思いますから。でも、そう思われるのがちょっと癪《しゃく》ですけどね。こいつらにできるのかなあって思われるのが、なんか悔しいような気がします。でも実際に出来上がってみると、ああ、やっぱすごいなと思いますね、鵤工舎は。鵤工舎の仕事はすごいなと思いますよ。

ここのよさですか？　やっぱ出来具合というか、見た目もありますけど、それ以上に見えないところの細工をきちんとやることかな。それは切れるもので、きちっきちっと一つひとつの作業を組み立てていくということと同じです。どこまでもきちっとやっていく。それが集まってあんなになって出来上がっていくのかなと思います。

自分は仕事を任されていますけど、金銭的なことは親方がすべて責任を取ってくれている。間違ったり失敗したりすると、いちおう親方には報告しますが、そのときの材料は追加で注文するわけです。おそらく、ほかのところでは、もうやらせてもらえないでしょうね。失敗するからって、任せられないと思いますね。それを親方は自分たちに任せてくれる。親方がすべて責任を取ってですよ。本当に、これはすごいと思いますよ。

ただ感心してばかりはいられないですけど、やらせてもらっているのだから、自分らが責任を持ってやらなきゃ洒落《しゃれ》にならないですね。

自分の現場でもみんなが仕事のことを全部わかってはいないと思います。だから、やる前に、

「どこに使う材料か、寸法を見て、どうなるのかぐらいは考えてから刻んだほうがいいよ」

ということを言っておくんです。

ここに来て建て方から途中までの仕事は何回か手伝わせてもらいましたけど、最初から最後まで扱う仕事はこれが最初です。むずかしいけど、楽しいっていうか、やらせてもらえてうれしい。不安がないことはないです。けど、責任を持ってやれば、なんとかなるだろうっていうのはあるかもしれない。なんとかなるじゃ困るんですけど。

将来ですか？　まだ、そこまでは考えていません。でもできるものなら自分ですべてをまとめてやってみたい。あと問題は注文があるかどうか。前にいたところでも言っていましたけど、いくら腕がよくても仕事が来ないでく
すぶっている大工さんもけっこういるって言うんですね。売れてなくても、腕のいい人はいくらでもいるとか。宣伝のうまいっていうか、評判のいいっていうか、名前の売れているというか、そういうところはよう取れるらしいんです。あまり先のことはわかりませんが、自分で塔や堂をつくっ

てみたいとは思います。でもその前に図面を書くとか、そういう勉強もしたいなと思います。とにかく一から十まで大工の仕事を全部覚えるしかないです。図面を引くぐらいまでなりたいなと思います。

嫁さんですか？　最低でも二十八ぐらいには結婚したいなと思うのですけど、いま六なんで、来年、再来年ぐらいまでですか。これから先、独立しないまでも、この仕事をやっていて、やっぱり仕事が終わって、いつまでもみんなと一緒にいるわけにはいかないです。家に帰って一人というのもなんか寂しいでしょ。相手はいまはちょっとまだいないですけど。

恋愛している時間ですか？　探せばあるような気もしますけど。

日曜？　寝ていたりするのは好きじゃないんで、寺とか神社とかを見に行ったりしますね。そうですね、そのときに彼女でもいればいいですけどね。

うちの野球のチームですか？　自分がキャッチャーをやってますけど、しかたなしです。キャッチャーをやる人がいないんです。大堅《おおの》さんの球が速いんで、だれもキャッチャーをやりたがらない。最近、やっと慣れたんですけど、初めはもう怖いし、ランナーは全部盗塁です。野球は好きでしたけど、キャッチャーはやったことないですよ。

初めの試合の地下足袋とか、手作りバットとかですか？　滑稽《こっけい》だとか、別にそんなに恥ずかしいことはなかった。修業中に野球ができるなんて不思議ですね。

ここはけっこう自由があるというか、その分だけ自分たちで決定していかなくちゃいけないことがいっぱいあるんです。これはこれでむずかしいですよ。ですけど、これが鵤工舎のいいところだと思います。

（かくま　のぶゆき）

引頭・松本源九郎

オートバイ買いました。七十万、はい。保険へ入ったんで、まあ、高いです、はい。速いほうです。新品です。初めは赤いスポーツカーを買おうと思ったんですけど、車はあかんって、まだ早いって。車は危ないからじゃなくて、彼女ができてからとかって。まあ、ようわからんで。

昭和四十四（一九六九）年三月一日、和歌山県の竜神《りゅうじん》村で生まれました。鵤工舎に来て、十一年目。

教えるの？　あまり上手ではないかもしらん。みんな急いでやる。急いでやっても何日もやってからでもできる。だから、やり方だけを言うて、あとは自分でするというか。教えるのは、なんというか、砥石《といし》のこすり方。自分が教わったことを。自分では、いまは毎日は研いでないです。怠けてはいないです。そう、いま刻みもんが、ない。鑿《のみ》とかは使ってないから。

この前の日曜は、釣りに行って来たんです。吉野《よしの》のほうです、はい。車です。川上村へ行きました。鮎《あゆ》を網というか、タモでとるんです、はい。まあ、いけないと思うんですけど、わりととれます。鮎が五匹ぐらい、はい。スガダモっていって、釣り糸でできとって、魚にも見えないやつ、はい。スガダモは、まあ、竜神村でもやったらあかんのですけど。

行くのは、いつもは、寛二《かんじ》君（小川三夫の次男、中学一年生）と行ったり、それから中澤君と。みんな、あまりうまくはない。まあ、自分が一番……です。

家の畑を手伝いに行くのは、五月の田植えとそれから九月の刈入れ。あとは行かない。畑と田んぼはお父さんとお母さんと、おばあちゃんとおばさんとでやってます。

畑や田んぼですか？　特別はおもしろくないですけど、まあ、やってます。やっているというか、手伝いに行くだけですけど。ただ、苗《なえ》を配ったりとか。というか、行ったときは、五月に帰ったら、もう苗ができておる。それを、ただ運ぶだけ。

大工よりもお百姓さんのほうがいいかもわからんですけども、それぱっかしやっておれん。どっちがいいかはちょっとわからんです。大工は自分に、まあ、いちおう向いているかも……ちょっとわからんです。

道具作りは、まあ、人並みにはできると思います。できることはできるんです。

一人前の大工としてですか？　通用しないです。どうしてって……あんまり……まあ、できることはできるけど、まあ、やっとるだけで。人にはなかなか……指示とかできないです。それは向いてない。

算数は、全然。多少はわかりますけど。足し算はわかります。引き算もわかる。分数はよくわからない。小数点は多少は。小数点のかけ算は、でき……、ああ、でも、そういうことはせんから、ようわからない。努力すればできるかも。

お嫁さん？　まあ、いつかはもらうかもわからない。それもわからんです。

いま二十五です。「そろそろもらわなくては」って、家の人は、おばあさんなんて言うてます。自分で探すって言いました、いまは自分で探さなあかん。

竜神村へもし帰ったとしても、大工じゃなくて別のことをする。まあ、大工の仕事があればするかもわからない。大工仕事はないかも……そのときは別のことをする。

竜神村っていま、五千人。

お父さん？　お父さんは大工、いまはやってない。まあ、いまは田んぼの草とったりとか、まわりの畦《あぜ》の、はい。三月に目の手術を。いや、その前からもう目は年が寄ってきたから悪くなった。

妹は高校。来年は就職するか大学へ行くか。妹は、頭は、まあ、いいっちゅうか、ふつうです。あとは二人お姉さんがいます。お姉さんは、一人は嫁に行きました。

一日の日当ですか？　ちょっとわからない。七千円か七千五百円か、ちょっとわからない。

貯金は六百万円ぐらいです、はい。あまり変わってない。何に使おうとかは、それは特別にないです。このあいだオートバイを買いましたから。

ご飯係をはじめて得意なのは、野菜炒《いた》めも多少つくりました。あとはカレー、サラダ、ポテトサラダをやったような気がする。嫌いなものは、鶏肉。食べますけど。好きなものは、ちょっと……。

朝は、いまも眠たいです。だいたい六時に起きます。朝起きて、玄関を掃いたりとか、ちょっとだけ掃除をして、それからご飯を食べる、はい。玄関を掃いたりするのは、飯作りをせん人の仕事です。出かけるのは七時ぐらい。

帰るのは、宿舎へ着くのは七時ぐらいです。晩ご飯を食べて、夏だから、風呂《ふろ》に入っています。洗濯は一週間にいっぺんぐらい。日曜日か、昨晩《ゆうべ》はしましたけど。たまったやつ。

冬は、いつも毎年、いっぱい着ていますけど、はい。寒くないように、今は七枚。まあ、多少きつい。我慢して、やっている。

鵤工舎の外へ行って働いてみたいとは、別に思わんですけれど。

怒られるのですか？　ときどきです。少しは嫌です。何で怒られるかいうたら、うーん、そう、何をしていいかようわからんとき、持っていくのが遅かったりとか。慣れたことは早いですけど、だけどようわからんことはね……。

得意なこと？　電気鉋《がんな》で？　手道具で？　それは、ちょっと。特別うまいとも思わない。みんなと同じくらい。得意ではないですけども、電気鉋で平らにする。手道具じゃないけど、平らにすることはむずかしい。

大工さんになってですか？　特別よかったとかは思わない。ほかになりたいものは別にないです。前は、高校なんかへ行って、郵便屋さんになりたかったっていうか、郵便屋さんでもしようかなと。でも、高校へ行けなんだ。残念っちゅうか、しかたがないって。

通信簿は全部一、じゃないです。二が一つ。三もあった、音楽。あと技術で四を一回だけ取った。絵はだめなんです。絵は二だと思う。小学校のときの絵が出てきて、先生が裏に書いてありました、何を書いているのかわからないって。絵もだめちゅうか、絵は下手なんです。

太鼓は得意というか、まあ。竜神太鼓。村の人はみんなやります、はい。たぶん。でも、ぼくの叩《たた》いたのは、ちょっと間違っておった、はい。ここらだったら間違っても平気ですけど、でも、家のほうへ行ったら……。村でも一回叩いたこともある。そしたら、言われた。なんか間違ごうとる、と。

竜神村に友だちは、いや、ちょっとというかあまり。少しいる昔の友だちは、測量をやったり、道の測量とか、山に木が何本生えているかとかを調べている。

三年ぐらい前に一回、小学校の同窓会がありました。背広ではなく、いや、ふつうの服で行きました。担任の先生の家でやったんです。

宮大工になったって言ったら？　何も別に言わんかった。

はあ、いまでも、お父さんはときどき教えてくれますけど。盆とかに帰ったら、なんか教えてくれます。何をしよるのって聞かれる。それで、長押《なげし》の木造りをしとるって言う。さしがねなんかはネジレのないようにしておかなあかん、とか言ってくれます。継ぎ手なんかの墨付けも教えてくれます。でも、なんちゅうか、やり方がいっぱいあるから、簡単にはいかない。ここで墨付けるのとまたやり方が違うから。

お父さんからもらった道具？　ま、多少。鉋とか、手斧《ちような》とか、鑓鉋《やりがんな》があります。ちょっと使っています。北村さんとか、親方からももらいました。叩《たた》き鑿《のみ》のセットとオイレノミ（細工ものの鑿）、あとは鉋とか生反《なまぞり》とか。そう、鋸《のこぎり》も。

新しい人にですか？　道具をあげたことは、ほとんどない。箒《ほうき》ぐらい。

持っている道具ですか？　計算したことはないけど、百五十万円分ぐらいはあると思います。道具は自分で買いに行きます。大阪へ行ったり。それとか、奈良の店とか。そんな高いのは……買わない。

いい鉋だったら、台のいいの。いいというか、同じ柄が並んでいる、そのなかでいいと思うの。買ってきて失敗したこともあります。そう、なんか、このあいだ悪いものだったんで戻してやった。一回だけあります。取り替えてくれました。それから買う前に、刃を抜いてもいいですかって聞いて、それを調べてから、ああ、これだったらというものを買ってきます。

したいこと？　まあ……わかりません。自分で家をつくることですか？　できないと思います。掘建て小屋とか車庫やったらできるかもしれんけど。

自分の家？　あるからつくらなくていいです、はい。

鵜工舎にずっというか、いると思います、よくわかりませんが。ありがとうございます。

（まつもと　げんくろう）

引頭・千葉学

岩手県の田舎の生まれです。家は果樹園農家です。昭和四十（一九六五）年四月十四日生まれ、二十九歳です。

家には大工道具の箱があって、昔は大工をやっていたというようなことを聞いていたんです。生まれた川崎村はかなり田舎ですね。村自体は五千人近くだったんですけど、はずれのほうです。

父は専業の農家です。リンゴが多い。跡継ぎは兄貴で、結婚して、もう子供もいます。

高校は商業高校というか、もともとは女子校で、あとで商業高校になった。いまでも商業科と普通科、家政科もあると聞いてますけど。自分は商業科です。親のすすめです。どうせ高校を出て就職するなら、算盤《そろばん》が一つできるだけでも違うんだから、普通科に行くよりは商業科に行けばいいいと。でも、この手ですから算盤は苦手です。二級で止まりました。簿記も二級です。

自分は高校も本当は建築科に行きたかったんですけど、近くになくて、寮に入らなければいけないので、そんなに余裕がなかった。家はそう貧乏でもないと思いますけど、九人兄弟で自分は四番目です。そんな贅沢《ぜいたく》をした記憶はないですね。

自分は高校は陸上のほうで推薦で行ったものですから、授業料が只《ただ》だったんです。中学ではバスケットボールをやっていたのですけど、陸上のチームがなかったので、秋になると、足の速い人をかき集めて、駅伝とかに出ていたので、走っているのを見て、来ないかと言われて行ったんです。授業料免除がよかったんです。

中学三年生の、けっこう早い時期に推薦入学の話があって、最初のころは、自分も工業高校へ行きたいという気持ちがあったんで、いろいろそっちもやったんですけど、遠いし、ま、成績も芳《かんば》しくなかったもんですから、いろいろまわりに言われて、商業高校に行きました。

それで高校では陸上競技部に入り、ずっと長距離マラソンをしていました。駅伝は、ずっと伝統があるみたいですけど、自分らのころは、全国高校駅伝に出られるまでにはなっていませんでしたけど、そういうふうに集めてくるんで、県で三位とかそこらに入る人も来ていました。小さな大会で優勝する程度です。

得意なのは登山マラソン。これはクロスカントリーとも違うんです。岩手にはけっこう多くて、そんな登山マラソンがありますけど。

高校を卒業して富士通に入ったんです。どこの学校からでも一人ぐらい採ろうというのがあったんじゃないですかね。自分の高校からは、たまたま自分が受かったんですけど。成績は高校のころは、勉強したんでそれなりに。男子だったら一番でしょうけど、女子には頭がいい人がいっぱいいいました。

富士通は給料がよかったんです。本当にすごい会社でした。やめるころは三十万ぐらいになっていましたね。半導体の製品の製造だったので、それの完全な製品になるまえのチェックです。そうですね、技能職です。

そのままずっとやっていれば、課の中の職長さんぐらいになったでしょうね。六年いました。その時点で、もう二十四。貯金というのは、自分は家に入れていたのであまりありませんでした。富士通をやめるとき親は反対しました。困るとは言われなかったんですけど、悲しい顔をされましたね。

会社をやめて、高等技術専門学校の建築科に入り直したんです。期間は二年間です。失業保険の対象の職業訓練校と同じで勉強しながらお金がもらえるんです。お小遣い以上になりました。一月《ひとつき》に十六、七万もらっていたんです。前の会社の月給がよかったので、最低六十パーセントが保証されるんです。

そこでは、設計というより、鑿《のみ》を研いだり職業訓練校で教えることと、それこそ近所の大工さんたちが弟子を取って教えるようなこと、その中間をやっている感じなんです。ずっと建築科に行きたかったんでやり直したんです。

そこに来る生徒というのは、高校に行けなかった子とか、そういう人が多かったので、成績はよかった。自分の役目は、ここと同じで、みんなを怒ってばっかりというような感じでしたから……。年もずっと上だから、みんなから見れば、おじさんみたいなもんですよね。そこを卒業して遠野《とおの》の宮大工の菊池さんのところへ行った。それで奈良を紹介してもらったんです。自分も関西の昔の建築を見ながら勉強できたら一番だなと思っていたので、親方と電話でしゃべって「とにかく来い」と言われて、それで行ったんです。

鵤工舎に入ってすぐに二十七になりましたけど、入舎したのは二十六のときです。行ったのは最初から栃木です。自分は、入舎式には出なくていいから栃木に行けと……。わざわざ奈良に来ても、仕事が竜ヶ崎だったみたいでまた戻ることになるんで、最初から栃木に行ってくれということでした。

給料は最初のうちは見習みたいなもんですから、もらえるとは思ってなかったんですが、日当は四千五百円でした。そのころは親はあきらめていたと思います。小さいころから大工になりたいと言っていたので、やっぱりみたいな感じだったんじゃないですか。そのときは、反対も何もしないで、しょうがないと思ったみたいですね。

自分と一緒に入ったのが角間君とか前田君とか。角間君はよそで五年ほど修業してきていましたが、自分はみんなよりずいぶん年を取っていました。初めは飯炊《た》きからって、小川さんにそう言われていたので、来て二日か三日目から、食事とご飯炊き。そのときは原田君と二人だけでしたけども。

飯のおかずは自分ちが農家だったので、野菜炒《いた》めしかつくっていなかった。朝ご飯は、卵と納豆、あと味噌《みそ》汁です。味噌汁って、自分らは農家なんで、味噌汁というより野菜のごった煮みたいなんです。ここに来て、味噌汁……、いまだに自分がつくるとごった煮になっちゃいます、どうしても。

栃木には二週間ぐらいいて、すぐに竜ヶ崎の正信寺のほうに来ました。大勢いました。川室君、原田君、あとは前田君、内田君……、藤田君もいました。いろんな地方の人がいましたので、いろんな言葉が交されていました、今でもそうですけど。そのときの人は半分ぐらいがやめました。

仕事が終わると、入りたてのころは、よう親方がお酒飲みして、ドンチャン騒ぎばかりしていました。

専門学校では初めの二ヵ月は研ぎでした。研ぎをいちおう教わってきて、それで小川さんに道具を見せろと言われた。それで、見せたら「これではあかん」て言われました。そのまえ、一年先に入っていた原田君の道具を見たときに、自分の道具を見せられなかった。学校の先生がいらないというか、使っていたのをもらって持ってきていたんです。自分なりに、そのときは、学校にいるあいだに一生懸命研いで、これなら恥ずかしくないだろうと思って、全部箱に入れて持ってきたわけですが、恥ずかしくて見せられなかった。自分では切れると思っていたんですけど、原田君と比べたら、とにかく恥ずかしいという気持ちしかなかった。切れる切れない？　そのときはまだ使っていなかったので、切れる切れないはよくわからなかったんですが、ただ、見て、なんか、全然違う。

研ぎに関していえば、自分は今でもあまりうまくないです。どこかでもう諦《あきら》めているところがありますね。あるところまでは行くんですけど、やっぱり超えられないですね。せめて人より多くと思うんですが、なかなか行かないです。悔しい思いをしているんで、いつかは……。

みんなよりも八年ぐらい遅れているということを、たまに思うときもあるけど、そういうことを思うのが嫌いなんです。そう思ったら、いままで生きてきたのがすごいむだになってしまうので、なるたけそう思わないようにしているんですけど。

自分は、ここでお袋のかわりじゃないですけど、口やかましいような役でいけばうまいことといくなあと思って、なんでも。よう嫌な顔をされますけど。

自分はバスケットが好きでこの地区のチームに加わって練習させてもらっているんです。でも修業中なので大きな声でバスケットをやっているとは言えない。バスケットで疲れても必ず研ぎものには行こうと思っている。それが自分自身にいいソレッシャーになっているんです。バスケットの練習日は、月曜日と水曜日です。

よう言われるんですけど、おまえはどこへ行ってもすぐにとけ込めるやつだなって。家族が多かったせいか、人の中に入ると安心します。チームに入ったのはスポーツ店にTシャツを買いに行ったときに、「バスケットをやるんですか」って言われて、そのときに「やるんですけど、あまりやってないです」って言ったのが始まりです。中学校のころにやっていて、社会人になって訓練校に通っているとき、地元のバスケッーのクラブに行ってやっていたんです。訓練校の生徒はけっこうワルが多かったですけど、中学校でバスケットをやっていた子が多かった。それで、たがいに体を動かすことが好きで昼休みにもバスケットをやっていたんですけど。地区では優勝したことがあったりする連中だったみたいで、うまいことしていましたけど。自分も中学に上がった子たちぐらいにはやれると思うんですけど。始めたのは最近です。奈良から三月に帰ってきて、六月から行き始めたんです。

これからですか？　両親に、職人は一ヵ所に長くて十年いたら、どんどん違うところに行ったほうがいい、と言われたんで、十年たったら、よそにいっぺん行ったらいいんじゃないかと思っています。小川さんは、入舎するときに、最低でも五年は見ておけ、本当に一人前と思うのは十年たたなければ無理だと言っていました。

じつは富士通は交代勤務だったので、建具屋さんにずっと出入りさせてもらっていたんです。弟子入りじゃない、掃除だけですけど行っていました。お金はもらわなかったですけど、それが最初からの約束だったので、とにかく掃除だけはさせてくださいと言って行っていました。それがかなってここにいるんですから、いい職人になりたいと思います。あと十年はいさせてもらいます。

自分は、親方みたいに一人で会社をやろうというつもりはないんです。なんか情けない話ですけど、一番になるという気力はないんです。だから、つねに二番、そこらへんが自分の一番力の出せるところだろうと思っています。だから、そういう考えで、この先を考えていくと思います。どこかでだれかがやろうとしていたら、そこへ行って助けてやるんじゃないかなと思います。

会社にいたころから、土地を買ってあるんです。土地だけは安いから買えたんですけれど、六十坪あります。お金はあんまり貯《た》まりませんね。家に十万ぐらい入れているので……。

習字の練習ですか？　二ヵ月前からです。親方は習い事とか嫌いですよね。それでも、親方が一言、

「字ぐらいきれいに書けなきゃ、おめえら、恥かくぞ」

って言ったんですよ。その一言を聞いたときにいまがチャンスかなと思って習い始めたんです。

西岡棟梁ですか。本でしか知らないんです。このあいだお会いしましたけど、なかなか実感がわかないですね。自分の印象は、正直言って、「いいおじいさんだな」っていう感じ。

（ちば　まなぶ）

引頭・中澤哲治

昭和四十三（一九六八）年十一月十一日、東京で生まれました。いま二十五歳です。父は子供のときに亡《な》くなって、顔も知りません。大工ではありませんでした。

自分が行った高校は普通高校の定時制です。夜間の学校へ行っていたんです。昼はアルバイトをやっていました。スパゲッティ屋です。定時制の同級生はほとんどが高校入

試を失敗してきた同年代の子です。半分ぐらいがそれで、後は、おばあさんとか、ちょっと二、三歳上の人とか。高校のときは空手部で初段でした。いいえ、つっぱりじゃありません。真面目《まじめ》ではないですけど、ふつうだと思います。

宮大工になろうと思ったきっかけですか？　修学旅行で法隆寺へ来て、建物、屋根がきれいだなと思って。中学のときです。

鵤工舎《いかるがこうしゃ》に来たのは、西岡棟梁《とうりょう》の『法隆寺を支えた木』を読んでです。本に法隆寺の住所が載っていて、その近所に、西岡常一さんという人が住んでいるということだったので捜しました。法隆寺へ電話して、西岡常一さんの住所を教えてほしいとか、電話番号を教えてほしいとか。それで手紙を書いた。そうしたら、返事が来たので、それで行ったんです。

高校四年のときです。十九歳でした。八月の三十一日に西岡棟梁の家へおうかがいしました。

それで、

「宮大工っていうのをやってみたいんです」

って言ったら、

「わしは、もう先が長いことないから、弟子は取らない。小川を紹介する」

って言って、親方のところへ電話してくれたんです。

でも、親方は小豆島の現場をやっているときで留守でした。それでとりあえず薬師寺の現場を見てこいと言われて、一人で行ったんです。そうしたら、鵤工舎に相川さんという方がいたんですけど、その人が親切にしてくれて、

「じゃ、親方に紹介してあげよう」

と言ってくれて。

それで夜の六時まで、仕事をずっと見ていたんです。宿舎でご飯を食べさせてもらって、親方の家の前を通ったら電気がついていたんで、紹介してもらったんです。

それで翌年、卒業したらすぐに来ました。教わったのは相川さんとか三輪田さんとか。ご飯作りもやりましたけど、研ぎもやりました。

宮大工になると言ったら、お母さんは「やめろ」って反対しました。安定した仕事をやれって。ちゃんとというか、どこへいっても勤まる、ふつうの安定した公務員とか、堅い仕事というか役所の仕事みたいなのをやれって。

こっちの職人さんにもやめとけって言われました。でもこれまで七年ですけどやめようと思ったことはないです。

自分がスパゲッティ屋さんで働いているときに、やっぱ夢を追いかけているという感じの、自分みたいな人間がけっこういたんです。それで、その人たちも頑張っているんで、自分も頑張らなければと。そのときから宮大工として一人前になる夢がありました。

だから聞かれれば宮大工になるんだと答えていました。法隆寺の屋根の反《そ》りがすごくきれいなんで、自分でもつくってみたいなと。

大工でやって行けそうかって？　まだ、そんなふうに思ってないです。ただ、やっていきたいなあとは思っています。一人前になるまで十年と言われてますけど、人それぞれですから、自分はけっこうかかると思います。

外へですか？　ここは、まわりの会社より甘いということはないですけど、扱いなんかやさしいと思うんです。外に出たことはないのではっきりはわからないけど、あまり言ってくれないというか、あまりめちゃくちゃは言ってくれない。だから、一回外へ出て、めちゃくちゃにボロボロにされて、どん底まで落ちたら……、そういう悪い面を見たほうがいいとも思っています。あまり言われないから、かえってある面では厳しいんです。ガミガミ言われるのは厳しいことは厳しいですけど、言われるだけ楽だともいえる。でも、ここでは何も言ってくれないから、かえってそういう面では厳しい。それに体を動かすのは厳しい。この厳しさも大切だと思うんですけど。

昔の話では、玄能《げんのう》が飛んできたとか、蹴飛《けと》ばされたとか、殴られたとか聞いていたんで、ぼくはそうやられると思って来たんです。でもこれまでに一回も殴られたことはなかったです。

失敗はあります。ちょっとぐらいの失敗はしょっちゅうやってます。

最終的にですか？　それは、まあ、自分でやってみたいと思いますけど、親方みたいになって、経営とか、人を使ってというのはどうですか。人を使うとなると、その素質もいるし。まあ、そのまえに大工になる素質も自分にないと思うし、経営していく能力も、そういう器《うつわ》じゃないからやっていけないし、だから、自分としては無理だと思って。ただ職人としてついて行くしかないと思っています。

高校に行かず早く大工になればよかったなと思ったことはないですね。高校へ行ってよかったと思います。高校にも、いい人がけっこういた、アルバイト先にもいて。高校のときの出会いはすごくいい。それがなかったら、ここへ入らなかった。けっこう、みんな夢をしゃべっていたから、自分はどうなりたいとか。

休みの日ですか？　作業場に来たり、いや、働きにではないです。ただ、自分がやりたいことをやったり。あと、まあ、ゲンさんと釣りをしに行ったり。映画は見に行きます。最初のころは、もう遊びたくてしょうがなくて、とにかくどこでもいいからって、京都とか、毎週出て行ってたんです。家に帰りたくってしょうがなかったんですけど、いまになったら、どうでもいいってことはないですけど、それほどでもなくなりました。

恋人ですか？　いないですね。ここのほとんどの人がいないんじゃないですか。

夢は早く一人前になりたい。一人前になって一回外へ出てみて、それからまた戻ってきて仕事をしたいと思います。

若い人が入って来ますけど、さまざまです。はなっから大工になりたい人もいれば、宮大工の仕事ってどんなものか見に来るような人もいます。最初は、そういうふうに違いがあるかもしれないけど、入ったら、みんな一生懸命やりますから。もうそうなったら、そんな、宮大工にって入って来た人と、宮大工をちょっとやってみようかななんて気軽に入って来た人と変わらなくなる。

新しい人が来れば、聞かれれば教えます。でもけっこう腹立てて怒ることもいっぱいあります。最初のころって、あまりきびきび動かないでしょ。まあ、そんな人のことなんて……言えませんが。仕事場では、みんなちょっと早歩きみたいにするんですけど、入って来た人は、こう、のっそのっそという感じですよね。そうなると、もう腹が立ってきちゃって、この間、腹が立ってバーンと言ったことがあるんです。

そうなると、もう嫌っているみたいです。そういうのはけっこういるんです。だから、宿舎とか帰ってちょっと話すことがあっても、自分とは話さないで、ゲンさんと話す。ゲンさんなら安心していられるから。自分にはあまり近寄ってこないんです。そんなとき、なんか、自分は人に教える質《たち》ではない、って気がしますね。聞いてくれれば教えますけど。

西岡棟梁のことですか?　あまり会えることはないですけど、すごい方だなと思います。神様みたいな人です。去年の暮れに会いましたけど、自分が最初に行って会ってもらったときとは、目が変わっていた。初めてのときは恐ろしいような怖い目をして話してくれましたけど、今はやさしいっていうか……。でも、西岡さんの本を読んで仕事を見てこの道に入ったんですから、孫弟子として頑張りたいと思います。

（なかざわ　てつじ）

引頭・饗場公彦

昭和四十五（一九七〇）年十二月十九日生まれ。滋賀県の出身です。彼女ですか？　います。いちおう結婚するつもりです。竜ヶ崎の町で何人かで飲みに行ったときに、そこで知り合って、で、何回か会って。やっぱり竜ヶ崎の現場が長いからそういうチャンスがあったのだと思います。長くいて、そこの人間にならんと、こういうことはむずかしいですよね。

高校は工業高校の建築科です。親父《おやじ》は大工です。小さいころからもう大工になるって決めていたんです。親父が大工だったからというのもあると思います。高校のときでも選択の道はほかにもあったと思うんですけど、やっぱり大工がいいなあと。

きょうだいは四人です。一番上は兄で、姉、自分で、そして妹がいます。兄はサラリーマンです。大工にはならなかった。「俺にはできんや」って言っていました。

卒業のとき、求人で二つの工務店が来たんです。そのひとつに入りました。たまたまそれが宮大工だったんです。そこに三年いました。

ここと同じように住込みで、一通りお茶くみからやりました。先輩は六人ぐらいいたんです。先輩らとの暮らしは、まあよかったんです。でも親方の姿勢ちゅうか、何かお金儲《もう》けばっかりで、そこらが嫌やった。それで、ほかを捜してたら、鵤工舎にいた建部さんのことを知ったんです。やっぱり滋賀の人で、親父どうしが知合いだったんです。それで、建部さんのとこへ行こうと思ったんですけど、うちへ来てもだめだからと言われて、鵤工舎を紹介してもらった。そのときまで親方のことも西岡棟梁のことも知らなかった。

ここには若い人がいっぱいいるとは聞いていたんです。入る前に、何回か見学に来たんですけど、前の工務店は、機械をいっぱい導入して、いろいろごっつい機械があるんです。それで、こっちへ来たら、ちょっとした機械しかない。こんなんで仕事ができるんかなとか思っていたんです。入ろうと思って、親方に面接で会ったときに、いろいろ聞いていたら、

「おまえ、そんなことは考えんでいいんや」

って怒られたんです。なんか「本当かなあ……」とか思って。それからあまりしゃべらなくなった。

ここに来て三年目です。俺が来たのが六月で、（小川）量市《りよういち》君は七月か八月ごろに竜ケ崎へ行ったんです。そして十一月には松永君が来た。この年は八人入ったんです。何人かやめましたが。おかげで飯炊《た》きは月にいっぺん一週間やるだけでした。俺はカレーを完璧《かんぺき》に週二回はしますね、簡単やから。前の日から煮込んでおくと、大きい鍋《なべ》が二つあるんで、二日もつんです。それで二回やるから四日もっちゃう。ほかには千葉さんから教わったもつ鍋とかもつくりました。

前の工務店で、研ぎ方とか道具の使い方はできるように、いちおうはやっていました。最初、入ったときは川本さんの下やった。むちゃくちゃ恐《こわ》い。道具を使っておったら、なんや、パッと見られたんです。それで、

「何だこれ！　三年もやってて、こんだけしか研げんのか！　下手くそ！」

って言われて、相当ショックでした。持って来るとき、そんなことは何にも気にしていなかった。

前のとこは、ここみたいにはほとんど研がなかったですよ。仕事が終わってから、宿舎へ帰って寝るだけ。六時で終わって、帰ると七時ごろです。夜はここみたいに研ぎもせんと、テレビ見てますよ。昼休みにしか研がなかった。それがここに来たらものすごく研いでる。前の倍以上、三倍以上研いでます。もっともっと研いでいます。

そうですね。ここでは初めから経験者として扱ってもらいました。向こうでは、三年

やっていても、初めて入るつもりで行けと言われて来たんですけど、こっちへ来て、大堅さんに「何もできないです」言うて入ったんやけど、「削りもんぐらいできるやろ」って。

ここでは何でもさしてくれよるね。俺、前のところに三年いたんやけど、その二年ぐらいはお茶くみと掃除ばっかりで、三年目ぐらいに、余材をちょっと、あとはちょっと化粧もんをやらしてもらったぐらいで、ほとんど何もしてない。でも、ここではすぐに材を渡されて「やってみて」と言われるじゃないですか。やらないわけにもいかないし、断わるわけにもいかない。

初めは恐かったです、正直言って。切りすぎたとか、ありますね。丸鋸《まるのこ》が一番恐い。切ってしもたら、もう足せんから。

厳しさですか？　前のほうが厳しかったです。まず上下関係。親方はたまに現場へ来て「道具貸せ」って言って、ダーッとやって、「こうやるんや」と言って帰ってしまうだけ。何か煽《あお》り立てるような感じなんで、もうやる気がなくなる。俺らは仲間うちでは「よし、頑張ろう」って言っているのやけど、その心がわからない。

鵤工舎に来たら、ちょっと言うてほしいんやけど、親方は何も言わないし。ま、見てるとは思いますけど。なんか不安なんですよ、やっていて。ああ、言うてほしいのになあと。でも、全然言わない。見てないふりをするんです。

そうですね。俺は全然できないのに、こんな上のほうちゅうか、ま、下の子しかいないんで、上のほうに立たされているんです。「引頭」です。これでいいんかなと。順番からいえば、ふつう、できるようになってから教えればいいと世間では言うんですけど、ここはできる前に、自分で覚えながら他人にも教えなければいけないんです。

　初めて鵤工舎へ入ったときは驚きました。和気あいあいすぎて。前のところは、上下関係が厳しく、先輩の思ってはることを全部先まわりして準備をし、「釘《くぎ》ぬきを持って来い」と言われたら、昼休みに釘ぬきの納まっているところを全部覚えておいて、すぐ「はい」って持っていく。そうでないと「何やっているねや」と怒られた。ここでは「道具を持って来い」なんてことはない、ええ。自分で行かな。上下関係なんてほとんどゼロに近いでしょ。

　上の人があまり怒らないから、俺なんか怒りづらいです。もっとがんがん怒ってやったら、俺も一緒に怒れるやんか。なんか歯がゆいですね、それは。ええ、よくこんなにゆっくりやってできるなと思って。もし自分が大堅さんや角間さんならむちゃくちゃ怒ると思う。でも二人とも怒らない。怒らないのが上の人であって、そういう力というか器量なのかなとも思うんですよ。

　ここでは怒ってくれる人は千葉さんぐらいです。千葉さんにはよく怒られました。自分は、下と千葉さんとの間なんです。だから、一緒にやっていると俺ばっかりに言う。

ほとんど俺が怒られる。かえって、言ってくれるのはすごいうれしい。なんかピリッとするから。

入ったときは日当が五千五百円、いまは七千五百円です。

このあいだの入舎式のときには、呼んでもらえるとは思わなかったんで、びっくりして、うれしかった。

入ったときは、「連」から始まったでしょ。「引頭」に上がったときも親方は何にも言いませんでした。正月にこれを貼《は》り出したとき、「おお、上がっていたな」って初めて知ったんです。

これから先ですか？　まだ引頭になったばかりだし、何にも知らないから一人前になるまでは時間がかかりますね。初めは一人前になったらば、帰って親父と一緒にやろうかと言っていたんですけど、

「おまえ、家に帰っても何もないぞ」

って親方が言うんです。

「俺ンちで仕事をやって、任すからどんどんやっていったほうがいいだろう」

と。ありがたいことですし、それもいいなあと思っています。

外に修業に行こうとは思っていないです、今は。

このまま大堅さんや、角間さんの後を付いて、一つずつ階段を上がっていって、現場

を任せてもらって、彼らのようにやりたいです。

結婚ですか？　一人前になったら。大工ちゅうか、棟梁になってからです。待つ言うてくれています。そんなに待たせなくてもいいと思うんですけど、こんどお盆に彼女を連れて家に帰ると言うたんですよ。そしたら親父に、

「修業中やのに、そんな甘い考えじゃあかん。大工のことだけ考えていたらいいんや」

と怒られたんです。で、修業中はやっぱあかんかなと……。

俺は今年、二十四歳ですから何とか二十七、八ぐらいで……。彼女は二十二です。結婚の話をすると、どうしても一人前にならんことには、やっていけんやろうという話に結局はなるんで。子供ですか。三、四人ぐらい、多いほうがいいです。もし子供がなりたければ大工にします。この仕事はサラリーマンよりだいぶいいです。ずっとやってて、建ったらうれしいですし、感動がある。一番いいんじゃないですか。本当にここに来てよかったと思っていますし、前の工務店で一緒だった仲間はここに来たことを羨《うら》ましがっています。

夢ですか？　まあ、最終的に、自分で工場を持って、ばりばりやって、親方に近づきたい。仕事の場所は、鵤工舎でも自分の会社でもいいんですけど、自分流でやっていきたいです。


（あいば　まさひこ）

長・原田勝

鹿児島県の出身で、昭和四十七（一九七二）年五月二日生まれです。

親父は大工です。家に帰って親父と一緒にやるとかは考えていません。鵤工舎にずっといるかどうかもわからないですけど、やっぱり社寺を続けたいです。

ぼくの高校は普通高校で、普通科で成績は悪かった。クラスで下から五番以内に入っていました。何のために勉強しているのかわからなかったから、遊んでいたほうが楽しかった。卒業できたのは先生と仲がよかったから。庭の草取りを手伝ったら単位をあげるよとか、学校の行事などもいろいろやっていたから、そういうのはいいやっていって。

大工になるとは、全然思っていなかった。ちっちゃいころ、親父が大工になれって言ったんですよ。大工になれ、大工になれって。たぶんそれだから絶対にならないって言っていたんです。人にそういうふうに自分の未来を決められるのが嫌だったから、絶対にならないと思っていたんですけど、やっぱりちっちゃいころから、よう現場について行ったり、親の仕事を見ているから、高校へ入って何をしようかなと思ったときに、やっぱり建築関係がいいかなと考えました。そして、やっぱり大工がいいやというふうになった。高三の夏休みぐらいです。

それまではあまりそんなに真剣には考えなかった。ぼくの高校の半分ぐらいは大学に行って、半分は就職希望だったと思います。ぼくはずっとサッカーをやってました。体力とかそういうのはずば抜けてはいないです。でも、中学校のときはけっこう強かった。でも、いま年下の人でJリーグでやっている子がいます。全日本の前園とは中学校のとき一緒だったんですけれど、やっぱり才能のあるやつを見てしまうと、あ、やっぱりちょっと違うなちゅうもんがあるし、やっぱり違うことをやったほうがいいとかって思って。前園は、うんと違いましたからね。

大工になるちゅうのは、親父とではなく、学校の先生といろいろ話してからです。いろいろな先生と話していたら、違うクラスの体育の先生なんですけど、

「建築関係へ進みたいけど、あまり勉強もしたくないしな」

って言ったら、

「宮大工って知っているか」

「聞いたことはあるけどあまり知らない」

「じゃあ、ちょっと連絡をとってみるから、話を聞いてみるか」

ちゅうことで、それで、その先生の奥さんのお兄さんが文化庁の人ですけど、監督をしている人で、先生が聞いてみてくれたんです。そうしたら、なんか自分のところに来るのではなくて、鵤工舎というところに行ってみろと言われたので、親方のところへの

電話は直接その先生がかけてくれたんですよ。で、自分も電話番号を聞いたので、ぼくもしてみようかと電話してみたら、最初は奈良に来いと言われたんです。ところが、奈良に来いと言われたとき、ちょうど台風が来たんですよ。それで、行けませんって。それじゃ、東京の現場を見に来るかということで。東京へは行きたいなと思っていたんです。なんていうか、ちょっと行ってみたいと。東京へ行って、見たら、なんかすごいなって。そうですね、夏休み前ぐらいでした。

泊まっていたのは上野の頤神院《いしんいん》。ちょうど上棟式《じょうとうしき》の前の日で。上棟式の前の日にちょっと一パイやるかっていうんで、一緒に飲みました。わけがわかんないけど楽しそうだなと思いましたね。つぎの日は奈良に行ったんです。親方が、

「奈良に行ってみるか」

って言って、いろいろ見せてくれるんだろうなあと思って行ったら、奈良に着いたらもう夜だったんです。

「奈良の宿舎におまえちょっと行っておけ。飯でもできたら呼ぶから」

って言うんですよ。

明くる日はどこか奈良の作業場でも見せてくれるんだろうと思ったんですけど、

「まあ、適当に好きなようにして帰れ」

って。そのときは、奈良にだれもいなくて、奥さんがいた。

「鹿児島からきた原田です。今回は見にきました」

って言ったんです。

「こんど入るんでしょ」

って言うからまだ何も決めてなかったんですが、それでいいやって、そうすることにしたんです。

同級生で大工になったやつ？　いないですよ。同級生ではぼく一人ですね。高校の職員室の前には、「宮大工　原田」って書いてあった。友だちに、

「宮大工《みやだいこう》ってどこの大学だい？」

なんか言われて、

「俺が大学行くわけねえじゃねえか」

「いや、宮大工ちゅうのがあって」

「大工さんなんだ」

「ああ、そうか」

とか言って。宮大工って言ってもわからないんです。鹿児島は寺が少ないですからね。

三年間、彼女はいないです。ずっといないです。高校を卒業して三月二十六日に出てきました。はりきってました、頑張ろうと。

あのときはだれがいたかな……、松本さんとかいましたよ。面倒を見てくれたのは北

村さんです。ぼくは、北村さんにずっとついていたんです。

ご飯炊《た》きは一年ぐらい……、二年……。前田世貴《まえだせいき》とか、つぎの人たちが入って来てぼくはしなくなりました。料理は自分はうまいと思っています。みんなうまいと言いますけど、文句も言いますね、やっぱり。つくるのは、名前はわからないんですけど、ごちゃごちゃしたもの。焼くし、煮るし、炒《いた》めるしね。買い物では何をつくるかって買ってくるんじゃないんですよ。何でもいいから安いのをワーッて買ってきて、考えると面倒くさいから冷蔵庫に入れておきますよね。それで、仕事が終わってパッと見て、「あ、よし、これでつくろう」という感じで、なんか煮ているのか焼いているのかあまりわからない。何でもいいんです。みんな腹減っているから。

一緒にいたのは四人です。壱岐さん、川室さんは大学を出てました。二人ともやめました。やめるときに相談？　ありませんでした。仲がよかったからちょっと残念だったな。でも人は人ですから、関係ないです。

やっぱりやさしいですよ、みんな。やさしいけど、一番大切なのは自分ですから、そこから先は踏み込まない。ま、寝ててもいいし、やりたかったらやればいいし……。心配？　そういうのはないですね。というか、ま、いったらぼくらは超素人《しろうと》です。できないのは当たり前だから、頑張るしかないから、やっとったら、いつかはどうにかなるだろうちゅうだけで、だめだったらやるしかないから、それだけです。自分はやめようとは思わないです、全然。やめたら何もないです。

入ったとき松本さんがいました。いや、変わった人がいるな、おもしろい人だなと思いましたけど、あの人はあの人だから。いろいろ教えてもらいました。でも自分はあまり人に聞きたくない。なんか「あ、わからないなあ」とか思うと、大堅《おおの》さんに聞きに行きます。それって悔しいんです。聞きますけど、やっぱり聞くときはなんかほんと悔しい。

道具はいっぱい買いました。好きで買っています。最初に買ったのは砥石《といし》です。けっこうぼくは買っているほうかもしれないですけど、みんなも買ってますよ。でも、人が何を買っているか知らないですね。あまり仲間とは一緒に行かないほうがいいです。天然のものなんか、天然の砥石とか天然の柄とかは、一つしかなければ喧嘩《けんか》になるじゃないですか。やっぱり道具なんていったら、本当に欲しいと思ったら欲しいじゃないですか。一生使うものですからね。だから、そういう意味でごたごたするんだったら一緒に行かないほうがいい。

研ぎですか？　完璧《かんぺき》ですよ……なあんて。うまくなりたいですね。

西岡棟梁《とうりよう》とは話したことはないんですけど、入舎式のときだったかお宅まで連れて行ってもらったんです。そのときは入ったばかりですごく緊張していた。棟梁が何を話したかあまり覚えてないですけど、なんか、

「刃の先端を自分の魂だと思え」

って聞いたんですよ。それを聞いたときにゾクッとした。自分の魂が刃の先端にあるんだったら、やっぱり真剣にやってないと恥ずかしいじゃないですか。でも下手くそです。やっていると、そういう感じです。うまくなれるのかなあと思いますよ。でも人とは比べないいんです。負けていると思ってないですもの。いや、でもやっぱりみんなすごいですよ。

現場を上げたのは三つぐらい。あとはあっちへ行け、こっちへ行けで、手伝いにはけっこう行っています。四年いて、いろいろな工程を見てきていますけど、つくり始めから建ち上げるところまで、全部はやっぱり見てないですね。

仕事ですか？　うまくなったかどうかはわからないですけど、何でもやればできるって思えるようになりました。それと最近すごくおもしろくなりましたね。ここ竜ヶ崎では大堅さんが棟梁ですけど、大堅さんは段取りにまわるほうになりますね。そうしたら、仕事をするのはぼくらなんです。そうしたら何でもできるんですね。これはちょっとできないなとか、そういうのはないですね。時間はかかるにしても……。自信がないとかそんなのはないです。それは、自信はないですよ。だって、まだ四年ですから。でも自信がなくてもやっていけますから。

将来ですか、あまり考えてない。早く棟梁になれたらいいですね。まだでも上る階段がありますから。いま「長」です。この後に「引頭」、「大工」とあります。ライバル意識はありますね。やっぱり一緒に同じことをすると、絶対負けたくない。一緒に入った人とか先輩とか、そういうのは関係ないです。先に行かれると悔しいですね。

ぼくが絶対かなわないのは、親方、大堅さん、角間さん、あとはなんとかなるんじゃないですかね。一年、二年目は競争ばっかりですよ、喧嘩ばっかりして。だれのほうが悪いとか言って。いまは、そうじゃなくて、口で言うのではなくやってみせる。やったら、もうそれが出るじゃないですか。見たらわかります。研ぐとかそういうのじゃなくて仕事ですよ。一緒にやったら気になってしょうがないですよ。

夢……、夢はいっぱいあったような気がするんですけど、いまはなくなったような。なんか、ここに来るまえにはいっぱい夢があったような気がしたんですね。最初から書いておけばよかったと思いましたよ。今の夢っていったら、それはやっぱり、はじめからひとりで寺をつくりたい。

ぼくは親方みたいに設計から何でもできたらいいとは思いますが、お金のことを心配したりとかはしたくない。やっぱり職人だったら職人らしい職人さんになりたい。でも棟梁にはなりたいです。棟梁って何ですかね。全部人の面倒を見なきゃいけないんですか。ああ、親方になるかならないかちゅうことですか。親方もおもしろそうですね。親方を見ていたらおもしろそうだと思いますけどね、よくわかんないですね。

家に帰って手伝う気はないです。親父《おやじ》は帰ってきて欲しいようなことを言いますけど、

「いや、帰らないよ」

って言っています。いつか鵤工舎から離れてどこかへ勉強に行きたいなとも思うし。一人前になる前に行きたいなと思っていたんです。そしたら親方が、

「菊池のとこに行きたい者？」

って言ったから手を上げたんです。ぼくは菊池さんという人はよく知らないですけど、親方の話だと、刻み始めて三ヵ月で上棟にもっていくと言っていました。やっぱりすごいですよね。


去年の忘年会のときのことですか？　あまり思い出したくないです、あれは。西岡棟梁から色紙をもらったときに、大泣きしたんですよね。なんで泣いたのかな。なんとなくかな。やっぱり感動したんでしょうね。うれしかったと思います。神様のような気がしますね。


前に松永君の入舎式のとき西岡棟梁が来れなかったんです。それで、親方が棟梁に電話するからおまえら誰か代われって言われて。ほかの二人は緊張して「ああ、いいです」とか言って、ぼくは「はいっ」とか言って受話器を持たされたんです。そしたら親方が、

「なんか聞きたいことがあったら聞けよ」

って。それで、

「あの、宇宙の広さはどんだけ広いんですか」

って聞いたんですよ。西岡棟梁は、そういうことは考えないでいいから、おまえは技術を身につけることだけを考えろって。そういうことは考えるなって。でもそれから宇宙の広さって、それは大自然だ、大自然の中におまえらはいるんだって、ずっと説明してくれるんですよ。真剣だったんですけど、なんかすごく悪いことをしちゃったなと思いました。けど、うれしかったです。

親方に言いたいことですか？　そうですね、親方が現場に来てくれるとうれしいですね。怒ってくれる人がいなかったら、何してやっているのか、さっぱりわからんときがありますものね。これでいいのかなあ……とか思っていても、いまは大堅さんはあまり言わないし、北村さんも言わない。でも、やっぱり心細いときは「こうじゃないかなあ」と、みんなで話し合ったりします。

それでもここはすごいですよ。不思議ですよね。自分たちでもできてくるんですよね、やっぱりその場になると。こうかなと思いながら試しにやっちゃうんです。それで、あっ、失敗した、またやり直したりとか、そういうのが、けっこうある。でも、失敗は成功のもとだから。失敗はして当然だと思っているし、失敗したらいっぱい覚えることというか、成功しちゃうとわからないことがあったりしますからね。じっくり頑張ります。

親方にもそう言っておいてください。

長・藤田大（はらだ　まさる）

出身は神戸市。昭和四十七（一九七二）年八月二十七日生まれ。入舎して三年目です。高校は普通高校。学校の成績は真ん中。上にも下にもまだいっぱいいた。もうアホばっかしやもん。ずっと剣道部、二段です。高校のとき、別に俺は不良とかそんなんじゃなかった。人からはそう思われておったかもわからんけど、自分らはそんなふうには思ってなかった。俺らは、ヤンキーちゃうな、ただ、健康的に楽しいことが好きなだけやって、話してた。でも、親父とかは、全然そうは思っておらんかったやろ。親父は公務員、おかんは保健婦。きょうだいは姉さん一人。

初めから大工さんか、建築家になりたかってん。建物なんかに興味があってん。お寺だけじゃなくて、建築というのに興味があった。そんで、大学へ行きたいと思ってんけど、建築科いったらむずかしいから、理数系へ行っとかなあかんかったんやけど、そんなんは全然考えてへんかったから、楽な文系のほうをやっとった。それでもやっぱり行きたいなあ思ったから、文系でも行けるような建築科がないかな思って探していたら、あってん。けど、やっぱり頭がついていかへんから、やめて、それでどうしようかな考えていたんや。そんなとき親父が「これ、読んでみい」とかって『木に学べ』いう本を持ってきたたん。西岡棟梁の本やった。そのとき初めてまともに本を読んだんかな。それまで本なんて読んだことなかってん。

それを読んだらおもしろかって、こんなんやりたいな思って。で、棟梁さんのとこに手紙出して、「やりたいんです」って。したら「いまはもうやってないから」って、いまの親方のとこ紹介してくれて、また親方のとこに手紙を書いて、夏休みに見学に行って、やあ、すごいなあとか思った。

夏休みやったから。それで、はじめ何日間かおるつもりで行ってたんけど、一度帰ってまた後から二、三日行った。初めのときは、親父とねえちゃんが一緒。二人ともわからんけど、やっぱりすごいと言うとった。工場で北村さんが虹梁《こうりよう》を丸くしよったから、それを見て俺も「ああ、すごいな」と思った。

それで高校卒業してすぐに来たん。そのとき、奈良には北村さんと建部さんと松本さんがいて、川本さんはもう出てた。新人がほかにもいたんで、飯炊きは一週間交代やった。得意なのはカレーとか肉じゃがとか。教わったというんじゃなくて食ったことのあるやつを勝手にこんなもんやろうと思ってやっとった。

親父は、宮大工になるって言ったら、初めはほんまにやれるんかって心配してた。俺、喘息《ぜんそく》が昔からひどかってん。ほんで、よう入院とかしとってん。そやからずっと薬も飲むし、いまも飲んどるから。それで、やっぱそういうのも心配やったみたいです。

入舎式で道具をくれた。そやから、忙しかったからいうかようわからんけど、入ってすぐ仕事をさせてくれて、俺らはほんまラッキーやったと思う。

入った年の十月から松本さんと二人ではじめて岐阜に、高崎さんのお手伝いに行って。一ヵ月遅れぐらいで勝と哲ちゃんが来た。

松本さんは不思議やった。最初はびっくりしたわ。俺が来たのが三月の二十五日やったから、その日に薬師寺の三蔵院《さんぞういん》の落慶式があって、それに出させてくれて、その日は飯つくらんと親方らとどこかへ食べに行ったんです。俺らが行ったときには松本さんは一人でアパートにおったから、その日、俺は泊めてもらったん。つぎの日、朝起きたら、ご飯はお茶漬けじゃないねん。ご飯にお湯かけただけねん。ほんで食べて、「わしゃ、これだけでいいんじゃよ」とか言って。なんかすごいもん食っとるなあ、そんで、この人何食っとったんやろなあとか思った。でも、ああ、こういう人やねんなあ思ったら、それからはもうなんも思わんかったけど。

俺はその後、外へ出てた川本さんについてやっとったから、川本さんに仕事を教わったん。入ってから三ヵ月間ぐらい刻みをやったんかな。それで、七月の半ばから建前があって、それまで刻みをやっとってもやっぱ怒られるし、現場へ行っても、何がなんやら全然わからないから、もう怒られても全然わからへんねや。

川本さんは、本気で怒ってるんやろ、きっと。ほんで、もう昼飯だって二人で食ってもしゃべることもないし、恐《こわ》いから、よう変なことはしゃべられへんし、ずっと無言のままよ。そんで、もう体《からだ》的にはそんなにしんどくないんやろと思うねんけど、川本さんとおるいうことで精神的に疲れて。ほんで車の中でも、行き帰りの時間に四十分ぐらいあったんかな、その間は起きとかなあかん、起きとかなあかんと思うねやけど、クーッと寝てまう。で、怒るねん。

「おまえ、何がしんどいんや。おまえ、しんどいことやっとんのか。おまえ、運転してへんのやから、ちゃんと起きておけ」

とか。それを聞いてもやっぱあかんねやから……。

やめようと思ったことですか？　思った。一年目のときやったけど、勝手に家に帰った。俺、仕事は好きやってん。けど、なんか雰囲気いうか、人関係がちょっと……。俺、自分がおかしいんとちゃうかなと思うた。そのころは、細かいこと、めっちゃ考えとってん。このままおったらちょっとあかんなあとか思って、そんで帰った。親父にはいろいろな友だちがおるねん。そのなかに精神科の医者がおって、俺は、自分でほんまおかしいんちゃうんかな思って心配になって、その人の病院に行ったたん。したら妙に褒められて帰ってきた。そしたら気分ようなって、ああ、そうか、なんや、俺は大丈夫なんか、病気とちゃうなあって思った。そう思ったら急に楽になって。それでもまだ戻るとか、やめるとか、そういうのは考えられへんかった。

俺、何したいとかこれしたいとか、気が多い。家具屋さんとかもしたかったし、ちょうどそのころ、そういうものもしたいなと思っとったから、やっぱりやめようかなとかずっと考えとったけど。二十日間ぐらい家へ帰っとった。親方はなんにも言わんかった。電話したら、いつまでも考えててもしかたないやろから、三日以内に決めろって。それで結局、戻った。その後もいろいろ悩んで、考えごとあってんけど、去年、初めて気持ちが大工でやっていこうと思うようになったわ。それまでに三年かかった。

俺は、あまし親方の前で自分の思ってることをしゃべったりできへんし、ほとんどしゃべらへんからな。そやから、親方が俺のこと、どういうふうに思ってんのやろうかて考えたときもあったけど、いまそんなこと考えてもしゃあない、自分でやったらええ思ってる。

給料の使い途《みち》は、前まではやっぱり道具が多かってんやけど、最近はだいぶ揃《そろ》ったし、手道具とかそんなに買わんようになった。でもそれまで道具代はやっぱしかかってんかなあ。

研ぎのほうはまあまあ、自分としては……。うん、量市はうまい。見ればわかる。ピタッとしている。みんな仕事終わった後も、おそくまで研ぎものをしてる。俺は気が向かんとせえへん。テレビを見たり、風呂《ふろ》に入ったり、マンガ読んだり、ろくなことしてへん。

この後？　俺は、三十近くまで鵤工舎におるやろ。やっぱり二宮金次郎をもらいたいしな。その後はうーん、出て行くかなあ。それでも、やっぱ親方の下におって、鵤工舎で仕事を、親方の下でやっても、それはそれでいいと思うし、出て行っても、俺は鵤工舎から離れる気はないから。好きやし、ずっとやっぱ自分でやるいうても一緒にやりたい。大《だい》工務店とか藤田《ふじた》工務店とかいって、やってみたい。

　彼女？　おるよ。知り合ったのは去年から知っていてんけど、つきあうようになったのは五月から。このあいだ親のとこ連れて行った。まあ、あましええ顔はせんかったけども。自分で考えてやったらええと。そやから、そんな反対もせえへんし、うん。いますぐいうのは絶対無理や。やっぱお金もないし、まあ、なかってもええねんけど。俺らも結婚したらどうなるんか、ようわからへん。俺はどこでも行きたいからな。別に結婚したっていろいろなところへ行きたい。ついてくる言うてるし。

　俺アホやからまだまだ覚えなきゃいけないことといっぱいあるねん。

　いままでの俺は手伝いや。そやから仕事いうても、ほんま、化粧板つけたりとか、何も考えんでええような、早くやればええいうような仕事ばかりで、やれ、言われたら、それをやって。ただの手伝いやったから、川本さんにしろ、北村さんにしろ、棟梁《とりょう》がどうやっとったのかいうのが全然わかってへんかった。そやから、いまここ竜ヶ崎で、俺、やっとっても、全体のことは全然わからへん。一人前になって自分でやれるようになったら、どうしたらええか、全然わからへん。考えてもわからへんし、困ったなあとか思ってん。やたら時間ばっかしかかって。

そんなん考えておったら、やっぱみんなも同じように思ってるんや。でもヨッチャンなんかすごい。刻みの間もずっと描いておった。方眼紙にちゃんと寸法とって、線を引いて、毎晩描いておった。それを見て、俺も、やらなきゃ、やらなきゃ、思うねんけど、なかなかできん。いま考えたら、以前の俺の気持ちがしっかりしてへんころやって、俺とは比較ならへんぐらいみんなの気持ちがすごかった。俺も頑張らないかんと思ってるん。

西岡棟梁ですか？　やっぱすごい。棟梁の本を読んで始めたんやし。俺らが言ったら、そんな失礼やけど、すごい人だなとか、ええ顔しとるなあと思うよ。俺の知っとる剣道の先生もすごいんです。いま八十なんぼぐらいねやけど、まだやってん。もう剣道してないときだったらよぼよぼで歩いとるのや。でも剣道しだしたら背筋ピーンとして、すごい。その先生も、別に習字とか習ったわけじゃあらへんねけど自分で書いたりして、その字がごついきれいいちゅうか、ええ字なん。で、話をいろいろしてくれたりする。西岡棟梁からこの間の忘年会に色紙もらいましたけどやっぱすごいです。この人がおったから俺らがあるんやな思ってます。

（ふじた　だい）

長・吉田朋矢

昭和四十七（一九七二）年七月四日生まれ、北海道石狩町の出身です。うちの親父はミキサーの運転手、大工は親戚《しんせき》にだれもいないです。

俺、頭悪かったんです。成績はほとんど二ですね。一はさすがにつけてなかった。得意なのは美術、美術はだいたい五でした。高校も下から二、三番目の普通高校でした。何にも勉強してなかったです。クラブは柔道部。いちおう黒帯、初段です。選手でした。いや、弱いですよ。いい腕をしてるっていわれますけど、力は全然ないです、俺は。腕相撲とかも、ここの鵤工舎ではビリから二、三番じゃ。

高校出てここに来るまでですか？

俺、絵が好きだったから、最初に映画の看板描きになろうと思ったことがあるんです。札幌に何軒か映画館があって、そこに看板がかかっていた。その絵を描く人になろうかなと思って捜して行ったんです。それで弟子にしてくださいって言ったんです。したら、

「もう少し考えてからもう一回来てみ」

と言われて、それが十月ごろだったのかな。それで十二月にその会社へ行って、いろいろと絵を描いているのを見ているうちに、たしかに絵を描くのは好きだけども、仕事で描くのは大変だし、ずっとこんな暗い絵を描いているのもなとか思って。アパートの下の店舗を借りて、おじいさん一人でやっているんです。それであきらめて、ほかに何

かないかなと思って捜したんです。

俺、自然が好きだったから、自然の中でできる仕事がいいと思っていたんです。それで、前から読んでいた『ウッディライフ』という本に、たまたま求人があったんですよ。もうそれだけですね。まあ、いいじゃないかと。それで群馬にあったログハウスをつくっている「ばってん」という会社に入ったんです。その会社は全国の人間を集めれば三十人近かった。群馬には二十人ぐらいいた。そこは注文のログハウスをつくるところで、俺は最初にやったのが三連棟、三連棟というのがあるんですが、その三連棟を二つやって、四間、四間のを一棟建てて、ヘルプとかで現場へはちょこちょこ行きました。仕事はピンからキリまであるんですけど、俺のやっているところは、簡単なものでした。そこに一年いて、勝手に卒業しました。

まず一番の理由は西岡棟梁の『木に学べ』を読んで、こんなに木を大事にして建てている人たちがいるんだなと思って、それだったら自分もやってみたい。やるんであれば、どうやら早いほうがいいらしいから、じゃ、行こうかっと。

『斑鳩《いかるが》の匠《たくみ》宮大工三代』に棟梁の住所が出ていたので手紙を送ったんです。棟梁から直接教わることはもうできないという感じだったので、お弟子さんを紹介してくださいと。そうしたら、二、三日したら即、返事が来て、それで親方（小川）の住所を教えてくれた。それで、こんどは親方に手紙を出した。しばらくしたら、日曜だったですけど、午

後に電話がかかってきて、

「いま、来ないか」

ということになった。もう午後の三時ぐらいだったですかね。それでとりあえず時刻表で調べてみたら、なんとか行けるので、先輩に駅まで送ってもらって行ったんです。

それで親方から「この仕事はつらいぞ」という話があって「もうすこし考えろ」と言われた。俺としては、その前に、やるともう決めていたから、帰って「ばってん」の社長さんにやめるって言ったんです。そうしたら、社長は、賛成してくれました。

ここに来たのは四月です、この現場の始まる寸前だった。千葉さんが前の日に入ってました。飯炊《た》きは一年間ですかね。けっこうその年に入ってきた人は多かったから、順番で一週間交代とかでやっとったから、そんなに苦ではなかったですよ。千葉さん、世貴、量市……。途中でやめて出て行ったから人数は減ったけど、それでも四、五人でやっていました。

飯を炊くのはスイッチを押すだけだから簡単だけど、料理は、まあまあ……うまいですよ、俺。何でもつくれるちゅうか、いろいろやりましたよ、やっぱり。前の日から仕込んだりして。カレーなんかはルーの塊《かたまり》を入れればいいんだけど、期待されましたよ。なるべくスタミナがつくようなものをつくったりして。

一生、宮大工でやって行くかどうか、それは全然考えてないです。そういうことは考えないですね。考えられないっちゅうか。一生……のことでしょ。思いつかないですね。意識に上ってこない。ただ漠然とは思っています。なんか大工でやっていくのであれば、何年かしたら北海道へ戻って、民家をやりたいなとか思っています。もともとあまり寺とかは好きじゃないですね。見るのも好きじゃないし。

俺、一度辞表を出してやめたことがあります、鵤工舎を。やめようと思ったのは、何かほかにも自分に合った仕事があるんじゃないかと思って。なんせ、ここにいたんではそれもわからないというか、部屋でも借りて、そこで独り暮らしして、全国をまわろうかなとか思ったりしてやめました。荷物は置いていきました。荷物を置いて、東京に部屋を借りようと思ったんですよ。東京に先輩がいて、先輩が元住んでいたアパートが安かったんで、大家さんにその部屋を借りられないかって聞いたら、やっぱ不動産屋を通さなければいけないちゅうことで、不動産屋へ行ったんだけども、仕事がない人には紹介できないということで、それで終わりですよ。それでその日のうちに東京から戻ってきたんです。それで「またやらしてください」って言ったら、「まあ、しょうがねえな」って言って、辞表のことは、それから何も触れてないです。

辞表を出したときですか？　親方は止めませんでした。「ふーん」と言っただけでした。まだ一年目の飯当番のときです。帰って来たときも、そのままふつう通りです。

今？　仕事はおもしろいです。自分の作業ですか？　俺、初めての現場ですからね。だから、とりあえずつぎ何をやるっていうのがわからないですけど、うん、そうだな……、なんとなくしかわからないですよ、やっぱり。模型を見て、最終的にはこういうふうになるんだなということで。段取りとかは……だめです。

休みの日ですか？　このごろはバイクで出かけたり、あと工場へ行ったり、本を読んだり……。このあいだ馬に乗りに行ってきました。夏には休みもらって北海道一周してこようと思っています。

恋人はいないですね。つきあったことはありますけど。

独立するという気持ちとかですか。ありますよ。ありますけど、鵤工舎へきて宮大工を楽しもうというか、そういうのを見たいというのもあるしね。今でもログハウスも悪くはないと思っています。腕はなかなか上がりませんが、今は、ここがおもしろいし、仕事も楽しいから一生懸命やってます。

（よしだ　ともや）

連・前田世貴

昭和四十九（一九七四）年二月二十七日、奈良県田原本町《たわらもと》に生まれました。家は大工じゃなく室内装飾です。インテリアデザインとか壁紙とかカーテンとか……。

高校で建築科へ行ったのは大工になりたかったからです。小さいときから大工さんになりたかったんですけど……。大工さんというか職人さんというか、何でもよかったんですけど、職人みたいな感じの。陶芸とか、焼き物でもよかったんです。

大工がいいと決めたのは西岡棟梁のテレビを見たんです。それで「あ、これがいいな」と思って。

中学のときに、もう高校へ行かんと大工さんになろうかなと思って、悩んで……。親が高校を出ておけと言うんですが、俺は中学でやっておいたほうがいいんと違うかなと思ったんです。けど、結局、親の「高校へ行っておけ」ちゅうのに負けて高校へ行ったんです。

兄弟は全部男で、四人います。その三番目です。一番上は大学を出ていまはサラリーマン、二番目は専門学校を出て、家の仕事を継いでいます。一番下はまだ普通高校で、大学へ行くように頑張っています。中学出てすぐ職人になろうなんて考えたのは自分だけです。

その当時、中学校を出て就職する人は少なかった。みんないちおう高校に行くという時代だった。就職するやつはほとんどいませんでした。成績も悪かったし、どっちみち高校へ行って、頭が悪いままついていってもしかたがないと思って。それだったら腕に職をつけたほうがいいなと思ったんです。悪いいうても、そんなむちゃくちゃ悪いちゅうようなことはなかったですが。

建築科へ行っていちおう図面を引いたりトレスをやりました。大工になったときに役立つだろうと思って。そう思って行ったんですけど、いまになってみればあまり関係なかったです。

高校では山岳部でした。山岳部は騙《だま》されて入ったような感じです。インターハイでは、県では団体でいちおう優勝しました。山を登るというか走るようなんですけど、ほかに天気図を書いたり、山の知識の問題もあるんです。うちの学校は、頭が悪いから体力で勝てって、いつも体力だけでは一番でした。

体ができたのはそのときじゃないんです。ここに来てからこういうふうになったんですよ。親方からはモヤシみたいだって、いつも言われてましたけど。

西岡棟梁の名前は知っていましたが、鵤工舎《いかるがこうしや》のことは知りませんでした。いろいろな人に話を聞いていたら、親方（小川）の名前を知って、それを電話帳で調べたんですが、電話をするのはあまり好きではないし、家に行って実際に会ったほうがしゃべりやすいかなと思って家を探したんです。はじめ、法隆寺のまわりを探したんですよ。そのへんに作業場があるとか聞いたんで探したんです。見つからなかったんです。それでどうしようもなくて、法隆寺の前の電話ボックスから電話をかけた。

そしたら量市が出て、

「いまはいやへんけど、夜になったら帰って来る」

って言うから、家に帰って夜に電話をかけたんです。まだいなかった。で、何日かして「作業場を見せてもらいたいんですけど」って言って行かせてもらった。

そこには北村さんと、原田さんと、松本さんと、いまはいないですけど壱岐さんがいました。行ったのは卒業前の二月ごろです。

あんまり心配はなかったですね。

最初は奈良に行きました。宿舎が新しくなってからです。ぼくの同期が一緒でした。いまその同期はだれもいないんです。奈良にはそれだけで、あと栃木では千葉さんと吉田さんが入舎していました。

入って来たのがたくさんいたので、ご飯炊きの順番は一週間交代ぐらいでした。みんな同じぐらい下手でした。ほとんどが炒《いた》めもんです。野菜炒めが一番多かったですね。種類っていってもただ具を変えるだけで。モヤシ炒めかキャベツ炒めか。

料理の本を買いに行ったりしましたけど、あんまり変わったものはつくりませんでした。

味噌《みそ》汁をもっと濃くしろとか濃すぎるとかでもめました。原田さんは別です。原田さんは、料理をつくってから自分の味にしますからね。七味をかけたり、胡椒《こしょう》をかけたり……。

途中でやめようと思ったこと？　ないですね。いろいろ相談したことはありましたけど。悩みはこのままで一人前になれるのだろうかとか、親方と一対一になれないとかそういう感じですね。

奈良にいた二週間はずっと毎日、研ぎものでした。松本さんに教えてもらった。初めのときだけはちゃんと教えてくれました。砥石《といし》はどこの部分を使ってとか、端から端まで使えとか、どこに力を入れるとか。

松本さんですか？　なんかすごい、なんというか素直っていうかなんていうか……。そういう点、言葉はむずかしいです。研ぎは初めに比べれば少しは上手になったと思います。いまも新しく入った人たちと夜、研ぎ場で一緒にやっています。

将来、ですか？　独立して……。自分で……。ま、そんな感じになればいいなと思っているんですけど、ずっと親方の下でではなく、外にも出てみたいです。民家ではなく、ずっと宮大工でいきたいです、できれば。親方は十年で一人前だろうと初めに言ってました。自分もそう思ってます。

作業がわかっておもしろくなったのは、そうですね。一年くらいたってからです。初めは何にもわかりませんでした。

道具ですか？　まだ足りないものがあります。洋服とか、けっこう自分の買いたいものとかはあります。ＣＤとかそういうのはあまり買わないです、持っていますけど。でも、そんな暇がない。

日曜日はどこかをぶらぶらしています。映画を見に行ったりとかですね。大堅さんと大工道具を見に行ったり。

研ぎがうまいのは、みんなうまいですけど。大堅さんももちろんうまいし、原田さんもうまいし、量市もうまいし、みんなうまいですよ。

高校や中学の同級生と会うことはないですね。正月に帰ったとき以来です。宮大工をしていると言うと、みんな不思議がりますね。給料いくらだとか聞かれます。休みもあまりないと言ったら「そんなとこやめろ」とか言います。

いまは一ヵ月十三万ぐらいです。日当は六千円ぐらいかな。

いまは量市と一緒の部屋です。そうですね、なんやしょうのないことばっかしゃべっています。仕事の話はたまにしますね。きょうなにやったとかって言って。

親方の息子だとかということですか？　初めは気になっていましたね、やっぱり。量市も気にしてるのかな？　そうでしょうね、たぶん。いや、でも、どうかなあ……。あの性格からしてそういうようなことはあまり考えてないんじゃないかな。

競争心？　けっこうみんな内心そういうのはあるんじゃないですかね。

彼女はいないです。

独立するとしたら、やっぱり奈良でやりたいなとは思うんですけどね。

嫁さんですか？　やっぱり三十までにはもらいたいですね。

もし一人前になったら一番つくってみたいものですか？　塔を一回やってみたい。

書道は子供のときからやっていました。中学のときに五段、高校のときに先生が替わって初めから大人の部で。宿舎でときどき練習するんですが、一番熱心なのは原田さん、千葉さんもちょっと。いま習いに行っていますからね。すぐ坂の下に書道教室があって、行っているみたいですね。でも、習うっていうのはちょっとだめなんです。結局、手本を見てしか書けへんような感じになってしまうんですよ。それがちょっと困るんです。

職業を聞かれるとですか？　初めから宮大工とは言わないですね、恥ずかしくて。なんか初めは「大工やってます」と。それで詳しく聞いてきたら、「こういう大工やってます」と。

いまの仕事にですか？　誇りを持っています。

（まえだ　せいき）

連・小川量市

昭和五十一（一九七六）年三月七日、奈良生まれ。小川三夫の長男。

この七月でちょうど二年、ここ竜ヶ崎に来て。同級生は今年の三月に卒業しているから、みんな、働いているのやないかな。昔の仲間はここにいるから会わない、奈良に帰ったら会うけど。

中学校のときから不良やっていたって言われるけど、不良じゃない。ちょっと人の道を外れていただけや。喧嘩《けんか》はそんなにしてないよ。悪いことっていったら、シンナーだけ。学校やめたのは別にどうもない。おもしろくなかったからやめたんや。

初めは中学を出たら大工になるって言ったんや。それでそう言いに西岡棟梁《とうりよう》のところに行ったんやけど、やっぱ高校へ行った。あのときはほかに行くところもないし、行きたくもない高校へ行くなら大工になろうかというぐらいだった。そやけどもう少し遊びたかったんやろな。大工になるというのは子供のころから思ってた。中学のときは大堅《おおの》の兄ちゃんのところやったら行きたいって思ってたからな。あとは、いつその道に入るかだけやった。

ぐれたいうか、そうやって遊び始めたのは中三か、その少し前かな。よう親が呼び出されたらしいな。呼び出されると中学校はおかん（母）が来ていた。なんかお父《とう》も来たし。

シンナー？　あれは何となく始まったん。うん、気持ちがいい。後遺症？　後遺症は終わってからがある。しんどい。こぼして胸に大やけどもした。その跡はもう消えたわ。

おかんはそれでも高校だけは出ろ言うてたんやけどな。

学校やめたのは、なんちゅうのかな、厭《あ》きたというか、シンナーやっていてもいつも同じことの繰り返しやから。そんで、なんか厭きたなあと思って一人で考えてたんや、公園で。ベンチのところでボーッとしていて、なんか厭きたなあと思っていたころに、ちょうどちゅうか、親父《おやじ》に竜ヶ崎に行くかって言われて、行ったのかなあ。ようわからへんで。うーん、忘れたな。なんて言ったたんやっけ。もうそろそろいい言うような、そんな感じでここに来たんや。

布団《ふとん》と自分の荷物、シャツとか適当にバーッと詰めて。ああ、ピアスか、とった、とった。あれはいつやろな、半年前……。髪染めるのも止《や》めたわ。

いい子になってつまらんて親方が言ってたって？　いい子になるとかな、そういうつもりはないいんやけどな。いまでも帰れば、あのころの仲間と会うんや。変わらん。

俺の腕、太くはなった。ここに入って、一年ぐらいずっと材料整理をやった、一年はオーバーかわからんけど。木造りとか材料整理とかばっかりで筋肉ついたんとちゃうか。自分でも筋肉がついていくのわかるわ。それで夜は刃物研ぎや。

ここの仕事、うん、嫌じゃない。でも真面目《まじめ》に見られるのも嫌だ。親方の子だってこと？　みんなと一緒やったと思うけど、やっぱりちょっと甘やかされていたかな、たぶん……。そうでもないと思うけど、わからない。

先のこととか、親父のこととかは、ちょっとは負担ていうか感じるけど。みんなと同じにやめたければやめてもいいんだろうけど、やめられへんやろな。だからって一生懸命ってこともない。一生懸命……ってことはないやろけどな。

研ぎは、平らには研げているとは思う。うん、納得いくまでやったからな、ようわからんけど。うまいかどうかは知らん。努力……そんなに努力もしてない。きちっというのは思わないけど、平らに研げたんは、一年ちょっとぐらいでかな。

入ってすぐは、みんなと同じようにご飯作りしたよ。野菜炒めとかカレーとか。一年くらいやったかな。

部屋もみんなと一緒や。ここではいまは前田世貴と同じ部屋や。ほかの人は一人やけど、それは、大堅さんが決めたんやない。

別に一人やろうが、二人やろうが、いまの半分あれば十分。部屋で何してるかって？仕事のことも話すな。何しゃべっているのやろな、どうかいうのはわからへん。あんまりしゃべらんし。

子供のころからいろんな人が住込みで来てたし、みんなで一緒に暮らしてご飯を食べているのは、知っている。たとえば北村さんなんて俺が生まれたときからいるし、大堅さんだって子供のころから遊んでもらってた。その人たちと一緒に働くというのは不思議な気がする。

正式な入舎式なんてなかった。荷物持ってきただけ。みんな知ってる人や。こんどは仕事を教わりにきたんやからちょっと違うけどな。

家族？　家に休みで帰ってもおかんとはなんにも話さない。顔を合わしたら、はしゃいでいるだけや。

俺の膝《ひざ》の手術のとき？　来てない。電話はあったけど。なんか下半身麻酔ちゅうて言うたんよ。そんなら、それはどうこうしたら楽やから何かやれとか、電話くれはった。

俺を外に出したいという話、なんかそんなことをちらほら聞いている。親方自身からは一回だけ聞いたことがあるかな。ようわからん。自分とこで修業して、北村さん、大堅さん、子供のころから知ってる人ばっかりやからな。いちいち親方が親やからいうようなことは気にはならんけど、一回出てみたいという気持ちはある。知らん人に育ててもらいたい。

まだ自分自身、親方になろうという気持ちはない。ないこともないけど、やっぱりどこかにあるかもしらんけど、その気持ちはあまり強くない。ちゅうよりか、みんなはこの家に来ているやんか。その修業しに来ているという気持ちと俺の気持ちはたぶん全然違うと思うんや。やっぱりどこかで甘えている部分もあるし、なんかみんなの気持ちというか、仕事への姿勢ちゅうのが自分にはまだないと思う。よくわからへん。だから、一回外に出て行って、そのみんなの気持ちと一緒になりたい、それはあるけど。

外へ行くのは楽しみもあるけど、ちょっと不安というのもある。石本さんのことは知っているけど、こんどは仕事を教わりに行くんやからな。

鵤工舎を継ぐとかそんな先のことはわからん。まだ始まったばかりやし、深いことは考えないんや。俺、一番下の「連」や。まだ見習中や。

（おがわ　りょういち）

連・柴田玲

昭和四十五（一九七〇）年二月十七日、大阪市生まれ。家は大阪で、親父は大工です。京都産業大学の経営学科卒業です。

大学を卒業して、どうしてここに来たかって不思議そうに言われるんですが、自分でもようわからないんです。あっちこっちがよう見えるタイプなんですね。そやから、中学校を卒業して高校ちゅうときも、工業高校とか美術学校とか、そっちがけっこう好きやったし考えたんですけど、先生が、

「技術科ではなく、普通科に行って大学に行け。阪大の工学部へ行け」

って言うんですよ。そこがどんだけすごいかちゅうのは全然わからんし、そういう感じで、技術科におったら選べんやろというのがあって……。まあ、普通科へ行っておこうと。いま、考えたら、流されていたんですけど。高校でもそうです。やっぱり大学へ

行こうちゅうことを決意したんですが、だいぶ遊んで、数学とかさっぱりだめだったので工学部なんてあきらめて、文系やちゅうことでした。

親父は中卒で、やっぱり「おまえだけには」みたいなノリで、俺が大学行くことを望んでいました。

それが大学卒業近くなって、大工になろうかと思ったんです。きっかけは『木に学べ』という本を図書館で見まして、それで「オーッ」ちゅう感じで、棟梁《とうりょう》の家に来たんが十月か十一月だったと思います。病気で会えませんでしたが、小川さんの住所を教えてもらって、それで会いに行きました。そのときは、ようじーっと考え、親と相談するとか、そんなんで。また、三月にもういっぺん寄せてもらって……ていう感じです。

結局ここに来たのは卒業した年の七月八日です。

親父にはどう話すか考えました。それで実際に話そうとしたんですよ。コミュニケーションのステップとして、まだ自分がどう思っているみたいなことを言わなあかんとか。第一歩ですね。で、俺は、こうこうこういうふうに考えたんやみたいなことを言うたんです。やっぱり全然通じへんというのか……。

三月に親方のところにおうかがいしたんですが、まだやっぱ悩んでましたから。悩んでいるというか、結局、それで、事を起こすのがもう億劫《おっくう》になってたんです。少しずつ結論を先延ばしにしてたんやろな。大学時代は、けっこう沈みのほうが多かったし、学校の友だちも少なかったんです。

学生時代はずっとスパゲッティ屋でアルバイトをしていました。友だちといえばそこで知り合った人たちです。京都ではアパートを借りて一人で住んでいました。アルバイト代は、住宅費を無理していたから、食費をある程度カバーできる程度でした。大学を卒業して就職がなくてもスパゲッティ屋には行けるというのもあって、ぐずぐずしてたんです。

大きい望みで、これに絶対なってやろうと思って選んだことはないですね。初めてそれをしたのが鵤工舎でした。なんだかんだと悩みながら五月になったんです。したら五月の頭ぐらいに親方から電話があったんです、どうしているかというんで。ぐずぐずしておった時点で、そういう人がわざわざ心配してくれて俺のところに電話をくれた。俺も「まさか」と思いました。世の中で、俺みたいな人間を拾ってくれる人はおらんやろうちゅうんで感激でした。親方のほうから言われたのは、

「まあ、悩んでいて、このまませいへんかって、後で一生後悔したらなんやし、やってみたらどうや」

って。そういうノリで言われて、そこに入ったらどういうふうになって、何ができて何がでけへんちゅうの、そこらへんで悩んで、またそのへんにしがみついて決心がつかないわけですけど、それでも、まあどっちかに決めて、いっぺん動かなあかんやろとい

う気分が少しずつ高まっているときだっただけに、またタイミング的にもちょうどよいときに来たりして、もうこれは行こうちゅう感じです。

俺は、とりあえず行こうという踏ん切りちゅうか、もうしばらく体力をつけていかなあかんと思って、五月から七月までの二ヵ月間は、うちの親父さんの手伝いをやっていたんです。そのときはまだ親父に鵤工舎に行くということは言ってなかったんです。鵤工舎に行くにはとりあえず、体力は絶対必要やろうから、もうしばらく力をつけていかなあかんだろうと思っていた。そしたら親父のほうから、

「おまえ、もうそろそろ道具を買わなあかんな」という話が出てきたんです。自分とこは請負やから跡を継ぐとかはなかったんですが、一緒にやると思っとったんでしょうね。仕事をずっとしよったから。道具……、あ、これはまずいと思って、悩んだ末に、

「俺、小川さんのとこに行くで」

と言ったんです。

それから、えらい機嫌悪くしよって。で、まあ、しゃあないちゅうか……。入ったのは奈良の鵤工舎です。七月の八日に入って、その前に二週間近く、茨城がどんなものか見て来いと親方から言われて竜ヶ崎に行って、盆に奈良へ帰るのと同時にここにずっとおれちゅうので、それからずっと奈良に翌年の三月までいました。

ずっとご飯を炊《た》いていました。スパゲッティ屋で働いてましたけど、つくりはしなか

ったんです。ですから、料理をつくるのは嫌いじゃないんですが、後かたづけとかが嫌なだけ。

ずっと原田君に世貴君、それと俺の三人は、もう光蓮寺《こうれんじ》。それから中澤さんが来た。仕事は松本さんと勝君に教わりました。といっても、道具の研ぎなんかでも、具体的にこうみたいな感じにきっちりとはたぶん教わってなかったんじゃないですか。夜に研ぐときにちょちょっと言ってくれるぐらいです。それも断定しないんです。いつも「そうやと思う」とか。そのへんのニュアンスちゅうのがわからんかって、ウーンとかちゅう感じでした。

肉体的にはちょっとハードで、けっこうずぼらかまして、家事手伝いが終わったらすぐ寝ていたのと違いますか。でも、もうそうせんとおっつかないぐらいにしんどかったんです。ある程度は親方に大変やとは言われていたし、自分でもそう思っていたことではあったんですが、まさかあんな材料がどんだけ重いかとかって思ってもみんかった。いまでも、そやからしんどいことはしんどいですよ。まだ体もできていないんです。俺は体重でも相変わらずです。

宮大工としてですか？　まだはっきりしないんです。ほかの人も悩んでるんでしょうが、それは大工の道を選んだうえでですから。俺は……。

ここはそれでも置いてくれてるでしょ。ここはそういうところが厳しくない。たとえが悪いかもしれないけど、ぬるま湯みたいな。だからなんぼでも甘えられるちゅうんで、自分の強い意志がないと、ここではやっていけない。そういう意味では逆にすごく厳しいんですよね。そこらへんの意志の弱さちゅうのがいまの俺のネックですよね。

そやから、要するに、いま流行《はや》りのマインド・コントロールやないけど、個人的には捉《とら》えようとは思ってますから、そやからやっぱここに入ることでも限定してたわりには、自分は大したことしてんぞ、と思ったりしてるんです。

夢ですか？　とにかく落ち着いて、分かりあえる夫婦になれる伴侶《はんりょ》がいて、みたいな。そのときの職業は思いつかない。まだ夢としてはニュートラルなんです、そのへん。

（しばた　あさら）

連・松永尚也

昭和四十七（一九七二）年九月十日生まれ、群馬県高崎の出身です。俺がここ栃木の工場では一番若いです。

入ったときは体重が四八キロだったんです。いまは、一番あったときで六〇ちょっとになって、大体五五ぐらいで安定しています。ほとんど一〇キロ近く増えたんです。飯はよく食べます。腕もこんなになりました。

入舎は一九九二年十一月二十九日です。その年の八月二十九日に、うちの親父が亡《な》くなりまして、それまで浪人していたんですけど、とりあえず事情が変わったということで、しばらくは家のほうでいろいろなことをしていたんです。うちの親父が大工だったので、ワンマン社長だから、全部親父が握っていたのを、とりあえずみんなに分散してもらって、整理してというようなことをずっとやっていたんですけど、そのうち俺のほうも職を持つということで、いろいろな選択を迫られて、大工をやるつもりならここで修業したほうがいいだろうと、紹介してもらって鵤工舎に来たんです。

大学では工業系の電気とか電子とか、そういうのをやるつもりでした。それまでは、なんかうちの親父にはさんざんおまえは大工には向いてないと言われていましたから。姉貴がいるんですけど、姉貴が男だったら大工にしたかったたって。俺は、もう見捨てられた口なんで。

そうですね。みんな几帳面《きちようめん》そうだというんですけど、やる気になっていればいいんですけど、一度、だめだと思うと全然しなかったりするし。AB型だから、気分によって、二人いるようなもんで。たとえば、自分できれいなものをつくりたいと思って道具もズラーッときれいに並べておいて始めるときはやっぱりうまくいくんです。さあ、急げっ、あれ持ってきて、これ持ってきてってオタオタするときは、やっぱりだめです。うまくいかない。

親父《おやじ》ですか？　うーん過労という話ですけど、はい。社長で、株式会社を一人で背負っていたというか、何人か職人さんの面倒を見なくちゃいけなかった。

自分がまず職を探して欲しいと頼んだのは、自分のおばあちゃんでした。おばあちゃんは政治好きで、知合いに衆議院議員がいるんです。その人がここを紹介してくれたんです。群馬の人です。紹介してもらって、連絡を取ったら、「見に来てみろ」と言われました。面接はここの栃木でしたんです。それで、ここではいま、仕事をしてないから、もっと見たかったら竜ヶ崎を紹介するからと言われたんですけど、自分としては、工場の原寸場に五重塔が飾ってあったんですけど、あれを見て、あ、やっぱすごいなあと思って。俺はその塔を見て、技術をもし修得するなら、ここで自分の腕にしてやれと。自分ちで仕事をしているのを見ていても、ああはいかない。鑿《のみ》とか鉋《かんな》の跡が少しも残っていない。すばらしかった。こういうものができるのなら、ここに入れてもらおうと決めたんです。でも最初、会いに行ったときには、本当に俺なんか入れてくれるとは思わなかった。自分ちでやっていても、やっぱ中卒か遅くとも高卒ぐらいがいい、それ以上すぎたら、からだが固まるから嫌がるんです。そのとき二十歳になってた俺は、まあ、頼んでも無理かなとか思っていて、いったん家へ帰って、親方に電話して、

「入れてください」

って言ったら、

「いつでもいいから来い」

と言われた。それでもう次の日曜日に行きました。奈良へ行ったんです。

それまで親方のことは知らなかったんです。西岡棟梁《とうりょう》のことは、小学校の道徳の本で読んだんで、知っていました。まさかその人の孫弟子になるとは思わなかった。親父が好きやから、西岡棟梁の塔の再建《さいこん》みたいなことはよう知っていましたけど、やっぱ雲の上の人ですから。

持って行った道具ですか？　布団《ふとん》とか服ですね。身のまわりのものをちょこっとと、あとは親父から直接もらったとはいえないけど、玄能《げんのう》と、うちの一番弟子から、これは持って行けというんで、親父の使っていた釘《くぎ》しめなんかを持って来ました。

奈良はそのころ忙しかったから、たくさんいました。角間《かくま》さんがいて、原田さん、藤田さん、壱岐さんもいました。あと物江《ものえ》さんがいて、佐古さんが宿舎の中にいたのかな。俺は奈良には、つぎの年の五月までいました。ずっとご飯炊きをしていました。最初は野菜炒《いた》めと麻婆豆腐《マーボーどうふ》ぐらいしか作り方なんか知らなくて、まわりの人に怒られたり。みんな働いて帰って来るのだし、うまいものが食べたいんだから、おまえだって食べたいだろうとか言われて、もうちょっと考えろとか言われる。でもそういうふうに言ってくれる人がいたからありがたかったです。

あのころは、帰って来てから飯をつくったんですよ。そうしたら、なるべく時間がかからないように、ドタバタつくるから大変でした。手伝ってくれることは手伝ってくれますけど、ほかの人も、みんな掃除をしたり、違うことをやっているから。

やって行けるかどうか、心配したことですか？　一度あります。年が明けてからかな。夜中に、気持ちが悪くてずっと寝ていられなかったんです。それで夜中に吐いちゃって、そのとき「もしかして体力的に限界かもしんないな」と。

朝、四時半に起きて弁当をつくって、仕事から帰ってきたら十時ぐらいです。飯をつくってかたづけて、十二時ぐらいになって翌朝の準備をして、研ぎものをするか、風呂《ふろ》入るかどっちかを選択してから寝るんですよ。寝ると一時です。また明くる日は四時半に起きるんですよ。

でもやめようと思わなかったです。やめても行くとこはないですから。だって、

「頑張って行って来いよ」

って言ってくれた家のみんなは、

「鵤工舎が厳しくてやめました」

って言って迎えてくれるような家族ではないですからね。厳しくてやめてきたなんて、家になんか入れてもらえない。

ここに入ったとき、親方は一人前になるのに早くて十年、覚えのいいやつで一年って言ったんです。先のことですか？　わかりません。だってほかのみんなと比べても、何

か覚えは遅いし。とりあえず、なんもかんも、一軒建ててみてから考えようと思って。

研ぎですか？ みんなが教えてくれました。ちょっとずつ、みんなから、ああすればいい、こうすればいいんじゃないかと。

来た最初のころに親方から、

「工事場の中におかれて、自分が何をするかがわかるようになればいい。おまえが棟梁になるつもりなら、みんなの仕事が何をしているかがわかるように」

と言われたんです。近ごろ多少ともわかるようになったから、その分だけでも成長したんだなと。

ここの仕事ですか？ 自分らは、もう角間さんとか大堅《おおの》さんとか、すごい人だってわかっているけど、施主さんになると、親方がほとんどいないで任せたままですから不安なんじゃないかなとか思います。自分が施主だったら、だいぶ心配ですよね。毎日、親方のとこに電話をするんじゃないですか。

「大丈夫ですかね。どのぐらい仕事が進んでいますか」

って。

ところが、遅れるわけでもない、下手くそなわけでもない、きちっとしたものが出来上がる。鵤工舎がやった仕事を見てきました。奈良の慶田寺《けいでんじ》、誓興寺、光徳寺の門も見てきました。どれもきちっと組み上がっています。

大堅さんに言われたんですけど、ここにはいっぱい梁《はり》とか桁《けた》が積み上がっているじゃないですか。

「一つひとつが五厘ずつ違ったら、最終的には五分違ったりするようになる。あとで手直しするほうが手間がかかるから、いまきちっとしてくれ」

と。そう言われて、野材《のざい》だからって適当にできないんだなと思いました。民家なら、梁から別に上がっても、三段か四段ぐらいで、五厘ずつ違っても一分、二分ですむじゃないですか。竜ヶ崎の正信寺みたいにドーンとずっと積み上がっていくんじゃ、やっぱり五厘でも五分とかの狂いが出てきちゃったら大変なんだなあ。きちっとやらなくちゃと思いますね。

話すとき、そうですね。全部一分だとか、一尺だとか尺貫法になってますね。いつからかな。前は自分ちの職人が話しているのを聞いてもピンとこなかった。それで俺に覚えられるかなと思ってました。それがひょいひょい出るようになったのは最近です、実感したのは。あ、一分、二分のほうがわかりやすくなってきたなと。センチを忘れたんです。一年半か……。ほんと実感したのは最近ですよ。この間、写真の枠をつくろうと思って測ったら、手元にふつうの定規しかなくて、センチしか出てないじゃないですか。そうしたら、やっぱ不安なんですよね。ああ、もう俺はセンチを忘れたんだなと思って。

ここは、俺たちは未熟で何にも知らないけど、やるときは納得するまで勝手にやらせてくれる。ふつう世間では、企業も人も利益を求めて走っているわけじゃないですか。親方は、何を求めて走っているのかなと、ふと思いますけどね。どんなにしても親方は得しないです。俺らはお金をもらって、技術を覚えさせてもらって。

道具は自分で夜研いで、翌日使えるようにしても、やっぱり角間さんとか饗場《あいば》さんから見れば使えない道具じゃないですか。だから注意されれば仕事中でも、道具を直す。この時間は本当は仕事じゃないわけです。でも、やっぱここなら、許されるわけじゃないけど、しちゃうんですよ、仕事の時間中でも。使えない以上、朝、注意されたら、やっぱり朝やる。こういうのは、ほかでは通用しないでしょうね。

道具はまあまあ揃《そろ》いました。まだ借りなければならないものもあります。給料はいま毎月、手元に確実に十万は入っています。食費を引けば、八万か。自分は最初は給料をもらえるとは思ってなかったですから。

趣味は釣りです。竜ヶ崎にいたときは、朝晩行っていました。仕事の前と、仕事の後と。体力がついたのと、竜ヶ崎のほうが時間的にはきちっとしていて、ほぼ正確に八時に始まって六時に終わりますから。それでも自分は十二時ごろに寝るものですから、時間がある。それで出かけたんです。いまも時間があれば、道具を手入れして出かけます。

嫁さんですか？　俺は地元に生きるような大工さんになろうと思うから、嫁さんは地元で欲しいなと思います。やっぱり群馬でずっと育ったから、群馬の自然のほうが自分の体の中に染《し》みついているんですね。やっぱり木も買ったとこで使うほうがいいとかいうじゃないですか。そうしたら、自分が少しでも知っているところでやらないとできないんじゃないかなあ。

　結局、家に帰ったら、やることは、ふつうの民家だと思うんです。もしできたとしても一生にお寺さんが一軒やれるかやれないか、そんなもんだと思うんです。やっぱり自分としては、家に帰る前に、一度は民家を建ててみたいです。それでチャンスがあれば、建物はどんな建物でも建ててみたい、お城でも。

　夢ですか。もし叶《かな》うなら、自分は地元の人の住む家をつくっていきたいです。生活の中にある。それと釣りですね。親父を見ていて思うけど、暇な時間ていうのは、自分で会社を持って棟梁をするようになったらほとんどないだろうなあ。夜中にパッと跳ね起きて図面を書き始めるような親父だったから、自分もそんな目に遭うんじゃないかな。できるなら、だれもかれも遠ざけて、静かなところで釣りをしたいですね。

　小川さんですか？　親方も、半分雲の上に体を突っ込んでいますね。よくわかんないんです。接触する機会も少ないですし。親方が言いましたね、

「仕事の話を聞きたかったら、自分を酔っ払わせろ」

　って。酔っ払うと、けっこう話してくれるんです。それまでは、ハッハハハと笑ってるか、「自分で考えろ」と怒るだけですから。

西岡棟梁は、まるっきり雲の上ですね。去年の年末に話したじゃないですか。自己紹介するときも、もう胃が痛くて、胃が痛くて……。

高校に、自分はここに就職しましたからって報告に行ったんです。そうしたら、たまたままわりで聞いていた女の子たちが「へェーッ」って言ってくれましたよ。西岡棟梁を知っていました。最初、大工さんだって言っても、まわりの女の子は無視していたんです。「西岡棟梁のところにお世話になることになりました」って、ちょっと洩《も》らしたら、女の子の目つきが違うんです。

あと、ここへ来て考え方が少し変わったんです。いままでは、テレビとかステレオとかそんなものばかり自分のまわりにあったから、新しいもののほうが性能がいいじゃないですか。だから、道具ってそういうものだとばっかり俺は思っていた。でも、ここに来て考え方が変わったんです。鉋《かんな》は自分がさんざん使った後じゃなきゃ、使いよくならないんです。鑿《のみ》ひとつとっても他人のじゃだめで、自分の手の中で馴《な》染《じ》んでくるんです。みんなそうです。さんざん使ったもんじゃないとやっぱり変なんです。馴染ませるために時間がすごくかかります。

進学をあきらめて、宮大工の道を選んだことですか？　精神的には楽です。あの時代はもう夢ですよ。浪人していたあの二年、もし刃物を研ぐことだけでもやっていたら、いまの自分より百歩も二百歩も先に行っていたでしょうね。不思議です。そんなことを懐《なつ》かしんでいられるんだから。いまはこれもなんかの縁だったと思っています。だから、何かの縁があったらまた大学に行くかもしれない。すべて慌《あわ》てず急がずボチボチです、ここ流の。

（まつなが　ひさや）

連・大橋誠

昭和四十七（一九七二）年一月二日生まれ。ここに来たのは、去年の九月です。二十一で来ました。

出身は京都です。親も大工です、昔は。いまは大工をやめて請負というか、親父が社長になって仕事をとってやっています。

高校は普通高校。あんまりいい高校やないです。中学のときアホやったからね。ラグビーをやっていたから成績は一番びりでした。

ラグビーはそんなに強くはないんですけど、そこはみんなが小柄だったんです。だから、熱意ちゅうか、そういうのはすごくあったんやけど、やっぱり小柄なんで、でかいとことやると……負けました。ポジションはロックです。

数学が得意です。数学だけは唯一《ゆいいつ》、五やった。あとは、一とか。それでもラグビーをやってたんで卒業させてくれた。

高校からは専門学校へ行っていたんです。本当は大工さんになりたかったけど、親父に専門学校を出たら大工になれるからと言われ、全然わからんかったから、二年間の大阪の建築の専門学校へ行った。そこでは図面とかを勉強しました。

専門学校を出て、はじめに宮大工ちゅうのも関心があったから、どうせ大工をやるんやったらそういうのもやってみたいなと先生に言うていたんやけど、

「おまえ、専門学校へ何しに来ていた。監督に行け」

と言われて、建設会社に入って監督をしていました。監督いうても、最初は監督の下にいて、見習をやってそれからです。仕事は施工図みたいのを起こして、それで職人さんたちと打ち合わせるんです。これを一年しました。

ちょうどそんなときに、新聞を読んでいたら、西岡棟梁が出ていた。ちいちゃいときから法隆寺へはよう行っていたけど、興味が出てきたんで、もう一回行ってみようかなと行ってみた。それで、どうしても宮大工やりたいって思ったんです。

会社やめるときですか？　やっぱり、建築会社の社長がすごい人で、いつも一緒で、いろいろかわいがってもらっていたんです。それですごく躊躇《ちゅうちょ》しました。やっぱり給料もだいぶ違うしね。そのとき二十数万そこそこもらっていましたから。いまは日当五千円です。

どうしてもって思ったもんで、西岡棟梁のところに直接訪ねて行ったんです。だれの

紹介もなしに、西岡棟梁の家を探しに行ったんです。法隆寺の近所って本に書いてあるから、全部まわると、そしたら「西岡」ってあったんです。西岡さんがいて、上がらせてもらって話を聞きました。もう何を話したか忘れました。緊張していたから。

それで自分はもうやっておらんからって小川さんを紹介してくれたんです。それで後日、電話して、奈良に行った。そのときの印象は、鵤工舎が会社的のように見えたんです、ここ。考えていたのとちゃうような気がして、あかんなあと自分でも思った。それで、またいろいろ当たってみて、専門学校のときの歴史の先生に紹介してもらったところにも行ったんです。そこもやっぱり会社やからね。もうわかんなくなって、まあいいかと思ってその会社に入ったんやけど、結局半年ぐらいいて、やめたんです。

それで、鵤工舎にもう一回きたら、ここ竜ヶ崎の現場に行けって言われた。だから、俺は奈良に行ったことがないんですよ。一度顔を出しただけです。ずいぶん遠まわりしました。ずっとそうです。

ここでは誰かが何か仕事を指図することはないでしょ。怒りもしない。なんも言わない。だから、そんなに教えてもらうというようなことは何もないしね。

夜とか、みんなけっこう真面目《まじめ》に研ぎものをするんで一緒にやってますけど。まあ、やったら、切れるようになったし。でもどこまでやったら研ぎ上がったんか、まだわからないですね。いろいろ聞いても、友だちのように話していって、ああそうなのか、ちゅうようなことですね。

でも何とか宮大工をやっていきたいですね。やっぱりお寺がすごい好きやから、仏教、そういうのが好きやからね。でもほんというと恐《こわ》いです。何をやってもまだわからないし、ここでは時間がゆっくりしている。これでいいんかと思うんです。ずっと迷っています。いまでもまだ迷っています。

でも、みんな辛抱しろ、必ずいいことがあるからって。大人たちは、みんなそう言うんです。ここは名が通っているから将来得やって。しかし、いまはそんななん考えられないです。そんなんは俺にしたらどうでもいいことだから。何とか早く一人前になりたい。それにしても、ここを見て、よう建つな、素人《しろうと》ばっかりでと思っているんです。俺自身施主やったら絶対いややわ、って。ほんと不思議やわ。本当に建つんですよね。ほかじゃ信じられませんよ。親方もよう我慢して任せますし。鵤工舎のやり方なんでしょうが、まだわからないんです。

じつは俺、彼女がいるんです。大阪の人です。つきあって四年もなる。むこうも待つと言うんですが、二つも年上なんです。これが会うたんびに老《ふ》けていくんです。やんなってくる。

そうです。世の中にそんな時間の流れがわかるものがなければ、みんなのようにいつまでも刃物研いで修業できるんでしょうし、自分でもなんとかなると思うんやけど。彼女みたいに、そういうのがあるからね、辛《つら》いです。まったく自分との対決や。自分に強うなかったら、強うなっていかなと思わんとやっていけんし。十年たったら一人前にはなると言われましたけど、そのときは三十二です。彼女は三十四です。その前に結婚はとても無理やろね。わかりますもん。で、頑張れば早くなるかといったら、そういう世界じゃありませんよ。

親方の本に、道端の草を持って歩きながらまっすぐ研げるようにはこうやったって書いてあるでしょ。ぼくもようやるんです。町を歩いてたりすると、何も持たんけど手を動かしてよう研いどる。それでデートしていてよう怒られる。何してん……って。喫茶店に入って、こんなとこまできて、研がんといてって。

それでもなかなか進歩しませんよ。ここのやり方を見てると、最初は違うんじゃないか、ほかにもやり方があるだろうって思うんです。それが高ずると、いつまでもこんなんやってられない、俺の人生は短いんだって思うと、とてもやってられない。俺が来てからやめて行った人はみんなそう思ってましたね。原因はそれですね、やめていった人の。

俺は研ぐのは人よりも遅いからね、断然。なんちゅうんですか、納得いかんのですね、何回研いでも。誰もこうやと言うてくれんでしょ。教えるというのがないんですね。現場にいても何しているかわからないんです、さっぱり。甘えかもしれないけど、だからどないしたらいいか迷うんです。大きな声で叱《しか》ったり、怒鳴ったりもしないですし。悩みますね。これでいいんかって。

やっぱこういう気分になっていたら、何もかもうまくいかんし。どんどん自分が悪い性格になっていっているようなそんな気がしてね。ああ、嫌やなあちゅうか。だからって、やめてしまったらどうしようもないでしょ。いままで何して来たかいうことですものね。それはわかるんです。何とか、この暗闇《くらやみ》を抜けられたらいいんですが。いまは真っ暗で先がよう見えません。これからも見えてくるものやら。

（おおはし　まこと）

連・花谷太樹

ぼくが生まれたのは昭和五十四（一九七九）年一月十八日、北九州市の小倉です。駅から一キロぐらい。お父さんは、ふつうのサラリーマンです。兄ちゃんが一人います。高校へ行っています。優秀です。

ぼくは小学校四年のときから高校へ行く気はなかった。大工になりたかった。なんか家を建てたり、家が好きやから。ふつうの家大工になろうかと思っていた。ここに来たのは、なんていったらいいのかな、ただ家が家でもでかい家、神社やお寺みたいな、ああいうのをつくりたかったから。だから宮大工になりたいと思って来たんじゃないんで、大工っていう感じで。

家には大工に関係ある人はいません。あっ、ぼくのところのお父さんのおじいちゃんが日曜大工で、お仏壇、あんなのつくりました。ええ、おじいちゃんは器用でした。

成績は悪かったです。全部一かな。いや、二もありました。国語かな。テストは五点とか。いちおう試験に出たときは、ちゃんと考えますけど。考えてわかるとこだけ。わかるちゅうか、〇×とか番号を選ぶだけならできます。英語は、中学の一年のときに九十五点取った。最高九十七点。そうとう簡単やった。学校に行かなくなったのは、もう働くっていっていた三年になってですから。

クラブは一年生のとき、卓球をやっていました。二番にうまかったんですよ、ぼく。サッカーも好きです。二ヵ月やっていました。サッカー部は二年生のときで、すぐやめた。走れないんです。ついていけない。すぐ息切れがしてくる。

学校からの呼び出しは、ぼく、三年になってからは一回もないです。でも一年のときはすごかった。一年のとき八回呼び出されましたよ。ほかの中学との喧嘩《けんか》で。喧嘩相手の学校の先生がぼくたちの中学の先生に言って、親を呼んで謝らせた。授業参観のとき、学校で親が先生に謝ってました。それから家庭訪問のときも。

あるとき先生が外出して、見まわりもいなくなったんで、シンナーを吸い始めた。それが見つかって、学校に呼ばれて、あとで親にぶん殴られました。そのときまで親は僕がシンナーやっているなんて知らなかった。

シンナーは覚醒剤《かくせいざい》より悪いそうです。覚醒剤なんか一時的やけど、シンナーで息できへんという少年を見ましたよ。よだれを垂らして、

「シンナー吸いてえ、シンナー吸いてえ」

って。手は震えてすごいですよ。そこまで別になりたいとは思わなかったけど。

これは卒業式の仲間七人の写真です。この中で三人が高校へ行かなかった。これは鳶《とび》になった。おやじが鳶職だった。これは親が大工やったから大工見習。よそやない、自分ちで。ぼくも呼ばれとったんですけどね、むこうの親にも。「太樹、大工になるなら、俺のところに来い」というわけで。

他の四人は高校へ行った。これは頭がいいですよ、他の学校やけど。小学校のころ、こいつと一緒で、これは別の小学校なんですよ。それで、中学になって同じになって、これなんか、高校と中学とがつながっておるところへ入った。頭がいい。これは親頭《おやがしら》。

メンバーはまだいっぱいいました。グループに名前なんてないですよ。学校に行かないで遊びに行ったりする。いろいろなとこ、ゲームセンターとか。お金はパン代を家からもらって。カツアゲとかはしません。脅しては取らんけど、「金、くれ」って言って。僕もやってました。「金、貸してくれ」じゃないです。「貸して」はないんです。

ああ、友だちからも取りますよ。ほかに小倉駅の近くで、高校生とかおったら、「ちょいとおまえら来い」って言って、だけど高校生はぼくに手をださん。出す人もいるけど。出すやつは殴ってやる。三人ぐらいで行きます。ああ、一人やったらくれんかもしれません。絶対くれません。行くときは三人ぐらいですよ。毎日、家には帰っていました。夜は、外へ遊びに行く。朝になるとみんなが眠いんで、帰る。ずっとそれです。何週間もですよ。いまもやろうと思えばできますけど、なんかいま、しようとは思わない。

十二月ごろかな、就職を決めだしたの。ぼくは友だちのところへ行くちゅったんやけど、お父さんが、「もうちょっと考えて」ちゅうたっけ、「わかった」って言ってから、いろいろな手紙やなんかが来とった。お父さんがいろんな人に聞いてくれたんやろ。なんか扇子作りとか、彫刻とか、そういうのはあまり好きじゃなかった。なりたいのは大工やったから。全然大工と関係ないけ。寿司《すし》屋とかもあったけど、寿司屋は嫌って言った。そのなかに宮大工があった。宮大工は大工のなかでも一番上とか言われていた。よく知らんかったけど「いちおう、それ、行ってみる」って言った。それでお父さんと一緒に小川さんに会いに来た。そのあと小川さんに言われて、親と福岡にいる鵤工舎《いかるがこうしゃ》の沖永さんのとこへ行った。沖永さんに話を聞いて、道具を見せてもらった。鉋《かんな》なんか、手の平に乗るくらいちっちゃいの。すごいなと思って。でも、ぼくは模型は好きじゃないです。大きいほうがいい。沖永さんは、

「木が好きなら続くよ」

って言ってくれた。

ちょっとまだわかりませんけど、いまのところ保《も》ちそうな気がします。十年というのは、まだはっきりはわかりません。いつ、どう別の道へ行くかわからない。まだそんなに考えてないですけど。いま一日五千円もらってます。教わりに来ているでしょ。仕事は全然できない。掃除とかはしていますけど、あと、手伝ってくれって言われて、ずっと一緒にさしてもらう。そうです、五千円も働いてないですね。

仕事はまだ研ぎしか教えてもらってない。一番教えてくれるのが勝さん。なんか、きのうの穴彫りも一番最初に他の人のを見よってわかっとったけど、実際してみると全然できないんですよね。

研ぎですか？　まだ、ちょっと真ん中にしか当たってないんですね。角度が丸くなる。最近、やっと角度が少し出てきた。うしろに当たっているのに気づいてなかった。他の人のとは何でこんなに色が違うんやろうかって。

ここにきて腕がちょっと太くなってきた。背もこっちに来てかなり大きくなった。ちゃんとご飯食べてますから。ぼく、ここに来て、最高三杯食べました。でも、夏になったら一杯も食べられない、半分がやっと。お腹空いてもなんか見ただけで食べたくない。働いたことないけん、こんなこと初めてなんですけどね。

このあいだ家に帰ったのですか？　突然じゃないです。親方に言ってました。どうしてかって言うと、仕事がばからしくなった。トタンをチョコチョコとか貼《は》る……。ぼくは同じことを、あまりそういうのをずっとしきるタイプじゃない。

そのことを親方に言ったら、

「全然意味がわからんけ、奈良までちょっと来い」

と言われた。それで奈良へ行って、

「なんで帰りたいのか」

って。それで、

「もう仕事をしたくない」

って言った。そしたら、

「ちょっと待って、きょう一日泊まれ。それで九州に帰ってもう一回考え直して来い」

って。引き留められてないです。

それで、家に「ただいま」って帰った。

親には電話で帰るかもしれんって言ってあった。だから帰ってもなんも言わない。仕事のことは一切言わない。それで一週間ぐらいいました。家では、遊ぶちゅうか、昼まで寝ておったり、昼すぎたら学校の近くに電車があるけん、みんなが帰ってくるのをそこで待っていた。高校から帰ってくる電車がある。そこで友だちと一緒に話して、カラオケに行ったり。写真のこいつと、こいつと、こいつに会いました。この子たちは高校へ行っているから帰って来てから。大工さんをやっているのにも会いに行った。そしたら仕事をしてて本人には会えなかった。おばちゃんが出て来て、

「太樹、何で帰って来た」

って。

「仕事したくないけん」

「あんた、どこへ行く気？」

「プータローになる。いや、仕事をどこかで探す」

「どこがあるん？」

「おばちゃんのとこ」

「こっちは別にいいけど……こっちはいいけど、ちゃんと続かなん」

って。

それで、

「たぶん続くと思う」

って。

自分は帰っても、とにかく家には戻りたくないから、そこへ行くつもりだった。

何日かたったら、鵤工舎のことばっかし思い出して。あまり遊びだっておもしろくな

くなったし。帰っても何もない。お父さんが、

「そろそろ決めておかな、ぶらぶら遊んでいるのは……よくない。仕事をするなら早くしろ。探して」

って。それでもう一回やってみようかと思った。なんかこっちのほうになついたというんですかね、環境に。それで、

「鵤工舎に帰るわ」

って言ったら、

「ああそうか」

って。親のほうは、親方のところにおいとってもらいたがった。いままではすぐ諦《あきら》めていたけど。なんか続いたことがないけ。せめてここの寺が建つまで。立柱式からおるけん。つくるまでじゃないで、建ちはじめからおるけん。建ち終わるまではおれと。ほかにすることないからって。

ぼくには四つぐらい道がある。友だちの家の大工、それからここ、それとプータロー。高校もある。高校は入れないかもしれないけど。入れる確率は一パーセントあるんですよ。全然ちゅうことはないですけど。内申書とかごまかしてくれない？　ためかな。

それでお父さんは、鵤工舎へ戻るって言ったら汽車賃くれました。三万五千円。こっちまで戻ってくるのに三万ぐらいかかるんです。それでお土産に明太子持たせてくれた。

戻ってきたら、誠さんが一番驚いた。みんな仕事しよるけん。もう五時半やったけ、仕事中に行っても、することないし。この部屋のベッドのところにぼく一人でおったんですよ。それでここに座ってボーッとしておったら、誠さんがご飯の用意しに帰ってきた。ぼくがいなくなると誠さんが飯炊《た》きなんです。したら「オーッ」って。それで「きょうからおまえだ」とかって。

みんなには「また、よろしくお願いします」って言いました。こっちに来てから挨拶《あいさつ》できるようになったんです。それまでも「おはよう」は言いましたけど、「おはようございます」は言ってません。家でも「おはよう」、学校でも「おはよう」って。先生にも敬語ちゅうやつ、ちゃんと標準語で「ありがとうございます」でなくて「ありがとう」しか言わんかった。

それで、その日の晩からみんなと一緒にご飯を食べました。つぎの日からはふつうどおり。

今日は、帰ってきてからちょうど二ヵ月、六月八日だから、これ見るとわかります。「出面《でづら》」です。

ちゃんと出面つけています。四月二十一日からつけだして、それまで出面つけておかないといけないと知らなかったんですよ。そういうのはないと思ってました。それで国語のノートを買って来ました。これは仕事の日記帳ですよね、仕事した日誌ですからね。

ちゃんと漢字で書いてあるでしょ。全部聞いたんです。それでも「取付作業」とかはもうわかりましたけど、「用材整理」の「整」がわからない。

きょうは何曜日ですかね。金曜日？　あれ、きのうの書いてない。

このとき、きつかったですよ。これ。野地板。材料置き場なんか見たらわかりますけど。グワーッと、一週間以上板を運んで積むのが続いていますから。五、六、七、八、十日。

このあいだお父さんが来ました、出張で。東京に出張があると言って、それで会おうかって。それで焼肉食べに行こうかって言った。そのとき、

「やっていけそうか」

って言うから、

「まだまだわからん」

って。

やっていけるって言って、もしちゅうか……。いま、そういう気はないですけどね。きのう角鑿《かくのみ》で横取るだけやったけど、初めて二つ穴を彫ったんですよ。やらしてもらったんです。最初、全然わかりませんから適当にしちゃった。ただ、こうやってコンコン、コンコンってやっていたって全然わかりませんから。ゆっくり少しずつやったほうがわかる、どんなふうにしたらいいか。少しうまくいきました。ちゃんと見せられる。

角度もちゃんとした。だって、だれも最初はできないんですからね。

一緒に入った人？　あの人は一ヵ月でやめていきました。いろいろ悩んでいました。最後に「食事頼むな」って。

体力もあまりついてないし、本当にしんどかったんですよ。いまよりしんどかった。いまはもうだいぶ慣れたけ、それでもしんどーいと思うときもあります。最初ほどじゃないけど。

あの人、体大きかったでしょ。一〇〇キロはありましたから。ぼくは四五キロです。その分だけ、材料もいっぱい持って行く。あれでよけいしんどくなった。あいつは人の倍やっていた。同じ年の人に何か言われる、命令されるのが嫌だったみたいですね。でも年は関係ないです。ここは早く来たもん勝ちみたいな感じ。

ぼくも目指している人がいる。藤田さん、それと勝さんが目標。勝さんは同じ九州ですから。この間、ぼく、砥石《といし》を二つ買いました。あと道具も買いました。ぼくも夜、勝さんみたいに研ぎをやってますよ。枯木《はねぎ》の、ぼく、皮を剝《む》いたんですよ。電気鉋で。重たいです。みんなでやった。全部じゃないですけど。おもしろくはなってます。どうなるかわかりませんが、頑張ってみます。


（はなたに　だいき）

連・清水秀康

昭和四十八（一九七三）年六月三十日、神戸市生まれです。ここに来て、まだ、明々後日で一ヵ月です。やっと体が慣れたって感じです。眠る時間は六時間ぐらい。朝早いのは、いままでやっぱりありありませんでしたから、つらいですね。いまは自然に目が覚めますけど。

宮大工さんの仕事ですか？　少しだけ。こんなもんかなあと。仕事はまだわからないですね。作業場にいても何をしたらいいのかわからない。たぶん、ボケッとしていると思います。言われたことしかできないから、それしかできない。言ってもらったほうがいいです。

年ですか？　このあいだ二十一になったばっかりです。高校は普通高校で、レスリングをやっていました。インターハイの準決勝まで進み、いい成績を上げて大学に入ろうと思っていましたが、試合中に怪我《けが》をして断念しました。

その後、建設関係の専門学校に通いました。建設関係に進んだ理由ですか？　別にはっきりはないんです。漠然と建築が好きだったので、とりあえず入って、卒業しようと思ったんです。

お父さんですか？　書道家です。大工でも建築関係でもありません。兄弟にも大工はいません。

その専門学校は二年制だったんです。二年目の六月、テレビで京都の数寄屋造《すきやづく》りの話をやっていた。「この仕事もいいなあ」と思って、この話に出てきたところを見に行こうと、ＮＨＫに電話をして、場所と住所を聞いて手紙を書いた。でも全国を飛びまわって教える間がないから、どうしても数寄屋の仕事をやりたいのだったら、大工で修業してから来てくれと言われたんです。学校へ行っておって、いきなり大工はといわれて悩んでいるうちに、なんとなく建設会社に就職が決まってしまった。設計をするにしろ、とりあえず現場を見ておったらよくわかるからと。

勉強が嫌いというわけじゃないんですが……。卒業には決められた建物を設計する卒業設計というのがあるんです、卒業論文みたいな。それに集中しすぎて、テストがおろそかになった。卒業設計さえやっとったら大丈夫だと聞いていたから、それだけ一生懸命にやっとったら、テストが悪くて。で、卒業できなかった。

それで、京都に行くことになったんです。その建設会社は京都にあって、寮に入ることになっていました。独り暮らしでは困るやろと思って家で料理の練習をしておった。これはおもしろい。ものをつくるのがおもしろかったんです。それで料理のほうはどうやろって思った。

それで、突如変更して、工務店に行かずに、板前の修業をしようと。フランス料理か日本料理って思っていたんですけど、紹介してくれた方が洋食のほうで……。紹介してくれたのはお父さんの後輩でホテルで修業を積んだ人です。その方の紹介でゴルフ場のレストランに入ったんです。そこには十人くらいおりました。

ほんまはやっぱり包丁で魚とかを捌《さば》く和食をやりたいと思った。でも和食の修業は、高校を出てからでは遅すぎると言われたんです。

そこへ行って二日目に、ぼくはうどんを出すところに入れられたんです。キャベツを切ったりとか、そんな下積みばっかりかと思ってたら、いきなりサンドイッチをつくれとか言って、それが客に出るんです。下積みの時代のことを考えていましたのでちょっと違うなあと思ってました。主体がうどんで、うどんだけで六十食、毎日です。

ある日、休憩時間にテレビを見ていたら、たまたま宮大工の話をやっていた。それを見ていたら、僕のやりたかったことはこれだったんやと思ったんです。本当にやりたかったんです。

それで、後で後悔しないように、なんかとりあえずやるだけやってみようと思ったんです。お父さんに相談したら、宮大工のことを知合いの方に聞いてみたろかと言って、その知合いの方が薬師寺に尋ねてくれて、それで小川三夫という方がいると紹介されたんです。それで父親と会いに行きました。

ここに来て気がついたんですが、ぼくが見たテレビがここの話だったんです。そしたら小川さんがどうして宮大工になりたいのか作文に書いてきなさい、それで決めますということだった。そのころまだゴルフ場のレストランにいたんですが、そこに電話がかかってきた。その日はちょうど誕生日だった。それでレストランを三ヵ月でやめて、すぐここに来ました。

来た最初の日の昼からいきなり、来いと連れて行かれて、途中で作業ズボンとか買って、現場に行ったんです。そこで鉄パイプを運ばされた。暑かったんで、しんどかったです。

それから飯係です。最初の一週間ぐらいは中澤さんに手伝ってもらって。朝がつらい。起きるのは五時から五時半です。それで朝飯の用意をして、弁当をつくるんです。朝は昼の弁当の残りものです。それと味噌《みそ》汁。奥さんが手伝ってくれるんです。飯が終わったら洗い物をして、作業場に出て行きます。それが七時くらい。

それで、十二時ごろまで働いて、ご飯を食べて、ちょっと休んで、一時から六時まで。帰って晩ご飯の支度。その後、研ぎものをするんです。なかなかつらくて時間が取れませんが、研ぎはとりあえずやっている。

ご飯をつくる時間に、研ぎものをしたらですか？　その時間があれば、やっぱりうまくなるんじゃないかとは思っているんですけども。

悩みですか？　まだわかりません。ここに来て知ったんですが、この仕事は同じところにいませんよね。たまたまここにいて、つぎの現場があったら、またつぎに。一定の場所に留まってないでしょ。それは知らなかった。同じところでやるのかと思っていた。もうすぐここに来て一ヵ月です。ずっとですか？　わかりません。十年は長いと思っています。やって行けるかわかりませんが、小川さんがとりあえず三ヵ月やってみてそれから話そうと言ってくれてますので、そこまではやってみます。せっかく宮大工に弟子入りしたんですから。

（しみず　ひでやす）

大工・沖永考一

小川さんを除いたら、ぼくが鵤工舎では一番年は上や。昭和二十四（一九四九）年生まれや。ここ（福岡）でずっと学術模型ばっかしつくってきた。塔も堂も建てない。ほとんど一人仕事だ。弟子もおらん。鵤工舎でもまったく別格のはずれもんや。

高校はいちおう進学校に入ってしもうたんや。進学クラスに入ったもんで、毎日六時ごろまで課外授業よ。

大学は入れんかった。成績はずばぬけていいほうじゃないが、悪いというほどでもなかったやろうね。大学入れんかったら大工になろうと決めていた。それで卒業してからアルバイトしながら大工を捜しておった。どこも見つからん。どうしても大工じゃなくちゃいかんと思っとったよ。それで前の師匠のところを見つけて住み込んだ。そこに五年おった。ぼくのとこは大工じゃない、兼業農家。でも、じいさんが桶屋《おけや》で、じいさんのじいさんが大工だった。それでじいさんの使っておった道具があったね。

ものをつくるのは子供のころから好きだった。中学のときに薬師寺の三重塔の模型をつくった。中学二年の春休みと、また一年おいて、三年の春休みにつくった。学校の宿題で出すとか、そんなんじゃなくて……好きで、それは、いまも実家に置いてある。設計図は辞書の後ろに小さい断面図が載っていた。構造や部材の名前がわかるようになっている説明の図だね。それと美術の本に写真が載っています。図面を何倍かに拡大して、だいたい縮尺を書いてつくった。塔の隅《すみ》なんかがどんなになっているかわからん。でも写真と図面から判断してつくった。ようできたと思う。いまじゃできんな。

道具はその桶屋のじいさんのもの。それと、学校の道具を使った。材は楠《くすのき》。一寸厚の板を買ってきて、機械がないから自分で鋸《のこぎり》で挽《ひ》いて、手で割った。鋸を挽くたびにいい香りがするんだ。あれはいいもんだ。夢中になってやったからな。

後に薬師寺に働きに行ったときによく見たら結構あっていたね。模型の前に松の木を置いて。ピッと拡大したらね、本物そっくりや。高校のときは多宝塔をつくった。

器用かなあ。模型作りは器用というよりも、集中力だな。ずっと積み重ねていく集中力がなくちゃいかんのよ。先を考えて焦《あせ》ったりしたらあかん。頭がよかったら、先のこと、先のことが見えてしまって、やる気がなくなるでしょ。ぼくは頭が悪いもんでね、一個、一個つくる。先のことも見えんから、どんなもんになるんじゃろうか、つくってみようか、それが自分の興味も混じって、やっていける。頭のいい人は、想像するでしょう。途中の段階がなくてもいい。だから、途中の楽しみがなくなっちゃう。そしたらできんね。子供を見ているとわかるね。頭のいい子は、面倒くさいことを嫌がる。教えても、途中の段階で「あ、わかった、わかった、わかった」と、成り立ちをずっと説明していくと言うても、そんなのいいから、もうここはわかっとるからって、結果だけ。途中の段階や成り立ち、どうしてこんなふうになるかちゅう説明は聞きたくないという、あれね。

一番最初の親方は、ものすごく真面目《まじめ》な方です。よく仕込んでくれた。いまの自分があるのはこの師匠のおかげだ。ほとんど一対一でずっとついて教わった。だけど五年目の年季明けの直前にやめた。理由？　そのときはお金は一銭ももらっておらなかった。そういう約束で入ったんじゃ。だけど車の免許は取りたい。それでも金がないから、朝早起きして新聞配達をした。

たまたまその日は新聞が休みだった。それで寝坊した。七時ちょっと過ぎておった。親方はもう現場に行っておった。それであわてて飯を食おうと思った。そしたら奥さんが、食べとる暇はない、行きなさいと言う。つまらんことやったが、そのときもう腹が立ってからに家へ帰った。

後で親方が、頭を下げて迎えに来たが行かんかった。悪い性分で、こうと決めたら梃子《てこ》でも動かん。それがいままでずっと尾を引いてきている。自分でも悪いとわかっている。わかっているけど、しょうがない。それを曲げたら自分を裏切ったみたいな感じで。自分の性格に反して生きるちゅうのは、ものすごくなんか引け目みたいなもんを感じて、直せんな。

だから、人もうまく使えん。人を使うのが嫌やったらすべて自分一人でしなければならない。そしたら、どっちみち大きなことはできない。人を引っ張っていくようなタイプじゃない。段取りなんて、自分がする仕事とは思わない。道具とかそっちばっかりで、自分は一生道具を放したくない。道具を放したら大工やなくなる。道具を使って木をいじるのが好きなんだ。だからこれまでつくったものは模型を除くと、自分の家と兄の家だけや。

西岡棟梁《とうりよう》のところへ行ったきっかけは薬師寺の高田《たかだ》好胤《こういん》さんの本を読んで、そのころ金堂を建てるとこやったんで、ぜひ自分もやりたいと思った。それで手紙を出した。そして薬師寺をやっていた池田建設に入れてもらった。職人としてではない。見習。お金は「いままでももらえなかったからいいです」と言ったんですけど、そんなことではいかんからと、もらえることになった。一日いくらだったかな、四千円ぐらいかな。前のとこでしっかりやらされてきたから薬師寺に来ても仕事では、全然苦にならんかった。

最初に行ったときに、小川さんがおった。ぼくらは西岡棟梁の下で仕事を覚えたくて外から来た身やから、なんていうか小川さんとは遠い兄弟弟子みたいなもんやろな。そうやって西岡棟梁の仕事を見たい、一緒にやってみたいという人はたくさん来ていた。

薬師寺に来て驚いたことは、原寸を書くことだった。ふつうの民家やったら原寸なんか書かない。板とシャクズリ一本でね。曲がった木を取り付けて、組み立ててすむのだから、お寺もたぶんこんなふうにやるんかなと思ってね、頭を働かせて行ったんや。そんなんやったら、規矩《きく》全部暗記できるんかなと心配して行った。そしたら、原寸通り、型板を切って、それをその通りつくる。ああ、これやったら大丈夫と思ってね。これだったら、道具さえ使えれば、あとどんなことでもできるはず、そう思った。目的通り木を加工しているか、しておらんかだけのことでね。

鵤工舎の若い連中だけで塔が建つというのもそういうことだ。道具をちゃんと研いで、言われたとおりに素直に、やってくれればいい。それをわかったふりをしたりされるとだめだ。そうすると、勝手に曲げてつくるかもわからんし、自分勝手に思いこんで変えてしまうこともあるからね。だから、職人ばかりを集めてやると仕事がばらばらになる。職人というのは腕がいいんだから、はたから見るとまとまるなと思っても、それは違う。

みんな俺はこういうふうにやりたいとか、俺はこれだけのことをやりたいとか、というふうになると途中で肝心なことがみんな抜けてしまう。そういう意味では、素直に自分の与えられた仕事をしてくれる鵤工舎のようなしかたのほうがいいものができる。まとまりやすいし、しっかりやる。手を抜かんからね。若い衆も仕事の現場に置かれて、自分たちで教わりつつ、言われた通りきちっとやる。それが勉強やからね。同じ程度の職人が集まると、なかなか仕事が……うまくいかん。だから鵤工舎でもある程度できるようになったら、出て行かせてるんやないか。

でも、小川さんにしてみれば、大変や。教えるのは大変だ。そのたびに一からやり直しでね、教えなければいけない。慣れた人をそのまま使っていったら効率はいい。そのかわりそれだけ高額の賃金を払わなければいけない。賃金が安ければ教えられる。むずかしいところや。ようやってるよ。ぼくにはできん。

薬師寺に行ったとき、西岡棟梁から「鉋《かんな》、見せてくれ」と言われて出したら、さしがねを当ててね、これじゃだめだって言われた。台が平らじゃないって言ったんだね。そういうとき「はい、そうですか」と言えばよかったんだけど、「ぼくはこういうふうに習ってきたんです」って自分の考えを言うたら、「俺に逆らうな」と言われたことがある。ふつうの民家の大工が教えるのは、要点だけをしてくれればいいというふうに教える。台が真っ平らになったらね、一番力のかかるところは台が先に減る。それで少しすかす。それだと仕事が速い。それでいいと思っていた。それが、要するに勘違いだ。台は真っ直ぐ、刃も真っ直ぐ。西岡棟梁の持論は、台は真っ平らにならんといかん。そうでないと削りものは真っ直ぐにいかん、と。削りものは正直だから、台が曲がっていると真っ直ぐに削れんちゅうわけだね。本当はそうや。長い木だったらいいんだが、短い木やったら台が平らやなかったら曲がる。そしたら反り材になる。それじゃだめ。棟梁の言う通りなんだ。西岡棟梁のところで働いてよかったと思っているよ。行かんかったら、基本はできない。いつまでたっても自分の癖は直らんし、それでいいと思い込んでる。癖はなかなか直らん。体にしみこんじゃうんだ。

薬師寺の金堂が終わって、池田建設の仕事で東京に行った。鵤工舎に入ったのは、それが終わってから、小川さんが会社をつくるからって誘われた。それ以来、模型作り専門。これまで仕事でつくった模型ですか？　法輪寺の三重塔。移転するときの薬師寺の鐘楼。法隆寺の五重塔。正信寺の金堂と七重塔。あとは厨子《ずし》。

一つつくるのに、一年とか二年ぐらいかかる。自分は値段はきちんと知らんけど、高いもんですね。民家一軒は建つかもしれんね。こんなに細かいものがそんなにするかなと、気の毒で、ゆっくり寝てもいられん。学術模型は形や外見だけじゃなくて、部材すべてが十分の一とか二十分の一やからな。時間はかかる。最初につくった模型ちゅうのは、もう夜は十時から翌朝の三時や五時ごろまでしとったことがある。それからあと九時ごろまで寝て、それからまた仕事をしていた。飯食うのももったいないぐらいや。最初から、最後の形が見たいちゅうのと、これが組み立てられるかな、きちんと合うかなという心配からね。だが、組み始めてからの失敗というのはない。

本物よりも細かいからね。細工はむずかしい。

道具も自分でつくる。売っておらんからね。こんな鉋から反《そ》りに合わせたものまで、みんなつくる。これができんかったら模型はつくれんわね。道具作りがうまくなったのは、前の師匠のおかげですよ。金は一銭もくれへん、道具も与えられた最小限の鉋、荒《あら》砥《と》、仕《し》上砥《あげと》、鑿《のみ》が三丁、それと鋸《のこぎり》、曲がっても折れんようなやつね。あとは、全然道具はない。それでも、彫刻したかった。彫刻刀を買いたいが金がない。それでヤスリの古いので自分でつくった。そうしなくちゃ道具がなかった。いまも単純な刃物を買ってきて、それを自分で加工せないかんのです。瓦《かわら》なら瓦用のね。その通りの角度のあるのは売ってないから。でも、いまみたいに最初から道具を買って与えたら、自分で道具をつくろうとせんわ。道具を豊富に与えず、自分でつくらせるようにしむけたんだろうね、昔気質《むかしかたぎ》や。

これは模型だけじゃない。大きな塔でも堂でも手作りで一本ずつすれば、どんなに不《ふ》揃《ぞろ》いな木でも使えます。梁《はり》でもなんでも。機械を使いだしたら、木もいい木やないと使えないし、曲がった木も使えないし。だけど手だったら、粗末な材料で曲がったのも大丈夫だし。

模型は一人で全部つくる。図面引きから墨付け、部材をつくって、組み上げて完成させるまでたった一人。それがおもしろい。それをやりだしたら、寝られんわ。

できたらこんなおもしろい仕事はないかもな。だけど、孤独な世界だ。

仕事場は二階ですけど、上がって材料を見たらわかるけど、うんざりしますよ。いまの仕事は二回目の法隆寺の五重塔や。

このあといくつつくれるかな。六十五歳まで、二十年いうたら、模型作りやったら、いくつできるかな。一個仕上げても二年、三年。そうしたら、数は何ぼできる？　十年で三個。お宮さんよりもよけいかかるよ。

ぼくは、名前とかお金とかそんなことは考えてない。つくったものが、どこかへ残っているちゅう、それがいい。ただ、それだけや。名前を残すとか、そんなんやなくて、建物自体が残る。人間ちゅうのは短いでしょ、人生が。だからぼくのつくったものを見て、こんなのをつくった人がおったんだなと思われるだけで本望や。いままで模型以外のものは何もつくって来なかったから、いまの自分がある。それこそある日、パタンと死んでも、それで終わりじゃない。

塔をつくった、堂を建てたといっても建築は大勢の人がつくるもんや。模型のほうが大事に扱ってくれるんや。建物の中に入れて置いてくれる。火事になって燃えない限り残る。本物の塔や堂は後で誰かが修理してくれなければ、形が変わってしまう。

そうは言ってもまあ、ない物ねだりや。ぼくにはできないことが向こうでできる。向こうでできないことがぼくにはできるんやけど、あとは自己満足や。

でも、時には、ぼくでも憧《あこが》れはあるよ。一生に一つでもいいから本物の塔をつくってみたいなという憧れはあるんだけど、そんなものをつくるよりか、こっちを通したほうが自分のためにはいいんじゃないかなと思うときもあるしね。本物やったら職人を使ってやらないかんでしょ。自分一人じゃできんし、弟子もぼくには育てられないからね。

今つくっている法隆寺の五重塔の部材の数？　一万個？　そんなにあるかな、数えたことはない。垂木《たるき》と瓦だけでも何ぼじゃ。丸瓦だけで千でしょ。平瓦が千、垂木が八百ぐらい、あと化粧板とかあるでしょ。屋根材だけでも千単位でずっとたまっていくでしょ。あと斗《ます》がまた七、八百ある。全部正確に二十分の一や。

模型専門になったきっかけですか？　それは巡り合わせや。小川さんに巡り合って。で、小川さんが、ぼくを認めてくれた。彼に出会うまでに自分も修業を積んでそれなりにできた。きっかけはこうや。ぼくが福岡に帰るときに、小川さんがつくった厨子を、「こんな膠《にかわ》（接着剤）仕事をしてっから」

って貶《けな》したことがあった。膠を使わんでも組み立てることはできるからね。

「これぐらいだったら、膠を使わないでできるわ」

と、そう言った。あとで、西岡棟梁に聞いたら、膠仕事は最高の仕事だと言うんです。どこが最高かって聞いたら、ピタッとその角度が合わんことにはくっつかないちゅうんだよ。釘《くぎ》だったら無理矢理にくっつけられるが、膠だとピタッと角度と面とが合わんといかん。鉋でも鑿でもピタッと削れんとくっつかないんです。ぼくは釘ちゅうことは頭になかった。離れんようにするには、何か仕口《しくち》をつくらんと離れるよ。膠なんかで引っつけたらすぐに離れちゃう、そういうつもりで言ったんやけどね。

そんなことがきっかけで「それならやってみい」というんで模型の仕事をくれたのかもしれない。

やってみたい模型ですか？　まだ本職になってから薬師寺の三重塔をやってない。最初が薬師寺で最後も薬師寺かもしれません。一番最後の楽しみにとっておこうと思っているんですけどね。

（おきなが　こういち）

大工・川本敏春

わしは昭和二十九（一九五四）年三月十八日生まれ。出身は広島です。

大工になりたいと思うたのは、中学校のころからですね。高校を受けるときに、自分のレベルよりもちょっとだけむずかしい公立高校を受けて、だめならそのまま大工になるいうか、そんな気持ちを持っておったですね。それでも入ったんですが、入ってもほとんど勉強する気はないし、いつやめてもいいと思って遊んでばっかり。卒業だけはせいということでして。

普通科を卒業して、その後、一年の職業訓練校の建築科というのがあって、わしはそこへ行った。親は反対はせんかった。やりたいことは、好きならやれ、その道へ入れって。訓練校へ行ったのはそこを出たら、二級建築士の資格があって、受験資格が取れる。それで行ったんやろ。その年はだめやったけど、つぎの年に取った。資格は取ったが、二級建築士で生きていこうとは、全然思わんかった。大工が好きじゃった。もう小学校ころから、鳩《はと》小屋でも人のを請け負ってつくっておったから。

大工さんの見習先は、訓練校でいちおう紹介があって、それで行ったよ。行ったけど、すぐ、それこそ研修期間いうか、一週間で帰った。それでつぎに親戚《しんせき》の人が世話をしてくれた。そこへ入って、そこに三年おった。入るときは、年季は決めてなかったけど、自分で勝手に三年間だと。二年になる前から、そこの工務店がプレハブを始めたんや。そこの親父《おやじ》さんはよかったんです。プレハブの仕事なんか自分のやる仕事じゃないと、すぐにやめたかったけど、恩もあるし、三年間だけは勤めたんや。お金はもらっておったよ、最初から。住込みで一日、おそらく千五百円もろうた。けっこういいほうじゃないか。待遇はよかったけど、まあ、仕事が好きになれんならどうしようもない。親方もいい人やったけど。

そのつぎも、結局、職業訓練校の友だちを頼って、民家をつくるところへ行った。そこでは修業をやり直すいうか、まあ、その時点でできる仕事は知れておるしね。民家の場合は研ぎものとかそんなことはいわんよ。でも、そこではけっこう昔ふうの古い仕事いうか、鉋《かんな》と手斧《ちょうな》とか斧《よき》もみんなそこで覚えた。それはものすごく役に立っている。ここも三年。

そこで住込みのときに、本を読んだんだ。『斑鳩《いかるが》の匠《たくみ》宮大工三代』いう本や。それで、こんな人がおると知って、もう我慢できん、西岡棟梁のとこへ行ってみたい、そういう気になった。もう、すぐ行きたかった。親方も理解してくれたけど、でも、まあ、おまえ、うちで下《しも》からのものは一つもやってないし、手ごろなのが一つあるから、それを建ててみいと言うてくれたんだ。中の造作はやらんでいい、造作はそのうちできるようになるからって。それをやらしてもろうた。卒業試験だ。三十坪か四十坪ぐらい。それで、きれいにできて合格点をもろうたんです。

それを終えて西岡さんの所を探したんだ。本には電話番号がなかったんだ。それでとにかく、奈良へ行ってみないとわからんから、車で出てきた。家を見つけるためにうろうろしたが、わからんかった。そのときは、冬で日が短い。それで電話ボックスへ入って調べたらわかるんじゃないかと電話帳で調べて電話した。もう八時半かそんな時間だったよ。その電話のときは怒られんかったけど、つぎの日に薬師寺に来なさいと言われたので、薬師寺の工事事務所へ行ったら、棟梁が小川さんの隣におって、

「おまえか、昨夜《ゆうべ》電話してきたのは」

と、入るなり叱《しか》られた。薬師寺の西塔の終わりごろだ。で、

「ま、小川のところもいまは仕事がないし、いらんわの」

と言われて、池田建設なら電話してやる言うて。その池田建設とはどんなものかは知らんかったけども、本能的にいらんと断わったん。そのときに小川さんから、

「四月になったら連絡してやる」

と言われて帰った。まだ三ヵ月あるけん、家の増築の仕事いうか、それができる暇があるから、帰ってすぐに、家の材料の注文をしたんだ。それで注文した材料ができて明日くるというときに、小川さんが、

「来てみんかい」

言うてきたんだ。西塔の扉の仕事がある言うて。あのときに行っとったら、わしももうちょっと変わっておったというか。こうこうこうで、やっぱり四月までちょっと仕事に行かれないと。それで第一回目のチャンスを逃がした。約束通り四月に行ったら、こんどは八月だな……と、その調子だ。

それからも同じようなことで、もう二年ぐらい待たされた。もう、何回行っても、そ

んな調子で、「もうちょっと待て」とか、「もういまはいっぱいになったけ、いらん」とか言われて。ちょうど二番目のときの親方の兄弟子が応援に来てくれいうもんだから、そこに行っとった。そのとき小川さんは東京の安穏寺《あんのんじ》、大和郡山《こおりやま》の持仏堂の仕事をやっとって、ちょっと建てる前に来てみるかい言われたんだ。もう諦《あきら》めておったけど、電話までしてくれて、そりゃ、うれしかったで。

それは偉い人に見えた。年はわしと六つか七つぐらいしか違わないが腕が違うというか、もう職種が違うし、入った当時は今よりもっとそんな感じがした。いまでこそ、あぁ六つぐらいの年齢の差というか、そんな感じはあるけど。そんなに偉そうにしているんじゃないけど、こっちがそう見るよね。

その前に行ったときは、

「もう側《そば》におりたいけ、銭も何もいらんけん、掃除するけん、只《ただ》でおいてくれ」

って言ったんやが、

「いらん」

や。それはほんとや。いま自分がそういう立場になってわかるが、そんなのがおったら、じゃまになってしょうがないわ。六年も修業してきたいうのは関係ないんや。ただ、道具がちょっと使えるというだけだ。

そのときはこう言われたよ。弟子入りさしてくれと言ったら、弟子にはせんいうて。

弟子にしたら一生面倒見てやらんならんと。初めて訪ねたのが二十五で、鵤工舎に入れてもらったのは二十七やった。

やっぱり好きやったんやね。結婚する気も全然ないし。薬師寺の金堂がぱっとできて、いまでもこんなのつくる大工がおるのか、たまらんなと。それまでは宮大工なんてもうおらんというか、そんな専門的にやる人はおらんぐらいに思っておった。

そのころは鵤工舎は三十歳になったら宿舎を出ることになっておった。それまでおった。そのころ一緒に宿舎にいたのは、三輪田、相川、たしかその二人だった。北村さんは、まだ東京の残り仕事で向こうの現場だった。それまで自分は民家をやってて少しはできると思っておったけど、小川さんの鑿《のみ》なんかでも、最初見よると、ちょっとカーッときたね。そうそう、こんなことは初めてや。あ、ここまで研げるかいうか。それで一生懸命研ぎをやったが、でも、けっこうかかるよね、それからでも。それまでは自分なりじゃよ。もうこの程度でいいとか、それがここでは許されないですよ。みんな、きちっと研いでいる。

二年ほど宿舎におった。ここで最初にやった仕事は持仏堂でしょ。屋根の組立てからやって、それがすんで、山田というとこの杵築《きつき》神社の水屋と拝殿をやって。そのつぎは、西岡棟梁の家やったんや、離れ。そのころから、だいたい全部任されていうか、わしが一番上。

結局、わしも幸せというか、タイミングがよかったというか、けっこうかわいがってくれた。まあ、仮に自分の実力が五のときは、六か七ぐらいのむずかしい仕事、上の段階の仕事を与えてくれて、それができると、また八、九、そういうふうに与えてくれたんです。

やっぱり自分でも、いまとなってわかる。若い子を持ったら、現場でやらせないと。それで言われた仕事ができたら、こいつはできるというので、つぎ。仕事というもんはそういうもんじゃろと思う。

だから度胸がないとできない。結局、図面なんか、これやってみいと言われて、それを見て、まあ、まるっきり何もわからんかったら、こっちもできんけど、だいたいできるやろというか、わからんとこは必死になって、自分なりに勉強してやる。

材の大きさも違う。驚くね、最初は。一回やってみるとわかるが、なかなか墨付けなんかも、さっとはいかん。それがやっとると、だいぶ慣れてくる、慣れてくると車の運転と同じで失敗もするんじゃ。一回だけ、わし、こういうのがある。山門の材を短く切った。それでとにかくその材料は使えん。それは、職人なら使えなくなった材の分を払うのが当たり前やけど、わしの場合は、鵤工舎で出してくれたんや。ここはそんなことで怒鳴ったり、叱ったりとかはしない。だから本人が一番惨《みじ》めじゃ、怒られる以上に。おまえはこんなもんかと、自分が思われたら、それこそショックだ。でもそうやって大きくなるんやろけど。

宿舎を出てからはアパートに住んだ。薬師寺の近くやった。アパートに荷物もある程度置いておいて、それから名古屋の現場に出て、名古屋で結婚した。

そろそろいうか、まわりもうるさいし。自分でも一生懸命探しておった。見合いも何回もした。宮大工ですか、すごいですねという女の人はおらんかったね。

わしら、鵤工舎の卒業生みたいに言われても、自分らに実感がない。あの当時は、ようし、これで何も恐《こわ》いものはない、全部わかったと、そういう形で出たわけやないんやから。

いまの大阪の仕事が終わったら、広島に帰ろうかと思ってる。ときどき独立して自分の会社を作るということも考える。名前はどうでもいいけど、やっぱりそうやって自分の仲間いうか、そういうのをつくっておかんと、自分も四十でだんだんしんどくなるし、一人じゃできんし。それによその職人だと当てにならん。それで自分とこも、いま職人を育てようと思っているんだ。それで鵤工舎と行き来しながらできたらいいと思っている。

（かわもと　としはる）

Ⅲ 西岡常一から孫弟子たちへ

西岡常一が孫弟子へ伝えたもの

平成五（一九九三）年十二月二十六日、鵤工舎《いかるがこうしゃ》の若者たちは仕事を終えて、法隆寺前の料亭「富里」に集まった。各地の現場から舎員が集まっていた。鵤工舎の忘年会が行われることになっていたのだ。小川はすぐ近くにある西岡家に棟梁《とうりよう》を迎えに行った。この年の忘年会は西岡棟梁の快気祝いと文化功労賞受賞の祝賀を兼ねていた。前年に文化功労賞を受賞していたが、西岡棟梁は体調が思わしくなく、この日までお祝いが延ばされていたのである。このお祝いのために、棟梁の奥さん、息子、娘、孫たちも招待されていた。西岡棟梁は杖《つえ》をついてあらわれた。近ごろ足下《あしもと》が危なくなっている。それでも人前に出るときはあいかわらずきちんとお洒落《しやれ》をして出て来る。この日もベレー帽にジャケット、磨き上げた靴を履いていた。

会場は二階の広間。西岡棟梁夫妻が上座に座り、向かって左側に鵤工舎の若者たち。

小川を筆頭に北村、大堅《おおの》、角間《かくま》という順で控えている。向かって右側は棟梁の親族。長男・太郎、次男・賢二、その家族、娘さん、孫たちと並んでいる。

こうして鵤工舎の若者たちが西岡棟梁やその家族と顔を合わせることは初めてであった。鵤工舎の若者たちのなかには棟梁の本を読んでこの道に入ってきた者も多い。彼らにとって西岡棟梁は教科書の中の人であり、雲の上の人である。

小川は西岡棟梁が元気なうちに、全員に会わせておこうと考えてこの席を設定したのである。西岡棟梁は若者たちに一言伝えておきたいことがあっただろうし、西岡の息子たちは父の跡を継ぎ、西岡を敬う人たちにお礼を言っておきたかったのである。その忘年会は、期せずして西岡、小川、そしてその弟子たちに繋《つな》がる者たち三代が一堂に会した「宮大工一門」の会合となった。

このときのようすを紹介する。西岡が若者たちをどう思い、若者たちが西岡をどう慕い、本来継がねばならなかった息子たちが宮大工の仕事や鵤工舎をどう思っているかを知ることができるからである。

会は小川の挨拶《あいさつ》で始まった。

「きょうは棟梁と棟梁のご子息たち、これまで一度も顔合わせをしたこともない鵤工舎の孫弟子が集まりました。棟梁の文化功労賞を初めいろいろな今までの賞をもらったお祝い、そして忘年会と、このような会を開けることをうれしく思います。棟梁は、たくさんの知合いの人がいますけれども、そういう方々は、いつも棟梁を囲む会、棟梁のお祝いをしようと言います。けれども、弟子とか子供たちは、そういうことを気にしなくて、これまでになってしまいました。どうぞ、勘弁してもらいたいと思います。頭がそれほどいい人ばかりではなく、そういうむずかしいことには頭がまわらないほうなので、きょうになってしまいました。西岡棟梁の家は、まわりから見ていてもとても幸せな家庭です。それに鵤工舎はこのようにみんな若いし、みんな頑張っております。

きょう十二月二十六日は、棟梁が明治四十一（一九〇八）年九月四日に誕生して三万七百九十四日目に当たります。その三万七百九十四日を、一日一日をきちっとして過ごしてきた結果、きょうのような日も迎えられたのですし、いまの棟梁があるのです。ですから、私たちは、棟梁に倣《なら》い、急ぐことなく、慌《あわ》てることなく、一日一日を怠らず日を過ごしていきたいと思います。これからも、どうぞよろしくご指導をお願いいたします」

続いて西岡棟梁が挨拶をした。足が悪いので座ったままであるが、はきはきとした大きな声であった。鵤工舎の若者たちはみんな正座し、背筋を正して聞いていた。

「みなさん、こんばんは。私の顔を初めて見る人もあると思います。きょうは鵤工舎二十一人が揃《そろ》っていると聞きました。それだけ揃えば、どんなものも完成できる力がございます。したがって、頑張って、何ものも恐れずに仕事に熱中してもらいたい、こういうふうに思います。

それから、いろいろ名人とか何とか言われますけれども、名人にもいろいろありまして、『手切り、マラ出し、釘《くぎ》こぼし』ちゅう迷人もあれば、それからまた本当の名人もあります。みなさん方は、本当の名人を目標にして進んでくださいますようにお願いいたします。簡単ですが、ご挨拶に代えます」

西岡棟梁が、挨拶のなかで述べた「手切り、マラ出し、釘こぼし」とは、大工の間で言われる迷大工のことをたとえた言葉で「手切り、マラ出し、釘こぼし。さしがね失い、うろうろ大工」の一部で、この句は「手を切ったり、だらしない服装でおちんちんが出てしまったり、釘をぼろぼろこぼして歩いたり、大事なさしがねを置き忘れて探しまわるようなやつは」大工のなかでも「迷大工」だという警句である。

この後、鵤工舎の若者が北村から順に名前、出身地、入舎歴などを述べて自己紹介した。西岡棟梁にとって初めて会う者もいたし、自分を訪ねて来て小川のところにまわした者、前から何度も顔を合わせている者もいた。西岡棟梁は、立ち上がって大きな声で挨拶をする若者の一言一言をうなずきながら聞いていた。

二十一人の自己紹介が終わると、つぎに西岡の家族を代表して次男の賢二が乾杯の音頭を取ることになって立ち上がった。賢二は西里近くに住み、製薬会社に勤めている。

「私は次男坊の賢二でございます。出身地は、奈良県の法隆寺です。本日は、はなはだ僭越《せんえつ》ではございますが、乾杯の音頭をとれということですので、みなさん、よろしくご唱和のほどお願いいたします。

きょうは豪華なお料理を前にして、長々とご挨拶申し上げるのも何かと思いますので、ただ一言、みなさんに、この場をお借りしましてお礼を申し上げたいと思います。

みなさんは、私ども、ここに座っております兄貴、長男の太郎、それから次男の私と、二人しかいない男の子に見放されました親父《おやじ》を慕っておいでいただいて、今日の親父の名誉を築いてくださいました。私ども二人とも、この席に非常に辛《つら》い思いをして出てきております。自分らではなし得なかったことを、まったく別の家に生まれて、別の土地で生まれ育った方々に親父の意志を継いでいただいて、末永く木工建築の技術を伝承していただくのは、本来でありますれば、私どもがやらなければならないことでありますけれども、私どもが見捨てたものを、小川さんをはじめ鵤工舎のみなさま方が継承してくださるということで、非常に恥ずかしい思いをし、またつねに感謝をいたしております。

きょうは、またこのように盛大なお祝いと、それから忘年会の宴会をしていただくということで、感激で胸がいっぱいでございます。これ以上言いますと、泣いてしまいそうです。単純で涙もろいというのが私の特徴でございます。だらだらと長いことを申し上げてしまいましたが、それでは、みなさんグラスをお持ち願いまして、乾杯をさせていただきたいと思います。鵤工舎二十一名のみなさまがますます技量に磨きをかけられて、そしてまた健康でお過ごしになることと、また私どもの親父・西岡常一がますます元気になりまして長命をまっとうすること、そしてわれわれの母、兄弟、一族の健康と繁栄を祈念いたしまして乾杯をさせていただきます。乾杯！」

賢二も、長男の太郎も若者たちの父親と同じくらいの年齢である。若者たちは自分たちが憧《あこが》れ、やっと弟子にしてもらった経緯があるだけに彼らがなぜ西岡の跡を継がなかったかという理由は知らないだろう。西岡棟梁の本にはなぜ自分が子供たちにあえて跡を継がせなかったかが書かれているし、小川も本のなかでその間の事情を書いている。私は棟梁の奥さんにも子供たちにもインタビューしてその間の事情を聞いたことがある。それをかいつまんで説明しておこう。

西岡家は代々の法隆寺の大工であり、祖父の代から棟梁の役を務めてきた。しかし、その生活は楽なものではなかった。西岡の祖父は西岡を「仕事がなかったら畑を耕し、稲を育てるように」と教育した。「民家を建ててはならん。金に追われると仕事が雑になる」、こうも言って自分たちが食うための畑を代々継いできたのである。奥さんも畑を耕したし、子供たちも手伝った。しかし、いまのように大きな建物を建てる機会はなく、営繕や寺の雑器をつくるのが毎日であった。うまくいけば大掛かりな解体修理という仕事に巡り合ったが、日本の国も法隆寺もそのころはそれほど豊かではなかった。仕事のない時代が続いたのである。それでも仕事は「家」で継ぐものであった。

西岡は子供たちが育ち盛りのときに結核にかかり、それは妻にも伝染した。九死に一生を得るような事態であった。祖父からの教えを守り、民家はやらず、どこまでも宮大工の姿勢を保って生活を支えるためには並大抵の苦労ではなかった。田畑を売って食いつないだ。その間の苦労を子供たちは知っている。その苦労を知って子供たちは代々続いてきた宮大工を継ぐことをやめたのである。西岡棟梁もそのことを知り、無理に跡を継がせることをしなかった。時代が従来の宮大工の仕事を続けて行くことを許さなかったのである。小川が弟子入りしたのはそんな時代がひと息ついた後であったが、西岡を初めて訪ねたとき、西岡は法隆寺の仕事場で鍋《なべ》の蓋《ふた》をつくっていたという。そして仕事ができるまで待つように言ったのである。そんな時代を振り返って西岡は、たくさんの若者たちが宮大工を目指してやって来る今を胸中で不思議に思っていたのではないか。

太郎も賢二も、自分たちが仕事を継がなかったこと、父が一人で学者を相手に論陣を張る姿を見て助けてやれぬことにずっと心を痛めてきた。それがこの日の挨拶になったのである。太郎も賢二も挨拶の後、鵤工舎の若者たち一人一人に礼を言いながらビールを注いでまわった。

食事が始まり、合間に原田勝が故郷の「鹿児島小原節」を歌って踊り、松本源九郎が「竜神太鼓」を叩《たた》いた。若者たちが唄《うた》を歌い、お返しに賢二や孫たちが唄を返した。そして鵤工舎の若者全員で木遣《きや》りを合唱した。

西岡棟梁は昔から一滴の酒も飲まない。酒は自分を忘れてしまうからといって飲まなかったのだ。この日もお茶とジュースを飲んで料理を食べていた。西岡棟梁は孫弟子たちを穏やかな目で見て、唄が終わるたびに箸《はし》を置き拍手を送っていた。一区切りついたところで、長男の太郎が挨拶に立った。

「親父のお祝いの会席ということで、一族郎党、みな出て来いというので、遠慮会釈《えしやく》もなしに参加させてもらったわけですけれども、非常にみなさんに対して私自身、申し訳ないなという気持ちでおりました。本日こうしてやっと釈明の場を与えられたという気もするわけであります。いずれにしましても、本当にありがとうございました。

うちの親父でございますけれども、昔のことを思えば、鬼の親父で、私どもにとりましては、雷《かみなり》、そういった親父でありましたけれども、まあこんな親父を、弟子あるいは孫弟子さんたちに慕っていただいて非常にありがたい気がいたします。現在、親父は、見たとおり、まったくの好々爺《こうこうや》という感じでございますけれども、ときどき昔の片鱗《へんりん》を見せることもあります。もう少し早くこのような好々爺ということであれば、子供の見方もうちょっとようなっていたのではないかと思います。本当にみなさんどうもありがとうございました。唄を歌わせていただきます」

こう言って「昴《すばる》」を歌った。この雷のような親父であったという挨拶にも西岡はうれ

西岡棟梁の鵤《いかるが》工舎《こうしゃ》の若者たちへの書。

鵤工舎の若
者につぐ。親方に
授けらるべからす《（ず）》。
一意専心《いちいせんしん》親方を
乗りこす工風《（夫）》を
切さたくま《（磋琢磨）》すべし。
之《こ》れ匠道文化《しょうどうぶんか》
の心隋《（髄）》なり。心して
悟るべし。
法隆寺薬師寺
　寺社番匠大工《じしゃばんしょうだいく》
　西岡常一《にしおかつねかず》

（ルビ、句読点は編集部でつけた。撮影・浦野俊之）

しそうに笑っていた。「法隆寺の鬼」と呼ばれて世間から恐れられ、家でも決してその姿勢をくずさなかったという厳しい姿はどこにもなかった。このとき西岡常一、八十五歳。弟子の小川三夫、四十五歳である。太郎の歌の後に西岡棟梁が座ったままマイクを受け取り最後の挨拶をした。

「お礼を申し上げます。みなさん、どうも本席は誠にありがとうございました。鵤工舎のみなさま、どうぞ、度胸を据えて仕事に取り組んでくださいますようにお願いいたします。それでは、最後に『男の歌』を歌います」

唄が終わったところで、小川が西岡棟梁から鵤工舎の若者全員に色紙が用意してあることを告げた。この日のために少しずつ色紙に筆を揮《ふる》っていたのである。

西岡が色紙を取り上げて言った。

「みな、読むさかい聞いていてくだされや。『伽藍《がらん》造営には四神相応《ししんそうおう》の地を選べ』、それから『堂塔の地割りは塔の長さを基準にせよ』、こういうことです。塔の高さが基準です、伽藍の地割りはな。そういうことを覚えておいてくださいよ」

一枚一枚に書かれた文は法隆寺の大工に伝わる口伝《くでん》であった。小川に名前を呼ばれて一人一人が西岡棟梁の前に出て色紙を受け取った。西岡が孫弟子たちのために形で残した初めてのものであり、たぶん最後のものになるのではなかろうか。西岡は一人ずつに声をかけた。

「大堅さん、しっかり頼むぜ。代理棟梁」

「源九郎、親父はどや」

松本源九郎の父親はかつて西岡の副棟梁として薬師寺の伽藍再建に当たった名工であった。

「塔の高さが伽藍の地割り。覚えておけよ」

こうして鵤工舎の若者たちが一人ずつ西岡と顔を合わせ、声をかけてもらい、西岡が代々受け継いできた法隆寺大工の口伝を色紙として受け取ったのである。この色紙に書かれた文はすべて法隆寺の大工の棟梁が知り行わなければならないとされる「木のこころ」を知り「木のいのち」を生かせという口伝であった。

新たな旅発《たびだ》ち

平成六年十月十三日、鵤工舎の若者たちが茨城県竜ヶ崎の正信寺《しょうしんじ》の宿舎に集まった。正信寺はすでに棟《むね》を上げ、瓦《かわら》を葺《ふ》き始めていた。この春までは形もなく、作業場に山と積まれていた材が柱や梁《はり》や貫《ぬき》となり、建物として組み上がっていた。

栃木の宿舎からは角間が自分の下にいる若者を引き連れて来ていたし、奈良からは小川が来た。

正信寺の進行の目処《めど》がついたので、新たな作業のための編成替えが行われることになり、その発表のために小川が全員を集めたのである。現場はこの日五時に終わった。

作業場では小川量市、前田世貴が後かたづけをしていた。

宿舎では千葉学、藤田大たちが自分が使っていた部屋を整理していた。

台所では花谷太樹が新しく入った谷口信幸《たにぐちのぶゆき》とこの後に開かれる小宴の準備をしていた。

角間たちは宿舎に備えつけられた洗濯機のうち一台、冷蔵庫一台、ベッド三台を、持ってきたトラックに積んでいた。

原田勝は寿司《すし》屋に寿司を取りに行き、つまみを買ってきた。

支度がすみ、全員が食堂の席に着いた。小川が立ち上がって、正信寺の進行具合を発表し、若者たちにねぎらいの言葉を述べ、つぎの人員の編成替えを発表した。

つぎの大がかりな仕事は埼玉県東松山市の西明寺《さいみようじ》である。ここは角間が棟梁となって木拵《きごしら》えを進めており、新しく現場近くに宿舎を完成させたところである。

造作を残した正信寺から千葉学、藤田大、大橋誠が西明寺に行く。前田世貴は北村智則が仕切る奈良の素盞鳴《すさのお》神社へ行く。ここは建物は小さいが初めから最後まで仕事を見ることができるはずだ。

松本源九郎は鵤工舎を卒業して独立している岐阜の高崎の手伝いに、小川量市は民家を学ぶために石本のところに三年の期限で修業に出ることが発表された。

新しく入舎した谷口信幸が紹介される。小川は彼の経歴も職歴も紹介しない。ただ「新しく入った谷口です。角間の西明寺の手伝いに入る」と言うだけである。見習に入った者の過去や経歴、家族のことなどは修業に関係ないことと考えているのである。

谷口は高校を留年し、退学した。勉強が好きでなかったのと、後輩と一緒に学ぶことが嫌だったからだ。そうかといって新たな道を考えていたわけではなかった。道路工事の仕事を自分で捜して来てそこに行っていた。その現場で働いていたときに先輩たちに小川の『木のいのち木のこころ〈地〉』を教えられ、その本で鵤工舎を知り、九月初めに面談に来て入舎したばかりであった。

編成替えの発表が終わったところで、ビールで乾杯。小川がみんなに正信寺のことを聞いた。

「やればできるだろ。誰も材が積んであったときはこんなもんが出来上がるとは思っていなかったんじゃないか。立派だよ。がっちり建ってる。やったのはおまえたちだよ」

みんなが本当にそうだと思っていた。栃木から来た連中も建ち上がったこの建物の助《すけ》っ人《と》に来ていたことがある。この建物が始まるときに入舎した者も多い。

「大堅の仕事だ」

小川の言葉に大堅は恥ずかしそうに笑っていた。

小川がビールを飲みながら民家のことを学ばせるために息子の量市を外へ出すこと、

その後も順に鵤工舎に後々とどまる意志のあるものは外で修業を積ませるようにするつもりだと話した。

今日まで一緒に働いてきた仲間が別の作業場や遠くに行くというのに彼らは別れを惜しんだり、昔話をしたり、新しい作業場のことを聞いたりもしなかった。ビールを飲みながら寿司を食い、つまみを食べ、冗談を言い笑っていた。

鵤工舎の野球チームの主力は埼玉に移ることになった。そんな話が出る。

最後に小川が「一等賞、賞金一万円！」を申し出て、恒例の腕相撲大会が始まった。あみだくじで対戦が決まり、この春入った花谷も、九月に入舎した谷口も、一番強いといわれる大堅も、小川も参加した。誰も腕には自信がある。

二回戦で量市は大堅を負かし、親方を負かして決勝戦に上がった千葉と対戦した。優勝したのは量市であった。誰もが驚いた。

高校を中退し、それまでのシンナー遊びや不摂生な生活から離れて大堅に預けられて二年。刃物の研ぎはみんなが認めるほどの冴《さ》えがある。そして今、みんなの前で旅発ちにあたって腕相撲で優勝したのである。賞金が渡され、六時から始まった小宴は解散した。

編成替えになった者は、明日、自分の道具と寝具を持って旅発つ。

残った者は明日も仕事が続く。西明寺の現場の者は荷物と道具を積んで現場に帰って行った。花谷と谷口が後かたづけをしている。

量市と前田は、さっきまで使っていた自分の道具をかたづけて道具箱に納めていた。

人は仕事をしながら、そこで育ち、大きくなる。小川はいつも進歩の基礎は「無垢《むく》で素直なこと」だという。まっさらな心に戻し、修業を始めた若者たちが、また自分で自分の階段を一歩上がった。そんな日であった。

合本文庫　聞き書き者のあとがき

西岡常一《にしおかつねかず》さんに初めて話を聞きに伺ったのは一九八五年一月二十一日である。アウトドア雑誌に宮大工棟梁《とうりょう》の聞き書きを連載するため、薬師寺の写経道場裏にあった伽藍《がらん》奉行所を訪ねたのである。西岡さんは、一九〇八年九月四日生まれであるからこのとき七十六歳であったが、紺染めの作務衣《さむえ》の上衣にアイロンのきいたズボン、作務衣の下は襟付きのシャツでネクタイを締め、矍鑠《かくしゃく》としていた。部屋の隅に簡単な応接セットがあって、そこで話を聞いたのである。西岡さんはよく通る太い声で、ためらいなく話す。話は大工の実践としての技や道具に限らず棟梁としての人心掌握や木の性質、自然観、社会観に及んだ。その間に何度も薬師寺や法隆寺を案内していただいた。案内いただくときには必ず手に曲尺《かねじゃく》を持っておられた。

このときの連載は『木に学べ』というタイトルで一九八八年に単行本になった。それから四年ほどたって、西岡氏が最後の本をまとめたいと言っているのでもう一度話を聞いてもらえないかという話が、草思社からあった。自分としては前の本で、聞きたいことはすべて聞いたという気持ちがあったのでためらった。

ただ一つ、西岡さんの祖父常吉《つねきち》、父楢光《ならみつ》、西岡さんと継いできた技や口伝《くでん》をこの後どう継承していくのかということは気になっていた。そのため、草思社には西岡氏の唯《ただ》一人の内弟子である小川三夫《おがわみつお》さんが話の場に出てくださることを条件に、もう一度聞き書きを行うことを了承した。師の技を引き継いだ小川さんに同席していただくことで、新たな部分に光を当てられたらと思ったのである。小川さんも、師から話を聞くいい機会だと快く引き受けてくれた。

こうして一九九二年から再び奈良通いが始まった。西岡さんはすでに八十四歳、仕事を離れており、時折奉行所に顔を出す程度であった。インタビューは西岡家の広間や応接室で行われた。夏は涼しい時間に、寒い時期は暖かな日を選んで行われた。途中、検査のために入院されたときには退屈だから話に来ないかと誘われ、病室で聞かせてもらった。自分が死んでも技は引き継ぐものがおるし、薬師寺伽藍の再建《さいこん》に関しては図面を書き残してあるので悔いはないという西岡さんには、かつて法隆寺の鬼と言われた面影はなかった。結果的には「天の巻」は西岡氏の最後の聞き書きとなった。

小川さんがその席で語ってくれた師のこと、自分の事、師とは違う弟子の育成の話は「地の巻」として刊行した。一九九三年十二月九日、文化功労賞受賞の祝いをかねて、師と弟子の聞き書きの同時刊行の記念パーティーが行われた。小川さんに支えられて壇上に立った西岡さんは「こうして受賞できたのはみなさんのお陰です。ありがとうございます」とごく簡単なあいさつをのべただけであった。同じ月の二十六日、法隆寺近くの料理屋に西岡氏の家族全員、小川三夫さんと鵤工舎《いかるがこうしゃ》の弟子たちが集まって忘年会が行われ、西岡氏から孫弟子である全員に色紙が贈られ、「みなさんが後を継いでくれるので安心しています、頼みますぞ」とうれしそうに言われたのがとても印象的であった。三代にわたる技と心の伝承の場に立ち会えたという気持ちがあった。

それから一年かかって、鵤工舎の若者たちの聞き書き「人の巻」をまとめた。

鵤工舎は小川三夫氏が主宰する宮大工の工人の集団である。

師の技、生き方は仕事や修業を通して弟子に移る。しかし弟子には弟子の時代があり、師の時代のままではない。常に時代は人の生き方に大きな影を落とす。小川さんにはたくさんの弟子たちがいる。彼らはまた自分たちの師をどう見、どう考え、独特の修業をどう思っているのか。その興味が人の巻を作らせた。人の巻に登場するのは一九九四年夏に鵤工舎に所属していた若者たちである。私がインタビューを行った当時、十八人の弟子たちがいた。しかし、インタビューの後鵤工舎を去っていったり、独立したもの、また新しく入ってきたものもいる。

原田君は民家を学ぶために大工である父の元に帰った。吉田君は生まれ故郷の北海道へ帰った。柴田君は大工道具をザックに入れてアメリカへの旅に出た。松永君は家を継ぐべく五年の修業の後故郷へ戻ったが再び工舎に戻ってきた。大橋君、花谷君、清水君は修業半ばで事情があり鵤工舎を辞め別の道を歩いている。ゲンちゃんは家に帰り、中澤君は十年の修業を終え、職人として鵤工舎の仕事をしている。藤田君、饗場《あいば》君、千葉君は結婚し子供が生まれ独立していった。

正信寺《しょうしんじ》の金堂を完成させた大堅《おおの》君は十年目に卒業の証である二宮金次郎の像をもらって、二〇〇〇年秋に独立し、秩父に帰った。まだまだ学びたいこともあるというが、ここから先は新たな道でと決心したのだ。角間《かくま》君も二〇〇五年初夏に二宮金次郎の像をもらった。北村君、角間君、量市《りょういち》君は現場棟梁として仕事を任されている。

二〇〇五年六月現在、鵤工舎には三十人が所属している。宿舎では新しく入ってきた若者たちが今も日々刃物を研ぎ、現場で精を出している。ゆっくりと時間が流れているように思える鵤工舎だが、時とともに変わっていく。いずれ彼ら自身が師となり弟子を育てるようになるだろう。そのときにはまたその弟子たちに話を聞いてみたいと思っている。

一九九四年十二月八日、「人の巻」を持って伺ったが、それが西岡さんと会った最後であった。翌一九九五年四月十一日、西岡常一氏は満八十六歳で亡《な》くなった。死因は前立腺癌《りつせんがん》であった。生活そのものから信念、技、全てを具《そな》え持った最後の法隆寺棟梁の死であった。

聞き書きは、話し手自身の言葉で綴《つづ》られるために、社会的な評価や他の人がどう思っていたかを表すことができにくい。「地の巻」では小川さんから見た西岡さんの姿を、

「人の巻」では弟子達から見た小川さんの姿をというふうに、合わせて読んでもらうと初めて立体的に他者の目としての人物像が浮き上がってくるように考えたのだが、今回改めて三冊であった文庫を一冊に合本にしたことで、三代にわたる技の継承や時代ごとに宮大工の姿が変わってきているのが見えることになった。時代が変わり、宮大工の修業法も生き方も変わってきたが、彼らが手本とした法隆寺は今も凜《りん》として建っている。西岡棟梁が亡くなってからちょうど十年、合本という形で世に出ることも何かの縁だろう。

二〇〇五年六月　塩野米松

対談　ものを作り、人を育てる

小川三夫
糸井重里

休みは仕事の中にある

糸井　小川さんは、お休みの日なんかあるんですか。

小川　「奈良の家に一日いる日」というのは、年に二日ですね。正月にうちにいるのは、無理しているんです。あともう一日は、二日酔いで頭があがらなくて寝てるぐらいだな。無理しているから、正月の一日は長いですよ……それで、もう二日から現場へ行きますね。現場にいるのが一番ラクです。気が休まりますよ。

糸井　気が休まるんですか。「休みたい」という欲望はないんですか。

小川　ないです。仕事をしている時がいちばんリラックスしていて、いちばんラクですな。

糸井　誰でもみんな、そういう気持ちで仕事をしたいと思っているんだけど——。小川さんは仕事を選ぶ時に、これが「いちばんいい仕事」と直感でわかってたんですか。

小川　そうでしょうな。高校の修学旅行で法隆寺の五重塔を見て、千三百年前に建ったものだという案内を聞いたときから、「どういうふうにして材木を運んできたのか」「相輪《そうりん》（塔の頂上部）をどうやって上げたのか」と考えているのが楽しかったですから。

糸井　その気持ちがずっと途絶えなかったんですね。

小川　だから高校を終わった時に棟梁《とうりょう》を訪ねました。しかしその時にすぐ入れなかったのがよかったんでしょうな。ようやく弟子入りが認められたのはそれから丸三年経《た》った四年目の春でした。すぐに入れたら、それほどの思いがなかったんじゃないですか。

糸井　小さい頃からの念願が叶《かな》ってプロ野球選手になった人も、休みはとりますよね。そういう意味では、小川さんみたいに、仕事がいちばんラクという人は珍しいと思います。

小川　そんなことないでしょう。うちの弟子も毎日のように夜の十二時過ぎまでやっています。「十二時だから寝ろ」と怒るぐらいですから。

糸井　ぼくも仕事は楽しいし、社員も夜中までいますけど、休み方を大事にしないといけないと思いはじめています。休みがなかなかうまく取れなくて「ただ何もしない時間」「きつくてもやり続ける時間」のどちらかしかない循環を何とかしたいのですが、小川さんの話を聞くと、休みは仕事の中に含まれているみたいですね。

小川　そうですな。

糸井　それ、俺もできないものかなぁ……。

イヤイヤではできあがらない

小川　「法隆寺は千三百年持っているから、自分たちの作るものも千三百年以上持たさないと」と、そう言う人もいますが、それは違います。千三百年前の人は、持たせようとして作ったわけではないでしょう。偶然持っちゃったんです。技術も大切ですが、山から木を切りだして現場まで運んでくれれば、建物はできたも同然です。木を倒して現場まで運ぶだけの知恵があれば、建物を建てるぐらいはできます。

自分らが作った建物は千三百年は持ちません。材料も基礎も違う。俺らは基礎にコンクリートを使うけど、法隆寺はコンクリートを使っていないものな。法隆寺は地盤がすばらしくいい。表土を一メートルぐらい掘るだけで硬い地盤が出てくる。西岡棟梁は「ツルハシもたたない」と言っていました。

糸井　法隆寺は、恵まれた場所の上に、荒々しい力仕事の山みたいに作られたんですね。

小川　「宮大工の技術は、大陸から大工さんが来たのがはじまり」と言われますし、確かに瓦《かわら》を作る技術や何かは大陸から学んだでしょうが、それだけでは何もできませんから。

中国あたりの建物は雨が少ないせいか軒がものすごく短い。ところが日本は雨がよく降る。湿気が多い。だから湿気を防ぐために基壇を高くしてその上に軒を深く作っています。そういうのは大陸にはない方法なんです。きっとそのころの日本には、日本の気候風土に合うように建物を建てられる、しかも木工の技術に長けた人がいたんでしょうね。向こうの技術は学ぶんだけど、鵜呑みにするのではなくて消化して、日本の建物のために作りかえたんだと思います。日本人は猿マネがどうのというけど、向こうの技術を学んだ上で日本独特のものを作ったということで、だからすごいんです。

おそらく、当時の日本には相当な木工技術があったと思います。日本の国に合うような建物を、数十年のうちに一気に作った。それが日本人のいちばんすばらしいところだと思う。日本なりの作り方をしたから、今まで持ってるんだと思うんです。

糸井　昔の日本人は、そういう人たちだったんだなぁ。

小川　初めてこういう建物を作るんだから、経験者というのはいないはず、だのにこんな立派なものができてるんだものな。

糸井　「できると思う心があるから建物ができた」という言葉を聞いて、法隆寺を見て驚かされた源が、急にわかったような気がしました。ピラミッドは石の建築ですが、ぼくはあれをエジプトで見た時に、似たようなショックを受けました。それまでピラミッドというと、てっきりかわいそうな奴隷《どれい》たちが作ったみたいな印象がありました。そういう情報しか与えられてきませんでしたから。でも現場に立ってみたら、「しぶしぶ作ってできるものじゃない」と一瞬でわかりましたもの。ああいうものって、イヤイヤではできないですよね？

小川　そうでしょうな。イヤイヤでは最後までできるだろうけど、美しいものって、みんなが本気で力をあわせないとできないと思います。それを思って、ぼくはピラミッドの前で涙が出たんですよ……小川さんの話を聞くと、そういう気持ちでまた法隆寺を見たくなる。

小川　やっぱし、イヤイヤやれば手抜きをしますよ。そういうことがないから、持っているんでしょうな。自分でもこういう仕事をやっているから、そこはわかるんです。最初は、たとえば権力とかいろんなことで涙を流して作るかもしれないけど、それが形になってくる、できあがる……そうしたらその時は辛《つら》いことはみんな忘れて、もう、嬉《うれ》しいことしか残ってないんです。それが、ものを作る人ですよね。途中け苦しいかもしれないですが。

糸井　そしてそれが、ひとりではできないというところが、また、すばらしいです。

小川　だから、ワガママでは建築というのはできません。陶芸家は気に食わなければ出さなければいい。しかし建築の場合、仕事を受けた以上は、悪くてもよくても作りあげなくちゃダメです。だからワガママはできません。ほんで、ひとりでもできません。みんなの力を借りなきゃいけないわけです。

精一杯で作らなければいけない

小川　自分たちは、ものを作るという立場にありますよね。するると、たとえば西岡棟梁がいて、自分がいます。棟梁に仕事を習い、弟子に仕事を教えていきます。それを伝統と言う人もいますけど、西岡棟梁と自分の間には伝統を引き継いだなんて感覚はありません。棟梁と自分の間では、薬師寺の塔を作ったり、法輪《ほうりん》寺《じ》の塔を作ったり、そして今、自分と弟子の間でもいろいろなものを作っています。しかしそれは「作っているものが残る」というだけで、技術を残すということではない。建物を残せばおのずから何かは伝わりますわ。それを伝統と呼ぶなら呼んでもいいけど、決まりきった教科書どおりのことを伝えることとは、ぜんぜん、違う話なんだ。

たとえば、弟子によく言うのは「ウソ偽りがないと自分が思えることを精一杯やっておくんだよ」ということです。毎日毎日の仕事を、精一杯やっておく。その精一杯が未熟であってもいいんです。未熟だろうがなんだろうがその時の自分はごまかしようがないんですから。でも、未熟であっても、ウソ偽りのないもの、一生懸命やってやってやりきって作ったものは、やっぱり何百年か後にその建物を誰かが解体修理した時に、「へぇ、平成の大工さんはこう考えたんだ」と読み取ってくれる人がいるんです。読み取ってくれる人がいるんだから、精一杯のものを作っておかなくちゃいけません。ウソ偽りがあるかどうかは、そこにある建物の中にあらわれるんです。

千三百年前に建ったものを、西岡棟梁をはじめ現場の人たちが大修理をしたわけです。法隆寺の時代にあんな形を誰がどう作ったかの資料は、ぜんぜん残っていません。でも実際に建物を解体した時に、棟梁たちは千三百年前の工人と話ができたから、だから昭和の時代に復元できたんです。そういうことを見てきたから、俺は建物を作りたいなら、絶対にウソ偽りのない精一杯のものを残しておかなくちゃいけないと思いました。

人を育てるということ

小川　「自分が技術を持っている」ということと「人を育てる」ということは別だな。弟子には仕事に関係のない人がくるんだ。まだ何もできない人が「宮大工になりたい」と言ってくるんです。いちばん先に何をするといっても何もできないわな。だから飯作りをさせる。仕事はできなくてもみんなのために飯作りと掃除はできるわけだ。そうするとその人の段取りのよさと思いやりがわかります。「今日はこれを食べてもらおう」と思えば段取りしなくちゃいけないし、掃除をすれば必ずその子の性格が出ます。一年間見ていれば「この子はここがマズイからここだけは直さなきゃ」ということがわかります。一緒にいればそれを直せます。一緒にいないとダメなんですよ。向こうも大変だけど、こっちも大変ですよね。

糸井　教える方の大変さは、想像を絶しますね。

小川　でもそれが大切なことなんです。そんなふうに生活していると「みんなはこれだけやっているんだから」という気持ちがわいてきます。先輩がきれいな鉋屑《かんなくず》を削っていますよね。かっこいいし、憧《あこが》れるでしょう。ああいう鉋屑を削ってみたい……そう思った時に、鉋を貸してやります。「削ってみい」と。そしたら嬉しくて嬉しくて、板が薄くなるほど削りますからね。その夜から、そいつの研ぎものは今までとは全然違ってきますよね。

糸井　その日に、ガチャーンと変わるんですか。

小川　変わるんです。もしはじめに「鉋はこういうもので、こんなふうに削るんです」と教えたって、苦痛でしかないですよね、まだ削れないんですから。つまり、ほんとに削りたい、削りたい、削りたい……という気持ちが湧《わ》くまで放っておかなくちゃダメなんです。教えてしまったら、いろんなことに気づかなくなってしまう。

糸井　かならず最後には覚えるものなんですか。

小川　うん。その人なりに覚えます。こちらのやることは、黙っていて何にも構わないことです。ほんで遠まわりをした子を待っていてやればいいんです。たとえば普通の会社では、ひとつ教える、ふたつ教えると、少しずつ技量は上がりますよね。でもうちでは、教えない。でも、七～八年経った頃に「こういうやり方もあるんと違うか」ぐらいすよ。そこから一気にギューンとあがるんですね。いろいろ教えた子も、自分であがった子も、十年位まではだいたい一緒でしょう。しかしそこから先の伸びが違う。

糸井　その時の喜びというのは、小川さんにとっても大きいのでしょうね。

小川　うん。職人というのは一気に変わるもんです。本人が活《い》き活《い》きとしてきますから。本人も嬉しいし、見ているとすぐにわかります。「あんにゃろ、最近、仕事すげぇな」という感じで、みんな、誰もが気づきますからね。

糸井　小川さんは建物も作るけど、人間も作っているんですね。で結局、小川さんの仕事はよそと違うものになるんですね。

小川　そう。だから使いづらいと思うけど、俺らに頼んだ寺はものすごい喜ぶよな。

糸井　以前に仕事現場を見学させていただいたことがあるんですが、お坊さんたちの喜びかたがものすごかったなぁ……お寺が建つということに酔っていましたよね。

小川　酔わせるのも俺らの腕やで。お金をもらうことだけを考えてたらあかん。お寺さん、檀家《だんか》さんに喜んでもらうのも仕事のうちですからね。そうせなあかんし、そうするには偽りがあったらダメで……もう、精一杯やってるのよ。

糸井　そんなに力を入れていると、バッタリ倒れるということはないんですか。

小川　うん、俺らは、やわらかいもの。硬く頑張ってないから。

糸井　そこが聞きたいです。いったい、どんなものなんですか。
小川　好きだからだろうな。イヤイヤやっているわけではない。遊び心でやってるから。
糸井　お弟子さんの遊び心も出るんですか。
小川　俺はぜんぜん、こうやれと言わない。だから自分らで好きにやっていますものね。
糸井　そういうやり方は、ふつうの会社でもうまくいくと思いますか。
小川　うまくいく。だけど、親方の耐える力がないとできないな。それがいちばん難しいところ。親方も弟子も我慢……その耐える力が仕事の方に爆発していくから。仕事で気を抜いているようなもんや。ただ、企業とかでこんな話をする時は、「こんな話を聞いて参考にするような企業なら潰《つぶ》れるから、自分たちで考えたら？」といいますけど（笑）。まぁ、学校の中でなんぼ教えても、こういう仕事のことは教えきれないです。一緒の飯を食って、一緒の空気を吸って、一緒の目的を持って生活してなければ、こういうことは伝えられません。

（収録・二〇〇二年五月二十八日／二〇〇五年四月二十五日）

＊この対談は、ほぼ日刊イトイ新聞〈http://www.1101.com/life/〉で全文を読むことができます。

対談　聞き書きの醍醐味《だいごみ》

塩野米松
糸井重里

具体的な経験がおもしろい

糸井　『木のいのち木のこころ』は読み方によっちゃ理不尽のカタマリだし、大人の説教のように思えるかもしれないけど、若い人が真剣に読んで共感しているのがいいですね。ぼくは若い頃に斜に構えていていろんなことを素直に吸収できずに大損したんだけど、最近は「こころ」の存在を感じさせる人や考え方が、やんちゃ盛りの若い人にも求められているのが嬉《うれ》しいなぁと思います。世の中悪いことばかりではないなぁと感じるから。

そんな本の文庫本の解説としては、内容よりも、塩野さんの「聞き書き」という方法について話す方が、読者の人たちには親切だろうなと思いました。塩野さんの聞き書きは「いちどすべて聞いた後に並べなおした」という痕跡《こんせき》がわかるんです。目の前にいる人の脳を再構築するような作業ですから、自分の足であちこち歩いた後に、改めて地図をつくりなおすような大変な仕事といいますか。

塩野　一般的に取材をまとめるならもっとずっと早くできるのですが、いちばん愚鈍な方法でやっています。時間も数年単位だし手間は掛かるけれども、人に渡したくないほどおもしろい仕事です。他の人はこんなまどろっこしいことしないかな。

糸井　ぼくもかつて塩野さんにそっくりな方法で『成りあがり』（矢沢永吉・角川文庫）という本を作ったので、聞き書きの醍醐味はわかります。おもしろいものですよね。

塩野　「聞き書き」は物を書く仕事の中では小説なんかとは違ってかなり編集者的な手法かもしれません。ぼくは植木屋さんに似てると思ってますけどね。まず聞く。それから刈り込み並べ替えして作り上げるんですが、ぼくの場合は聞く時間がものすごく長い。西岡棟梁《とうりょう》の場合は『木に学べ』という本から『木のいのち木のこころ』に至るまで十年ほどの期間がありました。時間が経《た》てば目を閉じていても西岡棟梁の語りを書けるような気がしましたし、裏口から挨拶《あいさつ》するようなちょっと不躾《ぶしつけ》な質問も許されるようになりました。長いことおつきあいさせてもらっていると気がつかないうちに西岡棟梁の話してくださる様子も中身も少しずつ変化してきましたし、そういう意味でも聞き書きの過程はおもしろいですね。

糸井　塩野さん自身も時間の変化を受けるし、「聞き書き」は紙に書いた質問をやりとりするだけではないからおもしろいですよね。ひとりで書く文章なら、作者は次に語る内容を知っているけど、聞き書きはキャッチボール次第だから、想定外の話が出ることになる……本人も次の展開が読めないおもしろさがあるし、話して通じない言葉は使えませんし。

塩野　質問事項を用意して聞くだけだと、聞き書きは、うすっぺらなものになりますね。

糸井　塩野さんは、聞き書き取材の方法をどこかでまとめて伝えたことはありますか？

塩野　毎年、夏に全国から応募してきた100人の高校生に「聞き書き甲子園」という行事で教えています。

「取材ではだいたい相手と自分の話す分量が半々だから、自分という人間をわかってもらうように話さないと相手も話してくれません。話すことを用意したほうがいいよ」とか。

糸井　タメになるなぁ、そのとおりだ。ほかにどんなことを教えてるんですか？

塩野　話を聞きに行くなんて簡単そうだけど、実際にはなかなか難しいことでね、唯《ただ》雑談して帰ってきたのでは聞き書きにならないでしょ。ですからとにかく具体的に話を聞くんだよ。人の人生はディテールにこそおもしろさがあるんだからねって。

たとえば種採りという仕事があるんです。その人に高校生が会いに行くとすれば、

「杉の木を植える時は、母樹《ぼじゅ》という木におじいさんが登って、たくさん種を集めてきて、それを蒔《ま》いて苗をつくるんだよ」

と話したときに、

「あ、そうですか」

で終わると、話はそこでお終《しま》いです。だけど、

「種ってどんな形で、何センチ？　木にはどう登るんですか？　種は何に入れて持ってくるんですか。季節は？　木の選び方は？　落ちたことありますか？」

とわからないことを具体的に聞きなさいと教えます。

やってみると気がつくんですが、いかに自分が物事を知らないかがわかるんです。木の登り方ひとつわからないし、種を素手で採るかどうかもわからない。だから実際に老人たちに会いに行った後、みんな驚いて喜んで帰ってくるんですよ。

糸井　塩野さんが話を聞く時の「自分」って、どういう人としてそこにいるんですか。

塩野　聞き書きは、ぼくの場合は、基本的には相手の発言だけで成りたちます。すると自分はなくなるわけだけど、相手の回答にはぼくの質問の意味が含まれてますから、鏡のようにその答えにぼくが入りこんでいるのですね。だから敢《あ》えてぼくがこうだとはいわなくてもいいんです。

糸井　相手が違えば話の内容も変わるし、自分は相手との関係の中にいると言いますか。現場に立ちあうという不思議さはおもしろいものですよね。

塩野　はい、おもしろいです。自分の質問は消すし、回答のなかでも本になって人の目

に触れるのはせいぜい全体の十分の一程度だから、ほとんどの話は相手とぼくでしか共有していないんです。その方の奥さんも子供も知らないような話がたくさんあるし、本人も忘れていて質問されてみてはじめて思いだしたようなこともあります。聞かれて、話をしていて、記憶の底から引き出されてくるんです。こんなですから、聞き書きという仕事にはやはり夢中になってしまいます。最初のうちは、おたがいに池のなかに小石を投げあうように会話をしているんだけど、最後の方には、そろそろ大木を投げこんでみようか、どんな反応するだろうかと思って話すようになるんです。笑いは狙《ねら》わないけど、漫才のやりとりのようなもんです。その場で、相手の話を引き出す何かを探すんです。

糸井　ひとつの手がかりで登っていくという意味では、ロック・クライミングと聞き書きって似ていますよね。ぼくは体を鍛えたら、ぜひやってみたくてしょうがないんですけど。

塩野　ロック・クライミング、おもしろそうですよね。聞き書きもそうで、いっさい返事をしてくれないとなったらお手あげですけど、指一本かかればなんとかなります。

糸井　一見、もうこれでおしまいというところで「なんとかしよう」と思うわけで……。

塩野　はい。ほとんどの場合、何の資料もなしに、生年月日から聞きはじめるわけですから。

糸井　そうか。塩野さんが聞く相手というのは、何様でもないわけだから——。

塩野　「ぼくがやらなくてもいい人」のところには、基本的にはいきません。原稿を書ける人はご自分でやればいいだろうと思っていますので、ほとんどの人が、はじめて文字で紹介されるという人だと思います。だから資料はないんです。

「その生年月日って、ほんとに生まれた日ですか？」

「戸籍上はそうだけど、ほんとはもうひと月前に生まれてるんだ。オヤジが怠けもので届けなかったんだろうな」

糸井　ほつれを見つけては、縒《よ》っていくみたいなおもしろさですね。

塩野　もし自分が刑事だったら、調書をとるのはすごくうまいと思います。

糸井　（笑）ただ、犯罪の正体を突きとめることはできないかもしれない。

塩野　はい。いつまでもその人がおもしろくて聞いていますから……。

糸井　「殺したかどうかはどうでもいいんだ。おまえっていうヤツを知りたいんだ！」って。

塩野　方法として有効なのは、おなじことをちがう角度から聞くことなんです。なにかが隠れていそうな事柄なら、二度も三度も聞いているのにまた聞いていますね。

糸井　お年寄りとしゃべっていると、なぜかはわからないけど「また話がそこにいった」というのがよくありますよね。あれは慣れると楽しめるんだけど、見事におなじ話をするもんだなぁと……ただ、細部でおみやげみたいな話がついてくるのが嬉しいところで。

ウソは本当で本当はウソで

糸井　無名な人の聞き書きをする中で、西岡棟梁のように有名度を増していく場合には、その変化についてどう思うものですか。

塩野　有名にさせちゃって、悪いことしたかなぁという気持ちもあることはあるんです。小川三夫さんにしても、黙っていれば仕事を一生懸命できたのに、やたら講演に呼ばれるようになってしまったり、テレビが来たり。弟子たちも迷惑だと思いますよ。でも勝手だけど、これもまたいいじゃないって。

糸井　その人が、自分で選択したということですよね。自分と相手との出会いでこういうことがあったから、そのことで「高み」だとか「ドロドロした場所」に立たせてしまったかもしれないというところは、雑誌ならモメてしまうようなことですよね。

塩野　ぼくが取りあげた人のなかには、その記事をきっかけにテレビに出演するようになってカン違いしてしまった人もいます。失礼な言い方になりますけど、それもその人の素質が選んだ道なのだとは思うんですね。その中で光っていく人もいるわけですから。

糸井　誰もが誰かに与えられた影響の中で生きていくわけですからね……というと、なんか恋愛の話みたいですけど。「俺と恋愛したことで、恨むなよ」ということですから。

塩野　「つい心を許してしゃべっちゃった恨みつらみだから、出さないでほしい」といわれることもあるんです。その時は、手元のテープにだけ「恨み」が残ることになります。

糸井　塩野さんのまとめって、当人が「それは載せちゃイヤだ」というものを載せていないにおいがして、それがとても自分に合うんです。いつまでも読んでいられるのはそこだろうなぁと思うんですけど、そこについては、もちろんお考えがあってのことですよね？

塩野　はい。ぼくは人を傷つけにいっているわけではないんです。本人がイヤがることを掲載しないかわりに、その人がよその本を読んで言っている話やテレビで見たような二次情報はぜんぶとっぱらっちゃうんですね。

糸井　借りものの部分は、すべて消すと。

塩野　それはすぐ見えます。本人はせっかく勉強したのに掲載しないのは残念に思うそうですけど……たとえば鍛冶屋《かじや》さんなんかだと「梅干のような色」「夕日のような色」「ミカンの薄皮をむいたような色」と、炎の色でだいたいの温度がわかるんですね。でも勉強すると「七百八十五度ぐらいになると」とか「変態点温度に達すると」とか言いはじめるんです。そんなふうに本の知識を言わないでくれと内心では思いますし、実際に「変態点温度に達するとどうなるんですか？」と聞きなおすと、「カタかった鉄が、やわらかくロウソクのようになる」とか「打つと形が整うようになる」とか自分の言葉で話してくれたりする。そっちが聞きたかったんですよね。

糸井　「七百八十五度ぐらいになると」のつまらなさって、ありますよね。はんとは個人史や主観や感情や意味がごっちゃになったような言葉を、おもしろがりたいんですから。

塩野　客観的な事実というものはないから、高校生には「あるひとりのおじいさんに高校生が聞いた内容と、ぼくが聞いた内容とではぜんぜんちがうんだよ」と言ってます。「ぼくはきみたちのような聞き方は絶対にできない。頭の中に知識が詰まってしまっているから、ぼくはひとこと言われるとわかることがいっぱいある。でもきみたちはひとこと言われてもわからないことの方が多い。そのぶん質問が素直で、そこに返ってくる言葉も素直なんだ。もしも出会ったおじいさんが十年後にも元気だったら、またたずねていくといいよ。絶対にちがう話をしてくれるから」相手によっても、話すことは違いますから。

聞き書きの相手が昔のつらいことを思いだして泣きだすと、ぼくは泣き虫なので泣きながら聞いたりするのですけど、他に誰もいないから堂々と泣いているんですが……。

糸井　そうやって共振する資質がないと、聞き書きってむずかしいかもしれませんね。きれいに相手と自分をわけて話をしてたら、話がとまってしまうような気がしますから。ほんとはウソで、ウソはほんとなんですし。

塩野　聞き書きには話してもらったことが「ウソかほんとかわからない」という大欠点があるんです。
糸井　だからこそ、「たかが事実なんて……」というぐらいの自信がないと、この聞き書きという遊びは成りたちませんよね。
塩野　そうです。だからつまり聞き書きは「あのおじさんは、こういうことを言ってくれたんだ」という本なんですよね。そうしゃべった人は、確かにそこにいて、話の中でこういうことを話した。それをおもしろく、ぼくは思ったというわけです。
糸井　それは今の世の中に欠けている部分ですよね。みんな客観的な事実を集めて研究者になりたがるから。そうすると「七百八十五度ぐらいになると……」という話をしちゃうんですよ。塩野さんの聞き書きにはそれがない。その人の生《なま》の言葉が聞こえてくるから説得力があるし、読みやすい。心にすっと入ってきますよ。これからも変わっていく塩野さんの仕事を楽しみにしてます。

（収録・二〇〇五年四月二十二日）

＊この対談は、ほぼ日刊イトイ新聞〈http://www.1101.com/kikigaki/〉で全文を読むことができます。

この作品は一九九三年十二月から一九九四年十二月に草思社より刊行され、二〇〇一年五月に新潮ＯＨ！文庫として刊行された三冊を、合本したものである。

色川武大著　うらおもて人生録

優等生がひた走る本線のコースばかりが人生じゃない。愚かしくて不格好な人間が生きていく上での〝魂の技術〟を静かに語った名著。

開高健著　フィッシュ・オン

アラスカでのキング・サーモンとの壮烈な闘いをふりだしに、世界各地の海と川と湖に糸を垂れる世界釣り歩き。カラー写真多数収録。

沢木耕太郎著　旅する力　―深夜特急ノート―

バックパッカーのバイブル『深夜特急』誕生前夜、若き著者を旅へ駆り立てたのは。16年を経て語られる意外な物語、〈旅〉論の集大成。

黒柳徹子著　新版　トットチャンネル

NHK専属テレビ女優第1号となり、テレビとともに歩み続けたトットと仲間たちとの姿を綴る青春記。まえがきを加えた最新版。

黒柳徹子著　小さいときから考えてきたこと

小さいときからまっすぐで、いまも女優、ユニセフ親善大使として大勢の「かけがえのない人々」と出会うトットの私的愛情エッセイ。

黒柳徹子著　小さいころに置いてきたもの

好奇心溢れる著者の面白エピソードの数々。そして、『窓ぎわのトットちゃん』に書けなかった「秘密」と思い出を綴ったエッセイ。

嵐山光三郎著

文人悪食

漱石のビスケット、鷗外の握り飯から、太宰の鮭缶、三島のステーキに至るまで、食生活を知れば、文士たちの秘密が見えてくる――。

湯本香樹実著

夜の木の下で

病弱な双子の弟と分かち合った唯一の秘密。燃える炎を眺めながら聞いた女友だちの夢。過ぎ去った時間を瑞々しく描く珠玉の作品集。

青柳恵介著

風の男 白洲次郎

全能の占領軍司令部相手に一歩も退かなかった男。彼に魅せられた人々の証言からここに蘇える「昭和史を駆けぬけた巨人」の人間像。

白洲次郎著

プリンシプルのない日本

あの「風の男」の肉声がここに！ 日本人の本質をズバリと突く痛快な叱責の数々。その人物像をストレートに伝える、唯一の直言集。

井上靖著

あすなろ物語

あすは檜になろうと念願しながら、永遠に檜にはなれない〝あすなろ〟の木に託して、幼年期から壮年までの感受性の劇を謳った長編。

井上ひさし著

新釈遠野物語

遠野山中に住まう犬伏老人が語ってきかせた、腹の皮がよじれるほど奇天烈なホラ話……。名著『遠野物語』にいどむ、現代の怪異譚。

大江健三郎著

個人的な体験

新潮社文学賞受賞

奇形に生れたわが子の死を願う青年の魂の遍歴と、絶望と背徳の日々。狂気の淵に瀕した現代人に再生の希望はあるのか？　力作長編。

白洲正子著

西　　　行

ねがはくは花の下にて春死なん……平安末期の動乱の世を生きた歌聖・西行。ゆかりの地を訪ねつつ、その謎に満ちた生涯の真実に迫る。

白洲正子著

日本のたくみ

歴史と伝統に培われ、真に美しいものを目指して打ち込む人々。扇、染織、陶器から現代彫刻まで、様々な日本のたくみを紹介する。

白洲正子著

白洲正子自伝

この人はいわば、魂の薩摩隼人。美を体現した名人たちとの真剣勝負に生き、ものの裸形だけを見すえた人。韋駄天お正、かく語りき。

倉橋由美子著

大人のための残酷童話

世界中の名作童話を縦横無尽にアレンジ、物語の背後に潜む人間の邪悪な意思や淫猥な欲望を露骨に焙り出す。毒に満ちた作品集。

谷崎潤一郎著

吉野《よしの》葛《くず》・盲目物語

大和の吉野を旅する男の言葉に、失われた古きものへの愛惜と、永遠の女性たる母への思慕を謳う「吉野葛」など、中期の代表作2編。

稲垣栄洋著

一晩置いたカレーはなぜおいしいのか
—食材と料理のサイエンス—

カレーやチャーハン、ざるそば、お好み焼きなど身近な料理に隠された「おいしさの秘密」を、食材を手掛かりに科学的に解き明かす。

太田和彦著

居酒屋百名山

北海道から沖縄まで、日本全国の居酒屋を訪ねて選りすぐったベスト100。居酒屋探求20余年の集大成となる百名店の百物語。

柚木麻子著

BUTTER

男の金と命を次々に狙い、逮捕された梶井真奈子。週刊誌記者の里佳は面会の度、彼女の言動に翻弄される。各紙絶賛の社会派長編！

小泉武夫著

魚は粗《あら》がいちばん旨い
—粗屋繁盛記—

魚の粗ほど旨いものはない！　イカのわた煮、カワハギの肝和え、マコガレイの縁側——絶品粗料理で酒を呑む、至福の時間の始まりだ。

西村　淳著

面白南極料理人

第38次越冬隊として8人の仲間と暮した抱腹絶倒の毎日を、詳細に、いい加減に報告する南極日記。日本でも役立つ南極料理レシピ付。

星野道夫著

イニュニック〔生命〕
—アラスカの原野を旅する—

壮大な自然と野生動物の姿、そこに暮らす人人との心の交流を、美しい文章と写真で綴る。アラスカのすべてを愛した著者の生命の記録。

小林快次著
恐竜まみれ
—発掘現場は今日も命がけ—

カムイサウルス——日本初の恐竜全身骨格はこうして発見された。世界で知られる恐竜研究者が描く、情熱と興奮の発掘記。

小松 貴著
昆虫学者はやめられない

〝化学兵器〟を搭載したゴミムシ、メスにプレゼントを贈るクモなど驚きに満ちた虫たちの世界を、気鋭の研究者が軽快に描き出す。

川上和人著
鳥類学者 無謀にも恐竜を語る

『鳥類学者だからって、鳥が好きだと思うなよ。』の著者が、恐竜時代への大航海に船出する。笑えて学べる絶品科学エッセイ！

川上和人著
鳥類学者だからって、鳥が好きだと思うなよ。

出張先は、火山にジャングルに無人島。遭遇するのは、巨大ガ、ウツボに吸血カラス。鳥類学者に必要なのは、一に体力、二に頭脳？

水上 勉著
櫻守

桜を守り、桜を育てることに情熱を傾けつくした一庭師の真情を、滅びゆく自然への哀惜の念と共に描いた表題作と「凩」を収録する。

水上 勉著
雁の寺・越前竹人形
直木賞受賞

少年僧の孤独と凄惨な情念のたぎりを描いて、直木賞に輝く「雁の寺」、哀しみを全身に秘めた独特の女性像をうちたてた「越前竹人形」。

新潮文庫の新刊

隆慶一郎著
花と火の帝（上・下）
皇位をかけて戦う後水尾天皇と卑怯な手を使う徳川幕府。泰平の世の裏で繰り広げられた呪力の戦いを描く、傑作長編伝奇小説！

一條次郎著
チェレンコフの眠り
飼い主のマフィアのボスを喪ったヒョウアザラシのヒョーは、荒廃した世界を漂流する。愛おしいほど不条理で、悲哀に満ちた物語。

大西康之著
起業の天才！
―江副浩正　8兆円企業リクルートをつくった男―
インターネット時代を予見した天才は、なぜ闇に葬られたのか。戦後最大の疑獄「リクルート事件」江副浩正の真実を描く傑作評伝。

徳井健太著
敗北からの芸人論
芸人たちはいかにしてどん底から這い上がったのか。誰よりも敗北を重ねた芸人が、挫折を知る全ての人に贈る熱きお笑いエッセイ！

永田和宏著
あの胸が岬のように遠かった
―河野裕子との青春―
歌人河野裕子の没後、発見された膨大な手紙と日記。そこには二人の男性の間で揺れ動く切ない恋心が綴られていた。感涙の愛の物語。

帚木蓬生著
花散る里の病棟
町医者こそが医師という職業の集大成なのだ――。医家四代、百年にわたる開業医の戦いと誇りを、抒情豊かに描く大河小説の傑作。

木《き》のいのち木《き》のこころ〈天《てん》・地《ち》・人《じん》〉

新潮文庫　し-55-1

平成十七年八月一日発行
令和七年一月十日十九刷

著者　西《にし》岡《おか》常《つね》一《かず》
小《お》川《がわ》三《みつ》夫《お》
塩《しお》野《の》米《よね》松《まつ》

発行者　佐藤隆信

発行所　株式会社新潮社
郵便番号　一六二―八七一一
東京都新宿区矢来町七一
電話　編集部(〇三)三二六六―五四四〇
読者係(〇三)三二六六―五一一一
https://www.shinchosha.co.jp

価格はカバーに表示してあります。

乱丁・落丁本は、ご面倒ですが小社読者係宛ご送付ください。送料小社負担にてお取替えいたします。

印刷・株式会社光邦　製本・加藤製本株式会社

ISBN978-4-10-119031-0 C0121